国际贸易法视阈下数据本地化措施的法律问题研究

张 明 著

The Research on Data Localization from the Perspective of International Trade Law

法律出版社 | LAW PRESS

北京

图书在版编目(CIP)数据

国际贸易法视阈下数据本地化措施的法律问题研究 / 张明著. -- 北京 : 法律出版社, 2024
ISBN 978 - 7 - 5197 - 8691 - 5

Ⅰ. ①国… Ⅱ. ①张… Ⅲ. ①国际贸易－电子商务－贸易法－研究－世界 Ⅳ. ①D996.1

中国国家版本馆 CIP 数据核字(2024)第 014421 号

国际贸易法视阈下数据本地化措施的法律问题研究
GUOJI MAOYIFA SHIYU XIA SHUJU BENDIHUA CUOSHI DE FALÜ WENTI YANJIU

张 明 著

责任编辑 赵明霞 魏艳丽
装帧设计 汪奇峰

出版发行 法律出版社
编辑统筹 法商出版分社
责任校对 王 丰
责任印制 胡晓雅
经　　销 新华书店

开本 710 毫米×1000 毫米 1/16
印张 15.5 **字数** 295 千
版本 2024 年 3 月第 1 版
印次 2024 年 3 月第 1 次印刷
印刷 北京虎彩文化传播有限公司

地址:北京市丰台区莲花池西里 7 号(100073)
网址:www. lawpress. com. cn
投稿邮箱:info@ lawpress. com. cn
举报盗版邮箱:jbwq@ lawpress. com. cn

销售电话:010 - 83938349
客服电话:010 - 83938350
咨询电话:010 - 63939796

书号:ISBN 978 - 7 - 5197 - 8691 - 5
定价:58.00 元

凡购买本社图书,如有印装错误,我社负责退换。电话:010 - 83938349

序

数据是赛博时代的一种新的经济和政治资源。

在赛博时代,数据总体可以被理解为可分类、可归纳、可利用并带来财富的信息。如同人类历史上技术进步和经济开发过程中所出现的其他重要资源一样,人们通过对数据资源的开发、利用、流通和价值再造,可以促进产业拓展、就业机会增加、技术提升、贸易收益甚至国家实力的增长。数据的流动不像跨境河流那样可直观目测,也不像管道天然气流动那样遵循人们的线路规划和流量设计,更不像渔业资源那样根据生长规律在江海中往来洄游。当今的数据治理需要在时代的变迁中去理解,在复杂的社会—技术系统中去实施。

数据资源正在呈现快速增长和积聚的资源形态。围绕数据资源的增长和积聚,各个国家和各类企业正在利用各自所拥有的技术手段、经济模式和国际制度的优势展开竞争。数据资源可以帮助跨国企业扩大用户基数并形成垄断,也可以作为其贸易决策和市场配置的依据。在国际关系层面,数据还可以构建国际间的依附关系和支配程度,进而影响国际间权力和财富的分配。

数据流动的“动”与“制”,是数据治理的一对主要矛盾,相互之间是一种辩证发展的关系。清楚地认识这对矛盾并解决这对矛盾,有助于建立起一种平衡、协调和可持续的数据治理机制,既实现数据资源的最大化利用,又能保护数据产权和国家利益,促进数字经济的发展和合作共赢。

促进数字流动,能够为世界经济带来巨大的活力,为全球消费者带来更多的数字福利。利益的驱使和发展的需要都在促进着数据的流动,包括国际间跨境流动。这种促进流动的社会动能主要来自三个方面:其一是信息技术不断发展所提供的网络便利性;其二是跨国公司通过数据贸易追求全球利益和市场有效配置;其三是全球各地人民对数字福利的需求。发达的网络信息技术将世界每处地貌、每一个用户、每一台设备改造成具备终端功能、收集功能和传输功能的数据综合体,并将其纳入巨大的全球网络之中。数据更加畅通的流动,可以为全球经济体系内各个主体带来更紧密的连接度和更高的经济效率,还能为企业的产业升级与技术进步提供更为广阔的空间。数据流动还可以满足每一个消费者对数字产品和数字服务的不断增长的需求,从而增加全球数字福利。

数据治理的核心要务是促进数据资源的流动,让数据资源在数字经济时代发挥出其最大的效能,满足全球消费者的数字产品和数字服务的需求。与此同时,人们必须关注治理中十分重要的另一面——"制"。在这里"制"具有限制、制度、管理的含义,特别是对数据流动的控制。没有"动"的存在和发展,也就没有"制"的必要;反过来,没有合理的"制","动"则易引发风险,"动"则导致系统性失衡失灵,"动"则不可持续。

国际社会和学术界关于数据帝国主义、数据重商主义、数据殖民主义、数据民族主义、数据保护主义的讨论,实际上反映了国际社会各方对当前全球数据治理绩效的不满,特别是对数据资源的权利归属、流动方式、利益分配方式的不满。从全球治理的角度讲,数据资源的利益和权力在国际间的分配不应当走向垄断性积聚。当前数据资源聚集的路径反映了发达国家的先发技术企业的无限制逐利过程。因为数字时代的技术发展具有跨境性和全球性的特点,单一国家的法律制度往往难以有效调节和治理全球范围内的行为。如果没有建立起有效的制度体系,数据资源输送方式容易固化,并导致国际经济秩序的不公正。世人希望数据资源的全球配置从一开始就建立起公平、公正、合理的秩序,避免重演历史上其他重要资源(如钢铁、煤炭、石油)所引发的那种战争、暴力掠夺或不讲规则的豪夺巧取。

围绕数据流动,世人应当选择什么样的治理方式?是基于"土地和民族"的传统资源控制理念,还是超越地理基于"流量和节点"的资源治理方式?二者之间在时间上存在重叠性而在思路上存在矛盾性。全球治理离不开既有的国际治理工具和机制。无论全球化发展到哪一步,今天国际社会由主权国家集合而成这一事实仍然没有改变。基于"土地和民族"的控制方式有着坚固的传统和现实的基础,以民族、国家利益为思考轴心的地缘政治和国家间竞争会极大地影响数据流动治理的方式的选择。但是,全球化时代的贸易、投资以及网络技术的发展打破了国家边界的限制,更多地采用基于"流量和节点"的资源治理方式,建立自由开放的数字经济生态系统符合这一历史发展潮流。在国家间、领域间边界模糊的时代,兼顾数据流动中的“动”与“制”才能体现出现代治理的艺术。

数据治理要处理多方利益关系和矛盾。除了对数字技术和数字贸易进行治理的国际组织外,我们会关注到主权国家、跨国企业和消费者个人。不同利益主体之间的矛盾体现在数据的收集、存储、传输、分析和使用等方方面面。主权国家、跨国企业和消费者个人都存在着“促进对自身有利的流动,避免对自身不利的流动”的基本动机。

国家政府从国际竞争的角度必定要思考如何在数据资源的获得、占有、利用的过程中形成并保持优势。在数据流动问题上也必然承担着保护国家安全、民族文化和价值观、个人隐私、民族企业利益的责任。国家政府对内希望促进数据开发利用为民众带来数字福利,对外则对数据的跨境流动带来的风险保持警惕。它是在保证本国及其企业在国际竞争中获得有利地位的前提下,来促进数字流动与加强对数据流动的监管。各国政府对数据流动的限制措施可能破坏全球价值链的正常运作,导致生产和服务供应链的不稳定,影响国际贸易和世界经济发展。不同国家或地区的数据本地化要求可能导致技术标准不一致和法律规范的差异,增加了数据互操作性和系统兼容性的难度。

数字技术后起国家面对数字革命的迅速发展和数字资源配置的不合理,如何应对挑战?整体上讲,要有勇气建立安全开放的数字经济生态系统;要鼓励创新和技术转让;要加强国际合作和交流。与此同时,要加强法律法规的动态调整,采取一系列的政策措施建立合理的数据管理和监管框架。

企业在数据治理中强调的是数据的产权和利益,以及开展以数据为内容的商务活动的便利。数据的采集、拥有、加工和传输是企业增加资产和竞争优势的重要依据。企业希望更多地享有对数据的控制权和利用权。为实现数据的最大化价值和利益,企业会不断增强数据收集和分析能力、开发数据相关产品和服务并进行数据交易。企业希望无限地获得关于用户、地理、生物、设备的数据信息,使数据储存、加工和输出的过程更加便利。任何限制流动的措施都可能增加数据存储和处理的成本,增加企业管理和运营的复杂性,影响企业的经济效率和创新能力。企业在追求利益最大化的过程中有可能滥用数据资源和侵犯他人的权益,也有可能规避所在国的法律和监管措施,利用技术手段和企业内贸易方式进行数据的跨境流动。

个人在数据治理中最关注的是个人数据的隐私和权利保护。一方面,消费者个体希望更多地通过数字技术的升级而获得数字产品和数字服务;另一方面,其也倾向于认为,个人数据是私人财产和隐私权利,应该受到充分的保护和尊重。个人保护自己权利的手段和能力都很有限,希望政府制定法律并采取一系列措施,包括限制数据的收集和使用、维护个人数据的安全和隐私、行使知情权和控制权等,以保护自己的个人数据权益。

以此看来,数据流动问题不是要不要"制"的问题,而是如何"制"的问题。

数据本地化措施是应对数据跨境无序流动、不合理流动、不符合相关方利益流动的一种反制。这种反制的措施以什么方式出现?掌握到什么程度?与既有的社会制度之间的衔接和兼容如何实现?这些都是十分重要的问题。数据本地化本身不是目的,目的还是要保护国家安全、民族文化和价值观、个人隐私、民族数字企业利益,提升自身的数据开发能力,加速本国数字经济的发展。

在促进数据的"动"和合理的"制"之间进行调节的过程中,应当让全球治理机制和相关的法律机制发挥更有效的作用。面对技术的日新月异和数字平台企业飞速扩张的挑战,治理机制和法律体系需要具备一定的灵活性和适应性,能够及时调整以适应新的技术和行业发展。政府行政部门、立法机构、技术治理机构、贸易管理部门要开展有效合作和综合应对,确保数据资源治理的及时性和有效性。

数据跨境流动本身就是一个跨国性行为。中国作为全球重要的经济体、全球贸易的重要贡献者,在数据流动的问题上开展国际互动是必然的。这些国际互动至少包括合作、借鉴和突围等内容。

围绕数据流动的"动"与"制"、"流"和"留",国际合作和国际竞争同时存在,国际谈判也必不可少。在国际合作方面,可以通过引进外国企业投资,鼓励本国企业与外国数字平台企业进行合作,提升数据开发和运用能力,带动本国企业的成长和发展。围绕数据的国际谈判既是为了各自利益,也是为了共同应对全球数字经济发展带来的挑战。国际之间的谈判和妥协过程是平衡本地化措施和确保数据国家间流动不可缺少的环节。为促进数据的跨境有序流动并推动数字经济的全球化和可持续发展,中国应积极参与国际谈判,培养谈判能力,通过签订双边或多边协议,实现数字经济的多赢局面。

无论是信息技术发达国家、技术后起国家还是技术落后国家都可能采取数据本地化措施。中国是一个数字经济大国,但也是一个数字技术后起国家。在数据流动与本地化的问题上,中国有条件借鉴技术先进国家的数据制度建设和治理经验,综合考虑国家的实际情况和发展需求,积极思考如何建立起合理的数据管理制度和监管框架。这些数据管理制度和监管框架应当明确规定数据的收集、存储、处理和共享等方面的规则,确保数据隐私和安全得到保护,同时不妨碍数字经济在开放条件下的大力发展;既能够保护本国数据资源和国家利益,又能够促进全球数字贸易和经济合作。

中国数字经济发展面临的国际环境日趋复杂。中国在21世纪的崛起,其中重要的体现就是数字技术及其应用的进步。如果从崛起大国和守成大国之间的关系看,中国无论是促进数据的流动还是采取加强数据本地化措施,都会遭到来自既有超级大国的排挤和压制。因此中国参与的数字全球治理也必然包含着突破重围的意义。当今国际格局的变化让我们看到数据本地化的另外一种表现形式——数据流动和分享的阵营化。在西方国家"数据阵营化"格局之下,自由流动只是要确保在盟国体系或所谓的志同道合的国家间流动。针对跨越阵营的数据国际流动过程,安全化审查、友岸数字贸易、去风险化措施花样翻新、层出不穷。那么,这种全球数字地貌分裂的趋势与数据本地化措施有多大的相关性?中国应对的策略又如何?

年轻学者张明自2019年开始,从国际贸易法的角度,思考数据本地化措施在贸易自由化背景下出现的缘由、表现和问题。数字经济发展的大趋势是促进数字流动与加强数据本地化措施的双重驱动。在全球化的背景下,各国应当加强合作,建立协调的数据标准与监管机制,以实现数据流动与安全的双赢。数据本地化措施在一定程度上可以满足国家安全和个人隐私的保护需求,但也可能对经济发展效率、创新和国际合作产生负面影响。因此,需要在充分权衡各方利益的基础上,寻求一种平衡的解决方案,以确保数据本地化措施的合理性和有效性。

贸易自由化趋势下的数据本地化措施的边界在哪里?以国家安全为由的数据本地化措施,其合理性如何?是否存在安全的泛化?

在数据治理框架中,这些问题应该得到特别的重视。国家可以制定严格的法律保护个人数据和隐私权利,对个人数据的收集、使用和传输进行监管。但如何才能更好地平衡数据隐私保护与数据跨境自由流动?

中国作为一个数字经济大国,一个正在崛起的经济体,如何借鉴他国数据治理的经验,如何应对数字领域大国间政治和经济的竞争,如何在数据问题的国际谈判和国际治理中赢得先机?

对上述这些问题的深入思考,引导他不断地探索,从现象到问题,从问题论证到方案提出,从理论思考到体系建构,对数据本地化措施在数据流动和贸易自由化趋势下存在、发展和制度化的逻辑和过程有了全新的认识和独到的见解。

本人作为他的博士论文指导老师,参与了其研究各个阶段的问题讨论,有幸见证了他从最初的问题感知,到思考深入、理论运用、体系成型,再到著作完成付梓印刷的全过程。我为他的学术成就感到高兴。这不仅是他个人理论水平提升、思维能力加强、学术风格成型的过程,更是他作为中国青年学者立足学术前沿,对解决全球技术经济和国际制度重大问题做出贡献的过程。

是为序。

杨　剑

2024 年 2 月 18 日于上海

目 录

引 言 / 001

一、研究背景与研究意义 / 001

二、文献综述 / 004

三、研究思路与研究方法 / 013

四、研究框架与主要内容 / 015

第一章

问题的缘起：国际贸易自由化与数据本地化措施 / 020

第一节 数字经济时代的国际贸易自由化 / 021

一、数字贸易是数字经济时代国际贸易的新发展 / 022

二、数据是数字贸易发展的核心要素 / 025

三、数字贸易自由化有赖于数据的跨境自由流动 / 029

第二节 数字贸易自由化进程中的数据本地化措施 / 033

一、伴随数字贸易发展而产生的数据本地化措施 / 035

二、全球数据本地化措施的现状观察 / 038

三、数据本地化措施的纷繁复杂导致数据本地化国际规则的兴起 / 042

第三节 数据本地化措施实践与规则完善中的理论与实践议题 / 050

一、国内监管措施：贸易自由化趋势下数据本地化措施的边界何在 / 050

二、基本安全利益："合理"还是"泛化"的国家安全 / 053

三、数据隐私保护：如何更好平衡数据隐私保护与数据跨境自由流动 / 055

本章小结 / 057

第二章
制衡与协调:数据本地化措施中的“国内监管措施”问题 /059
第一节 永恒的话题:国际贸易自由化与国内监管措施 /060
一、国际贸易自由化进程中的国内监管措施 /061
二、数字贸易中国内监管措施的迫切需求:中立技术的无序使用与自由贸易的非理性 /064
三、数据本地化措施是数字贸易时代的新型国内监管措施 /066
第二节 不构成不必要的贸易限制:数据本地化措施的合理边界 /073
一、WTO 国内监管措施必要性标准测试的实践与反思 /075
二、数据本地化措施适用必要性标准测试之考量 /081
三、实例审视:中国相关立法中的数据本地化措施 /085
第三节 良好监管实践:迈向“一致性”的数据本地化措施 /091
一、监管差异:纷繁复杂的数据本地化措施 /092
二、从良好监管实践看数据本地化措施的实施与完善 /095
三、迈向“一致性”的国内监管:实现数据本地化措施的监管趋同 /100
本章小结 /102

第三章
合理抑或泛化:数据本地化措施中的“国家安全”问题 /104
第一节 基于维护国家基本安全利益之战略考量的数据本地化措施 /105
一、安全例外:贸易自由化进程中的“基本安全利益”考量 /106
二、网络和数据安全是非传统安全在数字互联网领域的体现 /111
三、数据本地化措施是维护国家网络安全和数据安全的实践表达 /115
第二节 数据本地化措施中的“安全例外”——尝试基于解释论的研究路径 /117
一、解释的必要性:数据本地化措施适用安全例外条款的不确定性 /118
二、解释的进路:国际贸易协定中“一般性用语”的演化解释 /123
三、安全例外的解释:何为数据本地化措施中的“基本安全利益”和“国际关系中的紧急情况” /127

第三节 数据本地化措施适用“安全例外”的边界与限度 / 133

一、善意原则:国家安全自决权的限制性适用 / 134

二、数据本地化措施援引国际贸易“安全例外”之考量 / 140

三、实例考察:美国“TikTok 事件”中的数据本地化措施 / 144

本章小结 / 148

第四章

冲突与平衡:数据本地化措施中的“数据隐私保护”问题 / 150

第一节 基于数据隐私保护之权利考量的数据本地化措施 / 151

一、“市场话语”vs“权利话语”:美欧间迥异的路径选择 / 152

二、“贸易自由化”vs“数据隐私权”:数字贸易与人权的联结 / 156

三、现状下数字贸易自由化与数据隐私保护的冲突 / 159

第二节 数字贸易自由化与数据隐私权的关系互动与路径选择 / 163

一、数据隐私权在数字贸易自由化进程中的理性定位 / 164

二、数字贸易自由化与数据隐私权的二元互动关系 / 166

三、数字贸易时代贸易自由化与数据隐私权互动的路径选择 / 170

第三节 “适度”的数据隐私保护:贸易自由化与数据隐私权的利益平衡 / 175

一、数据隐私保护在数字贸易议题中的平衡与协调 / 175

二、数据本地化措施援引国际贸易“一般例外”之考量 / 179

三、实例谛观:欧盟 GDPR 中的数据本地化措施 / 183

本章小结 / 186

第五章

面向数据本地化措施的中国实践与因应 / 188

第一节 面向数据本地化措施的中国实践与反思 / 189

一、国际层面:中国推动国际规则完善的实践进程 / 190

二、国内层面:中国数据本地化措施的实践进程 / 193

三、面向数据本地化措施中国实践的不足与反思 / 195

第二节 中国推动数据本地化规则完善的动力、机遇与挑战 / 198

一、中国推动数据本地化规则完善的动力分析 / 199

二、中国推动数据本地化规则完善的现实可能性 / 202
三、中国推动数据本地化规则完善的困难与挑战 / 204
第三节 中国优化数据本地化国内规则构建的理性选择 / 206
一、国内监管措施:以贸易自由化为引领优化数据本地化规则构建 / 207
二、基本安全利益:推动对外开放与国家安全双重目标的平衡 / 211
三、数据隐私保护:实现数据流动与隐私保护的协调 / 214
第四节 中国推动数据本地化国际规则完善的应然面向 / 218
一、以尊重监管自主权为前提推动数据本地化措施的"一致性"发展 / 219
二、以贸易自由化发展为根本倡导附条件的数据本地化国际规则 / 223
三、以利益平衡为目标优化数据本地化国际规则的解释与适用 / 226
本章小结 / 229

结 论 / 231

主要参考文献 / 234

后 记 / 238

引　言

一、研究背景与研究意义

（一）研究背景

受数字互联网技术驱动，作为经济活动资源配置关键环节的国际贸易正经历数字化的深刻变革，传统国际贸易日趋向数字贸易转变。在此过程中，流动着的数据正在成为连接世界的载体，成为促进全球经济与贸易发展、便利人们生产与生活的动力源泉，并成为一种关键的新兴生产要素而在全球贸易中扮演着日益重要的角色。得益于数字互联网技术的突飞猛进，数据跨境流动成本与境内流动成本的差额几乎为零。因此，以数据为载体，以数字技术为依托的数字贸易天生就具有全球化的潜质。数据跨境自由流动成为国际经济贸易发展的自发过程与合理诉求，亦正在成为各国关注的焦点和致力于实现的数字贸易发展目标。

数据跨境自由流动是一把“双刃剑”。数据跨境自由流动在推动数字贸易发展的同时，也存在潜在侵蚀国家的网络安全或者数据安全抑或侵害个人的数据隐私安全的问题。此外，数据跨境自由流动还可能与公共利益产生冲突。鉴于此，出于国家安全、数据隐私保护等合法政策目标考量，数据本地化措施作为一种贸易限制性措施正在被各国特别是发展中国家所采用，而其突出体现便是各国所广泛制定的数据本地化国内规则。[①] 由于广泛存在的数据本地化措施会抑制数据在全球范围内的自由流动进而对国际贸易的发展造成负面影响，数据本地化措施在全球范围内引发了广泛的争议和讨论，部分国家甚至将数据本地化措施归类为一种新型的本地

---

① 例如，印度尼西亚的《数据保护法》，中国的《网络安全法》和《数据安全法》，俄罗斯的《关于信息、信息技术和信息保护法》和《俄罗斯联邦个人数据法》等。就发达国家而言，欧盟已经开始实施的《一般数据保护条例》，澳大利亚的《个人控制电子健康记录法案》等均与数据本地化措施相关。

化贸易壁垒。[①] 在此背景下，无论是占据国际贸易治理核心地位的世界贸易组织（World Trade Organization, WTO），还是冉冉升起的区域贸易治理机制都已将数据本地化措施列为其讨论和工作的焦点与核心。

国际贸易规则正在试图回应数据本地化措施在全球的广泛兴起。一方面，以WTO为代表的国际贸易多边治理体系正在积极应对数据本地化措施等数字贸易新议题。在WTO框架下，各国已开始就数据本地化措施问题展开讨论[②]，但尚未能达成一致意见。目前，推进中的WTO电子商务谈判正在就数据本地化议题展开密切磋商，以期能够达成具有广泛影响力的国际贸易规则进而有效地应对数据本地化措施这一数字贸易领域的新问题。另一方面，受WTO改革和发展进程缓慢等多方面因素的影响，区域层面的国际贸易治理机制正在广泛兴起。包含数据本地化国际规则在内的数字贸易规则正在成为区域贸易协定的谈判议题，而各国之间的贸易竞争逐渐开始从传统商品价格与质量的竞争转向数据跨境流动规则等规则的竞争。在WTO发布的《2018年世界贸易报告》中，首次提出了数据流动规则正在成为数字贸易比较优势的观点。[③] 然而，无论在多边层面还是区域层面，各国尚未就数据本地化措施问题（甚至包括数据跨境流动方面）达成共识。因此，通过梳理当前正在推进中的数字贸易规则（特别是其中关于数据本地化的规则条款），研判规则的发展趋势和梳理各方的分歧焦点对中国而言具有必要性和重要价值。

中国已经开始重视数据在数字经济时代的潜在价值和数据流动对促进贸易发展和生产要素配置的重要性，开始逐步加大对数据和数据跨境流动的政策指引和立法工作。党的二十大报告提出要"稳步扩大规则、规制、管理、标准等制度型开放"。中共中央、国务院《关于构建数据基础制度更好发挥数据要素作用的意见》提出要"积极参与数据跨境流动国际规则制定"。就中国的数据立法来看，中国并没有完全放弃对数据本地化措施这一国内监管措施的使用，其比较典型的立法例是《网络安全法》第

---

① See United States Trade Representative (USTR), *Key Barriers to Digital Trade*, USTR Website (Mar., 2017), https://ustr.gov/about-us/policy-offices/press-office/fact-sheets/2017/march/key-barriers-digital-trade. 在报告中，美国将各国存在的数字贸易壁垒划分为四种类型，分别为数据本地化壁垒（data localization barriers）、技术壁垒（technology barriers）、互联网服务壁垒（barriers to internet services）和其他壁垒（other barriers）。

② 例如，正在进行中的国际服务贸易协定谈判就涉及数据本地化问题，但是目前各国之间的分歧较大。

③ See World Trade Organization (WTO), *World Trade Report* 2018*: The Future of World Trade - How Digital Technologies are Transforming Global Commerce*, WTO Website (Oct. 3, 2018), https://www.wto.org/english/res_e/publications_e/world_trade_report18_e.pdf. 在报告中，WTO认为，知识产权、数据流动、隐私以及数字基础设施质量的监管正潜在成为比较优势的新来源。

37 条。[①] 该条文在全球范围内引起了广泛争议与讨论。美国已就中国的相关立法函告 WTO 服务贸易理事会,提请 WTO 服务贸易理事会将中国的相关数据本地化措施纳入议程进行讨论。[②] 从中国价值立场看,中国在后续的立法实践中也不太可能完全放弃数据本地化措施等数字贸易国内监管措施。因此,一个迫切且亟待解决的问题是:中国应当如何构建和完善符合自身利益且匹配全球数字贸易发展趋势的数据本地化规则?更进一步,在全球数字贸易规则正在塑造进程中的当下,中国作为数字贸易大国,应当如何更好地参与国际规则的制定?

结合以上背景,不难发现,数据本地化措施作为一项全球贸易自由化发展的限制性因素,在饱受争议的当下,有必要深入挖掘其背后所潜在的矛盾焦点,并进一步思考中国数据本地化国内规则完善和参与全球数字贸易规则制定的理性选择。这既是中国维护自身利益的需要,也是中国作为负责任大国的现实体现。

(二)研究意义

基于国际贸易法视阈对数据本地化措施的法律问题展开研究兼具理论意义和现实意义。数字贸易时代,数据开放作为贸易自由化的应然面向,其与国内贸易监管措施、网络数据安全、个人隐私保护等合法政策考量之间存在冲突。全球各层面的贸易治理机制均未能对如何平衡这些利益冲突达成一致意见。中国作为冉冉升起的数字贸易大国应当积极贡献中国方案。基于此,本书的研究有助于为中国构建符合自身需求且匹配全球数字贸易发展趋势的数据本地化规则提供理论支撑。就现实意义而言,在研究进程中,通过梳理数据本地化国际规则发展趋势中的共同点和厘清数据本地化国际规则发展中的分歧点进而深度挖掘其背后的利益冲突,既有助于为完善数据本地化国内立法提供现实指引,也有助于为后续中国参与全球数字贸易规则的治理提供有益思路。这也是对党的十九届四中全会所提出的"积极参与全球治理体系改革和建设"的积极响应。

本书研究具有深刻的实用价值与社会价值。数字贸易发展与贸易全球化发展相辅相成,两者互为动力和结果。数据本地化措施在全球范围内的广泛存在,部分源于

---

① 需要说明的是,除《网络安全法》外,中国在《数据安全法》《个人信息保护法》等一系列法律法规中也分别制定了诸多涉及数据本地化措施的条款。

② 2017 年 9 月美国政府已正式函告 WTO 服务贸易理事会,在函告中提请 WTO 服务贸易理事会将相关事项纳入议程,对中国已经和正准备实施的相关措施(如《网络安全法》等)表达关切,因为美国政府认为这些措施将可能严重阻碍信息的跨境传输。See Council for Trade in Services – Communication from the United States – Measures Adopted and under Development by China Relating to Its Cybersecurity Law, S/C/W/374, 26 September 2017.

国家安全等合法政策目标的考量。通过深入挖掘数据本地化措施背后所潜在的利益冲突,有利于实现贸易自由化与各项合法政策目标之间的平衡。因此,通过研究,厘清数据本地化措施的正当边界,在一定程度上有助于推动数字贸易的自由化发展。此外,本书的研究还将对各层面贸易协定中的数据本地化条款进行梳理,以归纳数据本地化规则的发展趋势和各国的立场分歧。这在为中国国内立法提供理论参考的同时,也为企业在数字贸易走出去的过程中提供了一定的实践参考。

二、文献综述

从既有研究看,专门针对数据本地化措施展开的研究成果相对较少。更多的研究成果是将数据本地化措施作为数据跨境流动问题的一个子问题而与数据跨境流动问题一起展开研究和讨论。总体上看,关于本书主题的研究现状大致可以做以下梳理。

(一)关于"数据"和"数据本地化措施"基础理论的研究文献

针对"数据"展开基础理论研究回应了基本概念等基础性问题。围绕本书主题,与"数据"密切相关的基础理论研究大致可以分为两个方面:一是"数据"本身的界定问题,特别是法律意蕴下的界定。二是"数据本地化措施"的界定问题。此外,数据与信息的界定与区别问题、数据的重要性问题等也是与本书主题密切相关的基础理论研究的重点。

从国际法学的角度看,需要特别关注的是"数据"与"信息"两者之间的区别问题,这源于"数据"和"信息"在国际贸易条约中的混用。对此,学者 Nivedita Sen① 即提出"数据"一词本身的含义和理解尚不明确,且通常"数据"和"信息"这两个术语会互换使用。学者彭岳②从两者的可识别性上进行了区分。学者梅夏英③认为,信息的外延大于数据,数据只是信息表达的一种方式。学者胡凌④在指出两个概念之间模糊边界的同时,倾向认为信息的范畴应包括数据的范畴。但更多学者的论著中则将两

---

① See Nivedita Sen, *Understanding the Role of the WTO in International Data Flows: Taking the Liberalization or the Regulatory Autonomy Path?*, Journal of International Economic Law, Vol. 21: 2, p. 323 – 348 (2018).

② 参见彭岳:《贸易规制视域下数据隐私保护的冲突与解决》,载《比较法研究》2018 年第 4 期。

③ 参见梅夏英:《数据的法律属性及其民法定位》,载《中国社会科学》2016 年第 9 期。

④ 参见胡凌:《商业模式视角下的"信息/数据"产权》,载《上海大学学报(社会科学版)》2017 年第 6 期。

者进行了混同，未能更明确地区分两者之间的界定。①

关于“数据本地化措施”的界定是本书研究主题的核心概念问题，具有重要意义。对此，学者范婴②结合各国际组织的观点，讨论了数据本地化措施的概念分化。学者 Anupam Chander 等③将数据本地化措施界定为专门阻碍跨国界数据传输的措施。学者 John Selby④ 则从存储和传输两个层面对数据本地化予以了界定，即本地数据托管和本地数据路由。学者 H. Jacqueline Brehmer⑤ 认为，政府通常会通过限制性法律和法规来实施本地化，以禁止将数据移入和移出某个国家或地区的行为。学者陈咏梅等⑥认为，数据本地化措施是指一国要求收集或产生于该国的数据存储于境内，并限制或禁止数据跨境流动。学者李海英⑦则认为数据本地化措施仅仅只是国际化进程中各国所采取的本地化措施的一种类型。由此可见，对于数据本地化的界定，学者们所持观点相对比较接近。但是在数据本地化措施的类型化划分中仍然存在一定的差别。

基于以上梳理，数据和数据本地化措施作为本书研究的两个核心概念，已在学术界引发了广泛研究和讨论。这一系列问题的研究也是妥善开展后续深入研究的基础前提之一。但是需要关注到的是，既有的研究将数据和数据本地化措施置于一个更为宏观的背景下予以讨论而未关注到两者在国际贸易法视阈下的独特性。因此，应当特别关注数据作为一种生产要素，其在数字贸易发展进程中的现实作用和重要意义，以及数据本地化措施背后的利益冲突。这对于各国准确对待数字贸易中的数据本地化措施而言具有重要的现实意义。

---

① See Jo Ellen Fair, *The Regulation of Transborder Data Flows: An International Law Perspective*, International Communication Gazette, Vol. 40: 1, p. 21 – 38(1987); Nivedita Sen, *Understanding the Role of the WTO in International Data Flows: Taking the Liberalization or the Regulatory Autonomy Path?*, Journal of International Economic Law, Vol. 21: 2, p. 323 – 348(2018). 参见田旭：《数据本地化立法的兴起与反思》，载《大连海事大学学报(社会科学版)》2020 年第 1 期。

② 参见范婴：《数据本地化的内涵分化与模式选择》，载《情报杂志》2022 年第 6 期。

③ See Anupam Chander & Uyên P. Lê, *Data Nationalism*, Emory Law Journal, Vol. 64: 3, p. 677 – 739 (2015).

④ See John Selby, *Data Localization Laws: Trade Barriers or Legitimate Responses to Cybersecurity Risks, or Both?*, International Journal of Law and Information Technology, Vol. 25: 3, p. 213 – 232(2017).

⑤ See H. Jacqueline Brehmer, *Data Localization: The Unintended Consequences of Privacy Litigation*, American University Law Review, Vol. 67: 3, p. 927 – 969(2018).

⑥ 参见陈咏梅、张姣：《跨境数据流动国际规制新发展：困境与前路》，载《上海对外经贸大学学报》2017 年第 6 期。

⑦ 参见李海英：《数据本地化立法与数字贸易的国际规则》，载《信息安全研究》2016 年第 9 期。

（二）与国内监管措施议题相关的研究文献

置于国际贸易法视阈下观察数据本地化措施可知，数据本地化措施属于一种国内监管措施。因此，基于WTO国内监管措施议题的相关研究成果，可为数据本地化措施的研究提供指引。

基于WTO框架而对数据本地化措施所展开的研究，大致可以分为两个方面：一方面是侧重于讨论WTO在数字贸易时代的可适用性问题，即现有的WTO规则能否有效规制数据本地化措施，以及进一步的关于数据本地化措施与WTO规则的相符性问题；另一方面则是以WTO当前正在进行的谈判议程为核心展开研究。

就第一个方面而言，即现有WTO规则能否有效规制数据本地化措施以及数据本地化措施与WTO规则相符性问题，这一方面的研究回应了数据本地化措施在WTO框架下是否属于"影响服务贸易的措施"等基础性问题。学者Andrew D. Mitchell和Neha Mishra①认为当就某一数据限制措施（data restrictive measure）发生争端时，如果该措施有利于国内服务和服务供应商或者对外国服务和服务供应商强加了不合理的遵守规定，则有关国民待遇和国内监管（domestic regulation）的法律条款将是与之相关的。学者彭岳②认为影响到数据跨境流动的数据本地化措施可以寻求《服务贸易总协定》（The General Agreement on Trade in Services，GATS）的例外规定以寻求其正当性，但应当结合个案予以分析。学者Susannah Hodson③认为现有的WTO规则对规制数据本地化措施的有效性仍然具有不确定性。此外，诸多学者针对数据本地化措施适用WTO例外规则问题进行了探讨。④

---

① See Andrew D. Mitchell & Neha Mishra, *Regulating Cross - Border Data Flows in a Data - Driven World: How WTO Law Can Contribute*, Journal of International Economic Law, Vol. 22: 3, p. 289 - 416 (2019). 在文章中，作者也再次强调了将前数字时代的WTO规则用于与数字有关的争议是充满挑战的。See Andrew D. Mitchell & Jarrod Hepburn, *Don't Fence Me in: Reforming Trade and Investment Law to Better Facilitate Cross - Border Data Transfer*, The Yale Journal of Law & Technology, Vol. 19: 1, p. 182 - 237 (2017); Neha Mishra, *Privacy, Cybersecurity, and GATS Article* XIV: *A New Frontier for Trade and Internet Regulation?*, World Trade Review, Vol. 19: 3, p. 341 - 364 (2020).

② 参见彭岳：《数据本地化措施的贸易规制问题研究》，载《环球法律评论》2018年第2期。

③ See Susannah Hodson, *Applying WTO and FTA Disciplines to Data Localization Measures*, World Trade Review, Vol. 18: 4, p. 579 - 607 (2019).

④ See Benjamin Wong, *Data Localization and ASEAN Economic Community*, Asian Journal of International Law, Vol. 10: 1, p. 158 - 180 (2020); Martina Francesca Ferracane, *Data Flows and National Security: A Conceptual Framework to Assess Restrictions on Data Flows under GATS Security Exception*, Digital Policy, Regulation and Governance, Vol. 21: 1, p. 44 - 70 (2019). 参见马光：《FTA数据跨境流动规制的三种例外选择适用》，载《政法论坛》2021年第5期；谭观福：《数字贸易规制的免责例外》，载《河北法学》2021年第6期；谭观福：《WTO国家安全例外视角下的网络安全》，载《中国高校社会科学》2018年第2期；石静霞、张舵：《跨境数据流动规制的国家安全问题》，载《广西社会科学》2018年第8期；孙南翔：《国家安全例外在互联网贸易中的适用及展开》，载《河北法学》2017年第6期。

就第二个方面而言,诸多学者基于 WTO 正在进行的谈判议程展开了研究。学者柯静[①]认为在多边规则框架产生前,区域数字贸易规则仍会不断涌现,数字经济治理碎片化将会加剧,监管冲突现象也将更加频繁。学者石静霞[②]、贺小勇等[③]、周念利等[④]深刻讨论了 WTO 电子商务诸边谈判的最新发展及焦点问题,其中即包括跨境数据流动与数据本地化的问题。学者石静霞[⑤]还进一步对规则再构建的趋势进行了研判。此外,《国际服务贸易协定》(Trade in Service Agreement,TiSA)[⑥]也是诸多学者所密切关注的基于 WTO 所展开的数字贸易规则谈判。[⑦] 除国际贸易法角度视阈外,也有学者尝试从其他国际经济法领域(如国际投资法)进行了讨论。[⑧] 这些研究成果具有指引作用。

除上述两个方面外,关于自由贸易协定国内监管议题的讨论也形成了较为丰富的研究成果。学者张磊等[⑨]回溯了从 WTO 到《跨太平洋伙伴关系协定》(Trans – Pacific Partenrship Agreement,TPP)中关于国内监管的发展趋势,并就中国的实践因应提出了对策。学者 Elizabeth Sheargold 等[⑩]对监管合作、良好监管实践以及监管影响评估问题展开了专门研究。学者 Reeve T. Bull 等[⑪]对《跨大西洋贸易与投资伙伴关系

---

① 参见柯静:《WTO 电子商务谈判与全球数字贸易规则走向》,载《国际展望》2020 年第 3 期。

② 参见石静霞:《数字经济背景下的 WTO 电子商务诸边谈判:最新发展及焦点问题》,载《东方法学》2020 年第 2 期。

③ 参见贺小勇、黄琳琳:《WTO 电子商务规则提案比较及中国之应对》,载《上海政法学院学报(法治论坛)》2020 年第 1 期。

④ 参见周念利、李玉昊、刘东:《多边数字贸易规制的发展趋向探究——基于 WTO 主要成员的最新提案》,载《亚太经济》2018 年第 2 期。

⑤ 参见石静霞:《国际贸易投资规则的再构建及中国的因应》,载《中国社会科学》2015 年第 9 期。

⑥ TiSA 是由少数 WTO 成员方组成的次级团体 WTO 服务业真正之友集团展开的,致力于推动服务贸易自由化的贸易协定。

⑦ 参见高媛、王涛:《TiSA 框架下数字贸易谈判的焦点争议及发展趋向研判》,载《国际商务(对外经济贸易大学学报)》2018 年第 1 期;Mira Burri, *The Regulation of Data Flows Through Trade Agreements*, Georgetown Journal of International Law, Vol. 48:1, p. 407 – 448(2017)。

⑧ 参见张生:《国际投资法制框架下的跨境数据流动:保护、例外和挑战》,载《当代法学》2019 年第 5 期;张倩雯:《数据本地化措施之国际投资协定合规性与中国因应》,载《法商研究》2020 年第 2 期;张渝:《数据本地化措施兴起下国际投资保护规则的适用困境及其纾解》,载《武大国际法评论》2021 年第 4 期。

⑨ 参见张磊、徐琳:《从 WTO"必要性"到 TPP"一致性":论国际经贸协定中国内规制监管的发展特征与趋势》,载《社会科学》2016 年第 3 期。

⑩ See Elizabeth Sheargold & Andrew D. Mitchell, *The TPP and Good Regulatory Practices: An Opportunity for Regulatory Coherence to Promote Regulatory Autonomy?*, World Trade Review, Vol. 15:4, p. 587 – 612(2016).

⑪ See Reeve T. Bull et al., *New Approaches to International Regulatory Cooperation: The Challenge of TTIP, TPP, and Mega – Regional Trade Agreements*, Law and Contemporary Problems, Vol. 78: 1, p. 1 – 29 (2015); Simon Lester & Inu Barbee, *The Challenge of Cooperation: Regulatory Trade Barriers in the Transatlantic Trade and Investment Partnership*, Journal of International Economic Law, Vol. 16:4, p. 847 – 867(2013).

协定》(Transatlantic Trade and Investment Partnership,TTIP)等超大型区域自由贸易协定中的监管合作问题展开了研究。

基于以上内容,既有关于数据本地化措施的讨论多围绕 WTO 规则和国际贸易规则的发展而展开,这些研究成果更多偏向数据本地化措施"是"与"非"的讨论。在此背景下,讨论数据本地化措施作为国内监管措施的"度"的边界具有重要意义。厘清数据本地化措施合理边界的基础将有助于各国构建符合国际贸易规则和数字贸易规则要求且满足自身发展需求的数据本地化措施。

(三)与国家基本安全利益议题相关的研究文献

国家安全被认为是各国广泛采取数据本地化措施的动因之一。因此,数据本地化措施与国家基本安全利益议题也是既有研究的重要环节。在国际贸易法视阈下,相关议题的研究大致可以分为以下两个方面:一方面是国际贸易法中关于国家基本安全利益的研究;另一方面则是围绕网络安全和数据安全所展开的研究,其重点讨论了网络安全与数据安全的内涵、价值和重要性,进而结合数据本地化措施展开研究。

就国际贸易法中关于国家基本安全利益的研究而言,首先,既有的诸多研究已表明,国家安全考量是各国采取数据本地化措施的动因之一。例如,学者彭德雷[①]认为,国家安全的危险隐患是数字贸易所潜在产生的原生风险之一。学者王玥[②]认为,数据本地化措施是国家整体安全观的必然要求。学者 Jinhe Liu[③] 强调数据本地化措施是各国基于国家安全考量的反应。学者马其家等[④]则基于对"棱镜门"事件的考察强调了数据跨境流动监管规则构建的重要性。其次,国际贸易法视阈下的国家安全问题研究为本书主题研究提供了范式指引。学者张丽娟等[⑤]讨论了贸易政策与国家安全的互动关系,认为 WTO 安全例外对国家安全的界定、条款的理解与适用以及采取贸易限制的合规性等仍存在不确定性。学者 Tatiana Lacerda Prazeres[⑥] 强调了贸易利益

---

① 参见彭德雷:《数字贸易的"风险二重性"与规制合作》,载《比较法研究》2019 年第 1 期。

② 参见王玥:《试论网络数据本地化立法的正当性》,载《西安交通大学学报(社会科学版)》2016 年第 1 期。

③ 参见 Jinhe Liu, *China's Data Localization*, Chinese Journal of Communication, Vol. 13:1, p. 84 - 103 (2020);许可:《自由与安全:数据跨境流动的中国方案》,载《环球法律评论》2021 年第 1 期。

④ 参见马其家、李晓楠:《论我国数据跨境流动监管规则的构建》,载《法治研究》2021 年第 1 期。

⑤ 参见张丽娟、郭若楠:《国际贸易规则中的"国家安全例外"条款探析》,载《国际论坛》2020 年第 3 期。

⑥ See Tatiana Lacerda Prazeres, *Trade and National Security: Rising Risks for the WTO*, World Trade Review, Vol. 19:1, p. 137 - 148 (2020).

与国家安全利益之间的风险互动，进而结合 WTO 争端解决机构的裁决分析了安全例外条款的适用问题。此外，诸多学者[①]也对安全例外条款的解释和适用问题展开了专门的研究。专就数字贸易领域，学者谭观福[②]专门研究了数字贸易中的国家安全例外问题。学者戴龙[③]认为数据本地化措施是数字贸易时代新型贸易壁垒，进而讨论了数据自由流动与国家安全审查之间的协调。学者黄世席[④]则基于《全面与进步跨太平洋伙伴关系协定》（Comprehensive and Progressive Agreement for Trans - Pacific Partnership，CPTPP）专门讨论了数据本地化措施援引安全例外抗辩的问题。

就网络安全和数据安全的专门研究而言，相关的研究成果讨论了网络安全与数据安全的重要性。学者杨蓉[⑤]从整体安全观的视角讨论了国家安全中的网络安全问题，并提出了“算法安全”的概念。学者刘金瑞[⑥]尝试探索了数据安全立法的基本思路和核心制度。学者许可[⑦]讨论了中国数据安全和数据自由跨境流动的制度构造，并进一步将数据安全划分为“静”“动”两个层面的安全问题。学者张倩雯[⑧]基于国际投资法的视角，讨论了中国数据安全立法的立场与选择。

基于以上梳理可见，国际贸易法视阈下，贸易自由化利益与国家基本安全利益之间存在固有矛盾。尽管既有研究成果涉及安全例外条款，但具体结合数据本地化措施的解释与适用的研究成果仍然稀缺。安全例外条款的解释与适用本身即具有模糊性的固有缺陷。这种高度模糊性毫无疑问不利于数字贸易的自由化发展。因此，有必要进一步地思考数据本地化措施援引国家安全例外条款的解释与适用问题。这也

---

① 参见冯从、陈希沧、史晓丽：《GATT 安全例外条款的适用与发展》，载《国际贸易》2021 年第 1 期；丁丽柏、陈喆：《论 WTO 对安全例外条款扩张适用的规制》，载《厦门大学学报（哲学社会科学版）》2020 年第 2 期；Jaemin Lee, *Commercializing National Security: National Security Exceptions' Outer Parameter under GATT Article* XXI, Asian Journal of WTO and International Health Law and Policy, Vol. 13: 2, p. 281 - 286 (2018); Shin - yi Peng, *Cybersecurity Threats and the WTO National Security Exceptions*, Journal of International Economic Law, Vol. 18: 2, p. 449 - 478 (2015); Chao Wang, *Invocation of National Security Exceptions under GATT Article* XXI*: Jurisdiction to Review and Standard of Review*, Chinese Journal of International Law, Vol. 18: 3, p. 695 - 712 (2019)。

② 参见谭观福：《数字贸易规制的免责例外》，载《河北法学》2021 年第 6 期。

③ 参见戴龙：《数字经济产业与数字贸易壁垒规制——现状、挑战及中国因应》，载《财经问题研究》2020 年第 8 期。

④ 参见黄世席：《CPTPP 中的数据本地化规制与安全例外抗辩》，载《国际贸易》2022 年第 11 期。

⑤ 参见杨蓉：《从信息安全、数据安全到算法安全——总体国家安全观视角下的网络法律治理》，载《法学评论》2021 年第 1 期。

⑥ 参见刘金瑞：《数据安全范式革新及其立法展开》，载《环球法律评论》2021 年第 1 期。

⑦ 参见许可：《自由与安全：数据跨境流动的中国方案》，载《环球法律评论》2021 年第 1 期。

⑧ 参见张倩雯：《数据本地化措施之国际投资协定合规性与中国因应》，载《法商研究》2020 年第 2 期。

是划定数据本地化措施“度”的边界的重要环节。

(四)与数据隐私保护议题相关的研究文献

数据隐私保护困境是数字贸易时代各国广泛采用数据本地化措施的核心原因。因此,数据隐私保护问题当属数据本地化措施问题研究的核心内容。此外,基于数据隐私保护问题所衍生出的数字人权问题也在既有研究中不可忽视。

就数据隐私保护而言,随着数字贸易的蓬勃发展,数据隐私保护正潜在面临或者将继发一些挑战与风险。前者即数据跨境流动所直接面临的数据隐私保护不足的问题,是数据隐私保护所直接面临的挑战。后者则是在规制数据跨境流动过程中所产生的隐私泄露问题所继发产生的风险与挑战。在比较有代表性的文献中,学者彭德雷①认为,数字贸易本身所呈现出“非物理化”特征,使数字贸易模式蕴藏着新型风险,其中即包括侵权隐私的风险。学者戴龙②认为各国基于个人数据泄露和隐私保护问题而开始采取的限制数据流动的防范措施形成了数字经济时代的新型数字贸易壁垒。学者 Aaditya Mattoo 等③认为,数据跨境流动会引发收集个人数据以及数据隐私泄露的问题,进而可能导致各国政府限制数据的自由流动。学者彭岳④的研究则将隐私保护问题置于全球化的背景下予以考察,认为数据跨境自由流动也会引发诸如国家安全、公共道德和个人隐私保护等正当政策关切。此外,学者解正山⑤也对这一问题予以了关注。

谈及数据本地化措施的数据隐私保护问题,其突出的实例即美国和欧盟之间在相关议题上的监管路径分歧和在数字贸易规则中的立场分歧。对此,诸多学者展开了讨论与研究。诸多学者⑥将美欧立场的价值分歧和制度差异归纳为“市场话语”和“权利话语”,并进一步分析了两者间合作的纽带和中国参与其中的路径选择。学者胡炜⑦分析了各国的行为逻辑后,认为美国秉持的是商业利益优先理念下的宽松立

---

① 参见彭德雷:《数字贸易的“风险二重性”与规制合作》,载《比较法研究》2019 年第 1 期。

② 参见戴龙:《论数字贸易背景下的个人隐私权保护》,载《当代法学》2020 年第 1 期。

③ See Aaditya Mattoo & Joshua P. Meltzer, *International Data Flows and Privacy: The Conflict and Its Resolution*, Journal of International Economic Law, Vol. 21:4, p. 769 – 789 (2018).

④ 参见彭岳:《贸易规制视域下数据隐私保护的冲突与解决》,载《比较法研究》2018 年第 4 期。

⑤ 参见解正山:《数据驱动时代的数据隐私保护——从个人控制到数据控制者信义义务》,载《法商研究》2020 年第 2 期。作者在文章的开篇即提出:在数据驱动时代,个人数据隐私引发广泛的担忧。

⑥ 参见彭岳:《贸易规制视域下数据隐私保护的冲突与解决》,载《比较法研究》2018 年第 4 期。See Paul M. Schwartz & Karl-Nikolaus Peifer, *Transatlantic Data Privacy Law*, Georgetown Law Journal, Vol. 106:1, p. 121 – 137 (2017).

⑦ 参见胡炜:《跨境数据流动立法的价值取向与我国选择》,载《社会科学》2018 年第 4 期。

法，而欧盟则是个人权利优先理念下的严格立法，并在此基础上进一步探索了中国的立法模式选择。采用类似比较研究方法的，还有学者许多奇①、学者 Susan Aaronson②、学者解正山③和学者韩静雅④等。

谈及数据隐私保护，关于数字时代人权问题的相关研究成果是值得关注的。对于这一问题，学者马长山⑤形成了一系列研究成果，详细论证了"第四代人权"即"数字人权"的概念，深入讨论了数字时代的人权保护境遇及其应对策略问题，并进一步论述了数字社会的治理逻辑及其法治化展开。当然，也有学者对数字人权的论述提出了疑问，认为数字人权并不构成基本权利。例如，学者刘志强⑥认为数字人权缺乏宪法规范基础，也不符合"人的尊严"标准和"最低限度基础性"标准，因而无法被证立为宪法未列举基本权利。

基于以上梳理可见，既有研究已将数据本地化措施视为贸易自由化与数据隐私保护的冲突。这一类的梳理与归结并无不妥，但是需要进一步思考。数据隐私权是基本人权在数字时代的现实体现，基于数据隐私权考量的数据本地化措施在某种程度上还体现出贸易自由化与基本人权的利益冲突问题。这也为后续研究提供了一条可行路径。

（五）基于比较研究而形成的相关研究文献

比较研究在当前研究文献中所占比例较高，既有国别之间关于立法模式的比较研究，也有国别之间的规制模式的比较研究。此外，以各类区域贸易协定或者双边贸易协定为研究对象的文献也较为常见并形成了较为丰硕的研究成果。当然，前述几个角度的研究文献在一定程度上是彼此关联并相互交织的。

---

① 参见许多奇：《个人数据跨境流动规制的国际格局及中国应对》，载《法学论坛》2018 年第 3 期。

② See Susan Aaronson, *Why Trade Agreements are not Setting Information Free: The Lost History and Reinvigorated Debate over Cross-Border Data Flows, Human Rights, and National Security*, World Trade Review, Vol. 14: 4, p. 671 – 700(2015).

③ 参见解正山：《数据驱动时代的数据隐私保护——从个人控制到数据控制者信义义务》，载《法商研究》2020 年第 2 期。

④ 参见韩静雅：《跨境数据流动国际规制的焦点问题分析》，载《河北法学》2016 年第 10 期。

⑤ 参见马长山：《智慧社会背景下的"第四代人权"及其保障》，载《中国法学》2019 年第 5 期；马长山：《数字时代的人权保护境遇及其应对》，载《求是学刊》2020 年第 4 期；马长山：《数字社会的治理逻辑及其法治化展开》，载《法律科学（西北政法大学学报）》2020 年第 5 期。

⑥ 参见刘志强：《论"数字人权"不构成第四代人权》，载《法学研究》2021 年第 1 期。

首先，鉴于美欧立法在全球范围内具有广泛的模板效应，诸多学者对美式立法[①]和欧式立法[②]展开了专门研究。《一般数据保护条例》(General Data Protection Regulation,GDPR)是欧盟数据隐私保护的典范式立法。根据对该条例的研究与评价，可大致将学者们的观点分为两类。一类学者[③]对GDPR持褒扬的立场，认为GDPR是全球个人数据保护的最重要立法之一，明确规划了一条欧盟通向未来的道路，提升了欧盟参与数字时代跨境贸易的规则制定权。另一类学者[④]则批判性地对GDPR予以了评价，认为其构成了潜在的贸易壁垒。

其次，基于中国与欧美之间关于数据跨境自由流动和数据本地化措施立场分歧的比较研究也形成了丰富的研究文献。学者Ines Willemyns[⑤]认为中欧与美国在实践路径上差异较大并对数据本地化措施采取更为宽松的立场。学者陈寰琦等[⑥]以《美国、墨西哥、加拿大协议》(U. S. - Mexico - Canada Agreement, USMCA)的条文文本为比对样板认为中美两国在"数据存储非强制本地化"和"跨境数据自由流动"这两个议题上正朝着"截然相反"的两个方向构造国内法。学者李杨等[⑦]认为，中国对数

---

① 参见李杨、陈寰琦、周念利：《数字贸易规则"美式模板"对中国的挑战及应对》，载《国际贸易》2016年第10期；孙益武：《数字贸易与壁垒：文本解读与规则评析——以USMCA为对象》，载《上海对外经贸大学学报》2019年第6期；周念利、陈寰琦：《基于〈美墨加协定〉分析数字贸易规则"美式模板"的深化及扩展》，载《国际贸易问题》2019年第9期；张生：《美国跨境数据流动的国际法规制路径与中国的因应》，载《经贸法律评论》2019年第4期；Henry S. Gao, *Digital or Trade? The Contrasting Approaches of China and US to Digital Trade*, Journal of International Economic Law, Vol. 21:2, p. 297 - 321 (2018)。

② 参见蓝庆新、窦凯：《美欧日数字贸易的内涵演变、发展趋势及中国策略》，载《国际贸易》2019年第6期；周念利、陈寰琦：《数字贸易规则"欧式模板"的典型特征及发展趋向》，载《国际经贸探索》2018年第3期。

③ 参见丁晓东：《什么是数据权利？——从欧洲〈一般数据保护条例〉看数据隐私的保护》，载《华东政法大学学报》2018年第4期；方芳：《欧盟个人数据跨境流动政策的演变：市场统一与贸易规范》，载《复旦国际关系评论》2019年第1期；Viktor Mayer - Schonberger & Yann Padova, *Regime Change: Enabling Big Data through Europe's New Data Protection Regulation*, Columbia Science and Technology Law Review, Vol. 17, No. 2, 2016, p. 315 - 335; Paul M. Schwartz, *Global Data Privacy: The EU Way*, New York University Law Review, Vol. 94, No. 4, 2019, p. 771 - 818。

④ 参见田晓萍：《贸易壁垒视角下的欧盟〈一般数据保护条例〉》，载《政法论丛》2019年第4期；许可：《数字经济视野中的欧盟〈一般数据保护条例〉》，载《财经法学》2018年第6期。

⑤ See Ines Willemyns, *Agreement Forthcoming? A Comparison of EU, US, and Chinese RTAs in Times of Plurilateral E - Commerce Negotiations*, Journal of International Economic Law, Vol. 23:1, p. 221 - 244 (2020).

⑥ 参见陈寰琦、周念利：《从USMCA看美国数字贸易规则核心诉求及与中国的分歧》，载《国际经贸探索》2019年第6期。前述学者的相关议题的文章还可参见周念利、陈寰琦、黄建伟：《全球数字贸易规制体系构建的中美博弈分析》，载《亚太经济》2017年第4期。

⑦ 参见李杨、陈寰琦、周念利：《数字贸易规则"美式模板"对中国的挑战及应对》，载《国际贸易》2016年第10期。

据跨境自由流动一直持反对态度,这也是中美可能发生的最大冲突所在。学者高媛等[①]则认为TiSA中数字贸易规则谈判的阻碍集中体现在数字贸易自由化(降低数字贸易壁垒)与在线消费者保护(个人信息、隐私保护)的协调平衡上。

基于以上梳理可见,包括数据本地化规则在内的数字贸易规则在制定过程中存在明显的立场分歧。各经济体所制定的域内规则在一定程度上存在有悖于数字贸易自由化发展的可能性。此时,在对相关规则进行国际贸易规则相符性判断的同时,还应当进一步分析规则背后的利益冲突问题。只有厘清分歧背后的利益冲突,才能划清数据本地化措施的正当边界,进而才能更好地实现数字贸易的自由化发展。

综上所述,既有研究围绕数字贸易规则和数据本地化规则取得了较为丰富的研究成果。这些研究成果或者讨论了数据本地化措施的合理性、必要性、正当性以及与国际贸易规则的相符性,或者分析了各国在数据本地化规则制定过程中的分歧焦点。这些研究成果对研究的展开具有重要的现实意义。但是,需要注意,数据本地化措施作为数字贸易进程中的限制性因素,其背后承载着诸多贸易自由化利益与非贸易利益的冲突。因此,数据本地化措施的应对、数据本地化国内规则的制定、数据本地化国际规则的协调等,需要平衡好一系列贸易自由化利益与非贸易利益之间的利益冲突,掌握好两者之间的"度"的平衡。而"度"的平衡即有赖于挖掘背后各组利益冲突之间的互动关系予以实现。换言之,数据本地化措施的研究方向应当从"为何存在"和"能否存在"转向"如何存在",而这恰恰是既有研究中所缺少的重要一环,也是本书所致力于展开的研究方向。

三、研究思路与研究方法

(一)研究思路

本书基于贸易自由化立场,重点围绕与数据本地化措施所紧密相关的三组利益冲突而展开。本书研究所要解决的问题包括一脉相承的几个方面:数据跨境自由流动、数据本地化措施以及数字贸易之间的互动关系是什么?数据本地化措施作为一种贸易自由化的限制性因素,这一措施背后所潜在的利益冲突分别是什么?基于三组利益冲突的分析,数据本地化措施的"度"的边界在哪里?在进一步深化对外开放的背景下,中国如何构建合理的数据本地化国内规则?同时,当前贸易规则重构的现实背景下,针对数据本地化国际规则的完善,中国如何更有建设性地参与其中?具体

---

① 参见高媛、王涛:《TISA框架下数字贸易谈判的焦点争议及发展趋向研判》,载《国际商务(对外经济贸易大学学报)》2018年第1期。

而言，本书的研究围绕前述一系列问题并秉持如下基本思路而依次予以展开：

首先，本书在讨论数字贸易自由化与数据跨境自由流动的互动关系并强调数据跨境自由流动的自发性和重要性的基础上，将对数据本地化措施的现状和数据本地化国际规则制定的现状予以宏观考察，挖掘各国采取数据本地化措施的动因并进行合法公共政策考量进而明晰数据本地化措施背后所潜在的三组贸易自由化利益与非贸易利益的冲突。这三组冲突分别是贸易自由化与国内监管自主权之间的利益冲突、贸易自由化与维护国家基本安全利益之间的利益冲突、贸易自由化与数据隐私保护之间的利益冲突。

其次，在厘清数据本地化措施背后所承载的三组利益冲突后，本书将围绕三组利益冲突依次展开讨论。数据本地化措施是贸易自由化利益与非贸易利益之间利益冲突的现实体现。因此，数据本地化措施的关键不仅在于其存在的正当性问题，更在于其作为一种数字贸易之监管措施的“度”的边界。换言之，数据本地化措施之讨论的核心在于，如何能够把控好数据本地化措施的“度”以使数据本地化措施既不会过度阻碍数字贸易的自由化发展，也能够有效地保障各国的非贸易利益考量。因此，本书研究将秉承解剖利益冲突、分析利益冲突和解决利益冲突的思路为基本线索，试图在国际贸易规则的指引下厘清数据本地化措施的“度”的边界。同时，为了增强研究论证的可靠性，论证过程中将分别结合中国、美国和欧盟这三大数字贸易经济体的现实案例展开讨论。

最后，本书研究将落脚于中国，在梳理中国实践进程和中国完善数据本地化规则的动力、机遇与挑战的基础上，进一步尝试探讨中国完善数据本地化国内规则和数据本地化国际规则构建的现实路径。对于中国而言，一方面，中国数据本地化国内规则的完善需要协调处理好三组贸易自由化利益与非贸易利益之间的冲突。中国合理有效的数据本地化国内规则是中国在参与数据本地化规则构建进程中提供“中国方案”的前提与基础。另一方面，中国可以在协调处理好三对利益冲突的基础上更有建设性地提出切实可行的数据本地化国际规则之“中国方案”。

（二）研究方法

法学研究应当与社会现状和发展规律相符。本书研究建立在数字贸易蓬勃发展的时代背景之下，基于数字贸易时代技术变迁、法律发展和社会关系变革的基础而展开，以此保障研究的客观性、严谨性和发展性。在研究过程中，将具体采用如下研究方法。

文本和文献研究分析方法。本书研究将基于既有的文本和文献而展开。文本与文献研究是法学研究的核心要义。就文本研究而言，本书研究将对国际法和国内法两个层面的法律文本进行收集、处理。在国际法方面侧重主要国际组织（如WTO）或者主要国家所主导的区域贸易协定（如CPTPP、USMCA等）和软法性文件［例如亚太经济合作组织（Asia－Pacific Economic Cooperation，APEC）和经济合作与发展组织（Organization for Economic Cooperation and Development，OECD）等制定的各类框架、指南等］，而国内法主要选择具有代表性的第三方国家相关法律文本。就文献层面而言，本书的研究将在参考和借鉴已有研究成果的基础上，针对新时期的新问题展开进一步的思考和研究。此外，研究过程中，对文本和文献的分析将秉持发展的视角，力争基于最新的法律文本和最具有时效性的法学文献展开研究，以保证研究成果的可靠性和时效性。

比较研究分析方法。在进行文本和文献分析的基础上，通过法律文本、文献的收集和研究，对数字贸易规则中的数据本地化规则进行比较分析，对比各类区域贸易协定（例如USMCA、CPTPP等）和双边贸易协定（特别是当前已经规定有电子商务条款的双边贸易协定）中的相关规定，并在对比的基础上分别进行分析和评价，梳理和研究各方之间的分歧焦点，最终落脚于中国的规则和制度完善，以试图实现利益平衡。

法解释学研究分析方法。本书的研究试图基于国际贸易规则的指引，厘清数据本地化措施的“度”的边界。因此，本书的研究有赖于对国际贸易规则的解释。具体而言，本书的研究将通过对国际贸易规则的解释，尝试分析国际贸易规则在数据本地化措施中的适用问题。

跨学科理论相结合的研究分析方法。目前，对于数据跨境流动问题和数据隐私保护的问题在多个学科内引起了广泛的讨论。其中，法学、国际政治和计算机学科是对相关问题研究的热门学科。此外，由于国际制度的建设与国际关系学和制度经济学的相关知识密不可分，因此，有必要结合法学以外的其他相关学科知识。

四、研究框架与主要内容

（一）研究框架

本书的主要内容将秉承研究思路，围绕三方面核心问题依次按序展开。

本书第一章将围绕着数字贸易、数据和数据本地化措施三个关键词予以展开，旨在厘清概念、提出问题并挖掘问题背后的利益冲突，为后续研究夯实基础并埋下伏笔。首先，第一章将基于贸易自由化的基本立场，尝试探讨国际贸易自由化在数字经济时代的发展以及两者之间的互动关系，并进一步探究数据在数字贸易自由化发展进程中的重要性。其次，在探讨数字贸易自由化的基础上，第一章将转入对数据本地化措施的研究，通过对数据本地化措施的界定和对数据本地化措施演进与现状的梳理，尝试探讨在数字贸易蓬勃发展的当下数据本地化措施与国际贸易自由化之间的互动关系，进而提出研究的基本前提和背景，即数据本地化措施潜在构成国际贸易自由化的限制性因素。最后，第一章将基于对数据本地化措施现状的考察和数据本地化国际规则谈判的实践来梳理出数据本地化措施背后所潜在的理论与实践议题，其中包括数据本地化措施背后所潜在的三组贸易自由化利益与非贸易利益之间的利益冲突。这三组贸易自由化利益与非贸易利益的冲突分别是贸易自由化与国内监管自主权之间的利益冲突、贸易自由化与维护国家基本安全利益之间的利益冲突、贸易自由化与数据隐私保护之间的利益冲突。总体上看，第一章既是研究的背景也是所致力解决之问题的提出，为后续部分的研究奠定了基本的研究框架。

本书第二章将围绕贸易自由化利益与国内监管自主权之间的利益冲突展开。首先，第二章将基于国际贸易规则对数据本地化措施进行定性，明确数据本地化措施属于数字贸易时代的一种国内监管措施。这一属性定性为后续研究定下了基调，明确数据本地化措施在国际贸易法视阈下的正当性，并指明数据本地化措施研究和数据本地化国际规则完善的关键应在于掌握好数据本地化措施的“度”的界限。其次，在此基础上，基于国际贸易规则的引导，第二章将进一步转入数据本地化措施“必要性标准测试”的适用研究，并基于“必要性标准测试”的实践来探索数据本地化措施的合理性边界。这一部分的研究将有针对性地以中国相关立法中的数据本地化措施为范本而展开，以期增强研究结论的可靠性和实践性。最后，需要注意的是，国内监管措施问题一直是国际贸易规则发展所关注的核心议题之一，其中的突出体现便是自由贸易协定中所广泛存在的“良好监管实践”或者“监管合作”议题。因此，从动态发展的视角看，第二章进一步以“良好监管实践”为切入点对贸易自由化利益与国内监管自主权之间的利益冲突展开研究，以尝试探讨“良好监管实践”趋势下数据本地化措施的应然面相。

本书第三章将围绕贸易自由化与维护国家基本安全利益的利益冲突展开。第三章的研究将沿着“解释—适用”的路径，以国际贸易规则中的安全例外为线索脉络，讨论安全例外在数据本地化措施中的解释与适用问题，以期能够实现贸易自由化利益与维护国家基本安全利益之间的平衡与协调。首先，第三章将引入国际贸易中的国家安全问题，讨论数字贸易时代国际贸易中国家基本安全利益考量的变迁。其次，在国际贸易规则中，贸易自由化利益与维护国家基本安全利益之间之平衡的体现即为国际贸易规则中的安全例外条款。因此，在讨论数字贸易背景下国家基本安全利益变迁的基础之上,第三章将转向安全例外在数据本地化措施中的解释问题,即何为数据本地化措施中的“基本安全利益”和“国际关系中的紧急情况”。只有厘清安全例外条款中相关术语在数字贸易环境下的具体含义才有利于后续进一步分析数据本地化措施适用安全例外的问题。最后,第三章将落脚于国家安全自决权的限制性适用和数据本地化措施援引安全例外条款的考量因素问题。这一部分将有针对性地选择美国“TikTok 事件”中的数据本地化措施为范本而展开,以期增强研究结论的可靠性和实践性。

本书第四章将围绕贸易自由化与数据隐私保护的利益冲突展开。首先,第四章将回溯数据隐私保护既有实践和理论研究现状,进而提炼贸易自由化与数据隐私保护利益冲突的实质,即数字贸易时代的贸易联结问题。贸易联结问题的核心在于贸易自由化与人权的保护问题,而数据隐私权即人权在数字领域的延伸。其次,作为贸易自由化与数据隐私保护利益冲突之现实体现的数据本地化措施实质上也是贸易联结议题在数字贸易时代的体现。在此基础上,第四章将进一步转向讨论数字贸易自由化与数据隐私权的关系互动与路径选择。最后,第四章将回归到国际贸易法规则视阈下,讨论国际贸易规则对贸易自由化利益与数据隐私保护之间的平衡与协调,而贸易法规则中的“一般例外”规则即其中的具体体现。在此基础之上,第四章将以欧盟 GDPR 为现实范例讨论数字贸易自由化利益与数据隐私保护之间的平衡与协调。总之,第四章将以国际贸易中的贸易联结议题为线索脉络,以期能够实现贸易自由化利益与数据隐私保护之间的平衡与协调。

本书第五章将落脚于中国,尝试探讨中国参与数据本地化规则构建的路径。首先,这一部分将分析中国当前既有的实践现状(包括国际规则的谈判和国际条约的缔结情况、国内的立法现状等),进而反思中国当前实践的不足。在这一过程中,本书的内容也将有针对性地比照数据本地化措施背后潜在的三组利益冲突展开,尽可能地使文章前后章节能够相互呼应。其次,这一部分将分析中国参与数据本地化规则制定的原因(动力)、现实可能性和潜在面临的困难与挑战。最后,这一部分将探索中国参与规则完善的理性选择。总之,通过第五章的讨论,本书希望在完成前四章关于数据本地化措施理论分析的基础上,进一步完成中国参与数据本地化规则构建中的实践路径探讨。

总体上看,本书将紧紧围绕数据本地化措施问题,以国际贸易规则为研究视阈,以“措施—应对措施的规则”为基本逻辑脉络而展开学术研究。本书写作的一条基本思路是:通过基础理论和实证分析挖掘数据本地化措施背后潜在的三组利益冲突并引出文章所解决的基本问题,进而在理论层面逐一分析这三组利益冲突,以期实现三组利益冲突的平衡与协调。本书最后将落脚于中国，从国内规则和国际规则两个层面，尝试探索中国构建数据本地化规则的理性选择。

（二）主要内容

第一，数据本地化措施是数字贸易时代的新型贸易限制性因素，其背后承载着三组贸易利益与非贸易利益的冲突，分别是贸易自由化与国内监管自主权之间的利益冲突、贸易自由化与维护国家基本安全利益之间的利益冲突、贸易自由化与数据隐私保护之间的利益冲突。

第二，数据本地化措施属于数字贸易时代的新型国内监管措施，其合理边界在于不构成不必要的贸易限制。基于“比例原则”的要求，参照“要素权衡分析”路径予以判断，数据本地化措施的必要性标准测试应当具体考量成员方所追求的利益或价值的重要程度、争议措施对政策目标达成的贡献程度、争议措施的贸易限制程度以及成员方对公共利益和价值保护的程度和更少贸易限制性替代措施等基本要素。而以中国《网络安全法》和《数据安全法》中的数据本地化措施为范本，中国所执行的数据本地化措施是为了实现国家安全和个人数据隐私保护所必要的，具有实施相关措施的合理性，并未构成不必要的贸易限制。

第三，数据本地化措施是各国在数字贸易中维护本国网络安全和数据安全的实践举措。演化解释国际贸易中的安全例外条款，网络安全和数据安全可被解释为一国的“基本安全利益”，而构成“国际关系中的紧急情况”则需要在国防和军事利益或维持法律和公共秩序的利益受到紧迫威胁时才可能满足。进一步从规则适用层面看，为避免因安全例外的滥用而有悖于贸易自由化发展的基本宗旨与理念，数据本地化措施的实施应当遵循善意原则的要求，并基于技术中立的立场和视角对基本安全利益的界定和相关措施的必要性判断予以重点考量。以此为标准反思美国政府在“TikTok 事件”中的实践措施，美国政府在“TikTok 事件”中所采取的一系列举措尚存诸多现实问题且无法满足安全例外中所明确规定的一系列要件。

第四，数据本地化措施是贸易自由化与数据隐私保护之间利益冲突的体现。数据隐私保护是隐私权在数字时代的体现。各国基于数据隐私保护的目标而采取数据本地化措施，以期为个人提供有效的数据隐私保护。因此，作为贸易自由化与数据隐私保护之交集之一的数据本地化措施成为贸易联结议题在数字贸易时代的全新体现。对此，数据隐私权的权利理念为平衡贸易利益和隐私权益提供了指引、评价功能，亦为数据本地化措施的发展提供了一定的理论支持，有利于数字贸易的良性健康发展和数字贸易规则的优化制定。而理性看待两者的关系互动，贸易自由化与数据隐私权的互动仍然适宜分置于两个相互独立的体系之内。回归贸易法视阈下，GATS的一般例外条款仍然是适用于基于数据隐私保护目的而实施数据本地化措施的最直接规定。对标 GATS 一般例外条款，以欧盟 GDPR 为样本分析可见，欧盟 GDPR 中的相关措施能够符合 GATS 一般例外的法律内涵，其本身不会对数字贸易造成变相的限制和歧视。

第五，中国应当积极推动数据本地化规则的完善。从国内规则层面看，中国应当妥善地平衡好贸易自由化利益与非贸易利益之间的关系。就国内监管而言，在坚守国内监管自主权之底线的基础上，中国应当以贸易自由化为引领完善数据本地化国内规则。就国家基本安全利益而言，中国应当积极考虑内化国际贸易规则的理念，厘清数字贸易环境下国家安全的基本考量，并以此为准进行国内规则的构建，进而实现双重利益之间的平衡与协调。就数据隐私保护而言，中国的数据隐私保护立法应当基于贸易自由化的价值取向和互信的价值取向构建平衡数据流动与隐私保护的法律规则体系以实现数据流动与隐私保护的协调。从国际规则层面看，中国应当积极参与数据本地化国际规则的完善进程并提出具有影响力和号召力的数据本地化国际规则方案以增强自身在全球数字贸易治理中的影响力。在此过程中，中国应当以尊重监管自主权和推动贸易自由化为根本立场，以实现贸易自由化利益与非贸易利益的平衡为目标倡导构建附条件的数据本地化国际规则，逐步推动数据本地化措施在全球层面的“一致性”发展。

第一章

问题的缘起:国际贸易自由化与数据本地化措施

随着互联网技术的蓬勃发展和信息技术革命的加速兴起,数千年来人类赖以生存的世界正在从人们所习以为常的物理世界逐渐转变为数字世界。人类社会开始步入数字时代。回溯人类发展文明史,每一次技术革新都在一定程度上颠覆了原有的生产方式和生活方式。作为全球经济活动中资源配置的关键性环节,国际贸易亦正在经历数字化的深刻变革。数字贸易作为贸易的数字化产物在国际贸易中所占比重日趋增加,而在其中,流动着的数据正在成为连接全世界的载体,也正在成为促进全球经济与国际贸易发展、便利人们生产生活的动力源。

生产要素的跨国界流动是经济全球化的本质属性。[①] 随着数字经济[②]的发展,数据正在成为一种关键的新兴生产要素并在国际贸易中扮演着日益重要的角色。得益于数字技术的突飞猛进,数据的跨境流动成本与境内流动成本的差额几乎为零。因此,以数据为载体,以数字技术为依托的数字贸易天生就具有自由化和全球化的潜质。由此,数据跨境流动成为全球经济贸易发展的自发过程与合理诉求。然而,数据的跨境流动尚未能够实现"自由"流动。受多重因素影响,各国仍然采取多种措施以

① 关于经济全球化的本质是生产要素的跨国界流动的观点,参见张幼文:《生产要素的国际流动与全球化经济的运行机制》,载《国际经济评论》2013 年第 5 期;张幼文:《生产要素的国际流动与全球化经济的运行机制——世界经济学的分析起点与理论主线》,载《世界经济研究》2015 年第 12 期。

② 关于数字经济的定义,可参见《二十国集团数字经济发展与合作倡议》,载 2016 年二十国集团杭州峰会网,http://www.g20chn.org/hywj/dncgwj/201609/t20160920_3474.html。该倡议认为,数字经济是指以使用数字化的知识和信息作为关键生产要素、以现代信息网络作为重要载体、以信息通信技术的有效使用作为效率提升和经济结构优化的重要推动力的一系列经济活动。

限制数据的跨境自由流动,其中,数据本地化措施①在全球范围内引发了广泛的争议和讨论。数据本地化措施是各国强制网络内容层中的数据和网络物理层中的数字基础设施存置于其司法和行政管辖范围内或限制数据和数字基础设施向管辖范围外流动的措施。鉴于数据流动与数字贸易发展的密切联系,数据本地化措施与国际贸易自由化纷争遂起。

第一节　数字经济时代的国际贸易自由化

18 世纪下半叶以来,由英国古典经济学家亚当·斯密在其论著《国富论》中首创的贸易自由化理论②和大卫·李嘉图进一步发展的比较优势理论③,历经逾百年的理论传承与实践洗礼,被认为是国际贸易蓬勃发展的重要理论基础之一。“今天,几乎没有任何经济政策能比贸易自由化的受期望性在经济学家以及事实上所有国家之间获得更大的共识。”④国际贸易自由化正在成为经济全球化的重要推动力量。⑤ 由此,贸易自由化理念成为现代国际经济贸易秩序的基石。而基于贸易自由化理念所构建的 WTO 体系在推动国际贸易自由的进程中作出了不可磨灭的贡献。以 WTO 为代表的国际贸易体系为谈判和执行多边贸易协定、解决国际贸易争端提供了更强有力的框架体系,并通过与世界银行和国际货币基金组织等国际金融组织的合作以强化全球经济政策制定的一致性。⑥ 同时,国际贸易漫长实践的经验也表明,国际贸易总是伴随技术的变化而不断演化。步入数字时代,国际经济与贸易正在经历货物和服务在生产、交换和消费等诸多环节的数字化变革;随着越来越多的货物和服务依赖于网络交易或通过数字通信相联结,数字互联网正在成为重要的贸易渠道。数字技术与

---

① 鉴于本书中大量运用了“数据本地化措施”的表述,对于“措施”一词的理解,应参照 GATS 第 28 条(a)项中关于“措施”的界定而予理解,即“无论是以法律、法规、规则、程序、决定、行政行为的形式还是以任何其他形式”。由此,各类与之相关的国内法规或监管等也应被视为“数据本地化措施”。

② 参见[英]亚当·斯密:《国富论》(下卷),郭大力、王亚南译,商务印书馆 2014 年版,第 27 – 46 页。

③ 参见[美]约翰·H. 杰克逊:《世界贸易体制——国际经济关系的法律与政策》,张乃根译,复旦大学出版社 2001 年版,第 15 – 20 页。

④ [德]E. – U. 彼德斯曼:《国际经济法的宪法功能与宪法问题》,何志鹏等译,高等教育出版社 2004 年版,第 146 页。

⑤ 参见[比]彼得·范德博思、单文华:《世界贸易组织法原理》(上册),尚宽、贺艳译,法律出版社 2020 年版,第 6 页。

⑥ See Caf Dowlah, *International Trade, Competitive Advantage and Developing Economies: How Less Developed Countries are Capturing Global Markets*, Routledge Press, 2020, p. 6.

国际贸易的深度融合渗透使国际贸易的成本大幅降低而效率显著提升，并使国际贸易展现出新的生机与活力。可以说，国际贸易的数字化转型从根本上改变了跨国交易互动的方式。数字经济时代，国际贸易自由化开始呈现出新的趋势与新的特征。

一、数字贸易是数字经济时代国际贸易的新发展

技术改变世界。毫无疑问，数字技术的发展提高了传统行业的生产效率，降低了交易成本，并为诸如云计算、社交媒体和大数据等新兴行业提供了广阔的平台。作为一种全新经济活动形态的数字经济正迈入快速发展的新时代并融入了工作与生活的方方面面。除对整体经济的影响之外，数字技术还彻底改变了传统的国际贸易。数字时代的技术进步使市场主体能够以更低的成本在更广阔的市场范围内从事经济活动。在国际贸易领域，数字技术提高了贸易的规模、范围和流转速度，推动公司向全球开通数字服务的客户提供新货物和服务，也促进了包括广大中小型企业在内的新兴市场主体利用创新的数字工具克服国际贸易增长的障碍。依托数字技术和数字经济的高速发展，数字贸易进一步拓展了传统国际贸易的深度与广度，展现出了蓬勃的生命力和无限的发展潜力，也为全球经济贸易的高质量发展提供了新的动能。可以说，数字贸易深刻地改变了传统的国际贸易并代表了数字化时代国际贸易的未来发展方向。同时，数字贸易业已成为全球价值链调整的重要动力。① 2020 年以来，新冠疫情在全球范围内的突然暴发和持续蔓延对世界经济与贸易造成了巨大的冲击。在此背景之下，数字贸易对世界经济与国际贸易复苏的价值更显得弥足珍贵。② WTO 发布的《2021 年世界贸易报告》亦明确指出，新冠疫情大流行表明，数字贸易为国际贸易更快、更具包容性的复苏提供了多种解决方案。③

尽管数字贸易的重要性及其蓬勃发展趋势已经成为全球范围内的共识，但是，作为国际经济贸易活动的一个崭新阶段，全球范围内却尚未能以统一的标准界定数字贸易。各国政府部门抑或各国际组织都曾试图基于不同的视角对数字贸易予以概念界定。然而，由于各国经济发展水平之间的差异以及各国际组织对议题关注重点的

---

① 参见方英：《数字贸易成为全球价值链调整的重要动力》，载《人民论坛》2021 年第 1 期。

② See International Monetary Fund (IMF), *World Economic Outlook: A Long and Difficult Ascent*, IMF Website (Oct., 2020), https://www.imf.org/-/media/Files/Publications/WEO/2020/October/English/text.ashx. 在报告中，IMF 指出预测 2020 年全球经济将萎缩 4.4%，但同时新冠疫情也是刺激创新并发展数字基础设施的机会。

③ See World Trade Organization (WTO), *World Trade Report 2021: Economic Resilience and Trade*, WTO Website (Nov., 2021), https://www.wto.org/english/res_e/booksp_e/wtr2 _e/00_wtr21_e.pdf.

不同,各国和各国际组织未能对数字贸易形成一种内涵唯一且外延清晰的界定。美国是最早对数字贸易予以官方界定的国家。美国国际贸易委员会(USITC)于2013年7月在其官方报告中首次提出数字贸易的概念,[①]并于2014年8月对数字贸易予以了再界定。[②] 随着数字贸易的发展,美国对数字贸易的界定持续呈现出扩张的趋势。数字贸易被逐渐界定为涉及数字网络环境中促进创新和信息自由流动的各类贸易形式。2017年3月,美国贸易代表办公室(USTR)发布官方报告即指出数字贸易是一个宽泛的概念,不仅涵盖了互联网上消费品的销售和在线服务的供应,还包括实现全球价值链的数据流、实现智能制造的服务以及其他众多的平台和应用。[③] 而就国际组织而言,与各国基于本国数字经济和数字贸易的发展进程而对数字贸易展开界定的立场不同,国际组织更倾向于采取更为客观中立的立场对数字贸易展开界定。例如,在国际组织层面,OECD认为,尽管数字贸易没有一个公认和被接受的定义,但基本共识是数字贸易是以消费者、企业和政府为参与主体,涵盖货物和服务贸易的数字化交易而无论其通过数字方式还是物理方式交付。[④] 这种客观中立的立场也被诸多国家所接受。通常认为,数字贸易是以数字方式启用的货物或服务贸易且无论是数字方式还是物理方式交付。[⑤]

作为一个与数字贸易近似的概念,电子商务与数字贸易(digital trade)之间存在千丝万缕的联系并在实践中广泛并存且被混淆使用。然而,回溯数字经济的发展进程,尽管电子商务和数字贸易确实存在不可分割的密切联系,但电子商务更宜被视为一个发展阶段而作为数字贸易的重要组成部分。或者说,数字贸易的兴起源于数字经济,并在早期以电子商务为主要表现形式,是对电子商务在数字经济时代的进一步数字化拓展。一方面,电子商务是传统贸易数字化发展趋势的早期形态。得益于通

① See U. S. International Trade Commission(USITC), *Digital Trade in the U. S. and Global Economies – Part 1*, USITC Website(Jul., 2013), https://www.usitc.gov/publications/332/pub4415.pdf. USITC将"数字贸易"界定为"通过互联网提供产品和服务的美国国内贸易和国际贸易"。

② See U. S. International Trade Commission(USITC), *Digital Trade in the U. S. and Global Economies – Part 2*, USITC Website(Aug., 2014), https://www.usitc.gov/publications/332/pub4485.pdf. USITC将"数字贸易"扩张界定为"互联网和基于互联网的技术在采购、制造和产品和服务提供方面发挥着关键性作用的美国国内商业和国际贸易"。

③ See United States Trade Representative(USTR), *Key Barriers to Digital Trade*, USTR Website(Mar., 2017), https://ustr.gov/about-us/policy-offices/press-office/fact-sheets/2017/march/key-barriers-digital-trade.

④ See Javier López González & Marie-Agnes Jouanjean, *Digital Trade: Developing a Framework for Analysis*, OECD Trade Policy Papers, No. 205, July 2017, p. 6.

⑤ See Shamel Azmeh, Christopher Foster & Jaime Echavarri, *The International Trade Regime and the Quest for Free Digital Trade*, International Studies Review, Vol. 22:3, p. 672(2020).

信技术和大型运输设备的出现,传统贸易得以产生并快速发展;随着计算机技术和互联网技术的出现,电子商务作为数字化的传统贸易呈现在世人面前。尽管电子商务的定义亦纷繁复杂,但大致可将其理解为通过网络和计算机在线开展业务。① 早期的电子商务通过互联网平台进行商品交易活动并相较于传统贸易更具效率和收益。此时,电子商务的交易商品类别与传统贸易并无太大差异,仅是更多地以贸易线上化的形式呈现。这一特征也明显地体现在了早期的电子商务国际规则中。② 另一方面,数字贸易是电子商务在数字经济时代的发展与延伸,是对早期电子商务的迭代进化。当前,数字技术加速更新和全面普及,国际贸易数字化转型仍在持续推进中,加快了数字贸易的转型与升级。在这一阶段,以人工智能、大数据、区块链等为代表的新技术革命拉开序幕,改变了传统商业模式并驱动数据成为核心生产要素。除了传统的货物与服务外,数字化的货物与服务以及数据和信息正在成为全新的国际贸易标的物并在比重上呈现出日益扩张的趋势。因此,尽管电子商务和数字贸易都是随着互联网和数字技术的发展而发展,但两者间并非处于完全重叠的历史阶段。而进一步对比前文中所提及的 USITC 和 USTR 关于数字贸易的定义也可发现,早期的定义更偏向于电子商务的概念界定,而后期的定义则更偏向于数字贸易的概念界定。

随着数字贸易的发展和国际数字贸易规则的广泛制定,数字贸易与电子商务概念的厘清日益凸显出迫切性。③ 但实践也同时表明,电子商务和数字贸易的概念在国际法层面似乎并未得到明确的区分,其更多体现在各国的国内法选择方面。一方面,

---

① See Andrew D. Mitchell, *Towards Compatibility: The Future of Electronic Commerce Within the Global Trading System*, Journal of International Economic Law, Vol. 4: 4, p. 685 – 686 (2001).

② 例如,联合国贸易法委员会于 1996 年颁布的《电子商业示范法》中的多数条款均体现出传统贸易数字化规则的特征,包括第一部分第二章"对数据电文适用法律要求"、第三章"数据电文的传递"以及第二部分"电子商业的特定领域"中所仅有的"货物运输"章节。在我国法律层面,与前述章节相关内容大多体现在《民法典》合同编当中。

③ 例如,在诸多自由贸易协定(FTA)中,普遍使用了"电子商务"(E – commence)的表述。例如,在《区域全面经济伙伴关系协定》(RCEP)中,第 12 章为电子商务章节(Chapter 12 – Electronic Commerce);而 USMCA 中的第 19 章则采用了"数字贸易"的表述。此外,正在推进中的 WTO 相关谈判中也使用"电子商务"的表述,即正在推进中的 WTO 电子商务议程(Work Programme On Electronic Commerce, WT/L/274);但是,采用"数字贸易"的呼声也广泛存在。例如,在正在推进中的 WTO 电子商务议程中,美国和巴西等国即认为应当将主题重新命名为"数字贸易",因为"数字贸易"的概念能够更加准确地涵盖主题所讨论的领域,可经 WTO 官网参见 Joint Statement on Electronic Commerce Initiative – Communication From The United States, INF/ECOM/5, 25 March 2019; Joint Statement on Electronic Commerce – Communication From Brazil, INF/ECOM/27, 30 April 2019;而有些国家,如日本和加拿大,则干脆不予区分而杂糅使用"电子商务"和"数字贸易"两个概念,可经 WTO 官网参见 Japan, Joint Statement on Electronic Commerce Initiative – Proposal for the Exploratory Work by Japan, INF/ECOM/4, 25 March 2019, Joint Statement On Electronic Commerce – Communication From Canada, INF/ECOM/29, 9 May 2019。

在国际法层面,电子商务与数字贸易的概念近似甚至等同。WTO 曾对“电子商务”予以官方界定,认为应将“电子商务”理解为通过电子方式生产、分配、营销、销售或交付货物和服务。[①] 从这一概念上理解,WTO 对电子商务的概念界定与各国政府部门和国际组织关于数字贸易的共识性概念是较为一致的。质言之,两者均至少被理解为是以电子化或者数字化方式展开的服务和货物贸易。另一方面,从某种程度上说,“数字贸易”抑或“电子商务”的表述更多是各国基于自身数字经济发展的选择。因此,“数字贸易”抑或“电子商务”的概念选择更多体现的是各国对相关议题的政策立场差异。[②] 相比较而言,发达国家在数字基础设施方面具有更稳固、健全和先进的基础设施建设,且在全球服务贸易发展方面处于相对优势地位,因而更倾向于主张采用“数字贸易”的措辞,以凸显其通过数字化手段传输内容及服务的贸易方式,进而主张更为激进的数据跨境自由流动政策。与之相反,发展中国家则更倾向于采用“电子商务”的概念,并对其进行限缩性的界定,以突出和强调基于互联网而展开的跨境货物贸易以及与之相关的服务。[③] 因此,基于以上分析,在国际法层面,数字贸易与电子商务在本质上并无显著的区别,两者具有内在的一脉相承和共同的特点与属性,采取何种概念更多地取决于各自由贸易协定谈判各方之间的利益博弈。由于数字贸易的发展形态仍在推进当中,对其准确的界定更多地体现出缔约各方之间的博弈与利益平衡。

综上所述,在贸易自由化趋势下,数字技术的出现开始推动贸易的数字化发展。尽管电子商务与数字贸易在数字化程度等方面存在差距,但均作为贸易数字化发展的不同阶段共同推动着国际贸易的发展。电子商务和数字贸易的表述选择深刻地反映出各国间政策立场的差异。但是,在国际法层面,特别是在数字贸易国际规则层面,电子商务和数字贸易并无刻意区分之必要。

二、数据是数字贸易发展的核心要素

当论及数字经济时代的经济创新与国际贸易时,“数据”一词已经成为全新的“流

---

① See WTO, Work Programme on Electronic Commerce, WT/L/274, 30 September 1998.

② See Henry S. Gao, *Digital or Trade? The Contrasting Approaches of China and US to Digital Trade*, Journal of International Economic Law, Vol. 21:2, p. 317 (2018).

③ 例如,我国的《电子商务法》在一定程度上对此予以了佐证。根据《电子商务法》第 2 条之规定,电子商务是指通过互联网等信息网络销售商品或者提供服务的经营活动。这一概念界定的内涵与外延远小于 WTO 关于电子商务的界定和各国际组织关于数字贸易的概念界定。

行语”(buzzword)。① 过去,在绵延数千年的传统农业社会中,经济发展的决定因素是土地和劳动力。工业时代,技术和机器设备逐渐取代传统的人力资源并在经济发展中扮演着核心生产要素的角色。后工业时代,信息资源与自然资源具有同等的重要性,并对经济的发展起到基础性支撑作用。② 迈入数字时代,数字技术的日新月异和迅猛发展使以互联网为代表的数字信息技术成为经济生活的一项基础性工具而日趋得到重视。而数据资源的爆炸性增长以及人们对数据资源的日益依赖也使越来越多的人意识到,人类正在经历一场与工业时代一样重大的技术革命。毋庸置疑,人们正被淹没在数据的海洋之中。数据已然成为当前诸多商业模式的核心要素投入,并创造着巨大的价值和收入流。③ 随着数字经济的蓬勃发展,数据在经济发展中的重要性日趋凸显。数据,特别是经过整合、分析和加工后的大数据,其所蕴藏的巨大潜力将诱发更有效的商业运作、社会解决方案乃至公共政策选择。不难看出,数据和信息技术已然成为数字经济的核心生产要素。④ 对此,全球知名杂志《经济学人》即刊文认为数据已经取代石油成为“世界上最有价值的资源”,并成为“全球信息经济的命脉”。⑤ 联合国贸易和发展会议(UNCTAD)发布的《2019 年数字经济报告》亦开宗明义地指出,数字数据是数字经济扩张的驱动因素,⑥由此可见数据对数字经济的重要性。恰恰由于数据对经济发展和贸易增长的重要性,国际组织和国家政府逐渐开始对此予以重视并致力于推动有关数据的政策支持。就中国而言,2019 年 10 月召开的党的十九届四中全会中,数据作为一种生产要素首次被写入党的重要文件中。⑦ 2020 年 4 月,中共中央、国务院《关于构建更加完善的要素市场化配置体制机制的意见》重

---

① See Mira Burri, *The Governance of Data and Data Flows in Trade Agreements: The Pitfalls of Legal Adaptation*, UC Davis Law Review, Vol. 51: 1, p. 67(2017).

② 参见杨剑:《数字边疆的权利与财富》,上海人民出版社 2012 年版,第 28 页。

③ 参见黄鹏、陈靓:《数字经济全球化下的世界经济运行机制与规则构建:基于要素流动理论的视角》,载《世界经济研究》2021 年第 3 期。

④ 崔保国、刘金河:《论数字经济的定义与测算——兼论数字经济与数字传媒的关系》,载《现代传播(中国传媒大学学报)》2020 年第 4 期。

⑤ See *The World's Most Valuable Resource is No Longer Oil, But Data*, Economist Website, https://www.economist.com/leaders/2017/05/06/theworlds-most-valuable-resource-is-no-longer-oil-but-data. 类似观点的文章在福布斯杂志中亦曾有刊载。See Kiran Bhageshpur, *Data is the New Oil - and that's a Good Thing*, Forbes, https://www.forbes.com/sites/forbestechcouncil/2019/11/15/data-is-the-new-oil-and-thats-a-good-thing/?sh=5852579c7304.

⑥ See United Nations Conference on Trade and Development(UNCTAD), *Digital Economy Report* 2019, UNCTAD Website(Sept. 4, 2019), https://unctad.org/system/files/official-document/der2019_en.pdf.

⑦ 中共中央《关于坚持和完善中国特色社会主义制度 推进国家治理体系和治理能力现代化若干重大问题的决定》提出,健全劳动、资本、土地、知识、技术、管理、数据等生产要素由市场评价贡献、按贡献决定报酬的机制。

磅公布;其中,数据被纳入生产要素范畴,并提出了加快培育数据要素市场的三条具体意见。① 由此可见,数据作为一种关键生产要素已经得到了政府的重视。

国际贸易视阈下,随着数字贸易的兴起,数据逐渐成为一种关键的新兴生产要素并在全球贸易中扮演着日益重要的角色。数据作为基本社会活动的关键要素在数字转型中显得至关重要,并在贸易政策界中得到日趋清楚的承认。② "数据即权力,数据已经成为全球贸易的核心。"③数字贸易以数字方式为交易形态甚至交易产品的本质特征,决定了数字贸易是建立在数据基础上的贸易。因此,可以说,数字贸易的核心要素就是数据。WTO 发布的 2018 年度报告中的统计数据显示,相较 2016 年,预计 2025 年全球数据信息总量将增长 10 倍而达到 163 万亿千兆字节。④ 由此可见,数据已经成为当今国际贸易所不可分割的要素,并将在未来的国际贸易中扮演着日趋重要的角色。

鉴于数据作为一种新兴生产要素的核心地位,明晰数据的界定并尝试厘清数据的分类至关重要。一方面,明晰数据的界定是制定数字贸易规则的理论前提之一。准确把握数字贸易的发展规律,求同存异,弥合各方之间的利益分歧,进而搭建符合国际贸易发展趋势的数字贸易制度和规则体系是当前亟待解决的现实问题。其中,数据作为数字贸易的核心载体和关键生产要素,对数据界定的准确与否,直接决定了数字贸易规则制定的合理性与有效性。另一方面,数据的类型纷繁复杂决定了数字贸易治理的复杂性。有效数字贸易治理的开展有赖于对数据进行必要的分级和分类。这部分源于不同类型的数据涉及不同类型的行为体且相互之间存在重叠和竞合。缺少有效的数据分类显然无益于数字贸易治理的开展。此外,尽管数据的财产权保护尚未在法律层面被确认,但是,数据具有财产权的属性是毋庸置疑的。数据财产权内部化成本的降低和收益的提升为数据的财产权化提供了坚实的经济学基础,而数据的经济性、可特定性和可转让性的特征也为其成就新的财产类型提供了法律

---

① 这三条意见分别是:推进政府数据开放共享,提升社会数据资源价值,加强数据资源整合和安全保护。

② See Mira Burri & Rodrigo Polanco, *Digital Trade Provisions in Preferential Trade Agreements: Introducing a New Dataset*, Journal of International Economic Law, Vol. 23:1, p. 188(2020).

③ Matthew J. Slaughter & David H. McCormick, *Data is Power: Washington Needs to Craft New Rules for the Digital Age*, Foreign Affairs, Vol. 100:3, p. 54(2021).

④ See World Trade Organization(WTO), *World Trade Report* 2018*: The Future of World Trade – How Digital Technologies are Transforming Global Commerce*, WTO Website(Oct. 3, 2018), https://www.wto.org/engl ish/res_e/publications_e/world_trade_report18_e.pdf.

基础。[①] 对此，相关的司法案例也曾予以承认。[②] 因此，厘清数据的类型化是推进数字贸易治理有效性和落实产权明晰理念的重要环节。

论及数据的界定，事实上，数据并非法律概念，而属于事实概念的范畴。与此同时，与数据相邻近之信息一词的存在以及两者在法律层面的杂糅使用，也在客观上使数据概念的界定复杂化。[③] 从某种程度上来说，数据与信息"相互交织、相互关联"，[④] 因一时难以届分而呈现出同质化的倾向。究其根本，则是由于数字技术在社会生活各个层面的广泛运用和发展，使数据成为信息传播的主要方式，而信息也越来越多地以数据的形式呈现。关于数据的界定，英国牛津词典对此有两重解释：一是指经过试验、统计而收集的事实或信息，主要以数值的形式所体现，其主要用途是说理、分析、立论或者计算；二是指由计算机存储的信息。美国韦氏词典则直接将数据界定为"以数字形式存储和加工的信息"。由此不难看出，数据和信息的概念非常相似，如若对两者予以强制性的区分，本书倾向于认为，数据是信息得以形成的数字化事实，是可由计算机读取的信息。因此，数据和信息应当属于不同层面的概念，分属媒介和信息本体层面，并呈现出载体（形式）与内容的关系。当前诸多国际条约或国内立法对数据和信息概念的界定也在一定程度上予以了印证。例如，在我国《数据安全法》中，"数据"被定义为"任何以电子或者其他方式对信息的记录"[⑤]。在欧盟 GDPR 中，"个人数据"被定义为"任何已识别或可识别的与自然人（'数据主体'）相关的信息"[⑥]。在 CPTPP 中，其中的"电子商务"章节将"个人信息"概念界定为"包括数据在内的关于已识别或可识别自然人的任何信息"[⑦]。尽管数据与信息存在区别，但是，在以数字经济为代表的新经济背景下，有必要对数据和信息的概念予以统一的理解，即不再刻意对数据和信息两个概念进行区分。[⑧] 而实践中数据与信息概念的复杂混用情形亦

---

① 参见许可：《数据权属：经济学与法学的双重视角》，载《电子知识产权》2018 年第 11 期。

② 相关案例可参见浙江省杭州市中级人民法院民事判决书，〔2018〕浙 01 民终字第 7312 号。

③ 实践中，在法律层面，信息和数据作为数字经济中的基础概念，一直未能被有效地区分。在法律文件和法学论著中，两者被不加区分使用的情形居多。也有学者专门针对这一现象展开了梳理，可参见韩旭至：《信息权利范畴的模糊性使用及其后果——基于对信息、数据混用的分析》，载《华东政法大学学报》2020 年第 1 期。

④ 参见［英］伯特兰·罗素：《我们关于外间世界的知识》，陈启伟译，上海译文出版社 2006 年版，第 52 页。

⑤ 《数据安全法》第 3 条。

⑥ GDPR Article 4 "Definitions".

⑦ Comprehensive and Progressive Agreement for Trans-Pacific Partnership, Article 14.1 "Definitions".

⑧ 参见胡凌：《商业模式视角下的"信息/数据"产权》，载《上海大学学报（社会科学版）》2017 年第 6 期。

从侧面说明,“在大多数的情形下,信息和数据概念的混用在法律上并不会引起理解上的偏差,也没有进行严格区分的必要”①。

数字贸易背景下,数据的类型化很重要。除数据所潜在的财产权属性外,还因为数据的类型化关涉到自由贸易协定中的例外条款的设置问题。设置这些例外条款的目的通常是针对特定类型数据的特别规定,而不是与所有类型的数据有关。具体而言,大多数新兴的贸易协议都包含有例外条款,即政府可以在满足特定条件的情况下违反数据跨境流动的国际法义务,以实现合法的政策目标,如个人数据隐私的保护、国家安全等。因此,任何未来规则制定的规范性框架都需要首先区分不同类型的数据,以便确定哪些类型的数据可以给予成员更大的监管自主权。② 考虑具体的分类方法时,鉴于在数字贸易的背景下,数据的控制者和存储地会对数据使用者(如政府、企业、消费者等)从数字贸易中的获益和对相关条约、法律和法规目的和范围产生影响③,数据控制者和数据存储地应当成为数据分类时的重要考虑因素,并可大致将数据界分为个人数据、企业数据、政务数据、公共数据。

三、数字贸易自由化有赖于数据的跨境自由流动

经济和贸易的全球化受生产要素跨境流动的驱动。货物和资本的流动是20世纪全球经济的标志,但如今,这些传统生产要素的国际流动已趋于平缓甚至下降。随着数字技术的高速发展和数字贸易的蓬勃开展,数据地位日渐提升。由此,数据跨境流动④对数字经济和数字贸易发展的重要性凸显。数字贸易的蓬勃发展使跨境数据的内容和规模正在呈几何倍数提升。可以说,数据的流动是包括数字

---

① 梅夏英:《信息和数据概念区分的法律意义》,载《比较法研究》2020年第6期。

② See Nivedita Sen, *Understanding the Role of the WTO in International Data Flows: Taking the Liberalization or the Regulatory Autonomy Path?*, Journal of International Economic Law, Vol. 21:2, p. 343(2018).

③ See Susan Ariel Aaronson, *What are We Talking about When We Talk about Digital Protectionism?*, World Trade Review, Vol. 18:4, p. 556(2019).

④ 关于“数据跨境流动”的英文表达,有 transborder data flow 和 cross－border data flow 两种表达,美国多用前者,而欧盟和 OECD、APEC 等国际组织多用后者。关于“数据跨境流动”这一概念,OECD 在其于1980年发布的《关于保护隐私与个人数据跨境流动的指南》首次提出,但当时所指仅仅为个人数据。该指南中明确指出,跨境数据流动是指数据跨越国境进行流动。随着数字技术的发展,数据的外延不断扩大,数据跨境流动的概念界定也不断扩张。关于数据跨境流动概念的梳理,See Christopher Kuner, *Transborder Data Flows and Data Privacy Law*, Oxford University Press, 2013, p. 11。

服务在内的数字贸易的固有属性,[①]对深化国际贸易与合作至关重要。[②] 从一定程度上看,数据的跨境自由流动通过支持全球通信,信息访问和数字化的供应链追踪来支持国际贸易,而流动的数据本身也可以成为云计算等专业服务。[③] 通过数据的有效串联,世界比以往任何时候都更加联系紧密。例如,以阿里巴巴和亚马逊等数字平台为代表的数字贸易新形态降低了国际商业互动和跨境交易的成本,创建了具有全球规模的市场和用户社区,从而为企业提供了庞大的潜在客户群以及有效的联系方式。同时,通过这些数字平台,中小企业有机会与其他国家的客户和供应商建立更为密切的联系,使小型企业有机会成为"微型跨国公司"。这也意味着,依托数字贸易的推动,中小企业和新兴经济体国家有机会在全球贸易中扮演愈加重要的角色,而这一切愿景的有效实现都离不开数据跨境的自由流动。

数字贸易背景下,数据跨境自由流动是全球经济贸易发展的自发过程与必然结果。作为数字贸易基本"细胞"的数据,在蓬勃发展的数字技术的紧密支持下,天然就具有跨境流动的潜质。这源于数字互联网空间所具有全球性、自由性、实时性和开放性特质。数字互联网空间的前述特质使用户(包括数字贸易参与者)在通过互联网进行交流的过程中,能够瞬时且自由地跨越传统的物理国界限制而实现有效的互联互通。同时,数据本身具有无形性的特点。这就使数据能够排除物理国界的限制而根据用户的需求和目的进行目标传递。因此,随着全球化进程的加快以及互联网互联互通程度的加深,数据的跨境自由流动具有了自发性。这亦是互联网之开放性的实质体现。[④] 同时,数字技术的突飞猛进使数据的跨境流动成本与数据的境内流动成本的差额几乎为零。得益于此,数字贸易参与者就可能最大限度地依托于互联网实现自身经济利益的最大化。由此,随着数字贸易进程不断加深,数据跨境流动成为数字贸易发展的合理诉求。

数据跨境自由流动为不断增长的经济活动和国际贸易奠定了基础。数据的汇聚、流动、处理和分析活动是数据价值创生的必然路径。[⑤] 就国际贸易领域而

---

① See Neha Mishra, *Building Bridges: International Trade Law, Internet Governance, and the Regulation of Data Flows*, Vanderbilt Journal of Transnational Law, Vol. 52:2, p. 471(2019).

② See Mona Farid Badran, *Economic Impact of Data Localization in Five Selected African Countries*, Digital Policy, Regulation and Governance, Vol. 20:4, p. 338(2018).

③ See Joshua P. Meltzer, *The United States – Mexico – Canada Agreement: Developing Trade Policy for Digital Trade*, Trade Law & Development, Vol. 11:2, p. 240(2019).

④ See Sarah Box, *Internet Openness and Fragmentation: Toward Measuring the Economic Effects*, CIGI Website(May, 2016), https://www.cigionline.org/sites/default/files/gcig_no.36_web.pdf.

⑤ 参见刘金瑞:《数据安全范式革新及其立法展开》,载《环球法律评论》2021 年第 1 期。

言,从某种程度上看,数据跨境自由流动已经成为现代世界经济和贸易的重要方面。早在 2016 年,知名全球咨询公司麦肯锡(McKinsey)的研究报告即指出,数据流动对国内生产总值(gross domestic product,GDP)增长率的贡献已经超过了全球货物贸易。① 毋庸置疑,在贸易自由化发展的趋势下,数据跨境自由流动将会为数字贸易的发展注入新的"推进剂"。在数字贸易成为世界经济重要组成部分的现实背景下,数据的跨境自由流动已经成为经济与贸易全球化的主要特征。研究表明,数据跨境流动与过去传统的资本、劳动力等生产要素的流动具有可比拟性,可以协调、指导和支持经济和贸易的发展。② 数据跨境自由流动不仅能提高生产率,也使市场的运行方式更加有效,进而促使国际贸易发生改变并推动全球经济的发展。数据跨境自由流动同时带动着思想和创新席卷全球,推动它们提高绩效和生产力。因此,数据跨境自由流动也是互联网作为无与伦比的信息技术和数字技术发挥功能的先决条件,为发达国家和发展中国家带来了无与伦比的好处。正是由于数据跨境自由流动在推进全球数字贸易发展中的关键作用,数据跨境流动被称为"将全球经济联系在一起的结缔组织(connective tissue)"③。

鉴于数据跨境自由流动在推动全球数字贸易发展中的重要推动力和数据"流动创造价值"的特性,数据跨境自由流动正在成为数字经济和数字贸易的应然要求。新兴国际贸易协定中对此予以了足够的关注。④ 各国也纷纷出台政策或制定法律法规以强调和重视数据的跨境自由流动。在西方主要经济体中,数据的跨境自由流动被视为当前多元化价值链和供应链的"支柱"(backbone)。⑤ 2021 年 4 月 28 日,七国集团(G7)数字和技术部部长即强调了数据跨境流动对于经济增长和创新的至关重要作用,认为各方必须共同努力以更好地利用有价值的数据驱动技术的潜力,强调了基

---

① See McKinsey Global Institute, *Digital globalization: The New era of Global Flows*, McKinsey & Company Website (Feb. 24, 2016), https://www. mckinsey. com/business - functions/mckinsey - digital/our - insights/digital - globalization - the - new - era - of - global - flows#.

② See Milton Mueller & Karl Grindal, *Data Flows and the Digital Economy: Information as a Mobile Factor of Production*, Digital Policy, Regulation and Governance, Vol. 21: 1, p. 72 (2019).

③ Susan Lund & Laura Tyson, *Globalization is not in Retreat: Digital Technology and the Future of Trade*, Foreign Affairs, Vol. 97: 3, p. 132 (2018).

④ 在诸多区域贸易协定或双边贸易协定中,缔约国设置了专门的电子商务(数字贸易)章节,专列"促进跨境电子商务"(Promoting Cross - Border Electronic Commerce)小节并在其中规定了数据跨境流动条款。

⑤ See *Data Free Flow with Trust (DFFT): Paths towards Free and Trusted Data Flows*, World Economic Forum Website (May, 2020), https://www3. weforum. org/docs/WEF_Paths_Towards_Free_and_Trusted_Data% 20_Flows_2020. pdf.

于信任的数据自由流动，并宣布了《数据自由流动与信任合作路线图》。[①] 其中，G7 各国将针对数据本地化措施问题列为实现基于信任的数据自由流动的四大核心交叉领域。[②] 2021 年 6 月，在英国康沃尔郡卡比斯湾举办的 G7 峰会上，G7 峰会公报亦强调，“要以信任支持数据自由流动，以更好地利用有价值的数据驱动技术的潜力”[③]。就二十国集团(G20)国家而言，2021 年 8 月，在意大利的里雅斯特(Trieste)召开的 G20 数字部长会议中，与会各方在宣言中也同样强调了基于信任的数据自由流动的重要性。[④] 2019 年的 G20 大阪领导人峰会[⑤]和 2020 年的 G20 利雅得领导人峰会[⑥]均提及了基于信任的数据自由流动。2021 年 10 月 31 日，在意大利罗马召开的 G20 领导人峰会中，与会各国领导人也再次强调了基于信任的数据自由流动以及跨境数据流动的重要性。[⑦] 而就中国而言，尽管保留了自身的观点立场，但也逐渐意识到数据跨境流动的重要性。2020 年，中国在“抓住数字机遇，共谋合作发展”的国际研讨会中提出《全球数据安全倡议》，即明确地指出了数据的关键地位和其在供应链环节的

---

① See *Ministerial Declaration G7 Digital and Technology Ministers' Meeting*, UK Government Website (Apr. 28, 2021), https://assets.publishing.service.gov.uk/government/uploads/system/uploads/attachment_data/file/981567/G7_Digital_and_Technology_Ministerial_Declaration.pdf. 在《数据自由流动与信任合作路线图》中，G7 各国强调，“跨境数据流动的能力对于经济增长和创新至关重要。……在 2019 年 G20 大阪领导人宣言、2019 年 G20 贸易和数字经济部长级声明和 2020 年 G20 领导人利雅得宣言的基础上，我们将利用我们作为志同道合、民主、开放和外向型国家的共同价值观，支持工作计划以实现基于信任的数据自由流动的好处”。

② See *G7 Digital and Technology Track – Annex 2: G7 Roadmap for Cooperation on Data Free Flow with Trust*, UK Government Website (Apr. 28, 2021), https://assets.publishing.service.gov.uk/media/609cf5e18fa8f56a3c162a43/Annex_2__Roadmap_for_cooperation_on_Data_Free_Flow_with_Trust.pdf. 除了数据本地化议题(data localisation)外，另外三项议题分别为监管合作(regulatory cooperation)、政府数据获取(government access to data)以及数据共享(data sharing for priority sectors)。

③ 当然，除了数据流动，G7 也强调了数据保护的重要性，认为在数据自由流动的同时，应继续应对与数据保护相关的挑战。See *Carbis Bay G7 Summit Communique: Our Shared Agenda for Global Action to Build Back Better*, G7 Cornwall Website (Jun., 2021), https://www.g7uk.org/wp-content/uploads/2021/06/Carbis-Bay-G7-Summit-Communique-PDF-430KB-25-pages-1-2.pdf.

④ See *Declaration of G20 Digital Ministers: Leveraging Digitalisation for a Resilient, Strong, Sustainable and Inclusive Recovery*, G20 Website (Aug., 2021), https://www.g20.org/wp-content/uploads/2021/08/DECLARATION-OF-G20-DIGITAL-MINISTERS-2021_FINAL.pdf.

⑤ See *G20 Osaka Leaders' Declaration*, Ministry of Foreign Affairs of Japan Website (Jun., 2019), https://www.mofa.go.jp/policy/economy/g20_summit/osaka19/en/documents/final_g20_osaka_leaders_declaration.html.

⑥ See *Full text of Leaders' Declaration of G20 Riyadh Summit*, XinHuaNet Website, http://www.xinhuanet.com/english/2020-11/23/c_139535831.htm.

⑦ See *G20 Rome Leaders' Declaration*, G20 Website (Oct., 2021), https://www.g20.org/wp-content/uploads/2021/10/G20-ROME-LEADERS-DECLARATION.pdf.

重要地位。[①] 2021 年,中国最新制定通过并实施的《数据安全法》亦明确规定要"促进数据跨境安全、自由流动"[②]。由此可见,当前全球主要数字经济体均已经意识到了数据跨境流动的重要性并对此予以了高度的关注和重视。

综上,数字贸易是国际贸易发展步入数字互联网时代的新阶段。在实现贸易自由化的进程中,数字贸易自由化的实现同样建立在贸易自由化的理论基础之上。[③] 其中,数据跨境自由流动扮演着极为重要的角色。数据跨境自由流动是当今国际贸易的重要组成部分并成为诸多数字服务模式的支柱,[④]然而,数字贸易的发展并非一帆风顺。近年来,数据风险事件的频发加快了各国对维护本国数据安全的立法进程;因此,各国在关注数据跨境自由流动的同时,也纷纷制定法律以限制数据跨境自由流动进而避免因数据流动而引发的一系列风险与挑战。

第二节　数字贸易自由化进程中的数据本地化措施

数字经济时代,数据跨境自由流动既是数字经济和国际贸易自由化发展的迫切需要,也是经济全球化和国际贸易数字化发展的必然结果。数据跨境自由流动已经成为当今贸易活动的推动力。[⑤] 以数字技术为依托并以数据为载体的数字贸易天生就具有自由化和全球化的潜质。与此同时,技术的发展在驱动社会进步的同时也会诱发新的风险与挑战。在以科技为助力的现代,人们正在迈入风险社会,风险已然成为现代化的副产品。[⑥] "随着技术和产业的发展,越来越多的国家也开始对数据跨境流动施加一定合理的限制,强化了对跨境数据流动的管理。"[⑦]数字贸易领域,数据跨境自由流动也诱发商业、技术和安全领域的挑战与风险。[⑧] 在 2019 年 G20 峰会的贸

---

① 参见《全球数据安全倡议(全文)》,载中央人民政府网,http://www.gov.cn/xinwen/2020-09/08/content_5541579.htm。

② 《数据安全法》第 11 条。

③ 参见谭观福:《论数字贸易的自由化义务》,载《国际经济法学刊》2021 年第 2 期。

④ See W. Gregory Voss, *Cross-Border Data Flows, the GDPR, and Data Governance*, Washington International Law Journal, Vol. 29:3, p. 528(2020).

⑤ See Mira Burri, *Designing Future-Oriented Multilateral Rules for Digital Trade*, in Pierre Sauvé and Martin Roy eds., Research Handbook on Trade in Services, Edward Elgar Publishing, 2016, p. 357-358.

⑥ 参见[德]乌尔里希·贝克:《风险社会》,何博闻译,译林出版社 2004 年版,第 19 页。

⑦ 沈玉良等:《全球数字贸易规则研究》,复旦大学出版社 2018 年版,第 202 页。

⑧ See Rolf H. Weber, *Transborder Data Transfers: Concepts, Regulatory Approaches and New Legislative Initiatives*, International Data Privacy Law, Vol. 3:2, p. 118-119(2013).

易与数字经济部长级声明中，各国部长即共同声明，数据跨境自由流动带来了诸如隐私和数据保护、安全等相关挑战。[①] 这些潜在的风险与挑战迫使各国不得不重视自身利益并加强对数据跨境流动的限制和监管力度，以竭力避免各类风险的爆发。“数据问题已成为主权国家的新战场，以试图在数字空间中施加边界，进而保护诸如国家安全或隐私之类的重大利益。”[②]对此，尽管国际社会普遍达成了数据自由流动的共识并致力于实现基于信任的数据自由流动，但是，在日趋频发的风险事件面前实现国家间的数据流动互信绝非易事。在威斯特伐利亚原则仍然被普遍认为是构成世界秩序基础的当下，[③]国家依然是当今世界最主要的行为体。由此，各国在数字贸易中采取了各类贸易限制性措施以防范自身的风险和维护自身的利益。[④] 在措施的具体形态方面，由于数字贸易颠覆性地改变了传统货物和服务贸易的形态，因而也产生了不同于传统关税措施和非关税措施的新型数字贸易限制性措施。这些贸易限制性措施突出地体现在各类国内监管措施[⑤]当中。而数据本地化措施无疑是数字贸易时代贸易限制性措施的典型代表。面对数据本地化措施，各国的政策立场存在分歧，尚未能够完全统一。随着数字贸易的发展，数字贸易中所广泛存在的国内监管措施等数字贸易

---

① See G20 *Ministerial Statement on Trade and Digital Economy*, Japan METI (Ministry of Economy, Trade and Industry) Website, https://www.meti.go.jp/press/2019/06/20190610010/20190610010-1.pdf.

② Mira Burri, *The Regulation of Data Flows Through Trade Agreements*, Georgetown Journal of International Law, Vol. 48:1, p. 408 (2017).

③ 参见吴晓明：《“中国方案”开启全球治理的新文明类型》，载《中国社会科学》2017年第10期。

④ 贸易限制性措施（trade restrictive measures）的表述广泛存在，并被用在WTO文件的题目中，如“WTO | 2019 News items – Trade – restrictive measures continue at historically high level”。但是，关于“贸易限制性措施”与“贸易壁垒”的关系问题，无论是理论界抑或实务界均尚未予以绝对明确。本书倾向于认为两者属于同一维度的概念，即均属于对自由贸易产生限制作用的措施，但在程度上和话语体系方面存在一定区别。一方面，相比贸易限制性措施，贸易壁垒对自由贸易的“限制”程度更深。另一方面，尽管两者在数字贸易规则实践中的理解上分歧较小，但分别存在于不同的话语体系内。数字贸易壁垒的表述更多可见于美国政府的相关文件中。同时，从WTO相关文本中理解，贸易壁垒一词的负面性较限制性措施一词的更重。面对壁垒，各国倾向于“削减”（参见《马拉喀什建立世界贸易组织协定》）；而对于“贸易限制性措施”，各国则似乎给予了一定的宽容，即对在一定合理限度内的限制措施是持有认可态度的[例如，在《实施卫生与植物卫生措施协定》（SPS）中，第5条第6款即规定“各成员应保证此类措施对贸易的限制不超过……限度，同时考虑其技术和经济可行性。该款脚注还进一步明确，除非存在如下情况，否则一措施（measure）对贸易的限制（trade – restrictive）不超过所要求的程度：……”]。因此，综合本书的立场和观点，本书使用了贸易限制性措施的表述，并认为数据本地化措施属于一种贸易限制性措施。

⑤ 国内监管（domestic regulation）中的监管（regulation）意为通过规则的实施实现管理和控制，兼具管理和法规的双重内涵。其中“regulation”一词的语意包括规则、监管和规制等多种含义（可参见《元照英美法词典》第1171页）。在既有的文献中，对“domestic regulation”这一术语的翻译纷繁多样，国内法规、国内管制、国内监管和国内规制四种译法均广泛存在。事实上，无论是将此术语表述为监管、法规还是规制抑或管制，都存在不尽贴切之处。相比较而言，本书选择使用“监管”，以期兼顾以上多重含义，并使之具有动态效果。

限制性因素正在一定程度上成为数字贸易进一步发展进程中的“绊脚石”。

一、伴随数字贸易发展而产生的数据本地化措施

贸易与贸易限制相伴而生。与传统国际贸易一样,数字贸易在发展过程中面临着纷繁复杂的贸易限制性措施。而在此之中,数据本地化措施就是数字贸易发展进程中具有其独特色彩的贸易限制性措施。国际贸易法视阈下所谓贸易限制性措施,通常而言是指“成员所采取的对国际贸易具有限制、阻碍或扭曲作用的所有实体性和程序性的立法、行政和司法行为”[①]。贸易限制性措施自国际贸易诞生以来就在国际贸易中广泛存在,针对数字贸易时代的贸易限制性措施,欧洲国际政治经济中心(European Centre for International Political Economy,ECIPE)于 2018 年开创性地使用数字贸易限制指数(DTRI)来衡量世界上主要经济体的数字贸易限制情况。ECIPE 的研究人员经统计后发现,全球诸多领先经济体对数字贸易施加了贸易限制,且这些限制增加了企业和消费者的成本。[②] 由此可见,尽管数字贸易在全球范围内的普及推动贸易全球化进入了全新的高速发展阶段,但是,贸易限制性措施却并没有随着国际贸易的数字化发展和数字贸易在全球的普及而消失,恰恰相反,数字贸易的发展正在推动着数字贸易限制性措施的更新换代。

国内监管措施是国际贸易中典型的贸易限制性措施。数字贸易时代,国际贸易中所存在的国内监管措施既有传统措施的数字化新发展(如数字税等),也有全新产生的贸易限制性措施。这些贸易限制性措施无疑对数字贸易的发展产生着深刻的影响。而在诸多新型国内监管措施中,限制数据跨境流动的措施[③]广泛存在。ECIPE 的统计数据显示,自 1960 年起,全球范围内限制数据跨境流动的措施呈现数量持续上升的趋势并产生了越来越广泛和深刻的影响(见图 1);而其中,数据本地化措施作为一种典型的限制数据跨境流动的措施,甚至是一种“特别阻碍数据跨国界传输的措施”[④],正在全球范围内得到愈加广泛的关注。如前文所提及的,在 2021 年 4 月 28 日

---

① 柳进喜:《WTO 体制下贸易限制措施的“四性”要求初探》,载《国际经济法学刊》2005 年第 3 期。

② See Martina Francesca Ferracane, Hosuk Lee – Makiyama & Erik van der Marel, *Digital Trade Restrictiveness Index*, ECIPE Website(May, 2018), https://ecipe.org/wp-content/uploads/2018/05/DTRI_FINAL.pdf.

③ 尽管限制数据跨境流动的措施与数据本地化措施在内涵与外延的界定上存在重合,但本书认为,前者的内涵较后者而言更为宽泛。除数据本地化措施外,前者还包括数据隐私措施、限制访问国(境)外数据等。换言之,限制数据跨境流动的措施包含着限制数据向境外流动和限制境外数据向境内流动两个维度,而数据本地化措施则仅涉及限制数据向境外流动这一单向维度。

④ Anupam Chander & Uyên P. Lê, *Data Nationalism*, Emory Law Journal, Vol. 64: 3, p. 680(2015).

召开的G7数字和技术部长会议所达成的《数据自由流动与信任合作路线图》中，数据本地化措施被视为实现基于信任的数据自由流动的四大核心问题领域。①

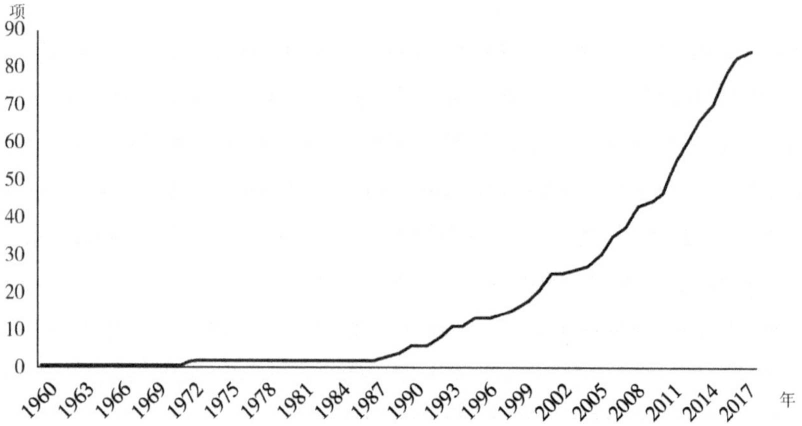

图1　限制数据跨境流动措施的数量统计（1960—2017年）

资料来源：ECIPE，参见https://ecipe.org/publications/restrictions-to-cross-border-data-flows-a-taxonomy/#_ftn1。图片中的数据共涉及64个经济体。

关于数据本地化措施的准确界定，学界和实务界尚未能达成共识。从通常含义理解，这一概念可被理解为"一国要求收集或产生于该国的数据存储于境内，并限制或禁止数据跨境流动"②。因此，数据本地化措施所涉及的并不仅仅是数据"静态"的存储，还涉及数据"动态"的传输。这也意味着，从措施的初步形态看，数据本地化措施包含有"数据本地存储"和"限制数据向境外传输"两层含义。就前一层面而言，数据本地存储可被理解为强制数据存储于一国政府司法或行政管辖范围内的服务器中。这一类措施形态重点关注数据"静态"的存储。有学者也将这一层面的数据本地化措施界定为"本地数据托管"。③ 例如，澳大利亚就在医疗信息数据方面制定了数据的本地存储要求规则，禁止将医疗记录转移至澳大利亚境外。④ 后一层面可被理解为限制甚至禁止数据向一国司法和行政管辖范围外的服务器或者用户进行传输。这

① See *G7 Digital and Technology Track – Annex 2: G7 Roadmap for Cooperation on Data Free Flow with Trust*, UK Government Website (Apr. 28, 2021), https://assets.publishing.service.gov.uk/media/609cf5e18fa8f56a3c162a43/Annex_2__Roadmap_for_cooperation_on_Data_Free_Flow_with_Trust.pdf.

② 陈咏梅、张姣：《跨境数据流动国际规制新发展：困境与前路》，载《上海对外经贸大学学报》2017年第6期。

③ See John Selby, *Data Localization Laws: Trade Barriers or Legitimate Responses to Cybersecurity Risks, or Both?*, International Journal of Law and Information Technology, Vol. 25:3, p. 214 (2017).

④ See Personally Controlled Electronic Health Records Act 2012 (No. 63, 2012), Part 5, Article 77 – Requirement not to hold or take records outside Australia, https://www.legislation.gov.au/Details/C2012A00063.

一类措施形态重点关注数据“动态”的传输限制。数据有条件跨境传输限制的典型立法例之一便是欧盟 GDPR 中的“个人信息基于充分性决定的跨境传输”①条款。因此,从数据存储和数据传输两个层面的动静结合角度看,数据本地化措施可被视为一国限制数据存储于其本国司法和行政管辖范围内的服务器中以及限制甚至禁止数据向本国司法和行政管辖范围外的服务器或者用户进行传输的数字贸易限制性措施。

由于数据本地化措施是数字贸易中所存在的新型国内监管措施并依托于互联网而存在,因此,对数据本地化措施还应当进一步从网络的架构层面理解。网络的架构可被划分为内容层、逻辑层和物理层。② 这三个层面的划分实质上也代表网络空间从虚拟到现实的渐变。首先,内容层主要涉及对数据本体的管理和数据本体的流动问题,侧重于网络空间的虚拟层面。网络的内容层是数据实质内容的承载,是数据本地化措施旨在控制的实质对象。因此,内容层层面的数据本地化措施重在实现对数据本体的实际控制,旨在规定数据本体的存储定位和流动方向。例如,前文所提及的澳大利亚在医疗信息数据方面制定的数据本地存储要求规则无疑属于此列。其次,物理层强调网络空间中的基础设施建设,侧重于网络空间中的实体层面。尽管数据本身具有虚拟性,数据流动具有无形性,但数据的存放与传输流动需要载体和媒介,包括服务器、光纤通信线缆、计算设施等。因此,从物理层看,数据本地化措施强调数字基础设施的本地存置。相比内容层的数据本地化措施,物理层的数据本地化措施得到了更高的关注和更广泛的运用。一方面,内容层的数据本地化措施需要通过物理层的本地化措施予以呈现,对物理层的数字基础设施的管理和控制在一定程度上也是对数据本体的管理和控制。例如,数据在一国控制的服务器内存储实际上需要由受制于该国境内的服务器予以实质体现。另一方面,相较虚拟空间的数据控制有赖于技术支撑,物理的数据本地化措施则可较为便捷地实现有效控制。这也意味着,对于数字技术相对落后的国家而言,物理层的数据本地化控制更容易实现。因而,此类数据本地化措施在全球范围内特别是发展中国家广泛存在。同时,这一类数据本地化措施也是当前数据本地化国际规则所主要致力协调的。例如,自由贸易协定数字贸易(电子商务)章节中的计算设施本地化条款即属于此列。最后,逻辑层则负责将信息内容转化为计算机代码并进行传输,侧重于网络空间的技术规则层面,构成了物

---

① The General Data Protection Regulation(EU Regulation 2016/679),Article 45 – Transfers on the basis of an adequacy decision,https://ec. europa. eu/info/law/law – topic/data – protection/data – protection – eu_en.

② 关于网络空间的分层结构,可参见刘晗、叶开儒:《网络主权的分层法律形态》,载《华东政法大学学报》2020 年第 4 期;郎平:《主权原则在网络空间面临的挑战》,载《现代国际关系》2019 年第 6 期;[美]莱斯格:《思想的未来:网络时代公共知识领域的警世喻言》,李旭译,中信出版社 2004 年版,第 23 页。

理层与内容层的衔接。由于处于技术规则层面，数据本地化措施在逻辑层并非独立存在，而是间接地体现为各国对技术规则制定权的掌控及其对数据和数字基础设施流动所产生的间接影响，如传输控制协议/网际协议（Transmission Control Protocol/Internet Protocol，TCP/IP）的制定权，域名的划分规则等。综上，从网络空间结构看，数据本地化措施主要在物理层和内容层中出现。数据本地化措施可被理解为数据本体在网络内容层和数字基础设施在网络物理层的本地化存储和限制性跨境流动。而进一步结合数据本地化措施在静态存储与动态流动两个层面的措施形态，数据本地化措施可进一步被定义为各国强制网络内容层中的数据与网络物理层中的数字基础设施存置于其司法和行政管辖范围内或限制向管辖范围外流动的措施（见图2）。

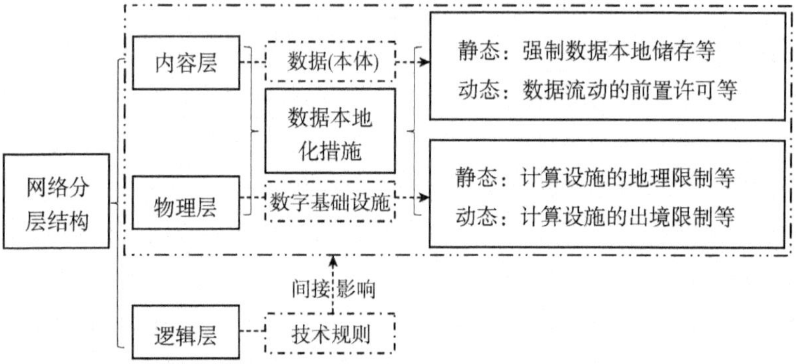

图2　数据本地化措施分型

当然，需要注意，在国际贸易实践中，数据本地化措施并非仅以单一形态存在。例如，有学者将数据本地化措施归类为数据出境的地理限制、数据存储的地理限制、数据流动前置许可和数据流动的特定监管标准等。[①]

综上，作为一种与数字贸易相生相伴的新型贸易限制性措施，数据本地化措施已然受到了全球的广泛关注。由于数据跨境自由流动所产生的风险呈现出多种样态，因而各国会基于本国的数字贸易发展进程、数字基础设施条件、经济利益甚至意识形态的考量而采取有针对性的措施选择，数据本地化措施也因此在国际社会呈现出纷繁复杂的形势。

二、全球数据本地化措施的现状观察

综观全球，随着贸易数字化的深入推进，数据本地化措施在全球范围内广泛存

① See Ike Brannon & Hart Schwartz, *The New Perils of Data Localization Rules*, Regulation, Vol. 41: 2, p. 12(2018).

在。无论是出于对数据隐私和数据主权的关注,还是出于纯粹的贸易保护主义本能,世界各地的许多国家都在执行旨在阻止数据跨境流动、数据本地化等扼杀数字贸易的政策。① “斯诺登事件”更使数据本地化措施在全球范围内蔓延的趋势日趋加快。在“后斯诺登”时代,即便是西方民主国家也已开始考虑扩大数据本地化措施的适用范围,逐渐对数据的流动运用诸多类型的限制措施。②

有学者将“斯诺登事件”视为数据本地化措施被全球越来越多的国家所采纳的直接动因。③ 但事实上,数据本地化措施并非近年才逐渐出现。“斯诺登事件”发生之前,数据本地化措施就已经随着国际贸易的数字化发展而存在。试举一例,2005 年,中亚国家哈萨克斯坦即已通过了一项法律,要求所有“. kz”顶级域名的国内注册域名都必须使用位于哈萨克斯坦境内的物理服务器。④ 有学者甚至提出,数据本地化措施可以更早地追溯到国际计算机网络开始广泛使用的年代,即约 19 世纪 70 年代至 80 年代。⑤

数据本地化措施正在全球范围内蔓延开来。“人们具有极大的聪明才智,设想出各种各样细致和明确的方法,禁止竞争产品的进口,任何新创造的措施很快会被推广。”⑥杰克逊教授关于非关税壁垒的前瞻性判断同样适用于数字贸易时代的数据本地化措施。“随着越来越多的国家实施强制将数据保存在自己领土内的规则,数据本地化措施在国际舞台上激增。”⑦可以说,数据本地化措施正在绘制一幅“遍地开花”的全球图景。2015 年,知名的全球性商业战略和策略咨询公司奥尔布赖特·斯通布里奇集团(Albright Stonebridge Group)就曾发布一份关于数据本地化措施的研究报告。这份研究报告以 2015 年为时间节点,对全球各国的数据本地化立法情况进行分析和评估后发现,

---

① See Sam Mulopulos, *Digital Trade Zones: Answering Impediments to International Trade in Information*, Chapman Law Review, Vol. 21: 2, p. 444(2018).

② See V. Sridhar, Sai Rakshith Potluri & Shrisha Rao, *Data Localization and Its Effects on Cross Border Digital Trade*, in V. Sridhar eds., Data - Centric Living: Algorithms, Digitization and Regulation, Routledge Press, 2022, p. 200.

③ See Sai Rakshith Potluri, V. Sridhar & Shrisha Rao, *Effects of Data Localization on Digital Trade: An Agent - based Modeling Approach*, Telecommunications Policy, Vol. 44: 9, p. 102022(2020).

④ See Daniel Castro & Alan Mcquinn, *Cross - Border Data Flows Enable Growth in All Industries*, ITIF Website(Feb., 2015), http://www2.itif.org/2015 - cross - border - data - flows.pdf.

⑤ See Christopher Kuner, *Data Nationalism and Its Discontents*, Emory Law Journal Online, Vol. 64: 1, p. 2091(2015).

⑥ [美]约翰·H. 杰克逊:《世界贸易体制——国际经济关系的法律与政策》,张乃根译,复旦大学出版社 2001 年版,第 173 页。

⑦ Benjamin Wong, *Data Localization and ASEAN Economic Community*, Asian Journal of International Law, Vol. 10: 1, p. 159(2020).

数据本地化措施正在全球范围内不断增加。[①] 尽管各国在全球多个层面试图构建数字贸易规则以尝试平衡各国的数据本地化措施，但是，数据本地化措施在全球范围内不断蔓延的趋势并未改变。2021 年，美国信息技术与创新基金会（ITIF）发布的一份报告中更进一步地指出，“四年来，全球范围内实施的数据本地化措施的数量增加了一倍多。具体而言，2017 年，全球 35 个国家实施了 67 项此类障碍，而如今，62 个国家或地区实施了 144 项限制，且还有数十项类似的措施正在考虑中”[②]。综观全球数据本地化措施的发展与现状，全球数据本地化措施呈现出如下三方面的特点。

（一）数据本地化措施普遍存在于发达国家和发展中国家

在传统国际贸易领域，相比发达国家，贸易限制性措施更多地存在于发展中国家。发展中国家往往更倾向于采取贸易限制措施以维护本国利益。以关税措施为例，相比发达国家，发展中国家仍然征收相对较高的关税，[③]但是，在数字贸易领域，发达国家和发展中国家均普遍存在着数据本地化措施。“各国对本地化贸易壁垒的使用已急剧增长。”[④]尽管各国间数据本地化措施的覆盖范围和程度存在区别，但是，实践已经表明，发达国家和发展中国家都普遍开始实施数据本地化措施。[⑤] 从印度、印度尼西亚到中国、俄罗斯再到澳大利亚、欧盟和美国，不同经济水平的国家和经济体都或多或少地采取了数据本地化措施以维护本国的经贸利益。现有研究已经表明，几乎所有的 G20 国家都采取了一定程度的数据本地化措施。[⑥] 更重要的是，国家间数据本地化措施的强度并没有与其自身的发展中国家或发达国家身份相匹配，这与传统贸易中各国采取贸易限制性措施的强度形成了鲜明的反差。换言之，就数据本地

---

① Albright Stonebridge Group, *Data Localization: A Challenge to Global Commerce and the Free Flow of Information*, ASG Website (Sep., 2015), https://www.albrightstonebridge.com/news/data-localization-challenge-global-commerce-and-free-flow-information.

② Nigel Cory & Luke Dascoli, *How Barriers to Cross-Border Data Flows Are Spreading Globally, What They Cost, and How to Address Them*, ITIF Website (Jul., 2021), https://itif.org/sites/default/files/2021-data-localization.pdf.

③ 参见［比］彼得·范德博思、单文华：《世界贸易组织法原理》（上册），尚宽、贺艳译，法律出版社 2020 年版，第 468 页。

④ Stephen Ezell, Robert D. Atkinson & Michelle Wein, *Localization Barriers to Trade: Threat to the Global Innovation Economy*, ITIF Website (Sep., 2013), http://www2.itif.org/2013-localization-barriers-to-trade.pdf.

⑤ Susannah Hodson, *Applying WTO and FTA Disciplines to Data Localization Measures*, World Trade Review, Vol. 18: 4, p. 580 (2019).

⑥ See Global Business Policy Council (GBPC), *Competing in an Age of Digital Disorder*, Kearney Website (Jun., 2019), https://www.kearney.com/web/global-business-policy-council/article?/a/competing-in-an-age-of-digital-disorder.

化措施而言,即便是发达国家也可能采取严格的限制措施。例如,在奥尔布赖特·斯通布里奇集团发布的研究报告中,欧盟在数据本地化措施的程度评级中即被认定为"事实上(De Facto)实行数据本地化措施"。这一评级远远高于广大南美洲发展中国家的"温和地实行数据本地化措施"。[①] 因此,数字贸易时代,贸易限制性措施已经日趋普遍地存在于发达国家和发展中国家之中。

(二)数据本地化措施呈现数量增长的发展趋势

国际贸易自由化发展的其中一个倾向就是减少贸易限制性措施及其对国际贸易的负面影响。国际贸易规则的制定有效地协调了各国间的贸易限制性措施。然而,从各国数字贸易政策变化看,过去五年,各国数字贸易壁垒呈现出强化趋势。[②] 具体而言,由于数字贸易发展进程中数据跨境流动措施所引发的潜在风险以及既有国际贸易规则难以有效应对潜在风险,数据本地化措施呈现出数量增长的发展趋势。这种增长趋势在"斯诺登事件"爆发后进一步加速。自2020年以来,数据本地化措施相关现实案例的广泛爆发也从另一个侧面证明了数据本地化措施所呈现出的数量增长趋势。在此之中,"TikTok事件"无疑是最引人注目的事件。2020年8月6日,时任美国总统特朗普发布行政令,认为TikTok潜在威胁着美国的国家安全、外交政策和经济以及用户的信息和数据隐私安全,进而下令在45天后禁止任何个人或实体在美国的司法管辖区内与字节跳动公司或其子公司进行任何交易。[③] 这也意味着,美国政

---

① See Albright Stonebridge Group, *Data Localization: A Challenge to Global Commerce and the Free Flow of Information*, ASG Website(Sep. ,2015), https://www.albrightstonebridge.com/news/data-localization-challenge-global-commerce-and-free-flow-information.

② 参见赵瑾:《数字贸易壁垒与数字化转型的政策走势——基于欧洲和OECD数字贸易限制指数的分析》,载《国际贸易》2021年第2期。

③ See *Executive Order on Addressing the Threat Posed by TikTok*, Whitehouse Website(Aug. ,2020), https://www.whitehouse.gov/presidential-actions/executive-order-addressing-threat-posed-tiktok/. 需要说明的是,2021年6月9日,美国总统拜登发布新的行政令《关于保护美国人敏感数据免受外国对手侵害的行政命令》,新的行政令废除了特朗普政府于2020年8月6日针对TikTok发布的13942号行政令。但是,新行政令仍然强调"包括中国在内的外国对手拥有或控制或受其管辖的人设计、开发、制造或提供的软件应用程序持续地威胁美国国家安全、外交政策和经济",因此"联邦政府应当严格地、基于证据来分析评估相关威胁"。因此,尽管新行政令看似撤销了原先针对TikTok所发布的总统令,但是新总统令仍然强调了对国家安全的考量,并未从根本上改变针对中国软件公司相关应用程度的高压审查。See *Executive Order on Protecting Americans' Sensitive Data from Foreign Adversaries*, The White House Website, https://www.whitehouse.gov/briefing-room/presidential-actions/2021/06/09/executive-order-on-protecting-americans-sensitive-data-from-foreign-adversaries/. 对于拜登所发布的新的行政令,中国商务部新闻发言人也表示"这是朝着正确方向迈出的积极一步。但美方同时要求对外国应用程序的安全风险进行审查,而且美国外国投资委员会仍在对TikTok进行审查。我们希望美方公平公正地对待中国企业,避免将经贸问题政治化"。参见商务部召开例行新闻发布会,载商务部网,http://www.mofcom.gov.cn/xwfbh//20210610.shtml。

府意在强制字节跳动公司在45天内向美国公司出售TikTok。无论是出售抑或最终可能实现的“甲骨文(Oracle)成为TikTok在美国业务的可信赖技术合作伙伴”，毫无疑问，都属于一种隐性的数据本地化措施。此外，印度和澳大利亚等国家也针对中国的移动App采取了类似的措施。这些国家强制中国企业出售在当地的子公司或停止运行App，本质在于强化对这些公司或App背后所持有的大量数据的掌控，以避免数据的跨境传输而引发其所谓的“国家安全”和“隐私保护”风险。在全球普遍加强数据和隐私保护的大背景下，毋庸置疑，“TikTok事件”等一系列针对中国科技公司和中国科技App的强制性措施事件反映了全球数据本地化措施的加剧倾向。

(三)数据本地化措施的实践样态纷繁复杂

数据本地化措施作为一项数字贸易限制性措施，在实践中呈现出纷繁复杂的实践样态。数据本地存储、数据本地加工和数据有条件的跨境传输是数据本地化措施在理论层面的分类。但是，在实践中，数据本地化措施却“千姿百态”。一方面，贸易领域的多样性决定了数据本地化措施的多样态。进入数字贸易时代，数据涉及几乎所有贸易领域，由于不同贸易领域对各国经济和社会稳定的攸关程度不同，因此各国更倾向于基于其本国国情而针对不同领域采取不同的数据本地化措施。另一方面，数据背后所潜在关联的社会公共利益、国家安全和个人基本权利因素加剧了各国所采取的数据本地化措施的复杂性。作为一种新型的资源和生产要素，数据背后除了蕴含无穷的生产力外，还蕴含无尽的资源。这些资源与国家安全、社会公共秩序等核心利益密切相关。因此，各国基于本国核心利益轻重缓急考量可能分层次采取不同的数据本地化措施以维护本国利益。

由此可见，进入数字贸易时代，贸易限制性措施呈现出有别于传统贸易的新的发展。作为数字贸易时代的一种新型贸易限制性措施，数据本地化措施以纷繁复杂的形态存在于数字贸易之中。数据本地化措施在越来越多国家范围内的传播在一定程度上对开放、基于规则和创新的全球数字经济和贸易发展构成越来越大的威胁。尽管各国采取数据本地化措施是基于国家基本利益和国内人民基本权利的考量，但是在贸易自由化发展的当下，数据本地化措施毕竟对贸易自由化进程施加了一定的负面效应，因此，为了更好地推动国际贸易发展，包含数据本地化规则在内的数字贸易规则正在全球范围内广泛兴起。

三、数据本地化措施的纷繁复杂导致数据本地化国际规则的兴起

技术之影响无远弗届。迈入数字时代，数字技术在改变人类生活和社会经济发

展的同时也在驱动法律的变革,人工智能的法律回应、互联网平台的法律治理等皆为技术驱动法律变革的鲜活实例。在国际经贸领域,数字贸易的发展也需要对传统国际贸易规则进行反思和再审视进而思考传统贸易规则在数字贸易时代的兼容与完善。当前,正在高速发展的数字贸易一定程度上颠覆了传统的国际贸易模式,衍生出诸多新问题和新议题,而在此之中,数据本地化措施的出现即数字贸易所引发的有待进一步解决的新的现实问题。问题的根本,即在于数据本地化措施等数字贸易限制性措施对各国数字贸易所产生的负面抑制作用。① 这无疑不利于增强各国的互信,更不利于数字贸易自由化的实现。因此,如何有效应对纷繁复杂的数据本地化措施,成为各国所面临的迫切议题。

毋庸置疑,国际经贸规则是实现基于信任的数据自由流动的有效制度保障。为了最大限度地发挥数据的创新和生产力优势,开放且以规则为导向的全球贸易体系需要就核心原则达成一致并制定共同规则。② 在此背景下,数字经济时代的国际贸易日趋呼唤更具适应性与前瞻性的数字贸易规则以回应数字技术的发展与变迁及其对数字贸易所引发的变革。这些数字贸易规则不仅涉及以电子方式提供的商品或服务,还涉及如何处理更广泛地体现在商品或服务周期各个步骤中的数据。③ 基于此,在贸易自由化趋势下,作为贸易限制性措施,数据本地化措施的纷繁复杂亟待数字贸易规则的平衡与协调。④ 以数据本地化措施为代表的数据跨境流动问题成为数字贸易规制中的重要议题。⑤ 而这也是国际贸易法对数字技术和数字贸易发展的时代回应。

首先需要承认,面对数字贸易时代的数据本地化措施,作为当前全球最具普适性和有效性的国际经贸治理机制,WTO 仍然是应对纷繁复杂的数据本地化措施的第一

① 关于数字贸易限制性措施对贸易的抑制效应的研究,可参见周念利、姚亭亭:《数字服务贸易限制性措施贸易抑制效应的经验研究》,载《中国软科学》2021 年第 2 期。此外,据信息技术与创新基金会测算,一个国家的数据限制每增加 1 个百分点,其贸易总产出将减少 7% ,生产力下降 2.9% ,供应链下游价格在 5 年内将上涨 1.5% ,参见 Nigel Cory & Luke Dascoli,*How Barriers to Cross - Border Data Flows Are Spreading Globally, What They Cost, and How to Address Them*, ITIF Website(Jul. ,2021), https://itif.org/sites/default/files/2021 - data - localization. pdf。

② See Nigel Cory, Robert D. Atkinson & Daniel Castro, *Principles and Policies for "Data Free Flow With Trust"*, ITIF Website(May,2019), https://itif.org/sites/default/files/2019 - principles - policies. pdf.

③ See Manfred Elsig & Sebastian Klotz, *Digital Trade Rules in Preferential Trade Agreements: Is There a WTO Impact?*, Global Policy, Vol. 12: S4, p. 25(2021).

④ 数据本地化措施的兴起需要数字贸易规则的协调与平衡。但同时也需要注意,在数字贸易发展的早期阶段,全球各层面贸易规则中与数据本地化措施规则不足恰恰又是导致数据本地化措施兴起的原因之一。因此,从这个角度看,数据本地化措施与数字贸易规则之间存在二元互动的因果关系。

⑤ 参见谭观福:《数字贸易中跨境数据流动的国际法规制》,载《比较法研究》2022 年第 3 期。

选择。"国际法在国际关系中的作用是无可否认的。"[1]而制度的开放性即制度适用于未来的情况则是有效制度的本质特征之一。[2] 在国际经贸领域,以 WTO 为代表的国际贸易法律体系对国际经贸关系的发展产生了深远影响,而国际贸易的发展史也表明,纵然国际贸易历经数十年发展且时刻面临着新情势的出现,以 WTO 为核心的国际贸易法律制度仍然在为国际贸易的发展提供有效的制度保障。WTO 为成员方提供了一个就当前事务和任何未来协议进行谈判的平台,[3]标志着国际贸易法治最终取代政治和外交的反复与无常,并被描述为国际贸易的"宪政时刻"。[4] 不仅如此,作为当今世界国际贸易关系的"贸易宪法",WTO 体系下的贸易规则对国际贸易的自由化发展起到了根本性的推动作用。因此,在 WTO 框架下应对数据本地化措施可能引发的现实问题至少具有以下四个方面的优势和益处:首先,从宏观层面看,WTO 体系下的贸易规则设置了诸如国民待遇原则等国际贸易最为通行亦最为基本的贸易原则和贸易规则。这些原则与规则在数字贸易时代仍然具有普适性。相较传统国际贸易,数字贸易无论是在贸易形态还是交易标的等方面均发生了颠覆性的改变,但是,数字贸易毕竟只是国际贸易的一种迭代新形态,并未脱离国际贸易的基本属性,数字贸易可能引发的诸多新问题也只是传统贸易问题的新表征。因此,基于 WTO 体系以应对包括数据本地化措施在内的数字贸易新问题最具现实可能性。虽然 WTO 尚未在数字贸易领域达成综合性协定,但是 WTO 体系中的部分协定已经对数字贸易的发展做出了一些规范。这些实践为 WTO 协调各国家及地区的数字贸易政策和规则提供了实践经验。[5] 其次,从微观层面看,面对贸易限制性措施,WTO 在推动贸易自由化方面有着富有成效的实践经历。"WTO 在贸易自由化方面以经济和商业为重点并有着公认的记录,这意味着 WTO 并不特别关注技术问题,而是打算创建普适于交易的贸易协议系统,且与生产或交付产品所采用的技术形式无关。"[6]此外,WTO 通过其所建立的贸易议题平台使各国可以制定并报告贸易政策的变化,进而提升了国际贸

---

① 王铁崖:《国际法引论》,北京大学出版社 1998 年版,第 3 页。

② 参见[澳]柯武刚、[德]史漫飞、[美]贝彼得:《制度经济学:财产、竞争、政策》(第 2 版),柏克、韩朝华译,商务印书馆 2018 年版,第 162 页。

③ See Mitsuo Matsushita et al., *The World Trade Organization: Law, Practice, and Policy*, Oxford University Press, 2015, p. 11.

④ See Joost Pauwelyn, *The Transformation of World Trade*, Michigan Law Review, Vol. 104: 1, p. 2 (2005).

⑤ 参见高凌云、樊玉:《全球数字贸易规则新进展与中国的政策选择》,载《国际经济评论》2020 年第 2 期。

⑥ Andrew D. Mitchell, *Towards Compatibility: The Future of Electronic Commerce Within the Global Trading System*, Journal of International Economic Law, Vol. 4: 4, p. 688 (2001).

易透明度并推动了贸易数据与信息在全球范围内更有效地传播。[①] 因此,即便贸易的形态已经发生了深刻的变化,但是 WTO 仍然可以实现对数字贸易限制性措施的有效平衡。再次,WTO 争端解决机制为 WTO 有效平衡全球纷繁复杂的数据本地化措施提供了现实可能。作为 WTO 体系重要的成果之一,争端解决机制被称为"皇冠上的明珠"。[②] WTO 争端解决机构的判例对各国采取何种贸易政策和贸易措施具有广泛的影响力。当前,一系列与数字贸易有关的案例也足以表明 WTO 争端解决机制在数字贸易时代的能力,[③]而 WTO 争端解决机构的裁决对 WTO 规则的解释与适用亦对 WTO 规则在数字贸易时代的理解与适用具有指引力。因此,WTO 所创设的具有普适性的国际贸易规则辅之 WTO 争端解决机制,可以更兼容地涵盖和适应数字贸易的新情况,进而为国家和企业参与国际贸易提供确定性和可预测性。最后,数字贸易规则的发展实践对 WTO 规则的普适性予以了佐证。例如,在《欧盟与加拿大全面经济与贸易协定》(CETA)[④]和《加拿大与哥伦比亚自由贸易协定》[⑤]中,各缔约方即明确确认了 WTO 规则对数字贸易的可适用性。在新西兰、智利和新加坡三国所签订的《数字经济伙伴关系协定》(DEPA)中,缔约方亦强调了 DEPA 与包括 WTO 在内的现有国际协定的共存。[⑥] 此外,RCEP 和 CPTPP 也均在序言章节中强调了自身与 WTO 规则之间的密切关系。

同时,不容否认,数据本地化措施的纷繁复杂导致新兴数据本地化国际规则的兴起,而其中,诸边、区域和双边自由贸易协定扮演着越来越重要的角色。一方面,诸边、区域和双边自由贸易协定中的数字贸易国际规则正在加速兴起和完善。历经数十年的发展,在国际经贸领域,"以自由化为中心的国际经济立法取得了前所未有的成就,一个囊括双边、区域以及多层次的、数量庞大、纵横交错的法律体系得以

---

① See Chad P. Bown, *Mega – Regional Trade Agreements and the Future of the WTO*, Global Policy, Vol. 8: 1, p. 107(2017).

② 参见黄东黎、杨国华:《世界贸易组织法:理论·条约·中国案例》,社会科学文献出版社 2013 年版,第 97 页。

③ See Mira Burri, *The Regulation of Data Flows Through Trade Agreements*, Georgetown Journal of International Law, Vol. 48: 1, p. 412(2017).

④ See Comprehensive Economic and Trade Agreement (CETA) Article 16. 2 "The Parties recognise that... and confirm the applicability of the WTO rules to electronic commerce".

⑤ See Canada – Colombia Free Trade Agreement Article 1502 "The Parties recognize... and the applicability of WTO rules to electronic commerce".

⑥ See Digital Economy Partnership Agreement Article 1. 2. 1 "Recognising the Parties' intention for this Agreement to coexist with their existing international agreements, each Party affirms: (a) in relation to existing international agreements to which all Parties are party, including the WTO Agreement, its existing rights and obligations with respect to the other Parties...".

形成"[①]。当前,数字贸易是国际贸易法中为数不多的国际社会共同推进并积极参与制定的议题领域。[②] 在国际贸易规则再构建的现实背景下,与数据跨境流动和数据本地化相关的议题规则正在成为国际经贸领域的"21 世纪新规则"。[③] 另一方面,"虽然 WTO 谈判未能填补数字贸易监管的关键空白,但各国已通过双边和诸边贸易协定将其优先事项和价值观灌输到数字经济标准中"[④]。在数据本地化国际规则构建和完善进程中,WTO 体系之外的自由贸易协定正在发挥日益重要的作用。尽管 WTO 所创设的国际贸易规则在应对数据本地化措施时仍具有积极的普适价值,并且早在 1998 年 WTO 就制订了电子商务工作计划,且部分 WTO 成员方也于 2019 年开启了电子商务诸边谈判,[⑤]但是,受限于各方在自由化议题和发展议题中的明显分歧,WTO 在全球经贸治理中正陷入困境,服务贸易谈判依然面临诸多的不确定性。[⑥] 由此,部分国家正试图跳出 WTO 框架,通过双边、诸边和多边贸易协定的多元发展路径以重塑数字贸易规则。[⑦] 这种向诸边和区域贸易协定的转变为寻求加强贸易治理的国家提供了贸易协定谈判的替代方案,以便就特定问题进行合作。[⑧] 由此,区域贸易协定正在成为提供国际法律框架的重要来源。[⑨] 有学者统计显示,超过半数的诸边自由贸易协定涉及数字贸易条款,而有关数据流动议题的条款在过去多年广

---

① 刘志云:《当代国际法的发展:一个从国际关系理论视角的分析》,法律出版社 2010 年版,第 182 页。

② See Mira Burri, *Towards a New Treaty on Digital Trade*, Journal of World Trade, Vol. 55: 1, p. 77 (2021).

③ 参见石静霞:《国际贸易投资规则的再构建及中国的因应》,载《中国社会科学》2015 年第 9 期。

④ Gregory Shaffer, *Trade Law in a Data - Driven Economy: The Need for Modesty and Resilience*, World Trade Review, Vol. 20: 3, p. 268 (2021).

⑤ 关于 WTO 电子商务谈判的历史回溯,可参见李墨丝:《WTO 电子商务规则谈判:进展、分歧与进路》,载《武大国际法评论》2020 年第 6 期。

⑥ 参见王燕:《国际经贸规则重塑的二元制度构建》,法律出版社 2020 年版,第 44 页、第 69 页。

⑦ 例如,在"美欧日三方贸易部长的联合声明"中就多次提出了关于推动制定数字贸易和电子商务国际规则的声明。See *Joint Statement on Trilateral Meeting of Trade Ministers Released*, METI Website (Sep., 2018), Joint Statement on Trilateral Meeting of Trade Ministers Released; See *Joint Statement of the Trilateral Meeting of the Trade Ministers of the United States*, European Union, and Japan, USTR Website (May, 2019), https://ustr.gov/about - us/policy - offices/press - office/press - releases/2019/may/joint - statement - trilateral - meeting.

⑧ See Bernard Hoekman & Charles Sabel, *Plurilateral Cooperation as an Alternative to Trade Agreements: Innovating One Domain at a Time*, Global Policy, Vol. 12: S3, p. 49 (2021).

⑨ See Magdalena Slok - Wodkowska & Joanna Mazur, *The EU's Regional Trade Agreements: How the EU Addresses Challenges Related to Digital Transformation*, International Journal of Management and Economics, Vol. 57: 2, p. 105 (2021).

泛兴起。[①] 2018 年,WTO 在其年度贸易报告中也首次提出了数字贸易规则成为数字贸易比较优势的观点。[②] 由此可见,尽管诸边、区域和双边自由贸易协定尚无法取代多边主义但却可以在一定程度上对其予以积极的完善和补充。[③] 一系列诸边、区域和双边自由贸易协定正在成为当前国际贸易规则发展的新趋势,而数字贸易规则正在成为各国国际贸易规则制定话语权竞争的新高地。无论是稍早前达成的 USMCA 还是 CPTPP 以及之后达成的 RCEP 乃至在全球范围内广泛兴起的双边自由贸易协定,数字贸易(电子商务)规则都是其中的核心组成部分。由此不难发现,以 WTO 为核心的多边贸易制度正在与 CPTPP 等区域贸易制度同时存在并互为补充,共同推动解决数字贸易引发的问题。[④]

综观新近达成的自由贸易协定,自由贸易协定中的数据本地化国际规则大体延续了 WTO 的规则范式。首先,从协定的总体发展看,自由贸易协定延续了 WTO 规则的整体框架,并在此基础上就一些新兴议题达成了进一步的国际规则以协调各方之间的利益关系。新近达成的自由贸易协定毫不隐讳地表达了其与 WTO 规则之间的密切联系。[⑤] 其次,进一步落脚于自由贸易协定中的具体条款,新近达成的自由贸易协定中并未形成系统化的数据本地化规则。从具体条款看,这些国际贸易协定仅对部分典型的显性数据本地化措施(如计算设施本地化)给予了明确的规则回应;对于限制数据跨境传输类措施,自由贸易协定则将此与数据跨境自由流动议题予以了合并回应;而对于一些隐匿的数据本地化措施,自由贸易协定则未予以回应。因此,总体上看,新近达成的自由贸易协定将数据本地化措施议题与数据跨境自由流动议题相关联,并对一些典型的极为明显的数据本地化措施予以专门回应,但尚未形成关于数据本地化措施体系化的国际规则。最后,尽管数据本地化国际规则尚未形成体系

---

① See Mira Burri & Rodrigo Polanco, *Digital Trade Provisions in Preferential Trade Agreements: Introducing a New Dataset*, Journal of International Economic Law, Vol. 23: 1, p. 193 (2020). 根据作者的统计,自 2010 年至 2018 年缔结的诸边自由贸易协定中,有 61% 的协定中包含有数字贸易条款,而在进一步的研究中,作者统计得出,自 2000 年至 2020 年签订的 348 个诸边自由贸易协定中,有 185 个协定包含与数字贸易有关的条款,110 个协定设有具体的电子商务条款,而 80 个协定则有专门的电子商务章节。See Mira Burri, *Towards a New Treaty on Digital Trade*, Journal of World Trade, Vol. 55: 1, p. 80 – 81 (2021).

② See World Trade Organization (WTO), *World Trade Report* 2018*: The Future of World Trade – How Digital Technologies are Transforming Global Commerce*, WTO Website (Oct. 3, 2018), https://www.wto.org/engl ish/res_e/publications_e/world_trade_report18_e.pdf.

③ See Rafael Leal – Arcas, *Proliferation of Regional Trade Agreements: Complementing or Supplanting Multilateralism?*, Chicago Journal of International Law, Vol. 11: 2, p. 628 – 629 (2011).

④ 参见王贵国:《贸易数字化对国际经贸秩序的挑战与前瞻》,载《求索》2021 年第 4 期。

⑤ 正如前文所曾提及,无论是 DEPA、RCEP 还是 CPTPP,缔约方均强调了自身与 WTO 规则之间的密切关系。

化，但从数据本地化国际规则的范式结构看，数据本地化国际规则仍然延续了 WTO 规则中的“原则 + 例外”的规则范式以明确各国数据本地化措施的实施空间。这也意味着，与 WTO 相似，自由贸易协定中的例外条款和其中数字贸易（电子商务）章节的特定条款共同构成了数据跨境自由流动的限制依据，[①]而在具体的条款设置中，诸如国家安全例外、合法公共政策例外等均在自由贸易协定中的数字贸易章节中予以了显现。在具体的条款表述上，相关例外规则也大体延续了 WTO 中的相关表述。[②] 综上所述，不难发现，随着数字贸易的兴起，因循 WTO 规则范式的数据本地化国际规则正在全球范围内逐步兴起。

当然，以数据本地化国际规则为代表的数字贸易国际规则的兴起并不意味着各国之间已经形成了具有共识性的观点。尽管各国争相参与数字贸易规则的制定，但具有普遍影响力的数字贸易规则仍然未能有效达成，[③]而缺乏公认的国际标准亦被认为是使包括数据本地化措施在内的限制数据跨境流动措施激增的重要原因。[④] 具体而言，由于主要国家在数字贸易中的经济利益诉求存在差异，对合法政策目标间的排序与衡量存在区别以及价值文化的差异，数字贸易规则正呈现出“碎片化”趋势，与数据跨境流动相关的数字规则也是如此。[⑤] 这对数字贸易的发展和数据本地化措施的有效协调并无益处。争夺数字贸易规则制定的发言权甚至主导权已然成为各国数字战略的重中之重，而主要国家间的竞争态势更是加剧了各国在规则制定中的矛盾与分歧。[⑥] 因此，不难看出，在既有的多层次自由贸易体系当中，无论是作为整体的数字贸易规则还是作为数字贸易规则中的一分子的数据本地化规则，均尚未能够实现有效的统一与协调。此外，针对数据本地化措施，各国政府所畅想的监管路径与互联网技术共同体、私营部门所设想的多利益攸关方的监管路径亦存在不一致，进而使各方之

---

① 参见马光：《FTA 数据跨境流动规制的三种例外选择适用》，载《政法论坛》2021 年第 5 期。

② 以安全例外为例，结合 RCEP 为例，RCEP 第十二章“电子商务”中的“计算设施的位置”条款规定中即规定了安全例外，其中的表述为“Nothing in this Article shall prevent a Party from adopting or maintaining：any measure that it considers necessary for the protection of its essential security interests”。这一表述与 GATS 安全例外条款的表述“to prevent any Member from taking any action which it considers necessary for the protection of its essential security interests”基本相同。

③ 关于晚近达成的主要自由贸易协定中的相关条款比对，可参见潘晓明、郑冰：《全球数字经济发展背景下的国际治理机制构建》，载《国际展望》2021 年第 5 期。

④ See Susannah Hodson，*Applying WTO and FTA Disciplines to Data Localization Measures*，World Trade Review，Vol. 18：4，p. 579（2019）.

⑤ 参见洪延青：《数据跨境流动的规则碎片化及中国应对》，载《行政法学研究》2022 年第 4 期。

⑥ See Sacha Wunsch – Vincent & Arno Hold，*Towards Coherent Rules for Digital Trade：Building on Efforts in Multilateral Versus Preferential Trade Negotiations*，in Mira Burri & Thomas Cottier eds.，Trade Governance in the Digital Age，Cambridge Press，2012，p. 181 – 183.

间的观点冲突至今尚未能被有效解决。①

基于以上各方面考量,在国际贸易规则重塑的当下,尽管 WTO 体系外的新兴贸易规则在平衡和协调各国的数字贸易政策和数据本地化措施具有愈加重要的价值,但是贸易规则的零散和主要大国间的分歧与对立严重制约了这些新兴贸易规则的有效性。同时,新兴区域和诸边贸易规则的兴起,将在全球范围内形成不同保护水平和标准体系的国际经贸规则,也使国际经贸规则碎片化发展而产生"意大利面碗"(Spaghetti Bowl)②效应,进而增加全球各国监管的复杂性和跨国企业的合规成本。因此,尝试分析各国间的立场分歧进而探索构建更具普适性的数字贸易规则对数字贸易的良性发展具有深刻的现实意义。

综上所述,进入数字贸易时代,在数据全球流动日渐勃兴的同时,数据保护主义也日益盛行。③ 数据本地化措施正成为一种持续性的全球趋势。当前,数据本地化措施以纷繁复杂的形态广泛地存在于数字贸易之中。尽管各国采取数据本地化措施是基于国家基本利益和国内人民基本权利的考量,但是,在贸易自由化发展的当下,数据本地化措施事实上在一定程度上对贸易自由化进程施加了负面效应。随着数据本地化措施在全球范围内的日趋增多,数据本地化措施在全球范围内引发了广泛的争议与讨论,数字贸易国际规则的重要性日趋凸显。数字贸易的全球治理既需要探索现有 WTO 规则的适应性澄清、修订和扩充,也需要数字贸易新规则的制定,④而在此过程中,一系列理论与实践议题也随之兴起。

---

① See Neha Mishra, *Privacy, Cybersecurity, and GATS Article XIV: A New Frontier for Trade and Internet Regulation?*, World Trade Review, Vol. 19:3, p. 348(2020).

② 所谓"意大利面碗"效应,是以巴格沃蒂(Bhagwati)为代表的学者提出的,用以分析区域主义与多边贸易自由化之间的关系,指出贸易区域化的发展趋势会削弱国际贸易规则的统一性,导致国际贸易体系的碎片化。See Jagdish Bhagwati, *Termites in the Trading System: How Preferential Agreements Undermine Free Trade*, Oxford University Press, 2008, p. 71 - 81; Zakaria Sorgho, *RTAs' Proliferation and Trade - diversion Effects: Evidence of the "Spaghetti Bowl" Phenomenon*, The World Economy, Vol. 39:2, p. 285 - 300(2016); Jayant Menon, *From Spaghetti Bowl to Jigsaw Puzzle? Fixing the Mess in Regional and Global Trade*, Asia & The Pacific Policy Studies, Vol. 1:3, p. 470 - 483(2014). 参见石静霞:《国际贸易投资规则的再构建及中国的因应》,载《中国社会科学》2015 年第 9 期;王秋雯:《区域主义路径下互联网贸易规则的新发展与中国对策》,载《华中科技大学学报(社会科学版)》2018 年第 5 期;韩剑、蔡继伟、许亚云:《数字贸易谈判与规则竞争——基于区域贸易协定文本量化的研究》,载《中国工业经济》2019 年第 11 期。

③ 参见王伟玲:《全球数据治理:现实动因、双重境遇和推进路径》,载《国际贸易》2021 年第 6 期。

④ 参见盛斌、高疆:《数字贸易:一个分析框架》,载《国际贸易问题》2021 年第 8 期。

第三节 数据本地化措施实践与规则完善中的理论与实践议题

鉴于数据在数字贸易中的核心生产要素地位,与数据有关的讨论与争议已然成为当下热点。在贸易自由化发展趋势下,数据跨境自由流动对数字贸易乃至数字经济整体发展的积极作用使各国意识到数据跨境自由流动的重要性并试图积极地推动数据跨境的自由流动。与此同时,数据跨境自由流动所可能引发的各类风险也深刻"束缚"着各国推动数据跨境自由流动的举措。数据本地化措施成为数字贸易自由化进程中一系列矛盾与冲突的现实体现。具体而言,这一系列矛盾冲突深刻地体现在贸易自由化与国内监管措施、国家安全利益和数据隐私保护方面。"决策者在数据流动方面正面临着艰难抉择。"[①]同时,面对数据本地化措施,作为一个诞生于数字时代早期甚至前数字贸易时代的全球贸易规则,WTO 规则在应对数字贸易时代的贸易限制性措施时已初显力不从心。全球数字贸易的蓬勃发展也给过去基于传统贸易而构建的贸易体制和贸易规则带来了冲击与挑战,[②]而 WTO 体系在其多边规则体系中已显示出无法适应现代商业模式的现实。因此,平衡和协调各国所采取的数据本地化措施以推动数字贸易自由化发展成为当前亟待解决的现实问题,各国也正在尝试在全球经贸规则重塑进程中构建包含数据本地化规则在内的数字贸易规则。这不仅涉及对产业保护与产业政策以及数据安全等问题的考量,还涉及市场势力、发展模式与贸易优势等一系列影响因素。[③] 其中,作为冉冉升起的数字贸易大国,中国在数据本地化问题上所持的立场和所采取的相关措施在全球范围内引起了广泛的关注。由此可见,在贸易自由化发展的现实背景下,面对数据跨境流动日趋加速和数字贸易的蓬勃发展,数据本地化措施正面临诸多的理论与实践议题,有待考量。

一、国内监管措施:贸易自由化趋势下数据本地化措施的边界何在

作为数字贸易时代的贸易限制措施,各国基于公共政策等因素的考量而采取数

---

① Susan Aaronson, *Why Trade Agreements are not Setting Information Free: The Lost History and Reinvigorated Debate over Cross - Border Data Flows, Human Rights, and National Security*, World Trade Review, Vol. 14:4, p. 671(2015).

② 参见李忠民、周维颖、田仲他:《数字贸易:发展态势、影响及对策》,载《国际经济评论》2014 年第 6 期。

③ 参见孙杰:《从数字经济到数字贸易:内涵、特征、规则与影响》,载《国际经贸探索》2020 年第 5 期。

据本地化措施已然在全球范围内引起了广泛的争议与讨论。理论上看,互联网空间的无国界性使数字贸易的参与者可以不受地理限制地进行数据和信息交换。而数据本地化措施则通过限制数据的存储,处理或传输数据来中断数据的自由流动。数据本地化措施在全球范围内的广泛兴起越来越多地被认为在推动“互联网的巴尔干化”①,使互联互通的“互联网”正滑向支离破碎的“分裂网”(splinternet)。② 同时,由于数据本地化措施旨在将数据限制在其本国境内存储和处理,且这些措施在一定程度上限制了数字贸易的发展和数字贸易自由化的实现,诸如“数据民族主义”③、“数据保护主义”④和“数字重商主义”⑤等概念和论断应运而生。国际社会正在滑向一个“数字失序时代”,⑥而在纷繁的新现象中,数据本地化措施无疑是数字失序时代的典型代表。

数据本地化措施与贸易自由化发展趋势显得格格不入。毋庸讳言,“贸易自由化是一个大家都赢的游戏”⑦,其可以促进资源和生产要素的有效配置从而促进收入的发展和经济的增长。⑧ 同时,数据本地化措施可能引发的不利后果也是客观且现实的。⑨ 鉴于数据在数字贸易环境下的关键地位,关于数据本地化措施的争议与讨论持续发酵且各方之间分歧巨大。从根本上看,由数据本地化措施所引发的是非争议归根结底在于,作为一种国内监管措施,数据本地化措施如何得以存在?或者说,数据

---

① 所谓“互联网的巴尔干化”代表着一种互联网的趋势,即网络被刻意地“分裂化”和“碎片化”。See John Selby, *Data Localization Laws: Trade Barriers or Legitimate Responses to Cybersecurity Risks, or Both?*, International Journal of Law and Information Technology, Vol. 25: 3, p. 216(2017).

② See *What is the "Splinternet"?*, Economist Website, https://www.economist.com/the-economist-explains/2016/11/22/what-is-the-splinternet.

③ See Christopher Kuner, *Data Nationalism and Its Discontents*, Emory Law Journal Online, Vol. 64: 1, p. 2089(2015).

④ See Neha Mishra, *Data Localization Laws in a Digital World: Data Protection or Data Protectionism?*, The Public Sphere: Journal of Public Policy, Vol. 4: 1, p. 135(2015).

⑤ See Michelle A. Wein, Stephen J. Ezell & Robert D. Atkinson, *The Global Mercantilist Index: A New Approach to Ranking Nations' Trade Policies*, ITIF Website(Oct., 2014), http://www2.itif.org/2014-general-mercantilist-index.pdf.

⑥ See Global Business Policy Council(GBPC), *Competing in an Age of Digital Disorder*, Kearney Website(Jun., 2019), https://www.kearney.com/web/global-business-policy-council/article?/a/competing-in-an-age-of-digital-disorder.

⑦ [英]伯纳德·霍克曼、[英]迈克尔·考斯泰基:《世界贸易体制的政治经济学——从关贸总协定到世界贸易组织》,刘平等译,法律出版社1999年版,第14页。

⑧ See Sèna Kimm Gnangnon, *Multilateral Trade Liberalization and Economic Growth*, *Journal of Economic Integration*, Vol. 33: 2, p. 1263(2018).

⑨ See Reema Shah, *Law Enforcement and Data Privacy: A Forward-Looking Approach*, The Yale Law Journal, Vol. 125: 2, p. 548-549(2015).

本地化措施的边界何在?

不同于传统货物贸易因其自身具有的实体性而可以采用较强的边境措施予以监管,数字贸易自身的无形性使各国对其监管无法广泛采取或适用传统的以关税为代表的边境措施。由此,一国可能更多地采用边境后措施以对数字贸易进行有效监管。其中,作为一种典型的边境后措施,包括数据本地化措施在内的各类国内监管措施在数字贸易中广泛存在。尽管国内监管属于一国经济主权范围内的事务,但是,既有研究表明,各国的国内监管将会对国际贸易的自由化产生深刻的影响。① 随着国际贸易的发展和国际价值链分工的细化,以国内监管为代表的各类名目繁多的边境后措施正在成为各国关注的焦点。各类经贸协定的谈判重点也逐渐从过去的关税减让转向包括国内监管在内的边境后措施的协调与合作。

随着科技与国际贸易的融合,基于数据所采取的各类措施正在成为国内监管要求发展的新动向。早前,作为 WTO 乌拉圭回合谈判的重要成果,GATS 第 6 条对服务贸易领域的国内监管进行了规范和协调。GATS 第 6 条的主要目的在于确保 WTO 成员方对其依据 GATS 所应享有的市场开放利益和国际贸易自由化不受到因国内监管措施而引起的阻碍。特别是在 GATS 第6 条第4 款,该款明确了服务贸易国内监管“不构成不必要的服务贸易限制”的实体性规范和标准。② 但是,GATS 所涵盖的国内监管要求范围较为有限,仅涵盖了“资格要求和程序、技术标准和许可要求”,且对于“资格要求和程序、技术标准和许可要求”的准确定义,GATS 也未予以准确的界定。③ 在国际经贸规则的重塑进程中,国内监管所涵盖和涉及的范围呈现出不断扩张的趋势,既有的以 GATS 为核心的国内监管要求被不断地深化和调整。而在数字贸易领域,这一扩张的趋势体现在“跨境数据自由流动”“数据存储非强制本地化”等更高标准的数字规则之中。在贸易自由化进程中,数据本地化措施正在成为一种饱受各方争议的国内监管措施并伴随在数字贸易规则的制定进程中。

从国内监管的角度看,关于数据本地化议题的讨论点主要在于,数据本地化作为一种贸易的限制性措施,其本身能否以及如何作为一种国内监管要求而存在。更进一步需要思考的是,数据本地化作为一种国内监管,其必要性的边界何在,其与贸易

---

① See Alan O. Sykes, *Domestic Regulation, Sovereignty, and Scientific Evidence Requirements: A Pessimistic View*, Chicago Journal of International Law, Vol. 3: 2, p. 353 – 355(2002).

② See GATS Article 6. 4 “ With a view to ensuring that measures... do not constitute unnecessary barriers to trade in services, the Council for Trade in Services ... ”.

③ 在后续的实践中,各国主要根据 1996 年 9 月 WTO 秘书处准备的专业服务工作组(Working Party on Professional Services, WPPS)的相关工作文件展开解释。See the Relevance of the Disciplines of the Agreements on Technical Barriers to Trade(TBT) and on import Licensing Procedures to Article Ⅵ. 4 of the General Agreement on Trade in Services, S/WPPS/W/9, 11 Sep., 1996.

自由化之间又当如何实现相互制衡与协调。就前者而言，在新兴自由贸易协定中，关于数据本地化的条款形成了截然相反的两种样态。仅以数字贸易章节中的相关规定为例，CPTPP 中，在力促数据和信息跨境自由流动的同时，[①]各缔约方也明确了各国的监管例外。[②] 在 USMCA 中，各缔约国则剔除了例外条款。[③] 就后者而言，国内监管与贸易自由化的平衡是两者间永恒的话题。GATS 并未否定各国对服务贸易的国内监管自主权，且鲜明地指出"各项措施不致构成不必要的服务贸易壁垒"。[④] 数据本地化措施亦是如此。综上所述，从国内监管要求的视角看，数据本地化措施仍然有待从理论层面更好地探索其边界进而推动国际贸易的自由化发展。

二、基本安全利益："合理"还是"泛化"的国家安全

国际贸易问题从来不是一个孤立的话题。数字贸易也是如此。由于数据跨境自由流动和存储涉及国家的基本安全利益，数据本地化措施中的安全问题引发了广泛的争议和讨论。[⑤] "在立法者的回应中，安全是最重要，最直接的问题。数据安全，网络安全和国家安全紧密地捆绑在了一起。"[⑥]正是出于国家对基本安全利益的考量，各国主权者纷纷在网络空间中筑起国境的高墙，并将数据作为国家的私产封锁在本地的服务器之中。[⑦] 由此可见，国家安全问题与数据本地化措施密切关联，而在国际贸易法视阈下，数据本地化措施作为贸易自由化与国家安全这一矛盾的冲突焦点，如何平衡好贸易自由化与国家安全则是实现其良性发展的前提与核心。

理论层面，国际贸易中安全例外条款的相关术语在数据本地化措施中的解释困境仍然未能得到有效解决。长期以来，安全例外条款都是国际贸易规则解释与适用的"模糊地带"。从数字贸易的发展实践看，尽管安全例外条款在数据跨境自由流动

---

① See CPTPP Article 14. 11 "Cross – Border Transfer of Information by Electronic Means".

② See CPTPP Article 14. 13. 1 "The Parties recognise that each Party may have its own regulatory requirements regarding. . . ".

③ See USMCA Article 19. 12"Location of Computing Facilities".

④ 事实上，并非所有国内监管措施等非关税贸易措施均可能构成贸易壁垒或者贸易限制，各成员方都有合法实施非关税贸易措施之政策需求。因此，仅在相关监管措施脱离必要性及合理性，或与国际协定规定不一致时才可能构成非关税贸易壁垒或者贸易限制。参见颜慧欣：《从关税走向非关税自由化之欧盟经贸策略：以欧韩 FTA 之服务贸易监管措施与技术性贸易障碍规范为例》，载《欧美研究》2013 年第 2 期。

⑤ 基本安全利益（Essential Security Interests）术语，也有学者将之翻译为根本安全利益，可参见石广生主编：《中国加入世界贸易组织知识读本（二）乌拉圭回合多边贸易谈判结果：法律文本》，人民出版社 2011 年版，第 297 页。本书采用"基本安全利益"的表述，与 RCEP 中官方的最新译法保持一致。

⑥ Jinhe Liu, *China's Data Localization*, Chinese Journal of Communication, Vol. 13: 1, p. 90(2020).

⑦ 参见田旭：《数据本地化立法的兴起与反思》，载《大连海事大学学报（社会科学版）》2020 年第 1 期。

和数据本地化措施中的可援引性已经得到了越来越多的国家的认可。例如,在 RCEP 的电子商务章节中,“计算设施的位置”条款即明确地规定“本条的任何规定不得阻止一缔约方采取或维持:(二)该缔约方认为对保护其基本安全利益所必要的任何措施……”①。但是,安全例外条款的解释困境仍然是当前各国所面临的棘手难题。既有的 WTO 案例也尚未能够为安全例外的适用提供充足的理论指引。这也意味着,基本安全利益等术语在理论上的解释可能会存在很大的差异和分歧,而其结果便是使安全例外条款不具现实可操作性甚至产生贸易争端。因此,厘清基本安全利益等概念术语是当前迫切的现实问题。相关概念术语的理解也直接关系到安全例外条款的适用能否“平稳落地”。

实践层面,从新近达成的贸易协定看,安全例外条款能否以及如何适用于一国所采取的数据本地化措施仍然未能形成统一的意见。就数据本地化措施而言,各国对“基本安全利益”的理解存在明显的分歧和立场差异。2020 年发生的广受全球关注的“TikTok 事件”正是这一现象的深刻体现。② 美国针对 TikTok 所采取的一系列行动也在一定程度上体现了美国在数据跨境自由流动和数据本地化议题上所持有的国际与国内双重标准,即在国际上鼓励跨境数据自由流动,而在国内却以国家安全为由限制数据的利用。③ 美国封禁 TikTok 已经构成了中美博弈的现实例证,反映出全球数据博弈中各国为维护数据控制权的忧虑。④ 具体而言,“TikTok 事件”在一定程度上反映了国家间关于“基本安全利益”之“国家安全”议题的话语分歧。美国政府将国家安全作为其实施数据本地化措施(强制字节跳动公司出售 TikTok)的核心理由之一。或者说,美国政府将商业公司所掌握的个人隐私数据等视为美国国家安全的有机组成部分。在美国政府官网发布的总统行政令中,美国政府认为“中国公司开发和拥有的移动应用在美国的传播,继续威胁着美国的国家安全、外交政策和经济……美国必须对 TikTok 的所有者采取积极行动,以保护我们

---

① See RCEP Article 12. 14. 3 “Nothing in this Article shall prevent a Party from adopting or maintaining: (b) any measure that it considers necessary for the protection of its essential security interests. Such measures shall not be disputed by other Parties.”

② 值得关注的是,截至本书定稿之日,“TikTok 事件”仍在持续发酵。2024 年 3 月 8 日,美国众议院一致通过了《保护美国人免受外国对手控制应用程序侵害法》(Protecting Americans from Foreign Adversary Controlled Applications Act),要求字节跳动剥离对旗下短视频应用 TikTok 的控制权。

③ 参见丁婧文:《“TikTok”事件的法律分析——兼谈数据利用国际经贸规则的完善》,载《法治社会》2020 年第 5 期。

④ 参见冯硕:《TikTok 被禁中的数据博弈与法律回应》,载《东方法学》2021 年第 1 期。

的国家安全"[①]。对此,中国政府的回应是认为美国政府在"泛化国家安全概念"。[②]由此不难看出,中美两国针对数据本地化措施中的国家安全问题存在立场差异。

综上而言,无论是在理论层面抑或实践层面,安全例外条款的解释与适用问题始终是数据本地化措施议题中一个无法回避的现实紧迫问题。既有的现实案例则更是表明了这一议题的复杂性与紧迫性。尽管国际贸易中安全例外条款的初衷是善意的,其目的是使成员方在多边贸易体系中不被置于危险的境地,但是安全例外条款本身具有模糊性,如若率性而为无疑将阻碍自由贸易的发展。因此,在国家安全成为各国数据管控之主要事由的现实背景下,[③]如何准确地把握安全例外条款在数据本地化措施中的理解与适用是亟待解决的现实问题。

三、数据隐私保护:如何更好平衡数据隐私保护与数据跨境自由流动

隐私的重要性不言而喻,不言自明。隐私既是一项基本法律权利也是一项永恒的价值。[④] 数字贸易时代,互联网和数据跨境自由流动正成为国际贸易发展的重要平台。[⑤] 与之相伴的是数据跨境自由流动与数据隐私保护这对固有的矛盾正在呈现出冲突日益加剧的趋势。一方面,由于以欧美为代表的主要国家在关于数据隐私的价值定位、基本立场以及制度设计方面存在根本差异,各国在如何保护个人数据隐私议题上有着明显的分歧。另一方面,出于对数据隐私保护的担忧与关注,各国纷纷采取数据本地化措施以保障自身利益。这无疑在一定程度上阻碍了数据跨境自由流动进而导致了天然具有全球化特质的数字贸易市场被撕裂和分割。基于此,作为强化数据隐私的保护性措施,数据本地化措施充满着争议,在各界被广泛讨论。

---

① *Executive Order on Addressing the Threat Posed by TikTok*, Whitehouse Website (Aug. , 2020) , https://www. whitehouse. gov/presidential – actions/executive – order – addressing – threat – posed – tiktok/. 需要说明的是,2021 年 6 月 9 日,美国总统拜登发布新的行政令《关于保护美国人敏感数据免受外国对手侵害的行政命令》。尽管新行政令看似撤销了原先针对 TikTok 所发布的总统令,但是新总统令仍然强调了对国家安全的考量,并未从根本上改变针对中国软件公司相关应用程度的高压审查。中国商务部发言人在例行记者会中也表达了相关关切。

② 《2020 年 8 月 3 日外交部发言人汪文斌主持例行记者会》,载外交部官网,https://www. mfa. gov. cn/web/fyrbt_673021/jzhsl_673025/202008/t20200803_5419190. shtml。

③ 参见许可:《自由与安全:数据跨境流动的中国方案》,载《环球法律评论》2021 年第 1 期。

④ See Raymond Wacks, *Privacy: A Very Short Introduction*, Oxford University Press, 2010, p. 30 – 51.

⑤ See Joshua Paul Meltzer, *The Internet, Cross – Border Data Flows and International Trade*, Asia & the Pacific Policy Studies, Vol. 2: 1, p. 90(2015).

一方面，尽管数字贸易中的数据隐私保护需求已经成为全球各国的普遍共识，[①]但是，相关条款只是强调数字贸易中个人信息和数据隐私的重要性，以及各国间应当致力于推动数字贸易中数据隐私保护的目标方向。这也意味着，相关条款仍然处于原则性规定阶段，具有统一的可直接执行的规则条款尚未形成。例如，在 RCEP 中，各缔约国认为应当“采取或维持保证电子商务用户个人信息受到保护的法律框架”[②]，但未能在后续条款中就具体的法律框架提出具体的实质性要求。在稍早达成的 USMCA 中，尽管其援引了 OECD 和 APEC 等的隐私框架作为缔约国的指引[③]并明确了隐私保护中的核心原则[④]，但未能制定具体的法律框架。由此不难看出，在一定程度上，各国间尚未能够实现数据隐私保护的统一与协调。其背后的原因之一便在于各国对隐私、经济、市场等考量因素之间的差异与分歧。[⑤] 由此，各国在数据跨境自由流动和限制措施间极可能产生实践分歧，而数据本地化措施作为限制数据跨境自由流动的实践措施也可能因此引发纷争。

另一方面，基于数据隐私保护之考量而采取数据本地化措施仍然存在诸多的争议。从既有的实践看，出于数据隐私保护之目的而采取的数据本地化措施在各国实践中广泛存在。特别是在“斯诺登事件”爆发后，数据隐私保护成为各国采取数据本地化措施的核心关切点和导火索。“在 GATS 允许各国以数据隐私保护为名限制数据自由流动的背景下，各国纷纷采取数据本地化措施。”[⑥]而其中，欧盟所制定并正在执行的 GDPR 无疑是典型的现实表征。欧盟始终坚持网络环境下高标准的隐私规则，强调任何有关数据跨境自由流动的承诺不应优先保护隐私。[⑦] 由此，欧盟的数据

---

① 从新近签订的具有广泛影响力的经贸协定看，其中的电子商务（数字贸易）章节都提到了信息或者数据的保护问题。例如 RCEP 第 12.3.8 条，CPTPP 第 14.8 条以及 USMCA 中的第 19.8 条等，都对这一问题有所涉及。此外，在中国与其他国家所签订的自由贸易协定中亦对此议题有所涉及，如中国与澳大利亚自由贸易协定第 12.8 条。

② See RCEP Article 12.8.1 “Each Party shall adopt or maintain a legal framework which ensures the protection of personal information of the users of electronic commerce”.

③ See USMCA Article 19.8.2 “To this end, each Party shall adopt or maintain a legal framework... such as the APEC Privacy Framework and the OECD Recommendation of the Council concerning Guidelines governing the Protection of Privacy and Transborder Flows of Personal Data(2013)”.

④ See USMCA Article 19.8.3 “The Parties recognize that pursuant to paragraph 2, key principles include:...”.

⑤ 参见彭岳：《贸易规制视域下数据隐私保护的冲突与解决》，载《比较法研究》2018 年第 4 期；解正山：《数据驱动时代的数据隐私保护——从个人控制到数据控制者信义义务》，载《法商研究》2020 年第 2 期。

⑥ 彭岳：《贸易规制视域下数据隐私保护的冲突与解决》，载《比较法研究》2018 年第 4 期。

⑦ See Asif khan el al., *Plurilateral Negotiation of WTO E-commerce in the Context of Digital Economy: Recent Issues and Developments*, Journal of Law and Political Sciences, Vol. 26:1, p. 35(2021).

隐私制度被认为是世界上最严格的数据隐私制度之一。GDPR 的最大特征就是为保护个人数据基本权利而对欧盟域内的数据处理行为实行严格的规制,从而对数据进行本地化。[①] 例如,根据 GDPR 的规定,欧盟禁止将属于欧盟居民的数据转移到缺乏“充分”数据隐私制度的司法管辖区中,有学者因此认为,GDPR 成为数字经济时代的新型贸易壁垒,具有贸易保护主义的实际效果。[②] 由此可见,尽管各国纷纷基于数据隐私保护之考量而采取数据本地化措施,但是,在具体实践过程中,数据本地化措施实践之“度”与“量”仍存在诸多的争议。

步入数字贸易新时代,数字贸易所可能诱发的数据隐私保护风险是各国纷纷采取数据本地化措施的现实动因之一。贸易自由化发展和数据隐私的有效保护均具有无可非议的正当性与合理性,但是,两者之间存在固有的矛盾与冲突。由此,如何实现贸易自由化与数据隐私保护的平衡与协调将是实现数据本地化措施有序发展的核心,也将是数据本地化规则构建和完善进程中的焦点议题。

综合以上内容,面对数字贸易的蓬勃发展,围绕数据本地化措施,应当妥善处理好三组贸易自由化利益与非贸易利益之间的矛盾冲突,如此才能更好地实现数字贸易的有序健康发展。就中国而言,“新一代信息技术为代表的科技革命风起云涌。这是改变世界的力量,也是中华民族的重要历史机遇。中国政府高度重视网络空间的国际治理和数字外交”[③]。因此,作为全球数字贸易的深度参与国和负责任大国,除前述三组现实议题外,还需进一步思考的是,中国在积极参与数字贸易规则谈判进而努力实现自身在数据本地化议题中的利益诉求时,如何才能更积极有效地探索完善自身的数据本地化规则并更积极有为地推动国际规则的发展以实现数字贸易的自由化发展。

本章小结

数字贸易是国际贸易在数字经济时代的新发展。数字贸易改变了传统的国际贸易形态并代表着数字化时代国际贸易的未来发展方向。随着数字贸易的兴起,数据逐渐成为一种关键的新兴生产要素并在全球贸易中扮演着日益重要的角色,而作为

① 参见王志安:《云计算和大数据时代的国家立法管辖权——数据本地化与数据全球化的大对抗?》,载《交大法学》2019 年第 1 期。

② 参见田晓萍:《贸易壁垒视角下的欧盟〈一般数据保护条例〉》,载《政法论丛》2019 年第 4 期。

③ 黄惠康:《中国特色大国外交与国际法》,法律出版社 2019 年版,第 345 页。

数字贸易的核心载体和核心动力,数字贸易的自由化发展亦有赖于数据的跨境自由流动。在数字贸易蓬勃发展的现实背景下,数据跨境自由流动是全球经济贸易发展的自发过程与必然结果。

尽管顺应了时代的潮流,但是数字贸易的发展并非一帆风顺。在数字贸易的发展进程中,各类国内监管措施仍然广泛存在,而其中,以数据本地化措施为代表的国内监管措施正在影响着数字贸易的自由化发展。数据本地化措施是各国强制网络内容层中的数据与网络物理层中的数字基础设施存置于其司法或行政管辖范围内或限制向管辖范围外流动的措施。当前,纷繁复杂的数据本地化措施广泛存在于发达国家和发展中国家之中,在数量上呈现出增长趋势并在实践中以纷繁复杂的形态存在。

数据本地化措施的存在有其必然性。作为数字贸易发展的新生产物,数据本地化措施是数字贸易发展进程中一系列矛盾的现实体现并引发了一系列的理论与实践议题。这些理论与实践议题可以归结为三个方面:其一,在国际贸易自由化的发展趋势下,作为一种对数字贸易可能产生限制效应的国内监管措施和要求,数据本地化措施的边界何在?这为数据本地化规则的完善搭建了理论前提和指明了应然方向。其二,在全球贸易规则重塑和数字贸易规则风起云涌的当下,国家安全成为各国实施数据本地化措施的动因之一。在国家安全理解与适用泛化的现实背景之下,如何准确地理解国际贸易法规则中的安全例外条款并将其准确地适用于数据本地化措施是当前迫切需要解决的现实问题。其三,贸易自由化与数据隐私权的冲突使数字贸易国际规则的发展呈现出日趋分化的发展路径,这是贸易联结议题在数字贸易时代的现实体现。由此,在推动数字贸易自由化发展的进程中,如何实现数据隐私的适度保护进而实现两者的平衡是实现数据本地化措施有序发展的现实要求。此外,就中国而言,还需要思考的是,中国如何推动数据本地化国际规则的完善和数据本地化国内规则的构建。这既是中国维护自身合法利益的需要也是中国作为负责任大国的现实体现。

第二章

制衡与协调:数据本地化措施中的“国内监管措施”问题

有别于货物贸易的实体性,服务贸易通常是无形的。恰恰由于服务贸易的特殊性,对服务贸易的监管无法采取传统适用于货物贸易的包括关税措施在内的各类边境措施,而有赖于各种层面的国内监管。[①] 尽管国内监管在传统上属于一国经济主权范畴内的事务,但是,由于国内监管规则和程序的复杂性,抑或由于监管标准和监管水平的差异,甚至由于监管信息的不公开、不透明等因素,国内监管正在成为一种普遍性的国际贸易问题而日趋得到关注。鉴于国内监管措施对国际服务贸易所产生的显著影响,[②]一国或地区的国内监管成为国际贸易自由化的重要影响因素和考量因素。作为一种潜在的对自由贸易产生限制性影响的措施,数据本地化措施本身即可能成为一种数字贸易时代的新型国内监管措施。新近达成的自由贸易协定对此也予以了回应。[③] 数字互联网已被认为是21世纪的贸易通道,其虚拟性和无国界性极大地降低了国际贸易的成本,并为各种规模的企业进入国际市场铺平了道路。然而,在缺乏国际贸易规则协调的情况下,基于不同政策立场的考量,不同国家和地区正在呈现出数字监管规则径自加速发展的趋势,这无疑将导致全球数字贸易治理体系和监管体系的高度碎片化。在数字网络环境中,数据本地化措施这一国内监管要求往往

---

① See Pierre Sauvé and Anirudh Shingal, *Reflections on the Nature of Preferences in Services*, in Pierre Sauvé & Anirudh Shingal eds., The Preferential Liberalization of Trade in Services: Comparative Regionalism, Edward Elgar Publishing, 2014, p. 401 -412.

② 关于国内监管措施对国际贸易所产生的影响,参见 Aaditya Matto and Pierre Sauvé, *Domestic Regulation and Trade in Service: Key Issues*, in Aaditya Mattoo and Pierre Sauvé eds., Domestic Regulation and Trade in Service, World Bank and Oxford University Press, 2003, p. 1。

③ 例如,RCEP 第14条第1款即规定“缔约方认识到每一缔约方对于计算设施的使用或位置可能有各自的措施,包括寻求保证通信安全和保密的要求”。此外,在 CPTPP 中也有与之相类似的规定。

会对数字贸易产生“溢出效应”,[①]在贸易全球化的宏观背景下还可能进一步引发贸易壁垒和贸易争端等“次生风险”。[②] 因此,作为一项国内监管措施的数据本地化措施,如何才能更好地实现国内监管措施和自由贸易的平衡是当前亟待讨论与思考的现实问题。

第一节 永恒的话题:国际贸易自由化与国内监管措施

在国际贸易规则重塑的现实背景下,随着各国关税程度的下调和市场准入程度的提升,全球对国际贸易自由化的关注开始转向国内监管问题。在国际贸易视阈下,国内监管对贸易自由化所造成的影响一直是国际贸易所密切关注的一个核心问题。相较传统国际贸易,这一问题在数字贸易领域更为突出和深刻,因为数字贸易无国界的特点使其所面临的传统边境措施大大减少,转而面临更为严峻的包括数据监管在内的国内监管措施。事实上,自 WTO 成立以来,国内监管措施的贸易限制效应以及 WTO 对国内监管措施的介入即成为各国所关注的焦点。[③] 贸易自由化与国内监管措施之间的平衡与协调亦随即成为国际贸易法所面临的最重要的焦点问题之一。既有实践表明,以 WTO 为代表的国际贸易治理机制和国际组织并未否定各国对国际贸易的国内监管权,这意味着,有别于 WTO 对成员方针对市场准入等边境限制措施所实行的较为严格的限制,WTO 在国内监管措施方面允许成员方享有更大的自主空间。同时,鉴于各国的国内监管措施也可能会对国际贸易活动产生负面影响,WTO 也制定了相关规则,在实践中予以平衡和协调。然而,这一话题并未因为各国国内监管权和国内监管措施的受认可和 WTO 的协调与平衡而终结,恰恰相反,国际贸易自由化与国内监管措施的平衡成为一项持续争议的话题。这是因为 WTO 对国内监管措施的平衡与协调还同时导致了国家主权和自由贸易之间的紧张关系。[④] 进入数字贸易时代,受数字互联网技术蓬勃发展的影响,国际贸易所面临的国内监管措施正在呈现

---

① See Mira Burri, *The Governance of Data and Data Flows in Trade Agreements: The Pitfalls of Legal Adaptation*, UC Davis Law Review, Vol. 51: 1, p. 121 (2017).

② 参见彭岳:《数据本地化措施的贸易规制问题研究》,载《环球法律评论》2018 年第 2 期。

③ See Jan Mcdonald, *Domestic Regulation, International Standards, and Technical Barriers to Trade*, World Trade Review, Vol. 4: 2, p. 249 (2005).

④ See Joel Trachtman, *Trade and... Problems, Cost-Benefit Analysis and Subsidiarity*, European Journal of Economic Law, Vol. 9: 1, p. 51 (1998).

出新的样态。不断出现的新问题和新风险使各国不断创设新的监管措施予以应对,而缺乏统一的监管协调机制无疑进一步地加剧了国内监管碎片化的趋势并成为阻碍数字贸易自由化发展的因素之一。在此之中,数据本地化措施无疑是最引人注目的国内监管措施。

一、国际贸易自由化进程中的国内监管措施

无论是货物贸易还是服务贸易,国际贸易自由化和国内监管自主权的关系问题都是一个非常重要却又非常棘手的问题。[①] 一方面,各国对国际贸易所施加的国内监管措施在一定程度上会延缓国际贸易自由化进程的发展甚至可能会对国际贸易形成贸易限制。既有实践表明,旨在阻碍提供商和消费者进行互动的国内监管措施都可能构成服务贸易自由化的障碍,因为国内监管措施可能会使外国服务提供者处于不利地位抑或将其排除在市场之外。[②] 因此,尽管服务贸易领域需要成员方的监管自主权以使本地监管能够响应本地条件,但有时候,监管自主权可能因被滥用而成为暗中的贸易保护主义。[③] 正是由于国内监管措施的多样性是各类服务贸易领域所面临的共通性问题,过度烦琐的国内监管措施被视为限制服务贸易最严格的潜在障碍。[④] 另一方面,缺乏国内监管的贸易自由化也可能产生负面效应。完全自由的国际贸易可能会因为信息不对称抑或市场垄断等因素而导致市场失灵。传统的经济学理论亦已表明,政府监管措施对纠正市场失灵进而提高竞争效果具有积极作用。[⑤] 因此,从这个角度看,适度且有效的国内监管措施应当被视为推进国际贸易自由化的重要前提和关键制度保障。基于以上两方面考量,在贸易自由化的发展趋势下,尽管国内监管措施可能构成国际贸易自由化发展的障碍,但国内监管措施仍然具有其存在的现实意义与价值。

---

① 参见石静霞:《服务业的国内监管自主权与贸易自由化:制衡与协调》,载《国际商法论丛》2006 年第 00 期。

② See Alan O. Sykes, *Domestic Regulation, Sovereignty, and Scientific Evidence Requirements: A Pessimistic View*, Chicago Journal of International Law, Vol. 3: 2, p. 353 (2002).

③ See Joel P. Trachtman, *Lessons for the Gats from Existing WTO Rules on Domestic Regulation*, in Aaditya Mattoo and Pierre Sauvé eds., Domestic Regulation and Trade in Service, World Bank and Oxford University Press, 2003, p. 57.

④ See Panagiotis Delimatsis, *Due Process and "Good" Regulation Embedded in the Gats – Disciplining Regulatory Behaviour in Services Through Article Ⅵ of the GATS*, Journal of International Economic Law, Vol. 10: 1, p. 15 – 17 (2007).

⑤ 参见陈靓:《从 GATS 到 TiSA:全球服务贸易自由化规则的建构与中国的选择》,上海人民出版社 2018 年版,第 131 页。

在以 WTO 为核心的国际贸易治理体系中,《关税与贸易总协定》(GATT)和《服务贸易总协定》(GATS)均未否认国内监管措施的必要性。这是因为国内监管措施涉及一个主权国家诸如生命健康、消费者保护、环境保护等社会和政治核心问题。[①] 就服务贸易而言,尽管 WTO 主张建立服务贸易的多边框架以期逐步实现服务贸易的自由化,但这并不意味着要完全排除针对服务贸易的国内监管。WTO 选择在尊重成员方经济主权的基础上,通过建立有效且必要的国内监管体制以避免形成服务贸易壁垒,进而逐步实现服务贸易的自由化发展。对此,GATS 在序言中毫无保留地承认了成员方对服务贸易所享有的国内监管权,亦强调了国内监管权对发展中国家的重要性。[②] GATS 第 6 条则进一步对国内监管予以了更为明确的纪律规定。[③] 除第 6 条外,GATS 还通过第 16 条和第 17 条所确定的多边纪律来约束和限制成员方的监管权力以实现服务贸易的自由化。[④] 由此可见,在 GATS 规则之下,国内监管议题是各缔约方之间的核心议题之一,这不仅关系到缔约方自身的核心利益,也同时关系到国际贸易自由化的发展。除 GATS 中的明确规定外,就各国所享有的国内监管权而言,WTO 上诉机构也在其裁决中毫不隐讳地予以了承认。[⑤]

尽管在乌拉圭回合谈判进程中各缔约方为应对国内监管耗费了巨大的精力并达成了初步的成果。但是,需要承认,GATS 对服务贸易中国内监管措施的协调仍然存在明显的不足。实践表明,“GATS 第 6 条在推动服务贸易自由化所起的作用不尽如人意,已不适应服务贸易迅猛发展的现实需求”[⑥]。恰恰是这些不足和有待进一步完善的空间使各国在应对诸如数据本地化措施在内的新型国内监管措施时面临着“手足无措”甚至“疲于应对”的现实窘境。首先,如前文所言,WTO 体系形成于前数字互联网时代,这意味着 WTO 规则在应对数字贸易时代的国内监管新措施时难免捉襟见

---

① See Joost Pauwelyn, *Rien ne Va Plus? Distinguishing Domestic Regulation from Market Access in GATT and GATS*, World Trade Review, Vol. 4:2, p. 135(2005).

② See General Agreement on Trade in Services(GATS)“Recognizing the right of Members to regulate, and to introduce new regulations...”.

③ GATS 第 6 条第 1 款、第 3 款和第 6 款包含仅适用于特定承诺部门的有条件的程序性一般义务,而 GATS 第 6 条第 4 款和第 5 款则规定了国内监管的实质性义务。与前述条款不同,GATS 第 6 条第 2 款规定的程序性义务则是无条件而普遍适用的,体现了 WTO 对部分成员方之国内监管的革命性变革。See Mitsuo Matsushita et al., *The World Trade Organization: Law, Practice, and Policy*, Oxford University Press, 2015, p. 577.

④ 参见韩龙:《WTO 服务贸易中的规制纪律与规制自由——对 GATS 国内规制问题与发展趋势的透视》,载《法商研究》2003 年第 3 期。

⑤ See Report of the Appellate Body, Argentina – Measures Relating to Trade in Goods and Services, WT/DS453/AB/R, 14 April 2016, para. 6.114. 在裁决中,上诉机构认为 GATS 序言部分,包括第三段和第四段均承认成员方追求其政策目标的权利。

⑥ 刘迪玲、张磊:《我国服务贸易国内规制研究》,载《上海经济研究》2016 年第 7 期。

肘。受限于 WTO 谈判时技术发展阶段的限制,包含 GATS 在内的 WTO 规则框架在应对数字贸易时存在诸多的不足和明显的滞后,①而 GATS 在应对诸如数据本地化措施等新型国内监管措施时的困境在一定程度上是前述滞后情形的真实写照。其次,从覆盖范围看,GATS 第 6 条关于国内监管纪律的规定主要涵盖了资格要求、资格程序、技术标准、许可要求和许可程序五个领域。② 而对于数据本地化措施,抑或更为广泛的本地化措施,GATS 却鲜有涉及。③ 尽管后续 WTO 服务贸易理事会成立了专业服务工作组和国内规制工作组(WPDR),但是,相关的谈判成果仍然较为有限。④ 这就使 GATS 在面对新型国内监管措施时尚无法提供切实可行的法律框架和法律规则予以应对。最后,在应对国内监管措施时,WTO 尚未形成系统完善的关于国内监管措施合理边界的判断标准。作为一种制度工具,必要性测试可以用于考量每个成员方在自己管辖范围内行使监管权与实现服务贸易自由化中之间的平衡。⑤ 然而,尽管实践已经基本确定了国内监管措施的必要性测试,必要性测试仍然处于一个发展中过程,各国间的立场亦存在差异而难以达成一致。例如,美国、加拿大等 WTO 成员方即认为“国内监管纪律一定不能不适当地破坏监管主权”而必要性测试则“可能具有这种效果”,同时“必要性测试”是一个“模糊且不可预测的标准,最终将由一个专家组而不是 WTO 成员方来定义,这将导致专家组对成员方所作出的一些敏感政策选择进行二次臆断而敞开大门”⑥。此外,亦有学者指出,WTO 所做出的与必要性测试有关的相关裁决具有“亲自由贸易”倾向,⑦这在一定程度上也会对成员方基于监管主

① 参见石静霞:《数字经济背景下的 WTO 电子商务诸边谈判:最新发展及焦点问题》,载《东方法学》2020 年第 2 期。

② See General Agreement on Trade in Services(GATS)Article 6.4 “ With a view to ensuring that measures relating to qualification requirements and procedures,technical standards and licensing...”.

③ GATS 中尚无直接涉及“数据本地化措施”的规则。从更广的范围看,GATS 中涉及“本地化措施”的规则也相对非常有限。主要涉及 GATS 第 16 条“市场准入”条款中所涉及的本地成分问题。

④ 检索相关资料显示,WPPS 于 1998 年 12 月完成了“会计行业国内监管纪律”的制定,参见 Decision on Disciplines Relating to the Accountancy Sector,S/L/63,15 December 1998。WPDR 分别于 2009 年和 2011 年制定了《国内监管准则》。

⑤ See Panagiotis Delimatsis,*Determining the Necessity of Domestic Regulations in Services:The Best is Yet to Come*,The European Journal of International Law,Vol. 19:2,p. 365(2008).

⑥ Communication from Brazil,Canada and The United States:Views on the Issue of the Necessity Test in the Disciplines on Domestic Regulation,S/WPDR/W/44,22 March 2011,para. 1,8.

⑦ 参见安佰生:《国内规制主权与自由贸易的冲突及解决方案——技术性贸易壁垒的本质及规则发展趋势初探》,载《国际经济法学刊》2015 年第 3 期。

权而享有的国内监管权产生负面影响。① 由此可见，既有 GATS 规则中关于国内监管的条款仍然处于一种发展之中，且尚未形成能够适用于普遍领域的必要性测试规则。进入数字贸易时代，贸易自由化进程中的所面临新型国内监管措施仍然有待于进一步对既有规则的解释与适用展开探索抑或对现有的规则予以完善进而实现更有效的应对。

基于以上分析，需要思考的是，身临数字贸易时代，在一个更追求自由的数字互联网空间中，数据本地化措施等国内监管措施是否仍有存在之必要？更进一步看，在国际贸易法视阈下，数据本地化措施作为一种随着数字互联网技术和数字贸易发展而在全球范围内普遍存在的新措施和新现象，其本身是否属于一种国内监管措施？这既是对数据本地化措施的性质定性，也是数据本地化规则制定的应然方向。

二、数字贸易中国内监管措施的迫切需求：中立技术的无序使用与自由贸易的非理性

数字时代，开放和互联互通的数字网络空间对发展数字贸易是必需且有意义的。因为闭锁和分裂的数字网络空间无疑会大大地限缩国际贸易创新的空间和摧毁技术创新的现实可能性。与此同时，开放和互联互通的数字网络空间具有潜在的风险与挑战。因此，迈入数字贸易时代，除常规国内监管措施外，国家也根据数字网络空间的现实特征而有针对性地采取了各种新型国内监管措施以应对数字贸易时代的风险与挑战。究其根本，在于中立技术使用的无序性和自由贸易的非理性使现实空间内的国际贸易风险会映射在数字贸易的虚拟空间中而爆发出新的风险与挑战，并可能因为网络空间管理的无序而使风险扩大和扩散。

一方面，技术的中立性并不意味着技术的安全性，中立技术的无序使用可能导致数字贸易陷入失序的困境。“技术中立”的概念在学界由来已久，并非新鲜词汇，与这一概念相类似，有学者提出了“网络中立”②和“互联网中立”③等概念。技术中立被认为是互联网政策的关键原则，然而，即便承认数字互联网技术的“单纯”以及其背后所承载的纯粹技术属性，互联网技术的运用也并非总是有序且理性的。国家和跨国企

---

① See Tim Buthe, *The Globalization of Health and Safety Standards: Delegation of Regulatory Authority in the SPS Agreement of the* 1994 *Agreement Establishing the World Trade Organization*, Law and Contemporary Problems, Vol. 71: 1, p. 219 – 256 (2008); Michael Ming Du, *Domestic Regulatory Autonomy under the TBT Agreement: From Non-discrimination to Harmonization*, Chinese Journal of International Law, Vol. 6: 2, p. 269 – 306 (2007).

② See Tim Wu, *Network Neutrality, Broadband Discrimination*, Journal of Telecommunications and High Technology Law, Vol. 2: 1, p. 141 – 179 (2003).

③ See Tim Wu and Christopher S. Yoo, *Keeping the Internet Neutral?: Tim Wu and Christopher Yoo Debate*, Federal Communications Law Journal, Vol. 59: 3, p. 576 (2007).

业等行为体在数字互联网空间的自发博弈可能导致数字互联网空间处于一种不稳定的状态。① 换言之，技术本身是无意识的，而技术的价值取向则受制于技术实施者的价值取向和意识形态。从这个角度看，技术中立或许只能是技术工作者一厢情愿的空想罢了。进一步置于国际贸易视阈下，从 WTO 判例看，技术中立原则已得到确立。然而，“技术中立”在国际贸易中的确立是建立在技术的不确定性基础之上的，即主体对相关技术的发展无法完全预测和把握。② 这意味着，数字互联网技术等现代技术在投入应用过程中也可能因为技术局限或者使用者的策略而偏离技术本身的功能定位。技术使用主体在利用技术以实现贸易便利化的同时，也可能因主观动机和利用技术水平的差异而损害贸易公平甚至产生侵害贸易权益的现象。数字贸易进程中的数据监视以及由此产生的数据隐私风险无疑是其中的现实典例。例如，美国政府通过棱镜项目直接从微软、谷歌、雅虎等大型互联网公司服务器收集包括电子邮件和浏览器记录的行为显然是互联网这一中立技术无序使用的典型代表。此外，频繁被曝光的互联网终端后门问题也同样揭示着中立技术的无序使用现象。因此，在数字贸易视阈下，考虑到数字互联网技术的非理性使用可能产生和诱发的新的风险类型，对其采取合理的监管措施具有现实必要性甚至迫切性。

另一方面，自由贸易的非理性需要通过国内监管措施予以平衡与协调。在传统服务贸易领域，良性政府往往会基于市场失灵、信息不对称、垄断、公共物品和外部性等问题而采取监管措施以实现经济抑或非经济利益考量。③ 在国际贸易发展进程中，贸易和法律的交织总是与科学技术的革新息息相关。④ 科学与技术的发展推动着贸易和法律的发展以适应整体环境的变化。在数字贸易时代，数字贸易参与者的数据隐私泄露以及各类对公共道德产生消极影响的新问题都会产生负面社会成本。网络空间所存在的诸如数据隐私安全、网络欺诈以及违反公序良俗的网络道德问题就是这些负外部性的真实写照。⑤ “在经济学视角下，互联网贸易自由产生的负外部性无

---

① 例如，美国政府通过《爱国者法案》等实现对与本国相关的域外数据的控制权，并通过国家安全部门的专门项目收集并分析完全受他国管辖的数据，这些行为无疑会与国际贸易相关联，也可能损害各国之间的数字信任进而加剧数字互联网空间的不稳定因素。

② 参见王海峰：《GATS 框架下的互联网服务管理权限问题研究——兼论我国的应对之策》，载《法商研究》2013 年第 5 期。

③ See Panagiotis Delimatsis, *Due Process and "Good" Regulation Embedded in the Gats - Disciplining Regulatory Behaviour in Services Through Article Ⅵ of the GATS*, Journal of International Economic Law, Vol. 10:1, p. 16(2007).

④ See Rostam J. Neuwirth, *Global Market Integration and the Creative Economy: The Paradox of Industry Convergence and Regulatory Divergence*, Journal of International Economic Law, Vol. 18:1, p. 22(2015).

⑤ 参见王秋雯：《区域主义路径下互联网贸易规则的新发展与中国对策》，载《华中科技大学学报（社会科学版）》2018 年第 5 期。

法通过市场机制得以消弭。”①而与互联网贸易密切相关的数字贸易亦是如此。② 由此，为克服非理性自由所导致的市场失灵，各国所采取的监管措施无疑具备了正当性和法理基础。有学者指出，数字互联网技术和网络空间的发展本身并不产生新的问题，但是网络空间的产生却会加剧古老难题解决的紧迫性，甚至会产生了一系列新问题，因而需要实质性的制度创新。③ 在国际贸易视阈下，数字贸易所引发的数据风险已经在全球范围内得到了广泛的认同，因此，科学与技术在推动国际贸易发展与进步时需要国内监管措施提供制度保障。

综上，基于中立技术无序使用和自由贸易非理性的现实考量，在数字贸易时代，数字贸易仍然需要各国采取必要且有效的国内监管措施以推动数字贸易的良性发展，而作为数字贸易的核心环节，数据跨境流动亦需要国内监管措施的存在。“自由流动并不意味着没有监管，监管并不意味着限制自由流动。”④在此之中，饱受关注的数据本地化措施即其中的一种代表性监管措施。

三、数据本地化措施是数字贸易时代的新型国内监管措施

作为一种边境后措施，国内监管措施可被定义为一国国内由专门政府机构通过一定程序制定并予以实施的监管措施。⑤ 对于国内监管措施，GATS 承认各成员方所享有的国内监管自主权。与此同时，为避免国内监管自主权对国际贸易自由化造成不必要的限制与障碍，GATS 第 6 条还同时规定了成员方实施国内监管措施应当遵守的纪律。步入数字贸易时代，尽管数字贸易具有无形性和跨国界性，但是，这并不意味着数字贸易时代已无须国内监管。⑥ 对于国内监管措施的形态，毋庸置疑，国内监管措施会随着国际贸易的发展而演进产生新的国内监管措施。在此之中，各国为应

---

① 孙南翔：《认真对待“互联网贸易自由”与“互联网规制”基于 WTO 协定的体系性考察》，载《中外法学》2016 年第 2 期。

② 关于“数字贸易”与“互联网贸易”的关系，应该说互联网贸易的范围要大于数字贸易。参见孙南翔：《从限权到赋权：面向未来的互联网贸易规则》，载《当代法学》2016 年第 5 期。

③ See Joel P. Trachtman, *The Future of International Law: Global Government*, Cambridge University Press, 2013, p. 89.

④ Xiaodong Hong, *WTO Electronic Commerce Plurilateral Negotiations Balancing and Gaming Between Opening-up and Regulation*, Journal of WTO and China, Vol. 11:2, p. 35(2021).

⑤ 参见陈志阳、安佰生：《多双边贸易谈判中的国内规制问题》，载《国际贸易》2014 年第 10 期。

⑥ 事实上，在数字贸易时代，国内监管措施和国内监管自主权仍然被重复地强调。例如，在欧洲议会发布的《数字主权报告》中，欧洲议会即强调“数字主权”是指欧洲在数字世界中自主行动的能力，应该被理解为一种保护性机制和防御性工具，并同时指出，欧盟政策制定者已开始制定政策，以增强欧盟的数字战略自主权。See European Parliament, *Digital sovereignty for Europe*, European Parliament Website (Jul. 20, 2020), https://www.europarl.europa.eu/thinktank/en/document.html? reference = EPRS_BRI(2020)651992.

对数字贸易所可能诱发的风险而采取的数据本地化措施即属于一种新型的国内监管措施。

第一,数据本地化措施属于一种“影响服务贸易的措施”。无论是 GATS 第 1 条[①]抑或 GATS 第 6 条[②]均明确强调了“影响服务贸易的措施”这一概念在 GATS 下适用的重要性。由此,数据本地化措施是否可能构成一项国际贸易法视阈下的国内监管措施并因此而适用协定的前提之一就应当考虑数据本地化措施是否属于“影响服务贸易的措施”。参考“加拿大—汽车案”中 WTO 上诉机构的裁决意见,一项措施是否构成“影响服务贸易的措施”需要考虑两方面的判断要素,一是是否存在 GATS 第 1 条第 2 款意义上的“服务贸易”;二是相关措施是否“影响”服务贸易。[③] 就前者而言,通常服务贸易的供应模式是根据服务供应商和消费者来源以及他们在提供服务时所拥有的地域存在的程度和类型来界定的。[④] 因此,从这个角度看,数字贸易即可能构成服务贸易中的跨境提供和境外消费。[⑤] 同时,由于数字贸易具体形态的纷繁复杂,在具体考量时可能存在界限模糊的可能。[⑥] 但尽管如此,数字贸易构成 GATS 第 1 条第 2 款意义上的“服务贸易”应无太大争议。根据 WTO 争端解决机构所确立的技术中立原则,[⑦]除非成员特别排除,否则涉及数据跨境流动的相关服务应属于“服务贸易”之一种。[⑧] 因此,以数字贸易形式所体现的国际贸易均属于 GATS 语境下的“服务贸易”。而就后者而言,对“影响”一词应采用广义的定义,只要属于改变竞争条件的措施,无论是直接还是间接采取相关措施,均属于 GATS 所适用的含义。[⑨] 在“加拿

---

① See GATS Article 1.1 “This Agreement applies to measures by Members affecting trade in services”.

② See GATS Article 6.1 “... each Member shall ensure that all measures of general application affecting trade in services...”.

③ See Appellate Body Report, Canada – Certain Measures Affecting the Automotive Industry, WT/DS142/AB/R, 31 May 2000, para. 151 – 152.

④ See Scheduling of Initial Commitments in Trade in Services: Explanatory Note, MTN. GNS/W/164, 3 September 1993, para. 18.

⑤ 随着信息技术的发展,境外消费通常和跨境提供联系起来。对于通过电子方式提供的服务而言,跨境提供与境外消费之间的区别通常是不明显的。参见石静霞:《WTO 服务贸易法专论》,法律出版社 2006 年版,第 37 页。

⑥ See Andrew D. Mitchell, *Towards Compatibility: The Future of Electronic Commerce Within the Global Trading System*, Journal of International Economic Law, Vol. 4: 4, p. 690 – 693 (2001).

⑦ See Report of the Panel, United States – Measures Affecting the Cross – border Supply of Gambling and Betting Services, WT/DS285/R, 10 November 2004, para. 6.285.

⑧ See Daniel Crosby, *Analysis of Data Localization Measures Under WTO Services Trade Rules and Commitments*, E15 Initiative Website (Mar., 2016), https://e15initiative.org/publications/analysis – of – data – localization – measures – under – wto – services – trade – rules – and – commitments/.

⑨ 参见张新平:《WTO 服务贸易总协议适用范围及相关定义之探讨》,载《政大法学评论》第 113 期(2010 年)。

大一汽车案"中,上诉机构认为,在分析"影响"时应考察措施对相关服务或服务提供者能力的影响。[①] 就数据本地化措施而言,其核心要求是限制数据的存储地域在其域内范围抑或限制数据向域外范围传输和流动。这一措施无疑会在一定程度上加重服务提供者,特别是外国服务提供者的负担(如需要在境内专门设立数据存储中心),进而会对外国服务提供者的能力及其所提供的服务产生消极影响。因此,综合以上两点考量,应当认为,数据本地化措施属于 GATS 第 1 条下的"影响服务贸易的措施"且也属于 GATS 第 6 条所覆盖的措施。

同时,国内监管条款所覆盖的"影响服务贸易的措施"应属于"普遍适用的措施",而非适用于具体情形的措施。[②] 对此,参考 WTO 专家组在"美国—衬衣案"中对 GATT 第 10 条中相同术语所提出的解释,"普遍适用"应当是指"在一定程度上限制性地影响了包括国内和国外生产商在内的数目不定的经济经营者"[③],这一解释也得到了 WTO 上诉机构的认可。[④] 因此,从这个角度理解,目前饱受争议的各国以立法形式要求特定类型之数据存储于国内服务器的数据本地化法律条款可以被理解为普遍适用的措施。同时,参考"日本—电影案"中 WTO 专家组的解释,[⑤]对"普遍适用"还应该予以更宽泛的理解。具体而言,尽管相关数据本地化措施是在个案中(包括判例或者行政决定)所确定,但只要在个案中制定或修订了适用于未来案件的原则或标准,也应被认定为是普遍适用的措施。

此外,还需要思考的是关于成员方具体承诺的问题。根据 GATS 第 6 条第 1 款的规定,国内监管条款仅适用于作出具体承诺的部门。[⑥] 然而,由于在 GATS 订立时数字经济和数字贸易尚未得到充分的关注,因而尚无直接与数字贸易完全密切相关的部门划分。即便能够结合各成员方的具体承诺予以个案讨论,"但由于服务的多样性和复杂性以及 GATS 规则的初步性,成员方根据承诺表承担的具体义务在实践中亦

---

① See Appellate Body Report, Canada – Certain Measures Affecting the Automotive Industry, WT/DS142/AB/R, 31 May 2000, para. 165 – 167.

② See GATS Article 6.1 "... each Member shall ensure that all measures of general application affecting trade in services...".

③ Report of the Panel, United States – Restrictions on Imports of Cotton and Man – made Fibre Underwear, WT/DS24/R, 8 November 1996, para. 7.65.

④ See Report of the Appellate Body, United States – Restrictions on Imports of Cotton and Man – made Fibre Underwear, WT/DS24/AB/R, 10 February 1997, p. 21.

⑤ See Report of the Panel, Japan – Measures Affecting Consumer Photographic Film and Paper, WT/DS44/R, 31 March 1998, para. 10.388.

⑥ See GATS Article 6.1 "... each Member shall ensure that all measures of general application affecting trade in services...".

可能并不明确”①。因此,基于各成员方的具体承诺评价数据本地化措施尚存难度。尽管如此,数据本地化措施仍可能被解释为一项国内监管措施。这是因为,GATS 具体承诺的范围具有动态特征,即技术的进步会产生新的服务提供手段并拓宽特定服务提供模式所包括的手段范围,进而会扩大具体承诺的范围。② 在“美国—赌博案”中,WTO 上诉机构重申专家组的意见后认为,如果 WTO 成员方在具体承诺减让表的相关栏目中作出承诺,则成员方关于 GATS 的承诺涵盖该部门内的所有服务。③ 同时,对跨境服务的承诺允许其他 WTO 成员方的服务提供者通过任何方式跨境提供服务,④而数字贸易恰恰是数字经济时代的一种全新的跨境服务提供方式。基于此,可以认为,对于成员方已作出承诺的部门,即便其他成员方的服务提供者采取数字形式提供跨境服务,也应受其承诺的约束。同理,成员方所采取的数据本地化措施亦同样受到其承诺的约束。

当然,需要承认的是,由于数据跨境流动在技术上的新颖性以及数据本地化措施的纷繁复杂,各国所制定的具体监管措施必然存在差异,这无疑会加剧数据本地化措施法律分析的难度。因此,前述分析系针对通常情况下所开展的讨论,而针对具体数据本地化措施的判断仍然有待结合具体情况予以进一步展开。

第二,数据本地化措施在国内监管措施与市场准入之间的界分问题有待进一步思考。既有研究表明,无论是理论层面还是实践层面,国内监管措施和市场准入的界分均是一个现实问题,⑤而无论从经济层面还是政治层面考量,区分国内监管和市场准入具有深刻的现实意义与合理性。⑥ 这种现实意义至少体现在国际贸易规则对待某一具体措施时的应然立场方面。具体而言,市场准入条款的出发点是在作出具体承诺的 WTO 成员方境内保障其他成员方获得市场准入和国民待遇,而国内监管措施条款则是在肯定 WTO 成员方对服务贸易国内监管权力的基础上进一步确立的成员

---

① 石静霞:《WTO 服务贸易法专论》,法律出版社 2006 年版,第 17 页。

② 参见胡建国:《安提瓜诉美国赌博案评析》,载《武大国际法评论》2007 年第 2 期。

③ See Report of the Panel, United States - Measures Affecting the Cross - Border Supply of Gambling and Betting Services, WT/DS285/R, 10 November 2004, para. 6. 335; Report of the Appellate Body, United States - Measures Affecting the Cross - Border Supply of Gambling and Betting Services, WT/DS285/AB/R, 7 April 2005, para. 239.

④ See Report of the Panel, United States - Measures Affecting the Cross - Border Supply of Gambling and Betting Services, WT/DS285/R, 10 November 2004, para. 6. 338; Report of the Appellate Body, United States - Measures Affecting the Cross - Border Supply of Gambling and Betting Services, WT/DS285/AB/R, 7 April 2005, para. 239.

⑤ See Joost Pauwelyn, *Rien ne Va Plus? Distinguishing Domestic Regulation from Market Access in GATT and GATS*, World Trade Review, Vol. 4: 2, p. 131 - 133 (2005).

⑥ 参见韩龙:《市场准入与国内规制在 WTO 法中应如何合理界分》,载《政法论坛》2006 年第 4 期。

方措施限度。[①] 因此,循沿 WTO 关于国内监管措施和市场准入规则,就市场准入措施而言,无论是货物贸易中的关税还是服务贸易中的本地成分限制,通常会被认为是抑制国际贸易自由化所采取的贸易保护主义措施。这一类措施不仅有损外国服务提供者也不利于本国消费者,因而理应予以限制。[②] 相较而言,国内监管措施通常基于非贸易保护主义的合法目的,因而,有别于严格的市场准入规则,就国内监管措施而言,成员方通常享有较为广泛的自主权。[③]

那么,数据本地化措施到底属于国内监管问题还是市场准入问题?对此,有学者认为,数据本地化措施有可能违反 GATS 市场准入条款,[④]其原因在于数据本地化措施可能构成以“零配额”的形式对其他成员方的服务提供者和服务施加数量限制而违反 GATS 市场准入条款。[⑤] 前述观点所依据的 WTO 判例指引主要是“美国—赌博案”。在“美国—赌博案”中,专家组认为相当于“零配额”的禁令是数量限制,因此以数字配额的形式限制了服务提供商的数量,[⑥]这一观点也得到了 WTO 上诉机构的维持。[⑦] 但是,需要明确的是,在“美国—赌博案”中,涉案措施是“美国禁止跨境提供赌博和博彩服务,并采取措施限制与赌博和博彩服务有关的国际汇款和付款”[⑧]。尽管这一问题可能涉及服务贸易中相关数据的跨境流动,但这与数据本地化显然有明显的区别。此外,“美国—赌博案”中所提及的“零配额”,是指“如果一成员在其《减让表》中对某一种服务作出了市场准入的承诺,那么该成员即使通过国内立法完全禁止该种服务在境内实施并在境内外服务提供者之间平等地施行(配额为零),其仍然构

---

① 参见黄志雄、万燕霞:《论互联网管理措施在 WTO 法上的合法性——以“谷歌事件”为视角》,载孙琬钟主编:《WTO 法与中国论丛(2011 年卷)》,知识产权出版社 2011 年版,第 278 - 294 页。

② 这一点从条款的表达中即可较为明确地看出,针对市场准入措施,GATS 第 16.2 条使用了“不得”(shall not)的表述,而在 GATT 中也有相类似的表述。

③ 这一点从条款的表达中也可较为明确地看出,针对国内监管措施,GATS 第 6.1 条即使用了“应保证……以合理、客观和公正的方式实施”。

④ See Benjamin Wong, *Data Localization and ASEAN Economic Community*, Asian Journal of International Law, Vol. 10: 1, p. 161 (2020).

⑤ 参见彭岳:《数据本地化措施的贸易规制问题研究》,载《环球法律评论》2018 年第 2 期。See Rolf H. Weber, *Regulatory Autonomy and Privacy Standards Under the GATS*, Asian Journal of WTO & International Health Law and Policy, Vol. 7: 1, p. 32 - 33 (2012); Susannah Hodson, *Applying WTO and FTA Disciplines to Data Localization Measures*, World Trade Review, Vol. 18: 4, p. 590 - 591 (2019).

⑥ See Report of the Panel, United States - Measures Affecting the Cross - Border Supply of Gambling and Betting Services, WT/DS285/R, 10 November 2004, para. 6.338 and para. 6.363.

⑦ See Report of the Appellate Body, United States - Measures Affecting the Cross - Border Supply of Gambling and Betting Services, WT/DS285/AB/R, 7 April 2005, para. 238 and 252.

⑧ Report of the Panel, United States - Measures Affecting the Cross - Border Supply of Gambling and Betting Services, WT/DS285/R, 10 November 2004, para. 2.1 and para. 6.256.

成对 GATS 第十六条的违反”①。以此为参考，数据本地化措施显然不是禁止某种服务而只是对相关的服务提出了要求。进一步来说，GATS 第 16 条第 2 款中的(a)和(c)项指向的是“限制服务提供者的数量”抑或“限制服务业务总数或服务产出总量”。对此，尽管数据本地化措施可能产生潜在的限制效果，但其限制的并非“量”的要求，而是服务在诸如数据和信息安全保障等方面的“质”的要求。② 因此，直接将“美国—赌博案”中的相关指引直接适用于数据本地化措施进而认为数据本地化措施潜在构成市场准入限制的分析结论仍然存在不尽周延之处。

国内监管与市场准入之间的界限模糊无疑是使这一问题复杂化的核心原因。在“美国—赌博案”中，市场准入和国内监管之间的界限问题亦曾被提及，专家组认为市场准入和国内监管是相互排斥的。③ 但是，在如何对两者进行区分的问题上，无论是 WTO 专家组还是 WTO 上诉机构却均未给出较为明确的答案。既有研究表明，区分市场准入和国内监管的标准应当是两者所针对的目标和对象的差别，即“前者明确直接地关系到数量限制或者服务提供者是否能够进入市场的问题，后者则管制服务的质量和服务提供者的能力，即服务如何被提供的问题”④。换言之，市场准入所确认的量的标准是服务提供者自身无法逾越的，而国内监管所限制的最低要求则只需服务提供者满足要求就能够准入。⑤ 此外，基于前文的分析，市场准入的限制更多地被认为是保护性的贸易限制。相比较而言，国内监管措施则通常被认为是服务于合法的公共政策目标和非保护主义目的。基于以上几个要素，应该说，数据本地化措施更符合国内监管措施的界定。具体而言，数据本地化措施是出于对数据隐私保护等合法政策目标而采取的涉及服务提供者的服务能力或服务质量(数据存储于本地以增强数据存储安全和数据隐私保护)而采取的国内监管措施。

---

① 王海峰：《GATS 框架下的互联网服务管理权限问题研究——兼论我国的应对之策》，载《法商研究》2013 年第 5 期。

② 事实上，在“美国—赌博案”的专家组和上诉机构裁决中也提到 GATS 第 16 条第 2 款(a)项包括效果上等同于“零配额”的措施。但是这一结论也得到了诸多学者的批判。学者们认为相关解释过于宽泛，会冒着事实上禁止任何类型国内监管的风险，会向着有利于多边自由化的天平方向倾斜而损及国内监管权。这种处理方法的实质是将对服务提供方法和手段的某些监管措施从 GATS 第 6 条对“质”的要求转变到第 16 条对“量”要求中。参见韩龙：《GATS 第一案——“美国赌博案”评析》，载《甘肃政法学院学报》2005 年第 7 期。See Federico Ortino, *Treaty Interpretation and the WTO Appellate Body Report in US – Gambling: A Critique*, Journal of International Economic Law, Vol. 9: 1, p. 141 (2006).

③ See Report of the Panel, United States – Measures Affecting the Cross – Border Supply of Gambling and Betting Services, WT/DS285/R, 10 November 2004, para. 6. 305.

④ 石静霞：《服务业的国内监管自主权与贸易自由化制衡与协调》，载《国际商法论丛》2006 年第 8 期。

⑤ 参见韩龙：《市场准入与国内规制在 WTO 法中应如何合理界分》，载《政法论坛》2006 年第 4 期。

当然,需要承认,尽管数据本地化措施构成 GATS 项下限制市场准入措施的观点有待商榷,但是,数据本地化措施仍然有可能产生限制市场准入的效果。[①] 因此,在新近达成的自由贸易协定中,各缔约方也进一步约定,不得将数据的本地化(如计算设施的本地化)作为在缔约方领土内进行商业行为的条件。[②] 但是,需要重申的是,即便存在前述条款的共同约定亦无法据此直接认为数据本地化措施属于市场准入措施。一方面,在市场准入和国内监管之间,应当适当强调国内监管自主权而严格限定市场准入限制的范围,否则将会因为国内监管措施易于违反市场准入限制而使国内监管自主权落空。另一方面,从自由贸易协定的整体看,协定的其他章节未对市场准入条款作出相对于 GATS 的升级和进阶。[③] 据此可以认为,各缔约方关于市场准入限制的态度立场并未发生根本性的变化。综合以上两点应当认为,尽管数据本地化措施可能产生限制市场准入的效果,但是亦不宜将其直接地认定为是一种市场准入限制。

第三,实践走向表明,数据本地化措施作为一种国内监管措施已经逐步得到越来越多国家的认同。这种趋势突出地体现在了新近签订的主要区域贸易协定之中。以 CPTPP 为例,CPTPP 电子商务章节中第 14 条关于"计算设施的位置"条款即明确约定"缔约方认识到每一缔约方,每个缔约方对计算设备的使用都可能有自己的监管要求,包括旨在确保通信安全性和机密性的要求"[④],而在 RCEP 和 DEPA 中也有类似条款。[⑤] 不难看出,在数据和数字基础设施领域,越来越多的国家已经开始意识到数字贸易和电子商务中日趋增多的国内监管措施和国内监管要求,并逐渐通过区域贸易协定的方式开始予以协调、平衡与合作。

综上,尽管数字贸易中的各类监管措施是一个中性概念并囊括了所有可能影响数字贸易的政策措施,但数字贸易中的各类国内监管措施也确实可能对数字贸易的

---

① 事实上,在"美国—赌博案"中,专家组也指出,国内监管措施可能具有市场准入效果。See Report of the Panel, United States – Measures Affecting the Cross – Border Supply of Gambling and Betting Services, WT/DS285/R, 10 November 2004, para. 6. 304.

② See RCEP Article 12. 14. 1 "No Party shall require ... as a condition for conducting business in that Party's territory".

③ 仍以 RECP 为例子,其中"服务贸易"章节中的"市场准入"条款,除了新增了"不符措施"这一全新的承诺方式外,与 GATS 第 16 条的规定并无实质性变化。

④ See CPTPP Article 14. 13. 1 "The Parties recognise that each Party may have its own regulatory requirements regarding the use of computing facilities, including... ".

⑤ See RCEP Article 12. 14. 1 " The Parties recognise that each Party may have its own measures regarding the use or location of computing facilities, including... "; DEPA Module 4 Article 4. 4. 1 "The Parties recognise that each Party may have its own regulatory requirements regarding the use of computing facilities, including... ".

发展产生障碍。[1] 在此之中，数据本地化措施即属于一种数字贸易时代的新型国内监管措施。国家等经济主体进行数字贸易监管在塑造数字互联网变革的影响和深度方面起着重要作用也已成为广泛共识。[2] 在贸易自由化趋势下，尽管其本身具有合理性与正当性，但是数据本地化措施对数字贸易自由化所产生的潜在负面影响也是客观现实。因此，需要进一步思考的是，作为一种国内监管措施，在贸易自由化趋势下如何才能实现贸易自由化与国内监管间的平衡以推动数字贸易的发展？这既在一定程度上决定了数字贸易的未来发展格局，也关系到各国在参与数字贸易进程中的权益保障。

第二节　不构成不必要的贸易限制：数据本地化措施的合理边界

既有的国际贸易实践表明，对于国际贸易中的国内监管措施，只要国内监管措施不具有歧视性或者不构成不必要的贸易限制，就可允许成员方享受相当程度的国内监管自由和自主权。[3] 这是国际贸易领域必要性标准测试之核心要义的重要组成部分。必要性标准测试在既有国际贸易协定中普遍存在并在实践中得到了广泛的适用。事实上，必要性的概念在整个 WTO“一揽子”协定中频繁出现。[4] 专就服务贸易而言，必要性标准已成为除非歧视原则外，GATS 在国内监管方面最重要的纪律准则之一。[5] 作为国内监管与自由贸易协调的核心概念和重要命题，经过多年实践，必要性标准测试已经成为 WTO 专家组和上诉机构处理贸易争端时至关重要的步骤和 WTO 成员方国内监管合规性考量的主要依据。[6] 必要性标准测试的目的在于，“如果成员制定的措施造成贸易限制，则该措施限制贸易的程度应不超过其为达到政策目

---

① 参见王岚：《数字贸易壁垒的内涵、测度与国际治理》，载《国际经贸探索》2021 年第 11 期。

② See Carlos A. Primo Braga, *E-Commerce Regulation: New Game, New Rules?*, in Aaditya Mattoo, Robert M. Stern and Gianni Zanini eds., A Handbook of International Trade in Services, Oxford University Press, 2008, p. 459.

③ 参见韩龙：《市场准入与国内规制在 WTO 法中应如何合理界分》，载《政法论坛》2006 年第 4 期。

④ 事实上，“必要性”概念不仅在 WTO 等国际贸易法中密切存在，而在国际投资法领域也密切存在。必要性标准在国际贸易法和国际投资法中既有共性也有个性。See Andrew D. Mitchell and Caroline Henckels, *Variations on a Theme: Comparing the Concept of "Necessity" in International Investment Law and WTO Law*, Chicago Journal of International Law, Vol. 14: 1, p. 126 (2013).

⑤ 石静霞：《服务业的国内监管自主权与贸易自由化：制衡与协调》，载《国际商法论丛》2006 年第 00 期。

⑥ 参见刘迪玲、张磊：《我国服务贸易国内规制研究》，载《上海经济研究》2016 年第 7 期。

标所必要的程度"①。这在关税等边境措施持续下降而边境后措施日益成为抑制国际贸易自由化发展的主要因素的现实背景下显然具有紧迫性和必要性。就数据本地化措施的必要性测试而言,作为一项国内监管措施,其在诸多政府官方报告②抑或新近达成的自由贸易协定③中也有所提及。由此可知,在衡量数据本地化措施的过程中,仍应当依照必要性标准予以具体考量,以期实现各国监管自主权和贸易自由化的平衡发展。需要反思的是,尽管必要性标准已经有了漫长的实践历程,但必要性标准仍是一个"饱受争议"的概念。④ 具体而言,必要性标准这一概念本身比较复杂,在外交政策、条约制定或争端解决等不同场域的参与者之间存在很大的争议,且学者之间的讨论也常常受到其国内立场与论述以及 WTO 相关争端进展状况的影响。⑤ 步入数字贸易时代,鉴于数字互联网技术的新颖性和国内监管措施所可能产生的外溢负面效应,对数字贸易时代国内监管措施的必要性予以考量具有现实意义且将呈现出新的适用标准和考量因素。因此,为更好地实现贸易自由化和国内监管措施的平衡,在数据本地化措施广泛存在的当下,回溯 WTO 关于必要性标准测试的实践进而考量数据本地化措施的必要性测试具有深刻价值。这也是探索数据本地化措施良性发展的内在要求。

---

① 曾炜:《论 WTO 法中必要性检验的判断标准》,载《政治与法律》2013 年第 6 期。

② 例如,在 2017 年美国贸易代表办公室公布的官方报告中,就将数据本地化要求界定为"包括在特定管辖范围内存储数据或在本地定位计算设施的不必要要求"。See United States Trade Representative(USTR),*Key Barriers to Digital Trade*,USTR Website(Mar.,2017),https://ustr.gov/about-us/policy-offices/press-office/fact-sheets/2017/march/key-barriers-digital-trade. 在 2018 年美国贸易代表办公室公布的官方报告中,美国政府更是直言"某些政府所采取的一些行动在寻求解决合法的公共政策目标时给数字贸易带来了不必要的负担(impose unnecessary burdens on digital trade)"。See United States Trade Representative(USTR),2018 *Fact Sheet*:*Key Barriers to Digital Trade* (Mar.,2018),https://ustr.gov/about-us/policy-offices/press-office/fact-sheets/2018/march/2018-fact-sheet-key-barriers-digital.

③ See RECP Article 12.14.3 "Nothing in this Article shall prevent a Party from adopting or maintaining: (a) any measure ... considers necessary to...; (b) any measure ... necessary for...". 而在 CPTPP 中,缔约各方则采用了"不会对计算设施的使用或位置施加大于实现目标所需的限制"(does not impose restrictions on the use or location of computing facilities greater than are required to achieve the objective)的表述。See CPTPP Article 14.11.3(b). 在 DEPA 中也有与 RCEP 和 CPTPP 中相类似的规则表述,参见 DEPA Module 4 Article 4.4.3。

④ See Panagiotis Delimatsis, *Determining the Necessity of Domestic Regulations in Services*: *The Best is Yet to Come*, The European Journal of International Law, Vol. 19:2, p. 400(2008).

⑤ See Mads Andenas and Stefan Zleptnig, *Proportionality*: *WTO Law*: *in Comparative Perspective*, Texas International Law Journal, Vol. 42:3, p. 372(2007).

一、WTO 国内监管措施必要性标准测试的实践与反思

贸易自由化是 WTO 的基本原则和发展目标,但这并未否定各成员方所享有的国内监管权。相较货物贸易,服务贸易更容易受到国内监管措施的影响,[①]而从 GATT 的边境措施条款转移到嵌入经济体制基础设施的国内监管条款也被视为 WTO 乌拉圭回合谈判在国际贸易体系发展中的一个里程碑式事件。[②] 实践中,WTO 对国内监管措施逐步确立了必要性标准测试的判断方法。这种看似技术性质的逻辑演绎规则成为 WTO 检验成员方国内监管措施适法性和平衡贸易价值与非贸易价值潜在对立的重要工具。[③] 同时,对各国国内措施的审查标准关系到 WTO 争端解决机构对相应国家及其决策者的尊重程度,[④]也代表着 WTO 争端解决机构审查各成员方相关措施的深度和强度。[⑤] 因此,回溯 WTO 国内监管措施必要性标准测试的实践并在此基础上进行反思对当前数据本地化措施的必要性标准测试考量具有重要的指引作用。

就国内监管措施的必要性测试而言,首先需要明确的是何为“合法政策目标”。由于成员方对日益增长的公共政策的关注极大地增加了其所采取的国内监管措施的复杂性和多样性,因而需要进行更多地分析以关注公共政策目标对贸易的影响。[⑥] 无论是 GATS 第 6 条第 4 款的必要性测试还是 GATS 的例外条款,其均将成员方所采取的措施与成员方所要实现的合法政策目标联系在一起,[⑦]因此,合法政策目标的范围界定至关重要。一方面,从制定法的角度看,在 WTO“一揽子”协定中,关于必要性测试中的合法政策目标存在多种不同的规范模式并呈现各不相同的规则范式,大致可被分为列举清单和例示清单两类。就前者而言,贸易限制性措施所致力于达到的合

---

① See Brian Copeland and Aaditya Mattoo, *The Basic Economics of Services Trade*, in Aaditya Mattoo, Robert M. Stern and Gianni Zanini eds., A Handbook of International Trade in Services, Oxford University Press, 2008, p. 84.

② See Panagiotis Delimatsis, *International Trade in Services and Domestic Regulations: Necessity, Transparency, and Regulatory Diversity*, Oxford University Press, 2009, p. 84.

③ 参见彭心仪:《全球化与多元价值——论 WTO 公共道德例外条款》,载《台大法学论丛》第 36 卷(2007 年)。

④ See Claus – Dieter Ehlermann and Nicolas Lockhart, *Standard of Review in WTO Law*, Journal of International Economic Law, Vol. 7: 3, p. 493(2004).

⑤ See Matthias Oesch, *Standards of Review in WTO Dispute Resolution*, Journal of International Economic Law, Vol. 6: 3, p. 637(2003).

⑥ See World Trade Organization(WTO), *World Trade Report 2012: Trade and Public Policies: A Closer Look at Non-Tariff Measures in the 21st Century*, WTO Website(2012), https://www.wto.org/english/res_e/booksp_e/ anrep_e/world_trade_report12_e.pdf.

⑦ 参见石静霞:《WTO 服务贸易法专论》,法律出版社 2006 年版,第 235 – 236 页。

法政策目标必须限定于具体规则中所明确列举的范围。[①] 而就后者而言,贸易限制性措施所冀求达到的合法政策目标则不限于清单中列明的范围。[②] 关于国内监管措施,事实上,GATS 关于国内监管的相关条款并未就合法政策目标的范围作出明确规定。在 WTO 国内规制工作组的会议中,WPDR 也就合法政策目标的范围问题进行了集中讨论,而多数成员方认为相关的合法政策目标应属于例示性的,是成员方期望达到的合法政策目标的一部分,不应也不能穷尽所有的合法政策目标。[③] 如若采取列举式的方式,过于冗长的清单可能会削弱国内监管规则的有效性,且就任何清单达成协商一致意见亦非易事,因为各成员方的偏好和立场各不相同。[④] 最终,考虑到条约制定过程中所固有的技术性难题[⑤]和成员方对监管自主权被不当限制的担忧,GATS 规则并未明确限制国内监管措施中合法政策目标的范围。对此,WPDR 秘书处的报告中的表述也在一定程度上予以了佐证。[⑥] 另一方面,从 WTO 争端解决实践角度看,WTO 争端解决机构对合法政策目标的范围并未展现出明显热衷。"专家组和上诉机构大多认为政策目标的必要性与合法性不受争端解决机构的审查,争端解决机构所要审查的是实现预期政策目标所采取的措施的必要性。"[⑦]如果允许 WTO 的争端解决机构有权质疑国内目标的合法性,就可能会干涉国家的政策选择,进而可能产生是否逾越权限的争议。基于以上两个方面的考量,应该说,无论是 GATS 的具体规则还是 WTO 争端解决机构的实践均表明,服务贸易国内监管措施之合法政策目标的范围是开放的而未被明确限制。因此,在对国内监管措施进行必要性测试时,对国内

---

① WTO"一揽子"协定中的诸多例外规则大多采用此种立法模式,如 GATT 第 20 条和 GATS 第 14 条。See GATS Article 20 "... nothing in this Agreement shall be construed to prevent the adoption or enforcement by any Member of measures:... ".

② 例如,《技术性贸易壁垒协定》(TBT)中的第 2 条第 2 款。See TBT Article 2.2 "... For this purpose, technical regulations shall not be more trade – restrictive than necessary to fulfil a legitimate objective, taking account of the risks non – fulfilment would create. Such legitimate objectives are, *inter alia*:... ".

③ 参见石静霞:《WTO 服务贸易法专论》,法律出版社 2006 年版,第 237 页。

④ See Panagiotis Delimatsis, *International Trade in Services and Domestic Regulations: Necessity, Transparency, and Regulatory Diversity*, Oxford University Press, 2009, p. 203.

⑤ 例如,巴西即认为合法政策目标具有动态变迁性。相关表述可参见 WTO Working Party on Domestic Regulation, Report on the Meeting Held on 20 March 2001, S/WPDR/M/10, 10 May 2001, para. 32。

⑥ See WTO, "Necessity Tests" in the WTO, S/WPDR/W/27, 2 December 2003. 在报告中,秘书处指出,必要性标准测试反映了世贸组织协定中两个重要目标之间的平衡:维护成员通过自己选择的措施制定和实现监管目标的自由(preserving the freedom of Members to set and achieve regulatory objectives through measures of their own choosing)和阻止成员方采取或维持不适当限制贸易的措施;必要性标准测试确认了成员们监管和追求其政策目标的权利(The necessity tests confirm the right of members to regulate and to pursue their policy objectives);等等。

⑦ 参见曾炜:《WTO 各协定必要性检验之比较及其趋同》,载《怀化学院学报》2013 年第 8 期。相关表述也可参见 WTO, "Necessity Tests" in the WTO, S/WPDR/W/27, 2 December 2003, para. 12.

监管措施所致力于实现的“合法政策目标”应持一种包容开放的立场。

当然,在实践中,GATS 例外规则中所明确罗列的合法公共政策目标被广泛地运用到国内监管措施之合法公共政策目标的解释中去,并在一定程度上呈现混淆的情形。但是,有必要明确的是,GATS 在例外条款和国内监管条款的合法政策目标的范围方面分别秉持了限制和开放的立场。换言之,尽管两者存在相接近的表述,但两者在解释和适用方面不应当予以混淆。具体而言,WTO 成员方依据例外条款所采取的措施是违反 GATS 一般义务或者特别承诺的措施,因而应当被限制在有限的范围内。与之相比,成员方享有的国内监管自主权相对较为宽泛,如果一项国内监管措施是为了达到某项合法政策目标所必须采取的,则并不发生成员违反其协议义务的后果。①

进一步来说,如果一项措施所致力于达成的政策目标被认定为合法,那么,其次需要判断的是相关措施是否属于达到合法政策目标所“必要”。从既有规则看,WTO“一揽子”协定并未明确“必要”之内涵,也未明确具体的判断方式。必要性标准测试的适用更依赖于 WTO 争端解决机构的法律解释和自由裁量,以及暗含于专家组和上诉机构在具体案件裁决报告中的司法理念。综合回顾 WTO 中关于必要性测试的实践历程,可以看出必要性测试的考量和判断标准存在“贸易最少限制”和以比例原则为引导的“要素权衡分析”两种路径。但是,两种判断路径之间并不存在明确的代际关系,亦不存在取代和被取代的现象。两种判断路径之间存在互相重叠的部分,因而在实际运用的过程中,两种判断路径之间也可以交替结合适用。

就“贸易最少限制”而言,“贸易最少限制”是承继于 GATT 时代的必要性标准测试方法,旨在考察成员方所追求的政策目标是否存在具有更小贸易限制的替代措施。② 在“美国—337 条款案”中,专家组在裁决中认为,如合理存在不违反 GATT 或违反 GATT 程度更小的替代措施,则争议措施不能被视为“必要的”。③ 在后续包括“泰国—香烟案”等 WTO 争端案件中,GATT 也大多遵循了这一思路。④ 应用于服务

---

① 参见石静霞:《服务业的国内监管自主权与贸易自由化:制衡与协调》,载《国际商法论丛》2006 年第 00 期。

② 参见范笑迎:《价值的司法权衡在 WTO“必要性检验”中的证立与限度》,载《武大国际法评论》2017 年第 6 期。

③ See Report of the Panel, United States – Section 337 of the Tariff Act of 1930, L/6439 – 36S/345, 16 January 1989, para. 5.26.

④ See Report of the Panel, Thailand – Restrictions on Importation of and Internal Taxes on Cigarettes, DS10/R – 37S/200, 7 November 1990, para. 74.

贸易的国内监管措施,[①]"这方面的一个基本标准是,如果成员能够容易地采用其他满意高效的替代措施来达到同样政策目标的话,该措施便不能通过必要性标准的检验"[②]。这种判断路径在早期争端案件中广泛存在。尽管判断要素相对简单,但在实际运用的过程中却可能无法兼顾政治、经济等多方面要素的考量,因而在实际适用中也不可避免地存在诸多的不周全之处。此外,将"贸易最少限制"作为必要性标准测试路径,可能会对 WTO 成员方的国内监管权产生消极影响。例如,在"泰国—香烟案"中,专家组间接参与了政策目标的价值判断,并在不经询问成员方实现既定目标能力的情况下直接决定支持其他措施选择,这无疑将损害成员方选择自身保护水平的权利。这也暗示着,如果 WTO 成员方采取的措施所带来的贸易影响无法为专家组所接受,则专家组将限制 WTO 成员方追求非贸易目标的自由。[③] 此外,"贸易最少限制"在实践中表现出强烈的"亲自由贸易"的倾向,过于强调监管措施与 WTO 义务之间的不一致程度是否是必要的,而不是监管措施与合法政策目标间的关系。[④] 因此,"贸易最少限制"在实践中因其存在的诸多不足而为成员方所诟病,并在实践中被逐渐摒弃。

就"要素权衡分析"路径而言,其实质体现了比例原则的要求。比例原则强调所有法律体系在制定和应用的层面都必须采取不同形式的平衡。[⑤] 在 WTO 层面,尽管 WTO"一揽子"协定中并未明确提及,但比例原则仍被认为是多边贸易体系中的一个基石性原则。[⑥] 随着 WTO 争端解决的实践发展,比例原则开始被广泛引入到必要性

---

① 需要简单说明的是,尽管本书所引用的案例并不仅仅局限于服务贸易领域的案例(如货物贸易领域),也不仅仅局限于是国内监管措施的案例(如关于例外条款的案例),但是这些案例中所映射出的判断路径仍然能够适用于服务贸易领域。这是因为从既有的实践看,WTO 在解释和适用必要性标准测试的时候存在跨领域相互援引的情形。此外,此处出现的情形也完全不同于前文所讨论的关于合法政策目标的范围问题时所面临的情形,因为合法政策目标的范围问题是由条约制定者通过不同立法模式所明文规定和明确的,因此需要明确予以区分。

② 石静霞:《WTO 服务贸易法专论》,法律出版社 2006 年版,第 238 页。

③ See Gisele Kapterian, *A Critique of the WTO Jurisprudence on "Necessity"*, The International and Comparative Law Quarterly, Vol. 59: 1, p. 103 (2010).

④ See Ming Du, *The Necessity Test in World Trade Law: What Now?*, Chinese Journal of International Law, Vol. 15: 4, p. 821 (2016).

⑤ See Mads Andenas and Stefan Zleptnig, *Proportionality: WTO Law: in Comparative Perspective*, Texas International Law Journal, Vol. 42: 3, p. 373 (2007).

⑥ 比例原则在 WTO 法中占据着重要的地位,被认为是"多边贸易体系中的一个基石性原则",参见 Meinhard Hilf, *Power, Rules and Principles - Which Orientation for WTO/GATT Law?*, Journal of International Economic Law, Vol. 4: 1, p. 120 (2001)。

标准测试中,这一特点变化突出地体现在“韩国—牛肉案”[①]和“欧共体—石棉案”[②]中。在此之前,WTO 专家组和上诉机构对必要性标准测试中引入比例原则的理念仍然持一种较为克制的立场。[③] 在此之后,WTO 专家组和上诉机构逐渐开始较为明确地在贸易争端的必要性标准测试中引入比例原则理念。[④] 从国际法实践看,比例原则在国际贸易争端案件中被广泛运用,[⑤]并被视为“超国家的法律秩序与国家法律秩序之间的协调机制”[⑥]。实践中,比例原则的具体适用采取“要素权衡分析”的路径。在前文所提及的“韩国—牛肉案”中,上诉机构在裁决中支持了专家组关于争议措施属于“不合比例的措施”的决定,并在阐释“必要”一词含义的基础上,认为如果争议措施并非“不可或缺”,那么该措施是否“必要”则将进入“权衡并平衡一系列因素的过程”。[⑦] 此外,“美国—赌博案”中也体现出了比例原则和要素权衡分析路径的“身影”。[⑧] “要素权衡分析”路径将多种要素整体融入必要性标准测试的做法,弥补了传统贸易最少限制的不足,更深刻地体现出 WTO 宗旨与目的。但是,“要素权衡分析”路径也并非完美无缺。“要素权衡分析”路径扩大了争端解决机构的管辖范围,显示出争端解决机构对国内监管的谨慎态度以及使用其自身价值体系来判断政策目标的

---

① 在“韩国—牛肉案”中,专家组在进行必要性标准测试时,直接使用了“比例”这一用语,认为相关措施“是一项不合比例的且不为实际所必需的”,参见 Report of the Panel, Korea - Measures Affecting Imports of Fresh, Chilled and Frozen Beef, WT/DS169/R, 31 July 2000, para. 675。

② 在“欧共体—石棉案”中,上诉机构回顾了“韩国—牛肉案”的相关观点,认为相关措施的“重大且重要”,因而支持了欧盟的请求。See Report of the Appellate Body, European Communities - Measures Affecting Asbestos and Asbestos - containing Products, WT/DS135/AB/R, 12 March 2001, para. 172.

③ See Axel Desmedt, *Proportionality in WTO Law*, Journal of International Economic Law, Vol. 4: 3, p. 443(2001).

④ See Deborah Akoth Osiro, *GATT/WTO Necessity Analysis: Evolutionary Interpretation and Its Impact on the Authority of Domestic Regulation*, Legal Issues of Economic Integration, Vol. 29: 2, p. 129(2002).

⑤ 例如,在欧共体/欧盟范围内,欧洲法院曾运用“比例原则”来平衡欧共体的基本自由(货物、服务、劳动力及资本的自由流动)与成员国之间互相冲突的合法利益。See Benedict Kingsbury and Stephan Schill, *Investor - State Arbitration as Governance: Fair and Equitable Treatment, Proportionality and the Emerging Global Administrative Law*, Transnational Dispute Management, Vol. 8: 1, p. 40(2009).

⑥ Alec Stone Sweet and Jud Mathews, *Proportionality Balancing and Global Constitutionalism*, Columbia Journal of Transnational Law, Vol. 47: 1, p. 145(2008).

⑦ See Report of the Appellate Body, Korea - Measures Affecting Imports of Fresh, Chilled and Frozen Beef, WT/DS169/AB/R, 11 December 2000, para. 152 - 164. 此外,在上诉机构的裁决中,上诉机构认为所需要权衡的因素至少包括:遵守措施对有关法律或法规的执行的贡献程度;受该法律或法规保护的共同利益或价值观的重要程度;法律或法规对进口或出口的影响。

⑧ See Report of the Appellate Body, United States - Measures Affecting the Cross - Border Supply of Gambling and Betting Services, WT/DS285/AB/R, 7 April 2005, para. 306.

趋势。[①] 因此,基于比例原则的"要素权衡分析"路径潜在地体现出一种价值判断的趋势。而由 WTO 争端解决机构就成员方的国内政策目标的重要性作出价值判断是"极为有问题的"[②]。此外,基于既有的案例也很难明确"要素权衡分析"路径在适用于特定争端案情时如何考量要素间的相互作用。"要素权衡分析"更多阐述了必要性测试中应考虑的一系列变量,却未明确说明如何权衡和平衡这些变量,也未明示在作出决定时相关变量是如何相互作用的。因此,在具体案件考量时,还需要进一步结合案件实际情况予以确定具体的考量因素进而得出相应的结论。

当然,需要思考的是,以上关于必要性标准测试的方法和路径主要是在 WTO 例外条款的基础上梳理而成的,关于 GATS 国内监管措施条款的成案裁决尚未出现。因此,不免产生的一个疑问是,WTO 例外条款中的必要性标准测试能否适用于 GATS 国内监管措施的必要性标准测试。对此,本书认为,WTO 例外条款中的必要性标准测试方法可以适用于国内监管措施的必要性标准测试。一方面,必要性标准之理念是横贯于 WTO"一揽子"协定始终的。尽管相关协定对必要性标准有着不同表述和规则,但是,各协议所承载的必要性标准理念是相通的,即实现贸易自由化与成员方监管自主权之间的平衡。同时,必要性标准测试的路径更多地体现为规则适用的方法论而非具体条款的解释论。在 WTO 体制内,基于同一理念的必要性标准可以适用相同的方法,这亦不会影响到不同条款之间在规则解释方面所可能存在的差异。另一方面,WTO 已经形成了其独具特色的"先例"制度,并据此维护了裁决的客观性和可预见性以及 WTO 体制的稳定性和权威性。WTO 争端解决机构的实践表明,尽管不能直接适用,但是专家组和上诉机构却经常引用成案的裁决报告以支持其结论。因此,在 WTO 争端解决中"明显存在'事实上'的先例效果"[③]。由于 WTO"一揽子"协定关于必要性标准测试的规定极为复杂和宽泛,WTO 争端解决机构在实践中不得不对其予以进一步的解释和说明。因此,为了避免必要性标准测试陷入混乱而使法律丧失稳定性和预见性,在不同类型的案件中有必要对必要性标准的解释与适用体现出了最大限度的尊重。综上,鉴于以上两方面考虑,WTO 例外条款中的必要性标准测试方式可以适用于 GATS 国内监管措施的必要性标准测试。

---

① See Gisele Kapterian, *A Critique of the WTO Jurisprudence on "Necessity"*, The International and Comparative Law Quarterly, Vol. 59: 1, p. 91 (2010).

② Rob Howse and Elisabeth Tuerk, *The WTO Impact on Internal Regulations: A Case Study of the Canada – EC Asbestos Dispute*, in Gráinne de Búrca and Joanne Scott eds., The EU and the WTO: Legal and Constitutional Issues, Hart Publishing, 2001, p. 326.

③ John H. Jackson, *The Jurisprudence of GATT and the WTO: Insights on Treaty Law and Economic Relations*, Cambridge University Press, 2000, p. 126.

基于以上实践回溯与反思，可以认为，第一，国内监管措施的合法政策目标并非固定不变，而是呈现一种较为开放的立法模式；第二，无论是“贸易最少限制”还是“要素权衡分析”，其在展开具体的必要性标准测试时，仍然应当根据案件的具体情况予以展开；第三，服务贸易的国内监管规则仍处于持续发展的阶段当中。在这一过程中，一个非常重要的环节是在国内监管自主权和贸易自由化之间达成动态的平衡，而这也是后续规则完善和争端解决的核心关注点之一。

二、数据本地化措施适用必要性标准测试之考量

在传统贸易限制日渐消除的趋势下，国内监管措施被视为新型贸易限制的趋势日渐明显。面对广泛存在的国内监管措施，一个迫切的现实问题是，该国内监管措施是基于合法公共政策目标而对国际贸易产生了无意却不可避免的后果，还是基于变相的非贸易政策企图。在此背景下，数据本地化措施作为一种数字贸易时代的新型国内监管措施，为实现贸易自由化的发展目标，其也必然要满足必要性标准测试以避免构成不必要的贸易限制。然而，由于数据本地化措施的复杂性和新颖性，其在进行WTO必要性标准测试的过程中不可避免地会遇上适用难题。更重要的是，如同贸易保护主义一样，数据本地化措施也是一把“双刃剑”，在实现相关公共政策目标的同时，也可能对经济和贸易造成损害。[①] 因此，基于现行WTO必要性标准测试，数据本地化措施的必要性判断将成为当前亟待探索和思考的问题。

首先，需要先行思考的是，必要性标准测试是否适用于数据本地化措施？[②] 尽管GATS中关于国内监管措施的相关条款并未直接且明确关联到数据本地化措施，但应当认为，GATS国内监管措施中的必要性标准测试仍然可以适用于数据本地化措施。第一，必要性标准测试背后所映射的法理基础贯穿于GATS乃至WTO“一揽子”协定的始终。实现贸易自由化与国内监管自主权的平衡以避免国内监管措施阻碍贸易自由化发展的理念不仅在GATS第6条中有所规定，在GATT[③] 以及《与贸易有关的知识产权协定》（TRIPs）[④]中也同样有所规定。可以说，必要性测试标准已经深入到

---

① 关于数据本地化措施可能产生的负面影响可参见 Anupam Chander and Uyên P. Lê, *Data Nationalism*, Emory Law Journal, Vol. 64:3, p. 724 – 728 (2015)。

② 在服务贸易领域，GATS关于国内监管措施的纪律规则主要集中于第6条，而其中与必要性标准测试密切相关的是其中的第6条第4款。GATS第6条第4款主要涉及的是关于资格要求和程序、技术标准和许可要求方面的国内监管措施。因此，公众不免会产生疑问，在GATS框架下，国内监管措施的必要性测试能否适用于数据本地化措施这一新型的国内监管措施？

③ See GATT Article 20 " Subject to the requirement... (a) necessary to protect public morals; (b) necessary to protect human, animal or plant life or health... ".

④ See TRIPs Article 3.2 " Members may ... only where such exceptions are necessary to... ".

WTO 国内监管措施和例外条款的“骨髓”之中。作为一种数字贸易时代的新型国内监管措施，在对数据本地化措施进行评价时可以适用必要性标准测试。第二，退一步从狭义的角度理解，即仅从 GATS 第 6 条第 4 款所规定的国内监管措施范围看，数据本地化措施也可被解释为一项技术标准。GATS 并未对其第 6 条中框定的国内监管措施所涵盖的具体种类及其概念进行解释性的描述。但是，根据 WTO 专业服务工作组秘书处所提交的报告看，技术标准可被界定为根据各服务行业本身的性质或定义以及提供方式而规定的需要符合的要求。[①] 从这个角度看，数据本地化措施（规定）则可被视为一种要求以限制数据存储和流动方式完成服务的措施（规定）。第三，从 WTO 争端解决的实践看，必要性标准测试正在被广泛地运用于关于国内监管措施和相关例外条款的案件当中，而“借助于 GATS 规则所创设的‘要素权衡分析’路径，WTO 专家组和上诉机构往往能够消除那些具有保护主义性质的数据本地化措施”[②]。因此，基于以上三点，应当认为，数据本地化措施可以适用 GATS 国内监管中的必要性标准测试。[③]

其次，需要进一步思考，作为一项国内监管措施，数据本地化措施所能够适用的“合法政策目标”范围是什么？作为一项与数据跨境流动密切相关的国内监管措施，数据跨境自由流动与合法政策目标的矛盾平衡是当前各国在理论与实践中关注的焦点问题之一。[④] 事实上，尽管数据跨境自由流动中应当适当兼顾和考虑合法政策目标，[⑤]但对于合法政策目标的具体范围界定及其程度方面尚存较大争议。例如，自由贸易协定层面，在 2012 年达成的《美韩自由贸易协定》（KORUS）的电子商务章节中，尽管缔约方约定“应努力避免施加或维持对电子信息的跨境流动（electronic information flows across borders）的不必要阻碍”[⑥]，但该条款却没有进一步明确限定例外情

---

① See WTO WPPS, The Relevance of the Disciplines of the Agreements on Technical Barriers to Trade (TBT) and on Import Licensing Procedures to Article Ⅵ.4 of the General Agreement on Trade in Services, S/WPPS/W/9, 11 September 1996, para. 4.

② Neha Mishra, *Privacy, Cybersecurity, and GATS Article* XIV: *A New Frontier for Trade and Internet Regulation*?, World Trade Review, Vol. 19: 3, p. 350 (2020).

③ 当然，数据本地化措施也可能被诸多国家解释为适用于 GATS 例外条款的措施，因而也可被援引例外条款中的必要性标准测试而适用，但是，由于本章主要讨论国内监管措施，因而对例外条款问题不做展开分析。

④ 参见韩静雅：《跨境数据流动国际规制的焦点问题分析》，载《河北法学》2016 年第 10 期。

⑤ 例如，OECD 理事会在其于 2011 年发布的报告《关于互联网政策的原则建议》中即认为，数据的自由流动需兼顾其他的考虑，包括个人隐私、知识产权保护、网络空间安全等。See OECD, *OECD Council Recommendation on Principles for Internet Policy Making*, OECD Website (Dec. 13, 2011), https://www.oecd.org/sti/ieconomy/49258588.pdf.

⑥ U.S. – Korea Free Trade Agreement (KORUS) Article 15.8 “... the Parties shall endeavor to refrain from imposing or maintaining unnecessary barriers to electronic information flows across borders”.

形。在 CPTPP 和 RCEP 中,尽管缔约方进一步达成了“合法政策目标”例外条款,[①]但是也未能进一步明确“合法政策目标”的范围。对于数据本地化措施中的“合法政策目标”,本书倾向于认为应当对其范围采用开放的立场并由各国根据其本国之基本国情予以判断确认。基于前文分析,GATS 对国内监管措施的“合法政策目标”并未采用封闭式的列举清单而是采用了开放式的例示清单方式。这也就意味着,国内监管措施所援引的“合法政策目标”范围可以在一定程度上由成员方自行决定。当然,正如前文所提及的,由于例外条款在 WTO 中的重要影响力,各国可能会更多地基于例外条款中所列举的合法政策目标而采取数据本地化措施。从既有的实践看,各国采取数据本地化措施所追求的政策目标则主要包括国家安全[②]、数据隐私保护[③]、本国市场保护[④]等。在此之中,国家安全和隐私保护在 GATS 的例外条款中均有所涉及。综上,采取数据本地化措施所援引的合法政策目标是开放的,而在实践过程中则大多以例外条款中所明确的合法政策目标为主。

此时,一个显而易见的问题是,既然实施数据本地化措施所能够适用的合法政策目标范围包括了国家安全考量、数据隐私保护等,而这两者也被设置了例外条款予以明确保护,那么,国内监管措施中的必要性标准测试与例外条款中的必要性标准测试处于何种关系?对此,本书认为,尽管国内监管测试中的必要性标准测试与例外条款中的必要性标准测试一脉相承且两者密切关联,但两者间仍然存在区别。相较于后者,基于 GATS 第 6 条第 4 款的国内监管措施的必要性标准测试,其侧重于规范和降低国内监管措施对服务贸易所可能产生的抑制效应。这也为各国采取和实施数据本地化措施提供了目标指引。然而就例外条款中的必要性标准测试而言,由于例外条款的“免责”特性,因而其带有抗辩的特性,且根据例外条款的具体安排,符合必要性标准只是其中的一个构成要件。因此,前述二者在适用的场景和适用的严苛程度方面均不一致。换言之,在具体的判断过程中,应当根据具体的适用场景而援引不同的条款进而予以具体的分析和判断。

最后,数据本地化措施的必要性标准测试应当基于整体主义的视角参照“要素权

---

① See RCEP Article 12. 14. 3(a)“ any measure inconsistent with paragraph 2 that it considers necessary to achieve a legitimate public policy objective. . . ”;CPTPP Article 14. 13. 3 “ Nothing in this Article shall prevent a Party from adopting or maintaining measures inconsistent with paragraph 2 to achieve a legitimate public policy objective, provided that the measure:. . . ”.

② See Jinhe Liu, *China's Data Localization*, Chinese Journal of Communication, Vol. 13:1, p. 90(2020).

③ See Konstantinos Komaitis, *The "Wicked Problem" of Data Localization*, Journal of Cyber Policy, Vol. 2:3, p. 356(2017).

④ 参见田旭:《数据本地化立法的兴起与反思》,载《大连海事大学学报(社会科学版)》2020 年第 1 期。

衡分析"路径予以判断。基于前文的讨论,作为比例原则的体现,"要素权衡分析"体现为层层递进的必要性标准测试,将必要性标准测试中的所有相关变量进行要素权衡而予以展开。[①] 参考 WTO 争端解决机构的既有案例,数据本地化措施的"必要性"考量应当从以下几个方面予以具体展开,即成员方所追求的利益或价值的重要程度、争议措施对政策目标达成的贡献程度以及争议措施的贸易限制程度。[②] 通常而言,争议措施所致力于追求的公共利益或价值越重要,并且执行措施对实现法律法规的目标的贡献越大,则争议措施就越容易通过必要性检验。在此基础上,还应当进一步考虑成员方对公共利益和价值保护的程度以及是否存在能够达到同样效果并相较于争议措施具有更少贸易限制性替代措施。尽管前述要素大多归纳于 WTO 关于货物贸易的相关案例中,但是在后续服务贸易领域的"美国—赌博案"中,专家组亦认为将前述必要性检验方法适用于服务贸易领域的例外条款是合适的,因为两者具有相同的立法目的。[③] 因此,服务贸易领域的必要性标准测试可以继续遵循 WTO 一系列案件所指引的考量因素而予以判断。

综上,尽管数据本地化措施属于一种数字贸易时代的新型国内监管措施。但是,既有关于必要性标准测试的方法和路径仍然能够适用于数据本地化措施。在具体判断过程中,对数据本地化措施所基于的合法公共政策目标应该持开放的立场而不应仅仅局限于 GATS 例外条款中所限定的合法政策目标。在具体判断过程中,可参照"要素权衡分析"路径予以判断,包括成员方所追求的利益或价值的重要程度、争议措施对政策目标达成的贡献程度、争议措施的贸易限制程度、成员方对公共利益和价值保护的程度以及更少贸易限制性替代措施五个方面予以展开。当然,需要明确的是,既有的争端裁决已然表明,WTO 必要性标准测试或多或少存在缺陷或不足。"贸易最少限制"标准与成员方决定其合法政策目标保护水平的国内监管权尚难相容,[④]而

---

① See Michael Ming Du, *The Rise of National Regulatory Autonomy in the GATT/WTO Regime*, Journal of International Economic Law, Vol. 14:3, p. 666(2011).

② 这三项判断要素可参见 WTO 上诉机构在"欧共体—石棉案"中的论理以及其所援引的"韩国—牛肉案"中的相关论理。See Report of the Appellate Body, European Communities - Measures Affecting Asbestos and Asbestos - containing Products, WT/DS135/AB/R, 12 March 2001, para. 172 - 174; Report of the Appellate Body, Korea - Measures Affecting Imports of Fresh, Chilled and Frozen Beef, WT/DS169/AB/R, 11 December 2000, para. 152 - 164.

③ See Report of the Panel, United States - Measures Affecting the Cross - Border Supply of Gambling and Betting Services, WT/DS285/R, 10 November 2004, para. 6. 448.

④ See Gisele Kapterian, *A Critique of the WTO Jurisprudence on "Necessity"*, The International and Comparative Law Quarterly, Vol. 59:1, p. 103(2010).

“要素权衡分析”虽然有所进步但尚未形成通行的判断标准,①且作为一个“司法化”的政治问题,贸易自由化与合法政策目标之间的冲突往往涉及价值选择。② 因此,在实际的判断过程中,还需要结合具体的案件情况予以个案考察。

三、实例审视:中国相关立法中的数据本地化措施

随着全球数字贸易进程的加快,数据本地化措施正在引发全球广泛关注。各国基于国情、立场和政策目的的考量而采取的不同程度的数据本地化措施无可避免地会在一定程度上限制数据跨境自由流动进而对全球数字贸易发展形成负面影响。当然,数据本地化措施作为一种国内监管措施,其本身即具有存在的正当性与合法性,是各国行使其经济主权的应然和实然体现。③ 在国际贸易法视阈下,如前文所分析的,任何一项数据本地化措施都应不构成不必要的贸易限制并满足合理性的边界。但是,全球各国并未对合理边界的判断标准予以明确。中国相关立法中的诸多数据本地化措施正面临其他国家的质疑和挑战。2017 年 9 月,美国政府已正式函告 WTO 服务贸易理事会,就中国已经和准备实施的相关立法(如《网络安全法》等)表达了关切,认为其中的相关措施涉及数据本地化要求而可能严重阻碍信息数据的跨境传输,并提请 WTO 服务贸易理事会将相关事项纳入议程。④ 基于此,对中国所制定的《国家安全法》、《网络安全法》和《数据安全法》中的数据本地化措施进行必要性标准测试即具有深刻而现实的意义。⑤

回溯并审视中国立法,数据本地化措施从未成为过中国数据治理的原则性要求,⑥但是,相关零散性规则可散见于相关法律法规之中。中国相关法律法规中的数据本地化措施大致可以梳理如下:一是关于关键信息基础设施运行安全的专门

---

① See Jan Neumann and Elisabeth Turk, *Necessity Revisited: Proportionality in World Trade Organization Law after Korea – Beef, EC – Asbestos and EC – Sardines*, Journal of World Trade, Vol. 37: 1, p. 199 – 234 (2003).

② See Csongor István Nagy, *Clash of Trade and National Public Interest in WTO Law: The Illusion of "Weighing and Balancing" and the Theory of Reservation*, Journal of International Economic Law, Vol. 23: 1, p. 143 (2020).

③ 从国家的经济主权看,国家有权对有关的国际经济活动实施管理和控制。参见张军旗:《多边贸易关系中的国家主权问题》,人民法院出版社 2006 年版,第 21 页。

④ See Council for Trade in Services – Communication from the United States – Measures Adopted and under Development by China Relating to its Cybersecurity Law, S/C/W/374, 26 September 2017.

⑤ 事实上,在美国呈交 WTO 服务贸易理事会的函件中,仅仅提及了我国《国家安全法》《网络安全法》以及配套的法律法规,但是,鉴于《数据安全法》已经由全国人大常务委员会审议通过,且其中的相关内容与前述法律法规一脉相承,因此,在本目的讨论中也一并予以展开。

⑥ 参见赵海乐:《论我国数据本地化措施与 FTA 缔约的协调》,载《国际经济法学刊》2022 年第 2 期。

规定。例如,《网络安全法》中规定关键信息基础设施运营者所收集的特定类型的数据应当在境内存储,并规定了数据向境外传输的安全评估机制。[①]《个人信息保护法》中亦有类似规定。[②] 二是数据安全审查制度。例如,《数据安全法》中即具体规定了国家建立数据安全审查制度。[③] 同时,进一步参考《数据安全管理办法(征求意见稿)》中的相关规定可知,向境外提供重要数据前应当评估安全风险并报经有关部门同意。[④] 三是对特定类型数据的出口管制。例如,《数据安全法》中规定了对履行国际义务和维护国家安全相关的数据实施出口管制。[⑤]《个人信息保护法》则规定国家机关处理的个人信息应当在境内存储,确需向境外提供的,应当进行安全评估。[⑥] 此外,《个人信息出境安全评估办法(征求意见稿)》和《数据出境安全评估办法(征求意见稿)》中也有相类似的规定。[⑦] 除前述规定外,中国的数据本地化措施还散见于各类等级不同的行政法规和部门规章当中。[⑧] 基于以上梳理,需要进一步思考的是,中国在一系列法律法规中所采取的数据本地化措施是否满足国内监管措施的必要性标准测试?

首先,从措施所追求的政策目标、利益或价值看,中国数据本地化措施所追求的

---

① 参见《网络安全法》第 37 条:关键信息基础设施的运营者在中华人民共和国境内运营中收集和产生的个人信息和重要数据应当在境内存储。因业务需要,确需向境外提供的,应当按照国家网信部门会同国务院有关部门制定的办法进行安全评估;法律、行政法规另有规定的,依照其规定。

② 参见《个人信息保护法》第 40 条:关键信息基础设施运营者和处理个人信息达到国家网信部门规定数量的个人信息处理者,应当将在中华人民共和国境内收集和产生的个人信息存储在境内。确需向境外提供的,应当通过国家网信部门组织的安全评估;法律、行政法规和国家网信部门规定可以不进行安全评估的,从其规定。

③ 参见《数据安全法》第 24 条第 1 款:国家建立数据安全审查制度,对影响或者可能影响国家安全的数据处理活动进行国家安全审查。

④ 参见《数据安全管理办法(征求意见稿)》第 28 条:网络运营者发布、共享、交易或向境外提供重要数据前,应当评估可能带来的安全风险,并报经行业主管监管部门同意;行业主管监管部门不明确的,应经省级网信部门批准。向境外提供个人信息按有关规定执行。

⑤ 参见《数据安全法》第 25 条:国家对与维护国家安全和利益、履行国际义务相关的属于管制物项的数据依法实施出口管制。

⑥ 参见《个人信息保护法》第 36 条:国家机关处理的个人信息应当在中华人民共和国境内存储;确需向境外提供的,应当进行安全评估。安全评估可以要求有关部门提供支持与协助。

⑦ 参见《个人信息出境安全评估办法(征求意见稿)》第 2 条:网络运营者向境外提供在中华人民共和国境内运营中收集的个人信息(以下称个人信息出境),应当按照本办法进行安全评估。经安全评估认定个人信息出境可能影响国家安全、损害公共利益,或者难以有效保障个人信息安全的,不得出境。国家关于个人信息出境另有规定的,从其规定。参见《数据出境安全评估办法(征求意见稿)》第 2 条:数据处理者向境外提供在中华人民共和国境内运营中收集和产生的重要数据和依法应当进行安全评估的个人信息,应当按照本办法的规定进行安全评估;法律、行政法规另有规定的,依照其规定。

⑧ 例如,《网络出版服务管理规定》第 8 条;《电子招标投标办法》第 10 条;《电子银行业务管理办法》第 10 条;《证券公司网上证券信息系统技术指引》第 11 条;等等。

政策目标、利益或价值集中体现在国家安全和个人数据隐私保护领域。就前者而言,国家安全历来就是各国所密切关注的核心问题和核心利益。① 尽管国家安全是一个不言自明却又充满争议的概念,但是,国家安全的内在价值是国家利益,②而在传统的国际关系中,国家安全优先于贸易所带来的利益。③ 因此,对任何一个主权国家而言,国家安全都是其作为独立的主权国家的根本利益的体现。落脚于国际经贸领域,无论是国际投资领域还是国际贸易领域,无论是货物贸易还是服务贸易,亦无论是多边条约还是区域协定,国家安全都被视为一项合法政策目标例外而存在。安全例外亦是 WTO"一揽子"协定中列出的最为广泛的例外条款。④ 因此,国家安全成为一国实施数据本地化措施的合法政策目标具有合法性和正当性。从中国的立法来看,无论是与关键信息基础设施相关数据的境内存储和境外传输安全评估,抑或数据安全审查制度和特定类型数据的出口管制,其实质都是为了实现国家安全利益。就后者而言,个人数据隐私保护是基本人权在互联网和数据时代的现实体现。从某种程度上看,个人数据隐私保护已然成为民主社会的当务之急。⑤ 新近达成的诸多自由贸易协定也对此予以了高度的关注,而其中的诸多条款也成为国际贸易中数据隐私保护和国内监管的"交互界面"。⑥ 就中国的数据本地化措施而言,诸如《个人信息保护法》和《个人信息出境安全评估办法(征求意见稿)》中的相关规定即追求数据隐私保护这一合法政策目标、利益与价值的现实体现。综合以上两个方面,应该说,中国数据本地化措施所追求的政策目标、利益或价值是作为国家和个人的基本利益和基本权利,不亚于"欧共体—石棉案"中上诉机构所述称的"至为关键而且至关重要"的生命和健康价值目标。⑦

其次,从措施对政策目标达成的贡献程度看,中国对重要数据的本地存储要求以及对重要数据的出境采取安全审查措施显然对政策目标的达成具有贡献。根据"巴

---

① 关于贸易自由化与数据隐私、国家安全互动关系,后文还会专门展开讨论。

② 参见王东光:《国家安全审查:政治法律化与法律政治化》,载《中外法学》2016 年第 5 期。

③ 参见[比]彼得·范德博思、单文华:《世界贸易组织法原理》(下册),尚宽、贺艳译,法律出版社 2020 年版,第 679 页。

④ See Martina Francesca Ferracane, *Data Flows and National Security: A Conceptual Framework to Assess Restrictions on Data Flows under GATS Security Exception*, Digital Policy, Regulation and Governance, Vol. 21: 1, p. 44 (2019).

⑤ See Cécile de Terwangne, *Is a Global Data Protection Regulatory Model Possible?*, in Serge Gutwirth et al eds., Reinventing Data Protection?, Springer, 2009, p. 175 – 189.

⑥ See Svetlana Yakovleva, *Should Fundamental Rights to Privacy and Data Protection be a Part of the EU's International Trade "Deals"?*, World Trade Review, Vol. 17: 3, p. 489 (2018).

⑦ See Report of the Appellate Body, European Communities – Measures Affecting Asbestos and Asbestos – containing Products, WT/DS135/AB/R, 12 March 2001, para. 172.

西—轮胎案”中上诉机构的裁决，当措施与其所追求的目标之间存在目的与手段的真实关系时，该措施即对其目标的实现有贡献。① 数据本地化措施通过必要手段，限制数据的访问、复制和跨境流动，在一定程度上能够防止因为数据的不当使用和泄露而引发的国家安全危机和个人数据隐私风险。既有的研究已然表明，中国“通过数据本地化留存避免跨境数据可能产生的国家安全隐患和个人隐私风险，效果总的来看是好的”②。同时，鉴于在应对网络安全和防止数据隐私风险问题上的国际合作水平较低，数据本地化也可以使政府更容易监测本地服务器或对违反数据保护或网络安全法律的运营商采取行动。③ 因此，就中国的数据本地化措施而言，其对重要数据的本地存储要求以及出境安全审查措施毫无疑问将有利于避免数据的不当泄露或者盗取进而有利于实现国家安全和个人数据隐私保护的目标。④ 当然，也有诸多的学者研究认为，数据本地化措施在实践层面将适得其反，可能会实际上破坏数据隐私和安全，同时还会使数据更容易受到外国的窃取和监视。⑤ 但是，前述观点尚未证明其普遍适用性，且各国间在数据监控和防御技术方面也存在个体差异。因此，中国数据本地化措施对政策目标的达成具有贡献。

基于以上两点分析，可以得出一个初步结论是，中国的数据本地化措施符合必要性标准测试的要求。同时，根据“欧共体—石棉案”中上诉机构的意见，即措施所追求的价值越重要，该措施对保护或促进此种价值作出的贡献越大，那么措施就越可能被认为是必要的。结合前文的分析，中国数据本地化措施所追求的政策目标和价值是作为国家根本利益的国家安全和作为个人之基本权利的数据隐私权，且中国的数据本地化措施对目标和价值的达成具有较大的贡献。因此，应当认为，基于前述二要素

---

① See Report of the Appellate Body, Brazil – Measures Affecting Imports of Retreaded Tyres, WT/DS332/AB/R, 3 December 2007, para. 145 and para. 210.

② 许多奇：《个人数据跨境流动规制的国际格局及中国应对》，载《法学论坛》2018 年第 3 期。

③ See Neha Mishra, *Privacy, Cybersecurity, and GATS Article XIV: A New Frontier for Trade and Internet Regulation?*, World Trade Review, Vol. 19:3, p. 355(2020).

④ 此处需要对贡献的程度作出一定的说明，在“巴西—轮胎案”中，上诉机构认为一项措施必须对目标的实现有实质性的贡献，参见 Report of the Appellate Body, Brazil – Measures Affecting Imports of Retreaded Tyres, WT/DS332/AB/R, 3 December 2007, para. 151。但在后续的“欧盟—海豹制品案”中，上诉机构强调了“实质性”贡献这一门槛并没有规定为一个普遍适用的标准，参见 Reports of the Appellate Body, European Communities – Measures Prohibiting the Importation and Marketing of Seal Products, WT/DS400/AB/R, WT/DS401/AB/R, 22 May 2014, para. 5.213。

⑤ See Anupam Chander and Uyên P. Lê, *Data Nationalism*, Emory Law Journal, Vol. 64, No. 3, 2015, p. 680.; See Daniel Castro, *The False Promise of Data Nationalism*, Information Technology and Innovation Foundation Website(Dec., 2013), http://www2.itif.org/2013-false-promise-data-nationalism.pdf; Anupam Chander, *Is Data Localization a Solution for Schrems II?*, Journal of International Economic Law, Vol. 23, No. 3, 2020, p. 778-781.

的考量,中国的数据本地化措施符合必要性标准测试的要求。

需要进一步考虑的是,是否存在更少贸易限制的替代性措施以及数据本地化措施对国际贸易的限制性程度。一方面,从措施对国际贸易的限制程度看,不容否认,中国所采取的数据本地化措施会对国际贸易自由化发展产生限制,而事实上,任何数据本地化措施的不当采用都有可能增加国际贸易成本并对业务活动造成不利后果。① 但是,有鉴于中国所采取的数据本地化措施仅针对特定类型的数据,且这些特定类型的数据相对于海量的多类型数据而言占比有限。同时,综观国际上同类数据本地化措施来看,中国数据本地化措施并不严格。② 因此,中国数据本地化措施对数字贸易的限制性影响应当认为是有限且可控的。同时,结合晚近达成的部分自由贸易协定中的相关条款看,为实现合法公共政策目标所采取的措施不得对数据信息的传输施加超出实现目标所需的限度。③ 对此,结合中国所采取的相关数据本地化措施看,尽管相关措施对敏感数据的存储施加了本地存储的限制并规定了数据向境外传输的安全评估机制,但是有鉴于相关措施所涉及的数据范围以及国家安全和数据安全一旦出现风险极可能造成严重不利后果的现实境况,对核心数据的流动施加一定程度的存储要求和传输限制并未超过实现合法政策目标所需的限度。基于以上两点,应该说,尽管中国的数据本地化措施会对贸易自由化产生一定限制,但是这种限制仍然处于合理且可控的范围之内。另一方面,就更少贸易限制性替代措施而言,暂且抛开更少贸易限制性替代措施的举证责任不谈,④目前理论界和贸易实践尚未提出明确且切实可供执行的替代性措施。有研究指出,数据的安全与否并非取决于数据的存储地,而取决于存储数据的技术和方法。例如,终端间加密技术(end-to-end encryption technologies)被认为是一种可行的替代方案,这一技术可以使数据能够在基础通信网络(如电信服务提供商或互联网服务提供商)不间断地传输且只有最终接收者可以解密

---

① See Iva Mihaylova, *Could the Recently Enacted Data Localization Requirements in Russia Backfire*?, Journal of World Trade, Vol. 50:2, p. 313 – 334(2016).

② 参见王楚晴:《申请加入 DEPA 背景下中国数据治理的相容性审视及优化路径》,载《太平洋学报》2023 年第 3 期。

③ See CPTPP Article 14. 11. 3(b)“ Nothing in this Article shall prevent a Party from adopting or maintaining measures inconsistent with paragraph 2 to achieve a legitimate public policy objective, provided that the measure:(b) does not impose restrictions on the use or location of computing facilities greater than are required to achieve the objective”. 此外,在 DEPA 中的“数据议题”章节也有相类似的表述。

④ 根据“美国—赌博案”上诉机构的意见,被诉方没有责任首先证明不存在合理的可利用的替代措施。但是,若申诉方提出了替代措施,则被诉方应证明为什么争议措施相对替代措施仍是“必要的”,换言之,替代措施的初步举证责任应由申诉方承担。See Report of the Appellate Body, United States – Measures Affecting the Cross – Border Supply of Gambling and Betting Services, WT/DS285/AB/R, 7 April 2005, para. 309 – 311.

数据，从而保证了数据在传输过程中的安全性与完整性。① 或许通过技术的手段可以在无须数据本地化措施的情况下实现数据的安全进行维护国家安全利益和个人数据隐私权益。但是，如果这一替代性措施潜在地给中国施加了不恰当的负担（如相当大的技术困难或者经济负担），则这一替代性措施也可能不会被认可。② 此外，也有研究认为，在数据保护过程中采用事后问责制的监管路径也比采用强制性实质本地化监管方法更可行。③ 但是，就此而言，考虑到监测服务贸易提供者在数据处理过程中的合法合规与否在技术上尚存在难度，要求服务贸易提供者在数据违法违规跨境流动后承担责任的规定无法保证其在维护国家安全和数据隐私保护方面的有效性。而且，当被监测到的风险较小时，服务贸易提供者可能会为了逃避监管而采取规避措施进而可能使数据面临更大的风险。④ 因此，事后监管的路径选择是否一定能够达到替代措施的同等效果也是存疑的。

基于以上各方面考虑，参照 WTO 既有判例中关于必要性标准测试的路径和方法，就中国的数据本地化措施而言，其本身满足国内监管措施的必要性标准，即中国所执行的数据本地化措施是为了实现国家安全和个人数据隐私保护所必要的，具有实施相关措施的合理性。当然，需要承认，尽管包括中国在内的诸多国家所执行的数据本地化措施在全球范围内引发了广泛的争议，但在 WTO 层面尚未有现实的案例发生。前述的推演也均是基于既有的判例和现实事件所展开的。

综合以上内容，必要性标准测试是衡量成员方国内监管措施与 GATS 规则相符性的评价方法。尽管数据本地化措施属于一种新型的国内监管措施，但其仍可适用 WTO 既有的必要性标准测试方法予以判断和衡量，而在此之中，就中国《网络安全法》等法律法规中的数据本地化措施而言，相关措施本身符合必要性要求，是实现国

---

① See Andrew D. Mitchell and Jarrod Hepburn, *Don't Fence Me In: Reforming Trade and Investment Law to Better Facilitate Cross - Border Data Transfer*, The Yale Journal of Law & Technology, Vol. 19: 1, p. 204 (2017).

② 在“美国—赌博案”中，上诉机构认为，如果一项替代措施本质上仅仅具有理论上的可行性，或者该措施对成员方施加了诸如高昂的费用或者相当大的技术困难等不恰当的负担，或者无法达到成员方对合法政策目标所期望的保护程度，则这项替代性措施可能不会被裁断为“合理存在”。See Report of the Appellate Body, United States - Measures Affecting the Cross - Border Supply of Gambling and Betting Services, WT/DS285/AB/R, 7 April 2005, para. 308. 在“巴西—轮胎案”中，上诉机构重复了前述观点。See Report of the Appellate Body, Brazil - Measures Affecting Imports of Retreaded Tyres, WT/DS332/AB/R, 3 December 2007, para. 156.

③ See W. K. Hon, *Data Localization Laws and Policy: The EU Data Protection International Transfers Restriction through a Cloud Computing Lens*, Edward Elgar, 2017, p. 221.

④ See Dan Jerker and B. Svantesson, *The Regulation of Cross - border Data Flows*, International Data Privacy Law, Vol. 1: 3, p. 193 - 194 (2011).

家安全和个人数据隐私保护所必要的国内监管措施。当然，需要额外意识到的是，必要性标准测试适用于个案分析而非统一的国内监管标准。在服务贸易监管协调的现实背景下，数据本地化措施是否具有实现一致性的可能以及其可行的路径将成为后续需要进一步思考的现实问题。

第三节　良好监管实践：迈向“一致性”的数据本地化措施

当今世界处于一个相互依赖的时代，不同国家和地区之间在经济、社会和文化方面的相互依赖，使人们越来越多地强调全球监管。[①] WTO 尊重各成员方所享有的必要的国内监管自主权。但是，国内监管本身很可能成为贸易自由化的障碍。[②] 同时，各国所采取的国内监管措施具有鲜明的个性化特征，因而即便针对同一政策目标，各国也可能基于各自国情的考量而采取不同的监管措施。这种国内监管措施的差异被称为监管异质性（regulatory heterogeneity）或者监管差异（regulatory divergence）。[③] 服务贸易所面临的高强度且多样化的国内监管使服务贸易特别容易受到监管差异的影响，这将会增加交易成本，进而阻碍生产要素和服务贸易在全球范围内的流转。因此，倘若可以在不违反合法监管目标的情况下减少这些贸易限制因素，无疑将大大有助于全球的经济福利。换言之，国家之间需要进行合作与协调，减少不必要的监管差异，进而追求更为统一和高效的监管体系以实现监管趋同和促进经济发展的目标。数字贸易领域，高度分散的全球数据保护与监管体系已经成为全球数字贸易治理所面临的现状和现实挑战。[④] 随着数据跨境流动需求的增长，构建统一协调的国内监管

---

① 在原书中，译者将“regulation”翻译为“规制”。引用在本书中，为配合术语的统一而特做调整。参见［英］科林·斯科特：《规制、治理与法律：前沿问题研究》，安永康译，清华大学出版社 2018 年版，第 240 页。

② 参见石静霞：《WTO 服务贸易法专论》，法律出版社 2006 年版，第 226 页。

③ 关于“监管异质性”的文献，参见 Alan O. Sykes, *The (Limited) Role of Regulatory Harmonization in International Goods and Services Markets*, Journal of International Economic Law, Vol. 2: 1, p. 49 (1999)。关于“监管差异”的文献参见 Rodrigo Polanco Lazo and Pierre Sauve, *The Treatment of Regulatory Convergence in Preferential Trade Agreements*, World Trade Review, Vol. 17: 4, p. 575 (2018); Filomena Chirico and Pierre Larouche, *Convergence and Divergence, in Law and Economics and Comparative Law*, in Pierre Larouche and Péter Cserne eds., National Legal Systems and Globalization: New Role, Continuing Relevance, Springer, 2013, p. 9.

④ 参见戴艺晗：《贸易数字化与监管碎片化：国际贸易制度框架下跨境数据流动治理的挑战与应对》，载《国际经济法学刊》2021 年第 1 期。

措施的挑战可能会越来越大，且这些领域中又缺少足够的WTO监管纪律。[①] 鉴于实现监管合作和监管趋同进而迈向监管一致性的数据本地化措施将有助于数字贸易自由化的发展。[②] 因此，需要进一步探索的是，在监管合作的现实趋势下，如何才能成功地迈向"一致性"的数据本地化措施？这既是各国实现数字贸易红利的重要环节，也是实现数字贸易自由化发展的紧迫需要，更是全球经济实现可持续发展的必然要求。

一、监管差异：纷繁复杂的数据本地化措施

国际经济秩序正处于密集调整期，国际经济法亦正处于深刻变革的"十字路口"。[③] 从国际贸易环境看，不同国家对蓬勃兴起的数字贸易采取了不同程度的国内监管措施。面对数字贸易中的风险隐患，各国基于其本国国情和国家利益考量而采取不同程度的国内监管措施以期保障其国家利益。这些国内监管措施将数字贸易的发展推向了更为复杂的局面。尽管WTO在实践中引入了必要性标准测试，但其存在明显的局限性而无助于解决纷繁复杂的非歧视性国内监管措施。[④] 同时，科技的发展亦使既有的国际贸易规则越来越难以有效应对层出不穷的贸易新问题。在此之中，数据本地化措施在全球各国的差异化发展无疑是各国监管差异的现实体现。

当前，全球各国所采取的数据本地化措施纷繁复杂。各国基于不同的数据分类

---

① See Thomas J. Bollyky and Petros C. Mavroidis, *Trade, Social Preferences and Regulatory Cooperation the New WTO - Think*, Journal of International Economic Law, Vol. 20: 1, p. 2 - 3(2017).

② 关于监管一致性，其对应的英文表述为"regulatory coherence"，也有文章将"coherence"翻译为"协调"。由于"协调"一词所对应的英文表述较多，包括"harmonization"和"coordination"等。且"协调"一词是中文文章中的常用词语。因此，出于必要的区分，本书采用监管一致性的译法。关于"监管一致性"理念和规则的发展，参见 Han - Wei Liu and Ching - Fu Lin, *The Emergence of Global Regulatory Coherence: A Thorny Embrace for China*, University of Pennsylvania Journal of International Law, Vol. 40: 1, p. 139 - 151(2018)。还需要指出的是，在前述文章中，作者认为监管一致性与监管合作属于不同概念，但也有文章将两者进行混同，可参见 Elizabeth Sheargold and Andrew D. Mitchell, *The TPP and Good Regulatory Practices: An Opportunity for Regulatory Coherence to Promote Regulatory Autonomy?*, World Trade Review, Vol. 15: 4, p. 588(2016)。本书倾向于后一观点，因为从既有的国际贸易协定的具体规则看，监管一致性包括了各政府之间为深化贸易目标而加强监管合作的规定。事实上，各国间在致力于实现监管协调的过程中，尽管采用了多种不同的条约章节设计，包括CPTPP中的监管一致性(regulatory coherence)，USMCA中的良好监管实践(good regulatory practices)，CETA中的监管合作(regulatory cooperation)等，但其中所规定的内容在一定程度上是存在相似的。因此，也有学者指出，学者可以互换使用这些概念，而无须对潜在的差异(如果有的话)进行过多的澄清。See Rodrigo Polanco Lazo and Pierre Sauve, *The Treatment of Regulatory Convergence in Preferential Trade Agreements*, World Trade Review, Vol. 17: 4, p. 578(2018).

③ See Antonio Segura Serrano, *International Economic Law at a Crossroads: Global Governance and Normative Coherence*, Leiden Journal of International Law, Vol. 27: 3, p. 677(2014).

④ See Robert W. Staiger and Alan O. Sykes, *International Trade, National Treatment, and Domestic Regulation*, The Journal of Legal Studies, Vol. 40: 1, p. 149(2011).

和不同的场景而采取不同类型的数据本地化措施。例如，针对个人数据隐私的保护，欧盟倾向于采取温和的数据本地化措施，即设置了数据跨境传输的充分性标准评估标准，[①]而与之形成鲜明对比的是，印度则采取了较为严苛且广泛化的数据本地化措施。[②] 从一定程度上看，正是由于缺乏有效的国际规则协调，各国之间的数据本地化措施才呈现多样态的发展趋势，并因为缺乏统一的数据跨境流动标准而出现数据跨境流动障碍。

各国间数字贸易监管和数据监管的差异化发展并不利于全球数字贸易的发展。数字贸易和数据监管的差异化发展将对数据的跨境自由流动产生消极影响。数字贸易时代，数据不仅仅是一种信息的电子表达，更是一种全新的生产要素和贸易发展的中间载体。数据生产要素流动的限制无疑会阻滞数字贸易的进一步发展。既有的基于经济学的研究已经表明，监管异质对服务贸易的发展会产生负面影响，且各国间监管的差异性越大，对服务贸易的负面作用也将越大；[③]而在数字贸易领域，各国在数字贸易领域的监管差异性越大，也将对数字贸易产生更大的阻碍作用。[④] 因此，从这一角度看，各国间所采取的纷繁复杂的数据本地化措施将会影响数字贸易的自由化发展。在此背景下，为防止各国针对数字贸易的异质性监管形成负面溢出效应而形成数字贸易壁垒进而影响数字贸易的发展，加强国际对话与监管合作具有现实必要性。[⑤] 在此背景下，国家间合作的实用性和有效性也使监管合作成为解决数字贸易中一些挑战的有吸引力的选择。[⑥] 自由贸易协定，特别是新近达成的超级区域自由贸易

---

① See GDPR Article 45 "Transfers on the basis of an adequacy decision".

② 参见郭霞、朴光姬：《印度数字服务贸易发展特征及中国应对策略》，载《南亚研究》2021 年第 2 期；戴永红、陈思齐：《印度数据本地化：网络利益边疆的碰撞与机遇》，载《南亚研究季刊》2022 年第 2 期。

③ See OECD, Services Trade Restrictiveness Index (STRI): The Trade Effect of Regulatory Differences, OECD Website (May 13, 2016), https://www.oecd-ilibrary.org/trade/services-trade-restrictiveness-index_5jlz9z022plp-en.

④ 参见孟夏、孙禄、王浩：《数字服务贸易壁垒、监管政策异质性对数字交付服务贸易的影响》，载《亚太经济》2020 年第 6 期。

⑤ 参见赵瑾：《数字贸易壁垒与数字化转型的政策走势——基于欧洲和 OECD 数字贸易限制指数的分析》，载《国际贸易》2021 年第 2 期。

⑥ See Usman Ahmed, *The Importance of Cross-Border Regulatory Cooperation in an Era of Digital Trade*, World Trade Review, Vol. 18: s1, p. 115 (2019).

协定[①]也对这一领域给予了极高的关注，并成为国内监管合作、监管标准融合和自由贸易发展的有效推动力量。[②] 有关监管合作和监管一致性的章节或条文也逐渐成为新兴自由贸易协定和超级自由贸易协定中的重要特征。

需要意识到的是，监管合作并不意味着监管的完全统一，迈向监管一致性亦不意味着迈向监管的完全一致。监管合作和监管一致性并不否认亦不损害各国所享有的监管自主权。一方面，监管自主权是各国经济主权在国际贸易中的现实体现之一。无论是 WTO 还是自由贸易协定均明确地承认并强调了监管自主权的重要性。另一方面，尽管监管一致性和监管合作具有推动各国监管趋同的实质内涵，但这并不意味着是对各国所享有的监管自主权的否定。自由贸易协定也毫不隐讳地在推动实现监管合作的同时承认监管自主权。例如，在 CPTPP 中，各缔约方即鲜明地强调了缔约方在其认为适当的水平上确定其监管优先事项并制定和实施监管措施以解决这些优先事项的主权权利的重要性。[③] 即便是高度推崇监管一致性和监管合作的美国，其在官方报告中也未否定各国的监管自主权。[④] 因此，从这一角度看，数据本地化措施作为一项国内监管措施，推动数据本地化措施的一致性发展与各国所享有的国内监管自主权和数字贸易的自由化发展并不违和。而在新近达成的诸多自由贸易协定中，监管一致性也成为核心关注点之一，并被称为"21 世纪贸易条约核心概念"[⑤]。

综上，想要达成数据本地化措施的一致性有赖于全球范围内的有效协调。作为

---

① 关于"超级区域自由贸易协定"(Mega - Regional Free Trade Agreement)的提法，是缘于这些区域贸易协定不仅旨在进一步降低关税等边境措施，而且还包含雄心勃勃的监管合作安排，以解决因监管措施不同而造成的贸易限制，处理其他结构性障碍(如政府采购政策和国有企业造成的结构性障碍)，以及解决全球供应链、电子商务、竞争政策、透明度、反腐败、加强对投资和知识产权的保护等问题。关于这一表述的进一步论述可参见 Reeve T. Bull et al. , *New Approaches to International Regulatory Cooperation：The Challenge of TTIP，TPP，and Mega - Regional Trade Agreements*，Law and Contemporary Problems，Vol. 78：1，p. 2 (2015)。

② See Elizabeth Sheargold and Andrew D. Mitchell，*The TPP and Good Regulatory Practices：An Opportunity for Regulatory Coherence to Promote Regulatory Autonomy?*，World Trade Review，Vol. 15：4，p. 593 (2016).

③ See CPTPP Article 25. 2. 2 " The Parties affirm the importance of：(b) each Party's sovereign right to identify its regulatory priorities and establish and implement regulatory measures to address these priorities，at the levels that the Party considers appropriate".

④ See USTR，*Summary of the Trans - Pacific Partnership Agreement*，USTR Website(Oct. 4，2015)，https：//ustr. gov/about - us/policy - offices/press - office/press - releases/2015/october/summary - trans - pacific - partnership.

⑤ Phoenix X. F. Cai，*Regulatory Coherence and Standardization Mechanisms in the Trans-Pacific Partnership*，British Journal of American Legal Studies，Vol. 5：2，p. 500(2016).

一项国内监管措施,新近自由贸易协定中所密切关注的监管一致性议题为其发展开辟了一条全新的道路。此时,需要进一步思考的是,如何能够有效地实现数据本地化措施的协调?

二、从良好监管实践看数据本地化措施的实施与完善

从新近达成的自由贸易协定看,监管合作和监管一致性议题中良好监管实践占据重要的分量和位置。近年来,在以美国为代表的发达国家的积极引导和推动下,包括 CPTPP、USMCA 等自由贸易协定均先后引入了致力于实现“良好监管实践”的监管合作内容。[①] 除此之外,包括 APEC 和 OECD 在内的诸多政府间国际经济组织也纷纷将监管合作和良好监管实践纳入其工作议程以实现国内监管的有效协调。[②]

良好监管实践是实现监管合作和监管一致性的核心与焦点。从两者的互动关系看,监管合作被视为推广良好监管实践的有效手段,而良好监管实践则能够提升监管合作的效率。从这一角度看,监管合作与良好监管实践之间具有相互促进的作用。[③] 在实现监管合作和监管一致性的过程中,良好监管实践成为协调各国边境后措施的重要机制保障,并通过有效机制推动各国贸易监管措施更加和谐与透明,进而消除不必要的监管措施。[④] 事实上,良好监管实践与 WTO 必要性标准测试亦具有一脉相承性,是对 WTO 国内监管措施必要性理念的进一步发展。一方面,与必要性标准测试一样,良好监管实践的目的也是避免国内监管措施对自由贸易造成不适当的负担和限制。因此,尽管两者之间在机制构建方面存在诸多区别,但是,两者所致力于实现

---

① See CPTPP Chapter 25 “Regulatory Coherence”; See USMCA Chapter 28 “Good Regulatory Practices”. 当然,2016 年特朗普政府上台后,美国退出了 TPP 协定的谈判,但即便如此,监管合作和监管一致性仍然是美国一直致力于推动并最终达成的条款。

② 例如,在 APEC 层面,2011 年 APEC 领导人会议即将监管协调与合作作为当年会议的三大主题之一,并进一步地强调“贸易和投资流动更加全球化,必须采取更多的监管措施,包括与国际标准接轨,以防止不必要的贸易限制扼杀经济增长和就业”。See APEC, *The 19th APEC Economic Leaders' Meeting Leaders' Declaration*, APEC website (Nov. 12, 2012), https://www.apec.org/Meeting-Papers/Leaders-Declarations/2011/2011_aelm.

③ 参见张亮、黎东铭:《国际规制合作:一个概念的解析与界定》,载《国际经济法学刊》2021 年第 2 期。

④ 例如,在 CPTPP 中,缔约方即强调,为了实现监管一致性章节的目标,监管一致性是指在规划、设计、发布、实施和审查监管措施的过程中运用良好的监管实践,以促进实现国内政策目标,并在政府之间努力加强监管合作,以促进这些目标的实现,并促进国际贸易和投资,经济增长和就业。由此可见,良好监管实践是实现监管一致性的核心与焦点。See CPTPP Article 25.2.1 “For the purposes of this Chapter, regulatory coherence refers to the use of good regulatory practices in the process of...”.

的目标是相同的。良好监管实践继承了必要性标准测试所致力于实现的目标。[①] 良好监管实践将有助于改善和有效履行自由贸易协定在国内监管环节中所达成的实质性义务，是避免和减少不必要的贸易限制的重要手段。另一方面，监管影响评估（regulatory impact assessments）突出体现了良好监管实践相对于 WTO 必要性标准测试的发展与更新。实现良好监管实践的核心之一就是进行监管影响评估。参考 CPTPP 中关于监管影响评估机制的条款规定，监管影响评估所包括的范围涵盖了监管建议的必要性、可行的替代方案和措施及其可以实现政策目标的理由、信息公开等。[②] 因此，监管影响评估机制包含了诸多 WTO 必要性标准测试中的要素，如必要性、替代方案和措施等。同时，监管影响评估机制也体现出整体性、操作性和持续性的特征。[③] 由此可见，监管影响评估机制也体现出了其发展进阶的一面。

基于以上分析，良好监管实践的核心目的即在于实现高效且高质量的监管一致，进而最大限度地削减国际贸易中所存在的障碍。[④] 其基本假设是遵守“良好监管实践”标准将有助于提高监管措施的质量和效益，进而避免不必要的、重复的或低效的监管。[⑤] 因此，通过良好监管实践的实施，有助于成员方之间消除不必要的障碍，减少监管标准的区域差异，提高透明度，并通过促进在特定监管问题上的合作以实现通过更加便利贸易的方式进行监管合作。在数字贸易发展进程日趋加速的当下，数据本地化措施作为一种国内监管措施，其遵循良好监管实践与否将对数据本地化措施的实施效果和对贸易自由化发展产生重要影响。因此，有必要进一步思考的是，从良好监管实践的角度看，数据本地化措施如何才能得到良好的实施与完善？

需要思考的一个前提问题是，良好监管实践是否适用于数据本地化措施？首先，从自由贸易协定的实践看，良好监管实践所覆盖的措施可以涵盖数据本地化措施。以 CPTPP 为例，尽管根据 CPTPP 监管一致性章节的规定，良好监管实践所涵盖监管

---

① 事实上，WTO 中的诸多文件也体现出了良好监管实践的要求。例如，WTO 贸易技术壁垒委员会曾经举办有关良好监管实践的工作会议。See WTO Committee on Technical Barriers to Trade, Summary Report of the WTO TBT Workshop on Good Regulatory Practice, G/TBT /W/287, 6 June 2008; WTO Committee on Technical Barriers to Trade, Fifth Triennial Review of the Operation and Implementation of the Agreement on Technical Barriers to Trade Under Article 15.4, G/TBT/26, 13 November 2009.

② See CPTPP Article 25.5.2 “... regulatory impact assessments conducted by a Party should, among other things: ...”.

③ 参见王丹：《全球自贸协定中的“监管一致性原则”与中国的因应》，载《河北法学》2017 年第 5 期。

④ 参见胡枚玲、张军旗：《论 CPTPP 规制合作的新范式及中国应对》，载《国际贸易》2019 年第 10 期。

⑤ See Gabriel Gari, *Recent Preferential Trade Agreements' Disciplines for Tackling Regulatory Divergence in Services: How Far beyond GATS?*, World Trade Review, Vol. 19: 1, p. 22 (2020).

措施由缔约方自行确定。[①] 但是，条款也同时规定，“在确定涵盖监管措施的范围时，每一缔约方应以达到涵盖范围广泛为目标”[②]。由此可见，CPTPP 并未在良好监管实践中排除特定类型的监管措施，而是鼓励尽可能地覆盖更多类型的监管措施。其次，良好监管实践作为一种新型的监管理念和监管范式，其对数据本地化措施的实施具有指引作用因而能够适用于数据本地化措施。良好监管实践是新近大型自由贸易协定监管合作的新范式，是通过提供国内监管的示范性模板而采用的一种引导式的设计模式。[③] 因此，良好监管实践的软性路径特性使其具有较强的普适性，能够对包括数据本地化措施在内的各类国内监管措施提供引导和指引。最后，相较强制性程度更高的实质性条款，良好监管实践更多地侧重程序性条款。良好监管实践中的指引并不会与数据本地化措施本身产生矛盾与冲突，反而可以通过程序的指引更好地制定满足自身利益且符合国际条约义务的国内监管措施。因此，良好监管实践为数字贸易领域内开展监管合作奠定了基础，也为未来更深层次数字贸易多边规则的形成提供了可能。此外，从既有实践看，USMCA 的良好监管实践章节中，各缔约方对涵盖的监管领域采用了负面清单的模式。各缔约方所提交的不适用“良好监管实践”的监管领域中均未涉及数字服务、数据服务等领域。[④] 综上所言，良好监管实践可以适用于数据本地化措施，并能够对数据本地化措施这一国内监管措施提供积极且有效的指引。良好监管实践应当被接纳到采取数据流动监管措施的考量因素中。[⑤]

需要进一步思考的是，基于良好监管实践的指引，如何才能实现数据本地化措施的良性发展？尽管在国际法层面，可供直接参考和援引的良好监管实践案例仍然非常有限。但是，CPTPP 等新型自由贸易协定以及 APEC、OECD 等政府间国际经济组织的实践，仍然能够为数据本地化措施实现良好监管实践提供必要的指引。综合来看，数据本地化措施应当从以下层面予以更进一步的完善和发展。

一是要提升数据本地化措施制定实施全流程的透明度。透明度原则在国际贸易法中历来占据着极为重要的地位。作为国家知情权在国际贸易法领域的展开，[⑥]透明

---

① See CPTPP Article 25. 5 “Implementation of Core Good Regulatory Practices” and Article 25. 3 “Scope of Covered Regulatory Measures”.

② CPTPP Article 25. 3 “Scope of Covered Regulatory Measures”.

③ 参见胡枚玲：《论新近大型自由贸易协定规制合作的不同路径及中国选择》，载《太平洋学报》2020 年第 8 期。

④ 关于 USMCA 中各缔约方所提交的“良好监管实践”不适用领域，可参见该协定第 28 章“监管一致性”章节的附件。See USMCA “Annex 28 – A” Article 1.

⑤ See Joshua P. Meltzer, *A WTO Reform Agenda: Data Flows and International Regulatory Cooperation*, Brookings Institution Website (Sep., 2019), https://www.brookings.edu/research/a-wto-reform-agenda/.

⑥ 参见古祖雪：《国家知情权的演变和运行——基于国际法律分析》，载《法学评论》2015 年第 2 期。

度是多边贸易中一种最为基本的监督方式且对于多边贸易而言具有重要价值。① 无论是国内监管措施的出台、执行还是修订，透明度都是国内监管措施决策开放性的重要组成部分。② 既有研究表明，缺乏透明度的监管措施会对国际贸易和投资参与者造成不必要的耽搁并增加其贸易成本。③ 恰恰因为透明度对国际贸易的重要性，透明度原则成为服务贸易乃至国际贸易协定中的一项基本原则。④ 透明度也是 WTO 争端解决机构专家组和上诉机构用以判断国内监管任意性和保护主义滥用的重要标准之一。⑤ 然而在当前，透明度问题恰恰是当前数据本地化措施所面临的诸多争议之一。即便是欧盟的 GDPR 亦未能幸免。⑥ 从良好监管实践的角度看，国内监管透明度的要求被进一步提升，呈现出"全方位"和"全周期"的新特征。具体而言，对于国内监管措施的前期信息、监管措施制定过程中的信息公开和监管措施的实施后效果，良好监管实践都提出了更为具体的要求。就数据本地化措施而言，各成员方应当适时地公开数据本地化措施的制定和实施信息，以便于国内外的服务提供者能够及时了解相关监管信息，以实现国内监管措施的良性发展。

二是要完善对数据本地化措施的监管影响评估。良好监管实践要求在符合法律法规的情况下，鼓励监管机构开展监管影响评估。监管影响评估可以提升政府监管措施的质量和效率进而推动监管措施和决策的公平与合理。同时，监管影响评估还可以引导各国监管措施制定和审议机制实现趋同进而实现各国监管措施的一致性。监管影响评估既承继现行 WTO 必要性标准测试的"精髓"，也在必要性标准测试的基础上有了进一步的深化发展。从某种程度上看，监管影响评估已逐渐成为全球经济治理的制度性要求。⑦ 具体而言，在制定数据本地化规则时，应当让监管机构将国

---

① 参见张军旗：《WTO 监督机制的法律与实践》，人民法院出版社 2002 年版，第 68－72 页。

② See Keiya Iida and Julia Nielson, *Transparency in Domestic Regulation: Practices and Possibilities*, in Aaditya Mattoo and Pierre Sauvé eds., Domestic Regulation and Trade in Service, World Bank and Oxford University Press, 2003, p. 7.

③ See Elizabeth Sheargold and Andrew D. Mitchell, *The TPP and Good Regulatory Practices: An Opportunity for Regulatory Coherence to Promote Regulatory Autonomy?*, World Trade Review, Vol. 15: 4, p. 592 (2016).

④ 参见黄东黎、杨国华：《世界贸易组织法：理论·条约·中国案例》，社会科学文献出版社 2013 年版，第 573－574 页。

⑤ See Panagiotis Delimatsis, *Concluding the WTO Services Negotiations on Domestic Regulation: Hopes and Fears*, World Trade Review, Vol. 9: 4, p. 645 (2010).

⑥ See Viktor Mayer－Schonberger and Yann Padova, *Regime Change: Enabling Big Data through Europe's New Data Protection Regulation*, Columbia Science and Technology Law Review, Vol. 17: 2, p. 318 (2016). 在文中，作者评价 GDPR 认为，"新的数据保护机制既不简单也不透明，透明度有待提高……"。

⑦ 参见张磊、徐琳：《从 WTO"必要性"到 TPP"一致性"：论国际经贸协定中国内规制监管的发展特征与趋势》，载《社会科学》2016 年第 3 期。

内监管措施对数字贸易的影响视为制定监管规则的一部分,要求各国的监管机构对包括数据跨境自由流动等因素在内进行监管影响评估。[①] 此外,特别值得注意的是,自由贸易协定中的监管影响评估均强调了对中小企业影响的分析。考虑到数字贸易的发展潜在地推动了中小企业在全球贸易中的参与程度,因此,这一点对数据本地化措施的监管影响评估而言非常重要。

三是要关注国内监管措施的协调与平衡。与国家间监管措施差异所导致的贸易限制相类似,一国国内不同部门或不同地区的监管措施差异与失调同样会造成贸易的限制。目前,由于贸易的数字化变革已经深入各个行业领域当中,而从全球多国的实践看,多数国家倾向于对不同类型的数据制定不同的监管措施。毫无疑问,这有助于最大限度地避免数据本地化可能造成的不良影响。但是,同样需要考虑到的是,国内监管措施的错综复杂可能会使市场主体在贸易活动中面临更为复杂的监管环境。因此,需要一个国家层面的监管协调机构以保持各国监管措施的协调与平衡。

当然,需要承认的是,有鉴于监管合作和监管一致性议题的敏感性,且既有的诸多规则也仅局限于程序性要求而非实体性要求,监管合作以及良好监管实践的机制有效性以及其在国际经贸领域所能够发挥的作用仍然有待于进一步的观察。[②] 同时,更深层次的监管合作也不可避免地会对成员方的监管自主权产生负面影响。正如有学者在评价 TTIP 时所提及的,尽管监管协调尚不涉及采用联合标准或实质性协调措施且监管一致性也尚未改变成员方制定监管措施的方式,监管合作仍“将不可避免地对监管自主权造成某些限制”[③]。但无论如何,良好监管实践仍被视为确保国家进行合法监管而不是变相的保护主义的关键工具。[④] 因为,良好监管实践为协调和平衡各国诸如数据本地化措施等国内监管措施提供了新的指引和新的方案,也为进一步推动国际贸易的自由化发展提供了新的选择和新的希望。

综上,自由贸易协定中的良好监管实践为数据本地化措施的完善提供了积极的指引。通过良好监管实践的指引将有助于数据本地化措施迈向更为合理和有效的国内监管措施。同时,还需要进一步思考,如何才能实现数据本地化措施从“异质”迈向

---

① See Joshua P. Meltzer, *A WTO Reform Agenda: Data Flows and International Regulatory Cooperation*, Brookings Institution Website (Sep., 2019), https://www.brookings.edu/research/a-wto-reform-agenda/.

② 参见石静霞:《国际贸易投资规则的再构建及中国的因应》,载《中国社会科学》2015 年第 9 期。

③ Alberto Alemanno, *The Regulatory Cooperation Chapter of the Transatlantic Trade and Investment Partnership: Institutional Structures and Democratic Consequences*, Journal of International Economic Law, Vol. 18:3, p. 629 (2015).

④ See Elizabeth Sheargold and Andrew D. Mitchell, *The TPP and Good Regulatory Practices: An Opportunity for Regulatory Coherence to Promote Regulatory Autonomy?*, World Trade Review, Vol. 15:4, p. 602 (2016).

"一致"?

三、迈向"一致性"的国内监管:实现数据本地化措施的监管趋同

国内监管与自由贸易间的互动关系尽管并非水火不容,但至少也在某种程度上存在对立关系。既有研究表明,基于各国公共政策选择,本地政策偏好以及信息不对称等诸多因素,作为国际贸易"边境后措施"的国内监管,在各国存在明显的监管差异。[①] 此外,国家对其本国所继承的法律框架和社会规范显示出强大的路径依赖特征,因而各国在国内监管措施的偏好方面通常选择与其本国的传统保持一致。实践表明,作为数字贸易时代的新型国内监管措施,数据本地化在全球各国间以多样态的形式存在。为了应对国内监管措施的纷繁复杂,通过监管合作和监管协调的方式,有效地平衡各国之间的立场与分歧,进而实现国内监管的趋同无疑至关重要。然而,实现国内监管和国际贸易自由化的目标并非总是那么简单。WTO 规则在限制歧视性监管措施方面是有效的,但在消除经济上效率低下的监管措施方面却效果不明显。[②]

从自由贸易协定的发展趋势看,从监管差异迈向监管趋同俨然已经成为各国应对国内监管措施时所致力于实现的目标。在此之中,针对数据本地化措施的监管合作是其中的重要议题之一。然而,制定国际通行的数据本地化监管范式面临着巨大的挑战。同时,基于现有规范而制定的国际通行的数据本地化监管范式能够在多大程度上克服监管多样性的弊端也依然是存疑的。为此,新近达成和正在谈判中的自由贸易协定纷纷引入各种机制以实现监管趋同,而这也是当代贸易外交最显著的特征之一。[③] 这些实现监管趋同的机制既有实质性的条款也有程序性的条款,其目标都旨在减少国家之间不必要的监管不兼容性。在此之中,数据本地化措施作为数字贸易时代各国的核心关切焦点,如何才能更有效地实现监管趋同仍然是各国需要直接面对的迫切问题之一。回溯自 WTO 以来平衡贸易自由化和国内监管措施的实践看,实现国内监管的趋同化发展并非易事。尽管良好监管实践为全球各国的国内监管提供了良性发展的新路径并在一定程度上为实践监管合作提供了平台机制与契机,但是,从根本上看,良好监管实践仍然属于各国国内层面的监管优化而在国际层面则相

---

① See Filomena Chirico and Pierre Larouche, *Convergence and Divergence, in Law and Economics and Comparative Law*, in Pierre Larouche and Péter Cserne eds., National Legal Systems and Globalization, Springer, 2013, p. 12 – 16.

② See Rodrigo Polanco Lazo and Pierre Sauve, *The Treatment of Regulatory Convergence in Preferential Trade Agreements*, World Trade Review, Vol. 17:4, p. 582(2018).

③ See Anirudh Shingal, Martin Roy and Pierre Sauvé, *Do WTO + Commitments in Services Trade Agreements Reflect a Quest for Optimal Regulatory Convergence? Evidence from Asia*, The World Economy, Vol. 41:5, p. 1223(2018).

比较为有限。面向持续推进中的数字贸易进程,实现数据本地化措施的监管趋同应当综合各方之间的利益探索以实现数据本地化措施的监管趋同。

首先,各国应处理好贸易自由化与监管自主权之间的微妙关系。经济和贸易全球化正在对国家主权产生着越来越深刻的影响。① 各国国内监管自主权无疑是一国经济主权的现实体现。因此,在实现监管趋同的过程中,各国应处理好贸易自由化与监管自主权之间的关系。尽管监管合作被认为是调和两者间矛盾,保证贸易自由化过程中监管主权不被侵蚀的重要手段。② 但是,考虑到理论对实践的指引作用,在观念层面处理好两者之间的关系对监管合作的实现具有深刻意义。对此,各国应当在坚持本国根本立场和基本底线的基础上,以实现国际贸易自由化为目标,积极推动国内监管措施的协调发展。同时,各国应当积极参与国际规则的完善活动,以实现国内监管措施的趋同发展。

其次,各国应推进政府间监管协调委员会机制的探索与建立,通过政府间委员会就国内监管措施进行协调以最大限度地实现数据本地化措施的监管趋同。③ 多边贸易场合的数字贸易监管合作可寻求各方的最大共识。事实上,通过政府间的委员会以推进国内监管措施的协调一致自 WTO 成立以来已经广泛存在。但在数字贸易领域,特别是数据本地化措施而言,仍然存在特别的关切点和议题焦点。例如,在国家安全和数据隐私保护方面,各国应尝试探讨更符合各方共同利益的合作立场。④ 目前,尽管美欧之间就数据的跨境自由流动问题的基本立场一致,但就数据隐私保护而言,双方之间仍存差异。TTIP 和 TiSA 迟迟难以达成一致的事实亦足以说明,固守本国数据治理理念可能会妨碍国家间的国际合作。⑤ 因此,各国间应尝试探讨更符合各方共同利益的合作立场和监管路径。

最后,各国应尝试探索私人部门对监管协调的广泛参与,推动私人部门在国内监管措施的协调中积极作用。以跨国公司为典型代表的私人部门在国际层面的广泛参与已然成为国际法发展的现实趋势,而自近现代国际法形成之日起,国际法规范在很

---

① 参见张军旗:《多边贸易关系中的国家主权问题》,人民法院出版社 2006 年版,第 1 页。

② 参见张亮、黎东铭:《规制合作的 CETA 范式:生成逻辑、文本内容与实践进展》,载《武大国际法评论》2020 年第 2 期。

③ 事实上,包括 CPTPP 等自由贸易协定也均将此作为核心议题予以关注。See Elizabeth Trujillo, *Regulatory Cooperation in International Trade and Its Transformative Effects on Executive Power*, Indiana Journal of Global Legal Studies, Vol. 25: 1, p. 377(2018).

④ 关于这两方面问题,在本书后续章节中还将进一步讨论。

⑤ 参见彭岳:《数据本地化措施的贸易规制问题研究》,载《环球法律评论》2018 年第 2 期。

大程度上就是以公司为典型代表的私人部门推动的结果。[①] 例如,在 TRIPs 的谈判过程中,私人部门即在其中发挥了至关重要的作用,通过将知识产权议题与国际贸易议题相联结而强有力地推动了知识产权国际制度的趋同发展。[②] 数字贸易比传统贸易更为复杂,且其发展进程呈现与传统贸易所截然不同的发展格局。因此,应对数字贸易所衍生出的一系列新议题,任何单一国家都难以独立解决。这需要私人部门在国际层面和公共部门通力合作以实现规则的协调,[③]而数据本地化措施的协调显然是其中的重要议题。数据本地化措施的监管协调进程中,私人企业的参与路径主要体现在两个层面:一是以作为利害关系人的身份参与到政府所主导的监管措施制定进程中去,并就相关的事项提供建议和意见。二是发挥自身的能动性,通过跨国间的行业标准等形式推动相关监管措施的同向发展。通过两个层面的积极参与,将有助于实质性地推动各国在数据本地化措施方面的监管一致性,进而实现监管的趋同。

总之,尽管通过 WTO 机制,各国在国内监管措施领域的协调方面已经实现了长足的进展,但是作为一项全新的国内监管措施,数据本地化措施在各国间仍然以多样化的形态而存在。因此,在全球层面,各国间仍然应当致力于彼此间数据本地化措施的协调,进而实现据本地化措施的监管趋同。

本章小结

当前,以关税和配额为代表的传统贸易限制措施已经大幅下降,而以国内监管措施为代表的“边境后措施”正在成为影响国际商品和服务流动的主要贸易限制。贸易自由化与国内监管自主权之间的矛盾是国际贸易中所存在的固有矛盾。而数据本地化措施就是这一固有矛盾在数字贸易时代的突出体现。国际贸易的良性发展有赖于国内监管措施与贸易自由化之间的相互制衡,也有赖于两者之间的适当协调。尽管国内监管措施潜在地对贸易自由化的实现产生阻碍作用,但无论是 WTO 抑或其他自由贸易协定都承认国内监管措施存在的必要性。而中立技术的无序使用与自由贸易的非理性更进一步地凸显了数字贸易时代国内监管措施的迫切需要。数据本地化措

---

① 参见马忠法:《私人部门在国际法规范形成和发展中的作用》,载《厦门大学学报(哲学社会科学版)》2016 年第 5 期。

② See Susan K. Sell, *Private Power, Public Law: The Globalization of Intellectual Property Rights*, Cambridge Press, 2003, p. 46 – 55.

③ 例如,由阿里巴巴提出的电子世界贸易平台(EWTP)便是一个典型的私人部门参与数字贸易规则的现实案例。

施即属于数字贸易时代的一种新型国内监管措施。

在致力于实现国际贸易自由化发展的当下，数据本地化措施的合理边界即在于不构成不必要的贸易限制。这既是 WTO 基本理念的现实体现，也是以 GATS 第 6 条为代表的国内监管条款的现实要求。尽管 WTO 规则滞后于数字贸易的发展，但是，WTO 国内监管必要性标准测试仍然可以适用于数据本地化措施的合理性考察。通过对 WTO 国内监管必要性标准测试的回溯与反思，数据本地化措施的必要性标准测试可基于“比例原则”的要求，参照“要素权衡分析”路径予以判断，并具体考量成员方所追求的利益或价值的重要程度、争议措施对政策目标达成的贡献程度、争议措施的贸易限制程度以及成员方对公共利益和价值保护的程度和更少贸易限制性替代措施等基本要素。因循前述判断路径，以中国《网络安全法》和《数据安全法》等法律法规中的数据本地化措施为范例予以现实考察，中国所执行的数据本地化措施是为了实现国家安全和个人数据隐私保护等合法公共政策所必要的，具有实施相关措施的合理性，并未构成不必要的贸易限制。

数据本地化措施的纷繁复杂亟待全球层面的协调，而实现“监管一致性”则是其发展目标。迈向“一致性”的数据本地化措施，在国内层面应当探索良好监管实践，提升数据本地化措施制定全流程的透明度，完善对数据本地化措施的监管影响评估并关注国内相关监管措施的整体协调与平衡，而在国际层面，为实现数据本地化措施的协调一致，各国应当综合各方之间的利益探索以实现数据本地化措施的监管趋同。

第三章

合理抑或泛化：数据本地化措施中的“国家安全”问题

国家安全历来不是一个冷门议题，恰相反，国家安全问题因其是国际法中的“阿喀琉斯之踵”而饱受讨论。[①] 国际贸易法视域下，关于国际贸易与国家安全的讨论由来已久。早在《国富论》中，强调自由市场、自由贸易以及劳动分工的英国古典经济学家亚当·斯密即强调了为国家国防安全之必须而采取贸易限制措施的合法性与合理性。[②] 在现行国际贸易法体系中，国家基本安全利益也均被作为一项例外制度安排而被广泛地采纳和执行。[③] 这一制度安排在自由贸易中扮演着“安全阀”的作用，能够使各成员方在履行自由贸易协定义务的同时保留维护其自身基本安全利益的权利，因而对条约的履行和广泛参与有着深刻意义。[④] 但是，值得警惕和注意的是，在国家基本安全利益的内涵与外延以及国际经贸规则覆盖领域不断扩张的当下，两者间的

---

① See Hannes L. Schloemann & Stefan Ohlhoff, "*Constitutionalization*" *and Dispute Settlement in the WTO*: *National Security as an Issue of Competence*, The American Journal of International Law, Vol. 93: 2, p. 426 (1999). 在文章中，作者认为，无论就何议题制定国际法，国家安全问题都会引起某种漏洞，并通常以明确的国家安全例外的形式出现，而所谓“阿喀琉斯之踵”，原指《荷马史诗》中的英雄阿喀琉斯的脚后跟，因是其身体唯一一处没有浸泡到冥河水的部位而成为其唯一的弱点，在后来的特洛伊战争中，阿喀琉斯被毒箭射中脚踝而丧命，后人将“阿喀琉斯之踵”引申为致命的弱点或要害。

② 参见[英]亚当·斯密：《国富论》(下卷)，郭大力、王亚南译，商务印书馆2014年版，第37－38页。

③ 就WTO而言，涉及安全问题的例外条款主要有：GATT第21条；GATS第14条之二；TRIPS第73条；《与贸易有关的投资措施协议》(TRIMS)第3条；TBT第2.2条；等等。此外，在区域自由贸易协定中也均设计国家安全例外条款。此处还需要专门予以说明的是，从WTO“一揽子”协定中的安全例外规定看，GATT第21条的安全例外规定无疑具有重要的示范作用，在后续包括GATS第14条之二的安全例外规定也大体承继了GATT中的表述，特别是最具有争议的表述部分几乎完全予以了承继。因此，在后续论述过程中，尽管部分参考文献是关于GATT中的安全例外规则，但仍然可用于GATS安全例外规则的讨论中去。

④ 参见李巍：《新的安全形势下WTO安全例外条款的适用问题》，载《中国政法大学学报》2015年第3期。

重叠面越来越大,冲突亦日趋激烈。[①] 国家安全正呈现出一种泛化甚至滥用的趋势。[②] 同时,肇始于2019年末的WTO上诉机构“停摆”无疑在一定程度上纵容了这一例外制度的滥用进而对国际贸易自由化发展产生负面影响。[③] 在数字贸易领域,就数据本地化措施而言,其典型代表例即美国特朗普政府以“国家安全”为由而针对TikTok所采取的一系列强制性措施。不可否认,数据本地化措施在某种程度上正是各国基于国家安全频受危机的“应激反应”,[④]而基于国家安全考量而采取的数据本地化措施便具有正当性与合法性。对此,新近达成的诸多自由贸易协定也对此予以了认可。[⑤] 但是,放任数字贸易时代国家安全自决权的“肆意妄为”显然无助于数字贸易的发展。有鉴于数字贸易的新颖性、数据本地化措施的复杂性和国家安全考量的自决性,合理界定国家安全的内涵与外延进而探讨数据本地化措施援引国家安全例外条款的问题具有深刻的现实意义。

第一节　基于维护国家基本安全利益之战略考量的数据本地化措施

国家基本安全利益历来是国际法和国际关系领域中一个极为重要的概念。数百年前,格劳秀斯在研究并讨论现代国际法的基本原理时就曾提出两项包含“安全”观念的自然法戒律:“第一,应当允许保护(人们自己的)生命并避免可能造成其伤害的威胁;第二,应当允许为自己取得并保有那些对生存有用的东西。”[⑥]在国际法的后续发展进程中,国家安全议题也一直占据着极为重要的位置。随着社会的发展,国家对国家基本安全利益的关注点逐渐扩展,并从传统的政治安全、主权安全等领域向外拓展,而数字网络环境下的基本安全利益问题便是其中的一个重要分支。置于国际贸

---

① See J. Benton Heath, *National Security and Economic Globalization: Toward Collision or Reconciliation?*, Fordham International Law Journal, Vol. 42: 5, p. 1441 (2019).

② 参见徐程锦:《WTO电子商务规则谈判与中国的应对方案》,载《国际经济评论》2020年第3期。此外,对于WTO安全例外的泛化适用,在时任WTO副总干事艾伦·沃尔夫的讲话中也有所提及,参见DDG Wolff, *This is the Time to Renew the Multilateral Trading System*, WTO Website (Jun. 11, 2018), https://www.wto.org/english/news_e/news18_e/ddgra_11jun18_e.htm。

③ 参见张丽娟、郭若楠:《国际贸易规则中的“国家安全例外”条款探析》,载《国际论坛》2020年第3期。

④ See Jinhe Liu, *China's Data Localization*, Chinese Journal of Communication, Vol. 13: 1, p. 90 (2020).

⑤ See RCEP Article 12.14.3 “Nothing in this Article shall prevent a Party from adopting or maintaining: (b) any measure that it considers necessary for the protection of its essential security interests. Such measures shall not be disputed by other Parties”.

⑥ [荷]格劳秀斯:《捕获法》,张乃根等译,上海人民出版社2006年版,第14页。转引自张乃根:《国际经贸条约的安全例外条款及其解释问题》,载《法治研究》2021年第1期。

易视阈下，国家基本安全利益议题与国际贸易自古就有着千丝万缕的联系。历经国际贸易数百年的发展，国家安全已经成为经济学家和政治家们公认的自由贸易政策例外之一。[①] 然而，尽管国家基本安全利益与自由贸易密切相关，但是近年来两者之间的冲突却有所增加，[②]网络数据安全与数字贸易的“纠葛”即这一冲突的体现。从某种程度看，被视为人类“第五空间”[③]的网络空间正处于国家安全风暴中的核心位置，而数据本地化措施即这一风暴内冲突的核心体现之一。“斯诺登事件”的爆发已经证实，网络空间无法逃避现实物理事件所发起的“侵略”，技术亦非技术员所畅想的那般中立与完美。鉴于在数字时代贸易自由化与国家安全之间的紧张关系变得越来越复杂，澄清经济保护主义和真正的国家安全利益关切实属必要。[④] 因此，数据本地化措施与国家基本安全利益之间的互动关系有待思考，这既是后续制定数字贸易规则的核心议题，也是推动数字贸易自由化发展的必然要求。

一、安全例外：贸易自由化进程中的“基本安全利益”考量

国家利益与一个国家在国际关系和国际秩序中的定位及其政策走向有着本质性的联系。[⑤] 因此，国家利益是国家在复杂的国际政治经济环境中的根本原则，是国家制定对外目标与开展对外合作的重要因素乃至决定因素。[⑥] 同时，作为国际活动最基本参与主体的国家，对其国家利益的考量在某种程度上也会影响国际法的变迁。“国际法与国际组织作为影响国家利益外生变量中的重要一环与国家利益紧密共生在一起。”[⑦]国

① 参见[美]约翰·H. 杰克逊：《世界贸易体制——国际经济关系的法律与政策》，张乃根译，复旦大学出版社 2001 年版，第 255 页。

② See Simon Lester & Huan Zhu, *A Proposal for Rebalancing to Deal with National Security Trade Restrictions*, Fordham International Law Journal, Vol. 42: 5, p. 1451 (2019).

③ 关于网络空间属于“第五空间”的表述，可参见张晓君：《网络空间国际治理的困境与出路——基于全球混合场域治理机制之构建》，载《法学评论》2015 年第 4 期。

④ See Shin - yi Peng, *Cybersecurity Threats and the WTO National Security Exceptions*, Journal of International Economic Law, Vol. 18: 2, p. 450 (2015).

⑤ 例如，著名的国际关系学家保罗·肯尼迪即鲜明地指出，“1660 年后，大国形势中最重要的特点是欧洲国家真正多极制度的成熟。每个欧洲国家在作出有关战争与和平的决定时，都日益倾向于以‘国家利益’为基础，而不是以超国家的、宗教的原因为依据”，可参见[美]保罗·肯尼迪：《大国的兴衰》，梁于华等译，世界知识出版社 1990 年版，第 93 页；又如，国际关系领域的现实主义大师汉斯·摩根索就曾指出，在国际交往中，国家利益不仅是一种政治必然也是一种道德义务，是国家参与国际交往的指路明灯、思维标准和行动准则，可参见 Hans J. Morgenthau, *In Defense of the National Interest: A Critical Examination of American Foreign Policy*, Alfred A. Knopf publishing, 1951, p. 242。

⑥ 参见刘志云：《当代国际法的发展：一种从国际关系理论视角的分析》，法律出版社 2010 年版，第 40 页。

⑦ 刘志云：《论国家利益与国际法的关系演变》，载《世界经济与政治》2014 年第 5 期。

际法通过国家的外交政策这一桥梁与国家利益紧密联结在一起。[①] 因此，不难理解，国家利益是国家在国际活动中的核心关切并在一定程度上决定着国际法的走向及其变迁。

国家利益涵盖国家参与国际活动的方方面面，而在其中，国家的基本安全利益是国家所探寻并追求的核心利益之一。美国国家利益委员会[②]于 2000 年发布的《美国国家利益报告》即对国家利益进行了层次划分，而一系列与国家安全密切相关的国家利益则被划分为最高等级的“至关重要的(vital)国家利益”。[③] 恰因如此，在现代主权国家体系下，包括《联合国宪章》在内的国际法律制度无不强调国家基本安全利益的重要性。有鉴于基本安全利益对国家参与国际活动中的重要影响作用，各国在制定和执行贸易政策时也必然会考虑到与之相关的一系列问题。具体而言，在国际经贸领域，无论是国际贸易法还是国际投资法均强调基本安全利益的重要性并作出了相应的制度安排以尊重各缔约方的基本安全利益，而各国际经贸协定中普遍存在的安全例外条款即这一制度安排的现实体现。

在国际贸易领域，自 1947 年现代国际贸易法诞生以来，基本安全利益便与国际贸易法紧密相连，相伴相随。[④] 回溯自国际贸易组织筹建以来的世界贸易组织发展变迁史[⑤]和 GATT 以来的自由贸易协定史[⑥]，不难发现，基本安全利益始终在其中占据着重要的位置。自美国将国家安全这一概念引入国际贸易并推动 WTO“一揽子”协

---

① 参见刘志云：《国家利益、外交政策与国际法》，载《武大国际法评论》2014 年第 2 期。

② 需要说明的是，美国国家利益委员会(Commission on America's National Interests)并非美国的官方机构，而是由哈佛大学贝尔弗科学与国际事务中心(Harvard's Belfer Center for Science and International Affairs)、尼克松中心(Nixon Center)和兰德集团(RAND)，并得到了豪瑟基金会(Hauser Foundation)的支持。

③ See Graham Allison, *America's National Interests: A Report from the Commission on America's National Interests 2000*, Harvard's Belfer Center for Science and International Affairs Website(July, 2000), https://www.belfercenter.org/publication/americas-national-interests-report-commission-americas-national-interests-2000.

④ See Raj Bhala, *National Security and International Trade Law: What the GATT Says, and what the United States Does*, University of Pennsylvania Journal of International Law, Vol. 19:2, p. 265(1998).

⑤ 关于世界贸易组织筹建的历史背景，可参见[美]约翰·H. 杰克逊：《世界贸易体制——国际经济关系的法律与政策》，张乃根译，复旦大学出版社 2001 年版，第 34－54 页。

⑥ 关于自由贸易协定中“安全例外”条款的变迁史，可参见张乃根：《国际经贸条约的安全例外条款及其解释问题》，载《法治研究》2021 年第 1 期；冯从、陈希沧、史晓丽：《GATT 安全例外条款的适用与发展》，载《国际贸易》2021 年第 1 期；李伟：《WTO“俄罗斯——乌克兰禁运措施案”：安全例外条款问题之分析》，载《海关与经贸研究》2019 年第 5 期；孙南翔：《国家安全例外在互联网贸易中的适用及展开》，载《河北法学》2017 年第 6 期。See Mona Pinchis-Paulsen, *Trade Multilateralism and U. S. National Security: The Making of the GATT Security Exceptions*, Michigan Journal of International Law, Vol. 41:1, p. 109-193(2020); Simon Lester & Huan Zhu, *A Proposal for Rebalancing to Deal with National Security Trade Restrictions*, Fordham International Law Journal, Vol. 42:5, p. 1452-1455(2019); Jaemin Lee, *Commercializing National Security: National Security Exceptions' Outer Parameter under GATT Article* XXI, Asian Journal of WTO and International Health Law and Policy, Vol. 13:2, p. 281-286(2018); Henry Federer, *GATT Article* XXI: *Trade Sanctions and the Need to Clarify the Security Exceptions*, Cambridge Law Review, Vol. 3:1, p. 220-225(2018); Ji Yeong Yoo & Dukgeun Ahn, *Security Exceptions in the WTO System: Bridge or Bottle-Neck for Trade and Security?*, Journal of International Economic Law, Vol. 19:2, p. 418-430(2016).

定中确立安全例外条款以来，后续达成的数量庞大的区域自由贸易协定中几乎都借鉴和使用了 GATT 和 GATS 中安全例外条款的结构和表述，并在具体的条文编撰上呈现出限制安全例外条款适用和拓展安全例外援用两种具体模式。① 事实上，作为自由贸易协定中的焦点议题，将贸易问题与安全问题衔接并在自由贸易协定中设置安全例外具有其正当性与合理性。一方面，安全例外条款属于自由贸易协定中的平衡条款。尽管促进贸易自由化对增进社会经济福祉而言具有重要作用，但是，相比而言，保护基本安全利益更为重要。这是因为，国家的安全与稳定是实现经济和贸易发展的前提基础和环境保障，因此，安全例外条款的本质在于实现贸易自由化与基本安全价值及利益之间的平衡。另一方面，设置安全例外条款也是对一国国家主权的承认与尊重。WTO"一揽子"协定中设置包括安全例外在内的一系列例外条款是由 WTO 规则适用于主权国家之间这一特性所决定的，以此才能绕开极为复杂且敏感的"主权权利"话题，②而国家致力于实现自己所认同的国家利益则恰恰是国家主权的基本要素之一。③ 因此，安全例外条款也就此成为协调 WTO 法律权威与成员方保留主权权力之间充满政治色彩的"话语空间"，④并成功地使 WTO 专家组能够在国家对其自身主权之关切和 WTO 实现自由贸易这两个相互竞争的关注点之间"小心行事"。⑤ 此外，安全例外条款也被视为必要的"免责条款"而有助于推动贸易协定的缔结并约束成员方履行其 WTO 义务。⑥ 基于以上各方面考量，可以发现，将贸易问题与基本安全利益问题相衔接并在国际贸易规则中设置安全例外条款在一定程度上起到了稳定和安定 WTO 体制的作用，对推动国际贸易的发展和国际贸易关系的稳定具有积极的现实意义。

尽管贸易自由化与国家基本安全利益密切交织且安全例外条款具有合理性与正

---

① 参见孙南翔：《国家安全例外在互联网贸易中的适用及展开》，载《河北法学》2017 年第 6 期。

② 参见赵维田：《世贸组织(WTO)的法律制度》，吉林人民出版社 2000 年版，第 325 页。

③ 参见[美]路易斯·亨金：《国际法：政治与价值》，张乃根等译，中国政法大学出版社 2005 年版，第 148 页。

④ See Richard H. Steinberg, *Judicial Lawmaking at the WTO: Discursive, Constitutional, and Political Constraints*, The American Journal of International Law, Vol. 98: 2, p. 257 (2004).

⑤ See Peter Lindsay, *The Ambiguity of GATT Article XXI: Subtle Success or Rampant Failure?*, Duke Law Journal, Vol. 52: 6, p. 1295 (2003).

⑥ See B. Peter Rosendorff & Helen V. Milner, *The Optimal Design of International Trade Institutions: Uncertainty and Escape*, International Organization, Vol. 55: 4, p. 851 (2001). 关于安全例外条款的免责条款的论述还可进一步参见 Michael J. Hahn, *Vital Interests and the Law of GATT: An Analysis of GATT's Security Exception*, Michigan Journal of International Law, Vol. 12: 3, p. 558 – 620 (1991)；此外，也有学者对"免责条款"提出了批判，认为这会导致国家将其安全利益置于国际义务之上从而逃避国际义务，可参见 Ryan Goodman, *Norms and National Security: The WTO as a Catalyst for Inquiry*, Chicago Journal of International Law, Vol. 2: 1, p. 101 (1991)。

当性，但是，这并不意味着两者之间已处于和谐状态而不存在冲突。恰相反，对两者间关系以及安全例外条款适用的隐忧早已存在。由于基本安全利益议题的敏感性以及安全例外条款的模糊性，国家安全例外并未能够实现有效的规则构建，反而给贸易自由化的发展带来了不确定性，并使国际贸易的发展产生了不稳定因素。

首先，国际贸易争端解决机构是否对成员方基于基本安全利益考量而采取的措施具有管辖权是不明确的。毋庸置疑，管辖权是WTO争端解决机构作出争端有效裁决的先决条件。既有实践表明，安全例外条款的援引方多会主张安全例外中的“其认为”以及国家安全利益的政治性而强调涉争案件不应属于WTO争端解决机构的管辖权范围内。这一立场产生的直接后果是，长期以来，自由贸易协定特别是WTO“一揽子”协定中的安全例外条款被视为“一张不可审查的王牌”。[①] 这会在无形之中加剧各国援用安全例外条款的随意性而不利于贸易自由化的发展。同时，WTO成员方关于管辖权问题的立场分歧可能驱使部分国家以国际施压或者外交手段等非正式方式来解决涉及国家安全问题的争端。[②] 这无疑不利于国际贸易秩序的稳定发展。值得关注的是，在“俄罗斯—过境运输措施案”中，WTO争端解决机构专家组认为争端解决机构拥有一项固有管辖权而有权决定“与解决实体争议有关”的所有事项。[③] 这实质上确立了WTO争端解决机构对相关争端的管辖权并对后续国际贸易的良性发展产生了积极的深远影响。但同时需要警惕的是，在新近达成的一些区域性自由贸易协定中，普遍存在各缔约方明确排除安全例外争端可诉性的规定。[④] 这也就实质性地排除了贸易争端解决机构对援引国家安全例外条款相关争端的管辖权。

其次，在国际贸易领域内，安全例外条款实质性标准的模糊性和自决性导致了条款理解与适用的困难。安全例外是WTO中非常重要但缺乏明确性的议题。[⑤] WTO法律制度中的国家安全例外所涉领域非常广泛。由于任何国家都可以独自决定其认为的基本安全利益，这就可能产生保护主义和不合理的出于政治动机的措施。[⑥] 具体

---

① See Roger P. Alford, *The Self - Judging WTO Security Exception*, Utah Law Review, Vol. 2011: 3, p. 698(2011).

② See Peter Lindsay, *The Ambiguity of GATT Article* XXI: *Subtle Success or Rampant Failure*?, Duke Law Journal, Vol. 52: 6, p. 1279(2003).

③ See Report of the Panel, Russia - Measures Concerning Traffic in Transit, WT/DS512/R, 5 April 2019, para. 7. 53.

④ 例如，在RCEP电子商务章节中，计算设施的位置条款即明确约定“对基于基本安全利益所做出的任何措施，其他缔约方不得对此类措施提出异议”。See RECP Article 12. 14. 3(b).

⑤ See Ji Yeong Yoo & Dukgeun Ahn, *Security Exceptions in the WTO System*: *Bridge or Bottle - Neck for Trade and Security*?, Journal of International Economic Law, Vol. 19: 2, p. 418(2016).

⑥ See Nellie Munin, *Legal Guide to GATS*, Wolters Kluwer Publishing(Kluwer Law International), 2010, p. 379 - 386.

而言，由于国家安全这一概念内涵与外延的不确定性以及自由贸易协定例外条款的编撰模式，安全例外条款中诸如“基本安全利益”、“其认为”以及“国际关系紧急情况”等概念存在无法准确界定的困境。这种概念界定的不周延直接产生的不良后果便是安全例外条款的适用困境。“基本安全利益保护”概念界定的不清楚将使其与“一项特定政策的推行”之间的界限处于模糊状态，从而导致了安全例外条款的错误使用。① 美国特朗普政府以泛化的国家安全为理由之一而对中国的华为公司实施打压即为现实例证之一，毫无疑问，这将会对国际贸易的自由化发展产生抑制作用。尽管在“俄罗斯—过境运输措施案”中，WTO 争端解决机构专家组在管辖权方面迈出了重要一步。但是，需要注意，就安全例外的实质性标准问题，专家组认为在一般情况下，应当由成员方根据其特定状况和对所涉国家的看法以及预期变化而自行确定本国“基本安全利益”的内涵；②同时，安全例外条款的必要性标准亦应由成员方自行确定。③ 因此，尽管 WTO 争端解决机构在安全例外的适用方面迈出了重要的一步，但是在相关条款的实质性适用方面仍然有待进一步明确。安全例外条款实质性标准的模糊性和自决性无疑会给贸易自由化发展带来不确定性和不稳定性。

最后，基于前述两方面原因，可能会进一步产生的潜在不利影响是安全例外条款的滥用问题。对此，约翰 · H. 杰克逊在评价安全例外条款时不禁感叹，“这一规定的表述是如此宽泛、自我判断和含糊，以致显然会被滥用”④。由于安全例外条款措辞的模糊性，对安全自决权和基本安全利益的自我判断性质一直存在争议。⑤ 事实上，对安全例外条款滥用的担忧自始即已存在。在 GATT 的谈判过程中，针对安全例外条款，美国谈判代表即指出“这是个很大的危险，因为例外所涵盖的范围太广……将会允许任何事情发生”⑥。的确，安全例外条款的管辖困境和适用困难可能导致这一条款被成员方视为其采取贸易限制的兜底理由，而安全例外的过度援引可能导致国际贸易中出现“国家安全壁垒”进而演变为贸易保护主义，这毫无疑问将会对贸易自由

---

① 参见陈卫东：《WTO 例外条款解读》，对外经济贸易大学出版社 2002 年版，第 359 页。

② See Report of the Panel, Russia – Measures Concerning Traffic in Transit, WT/DS512/R, 5 April 2019, para. 7. 130.

③ See Report of the Panel, Russia – Measures Concerning Traffic in Transit, WT/DS512/R, 5 April 2019, para. 7. 146.

④ [美]约翰 · H. 杰克逊：《世界贸易体制——国际经济关系的法律与政策》，张乃根译，复旦大学出版社 2001 年版，第 256 页。

⑤ See Chao Wang, *Invocation of National Security Exceptions under GATT Article XXI: Jurisdiction to Review and Standard of Review*, Chinese Journal of International Law, Vol. 18: 3, p. 699 (2019).

⑥ United Nations Economic and Social Council, Second Session of the Preparatory Committee of the United Nations Conference on Trade and Employment, E/PC/T/A/PV/33, 24 July 1947.

化发展产生负面影响。更重要的是,随着数字贸易的广泛发展,国家安全的内涵正呈现出扩张的趋势,这可能会进一步加剧安全例外条款的滥用风险。因此,安全例外条款的滥用风险亟待解决。

综上所述,国家安全是国际贸易自由化进程中的合法考量因素。出于对国家主权的尊重等诸多因素,国际贸易中的安全例外条款具有存在的合理性和正当性,并为国际贸易法律制度提供了灵活性,[①]这与贸易自由化发展的理念亦并行不悖。但是,鉴于安全例外条款适用标准的模糊性和争端解决机构对相关措施之管辖权的不确定性,安全例外条款可能存在被滥用的风险。正由于安全例外条款在国际贸易自由化进程中所可能展现出的平衡贸易自由化与国家安全的积极效应和可能被滥用而成为成员方逃避 WTO 义务的负面效应,安全例外条款也被戏称为是国际贸易规则中的“潘多拉魔盒”[②]。在数字贸易时代,这一问题应当予以特别的重视。

二、网络和数据安全是非传统安全在数字互联网领域的体现

数字互联网时代的到来成为碾平世界的十大动力之一。[③] 科技变革带动生产方式、贸易方式和法律制度的深刻变革。作为一个模糊并且具有延展性的概念,国家安全的界定具有开放性并与国家安全利益所面临的危险与风险密切交织。[④] 随着全球数字贸易迈入高速发展期,网络和数据安全逐渐被提到政策议事日程。究其根本,即在于各国正在面临跨境数据流动所带来的日趋严峻的安全危机和安全挑战。随着数字化程度的日趋提高,网络空间中已不存在“零风险”的东西。[⑤] 就中国而言,随着中国在各经济领域特别是跨境数字贸易领域的高速发展,国家网络安全形势正变得更为复杂,而国家利益也在更多方面体现出来。因此,对国家基本安全利益的考虑也应

---

① 条约的灵活性通常通过条约中的灵活性机制和条款设计实现。就条约的灵活性机制而言,除了例外条款外,还包括条约的保留条款等。这些条款设计被认为是促使国家同意成为国际机构成员以及高水平尊约的必要退出机制。See Isabel Feichtner, *The Law and Politics of WTO Waivers: Stability and Flexibility in Public International Law*, Cambridge University Press, 2012, p. 10.

② “潘多拉魔盒”源于一个古希腊的经典神话,意指“灾祸之源”。关于“潘多拉魔盒”的戏称可参见 Daria Boklan & Amrita Bahri, *The First WTO's Ruling on National Security Exception: Balancing Interests or Opening Pandora's Box?*, World Trade Review, Vol. 19: 1, p. 123 - 136(2020)。

③ 参见[美]托马斯·弗里德曼:《世界是平的》,何帆等译,湖南科学技术出版社 2008 年版,第 48 页。所谓碾平世界是指世界正在变平,即在全球化时代竞争的平台正在被推平,而随之而来的不仅是先进技术、全球合作等,也将同时是类似“9·11”事件的安全风险事件。

④ See Oren Gross & Fionnuala Ní Aoláin, *Law in Times of Crisis: Emergency Powers in Theory and Practice*, Cambridge University Press, 2006, p. 214 - 215.

⑤ See P. W. Singer & Allan Friedman, *Cybersecurity and Cyberwar: What Everyone Needs to Know*, Oxford University Press, 2014, p. 36.

当进入更为全面也更为深入的层面。在这一背景下，进一步深入分析核心国家基本安全利益关切具有重要且紧迫的现实意义。

网络安全和网络主权是网络空间议题中两个密切关联的现实问题。[①] 国家对网络空间的主权特性决定了网络空间构成国家主权安全的重要组成部分。主权是现代国际法和国际关系中的一个基石概念，是展开国际法和国际关系分析的逻辑起点。[②] 随着国际社会的演变和国家理论的变迁，主权理论不断地发展、丰富和成熟。基于传统的国家理论，包括领陆、领水和领空这些具有物理属性的领土是具有国际上国家资格的核心要素之一。其后，主权理论中关于外层空间的法律地位的讨论成为各国争议的焦点。[③] 之后，以数字网络空间为代表的全球新疆域集中体现着人类的共同利益和共同关注，[④]而关于主权的国际法讨论议题亦开始转向网络空间，网络空间也由于其神秘的特性而被称为"第五场域"。[⑤] 尽管网络空间的无边界性是探索数字网络主权的困境之一，并成为否定网络主权论的重要依据，[⑥]但是，主流观点仍然认为网络主权是传统国家主权在网络空间的自然延伸，因而网络空间与现实空间具有同构性。[⑦] 因此，网络空间的安全与否自然也成为国家主权安全的重要关注点之一。

数据安全是与网络安全密切交织的国家基本安全利益。步入数字经济时代，随着数字贸易的高速发展，数据安全与网络安全被提到贸易政策议程。[⑧] 从一定程度上看，数据安全与网络安全被当作一个紧密联系的"共同体"而整体对待。一方面，数据

---

① 参见王贵国：《网络空间国际治理的规则及适用》，载《中国法律评论》2021 年第 2 期。

② 参见何志鹏：《国际法哲学导论》，社会科学文献出版社 2013 年版，第 204 页。

③ 参见[英]安德鲁·克拉彭：《布赖尔利万国公法》，朱利江译，中国政法大学出版社 2018 年版，第 122 - 124 页。

④ 参见杨剑、郑英琴：《"人类命运共同体"思想与新疆域的国际治理》，载《国际问题研究》2017 年第 4 期。

⑤ See Wolff Heintschel von Heinegg, *Territorial Sovereignty and Neutrality in Cyberspace*, International Law Studies, Vol. 89: 1, p. 123 (2013).

⑥ 目前，否定网络空间主权论的观点主要有两种。一种是自由主义倾向的"网络空间独立主权"论，其否定国家的作用转而强调网络空间的独立性为主要特征，可参见 David R. Johnson & David Post, *Law and Borders: The Rise of Law in Cyberspace*, Stanford Law Review, Vol. 48: 5, p. 1371 - 1372 (1996)；另一种则是基于世界主义的"网络空间全球公域"论，认为包括网络空间在内的全球公域属于超越任何国家主权范围的存在，因而其治理必须通过国际条约或协议来实现，可参见 Tara Murphy, *Security Challenges in the 21st Century Global Commons*, Yale Journal of International Affairs, Vol. 5: 2, p. 30 (2010)。

⑦ 参见刘晗、叶开儒：《网络主权的分层法律形态》，载《华东政法大学学报》2020 年第 4 期。See Timothy S. Wu, *Cyberspace Sovereignty? the Internet and the International System*, Harvard Journal of Law & Technology, Vol. 10: 3, p. 665 (1997).

⑧ 参见张丽娟、郭若楠：《国际贸易规则中的"国家安全例外"条款探析》，载《国际论坛》2020 年第 3 期。

是网络空间的核心要素,网络的基础是信息和数据。① 因此,对网络安全造成风险与危机的实质也是对网络背后的数据安全所造成的风险。另一方面,数字贸易时代的数据安全风险依托于数字网络空间而存在。在传统时代,对数据安全问题的考量更多地局限于数据本身,保密性、完整性和可用性被认为是传统数据安全的核心要义。②在数字网络时代,数据的高速流通性使对数据安全的风险防范不再仅仅局限于数据本身,而扩展至海量数据的汇聚、流动和分析。其中,网络在一定程度上扮演着中间载体的角色,这意味着,侵犯数据安全的事件也将更多地依托于数字网络而展开。因此,数据安全与网络安全紧密相连甚至在一定程度上出现了重叠的现象。基于以上两方面的考量,应该说,数据安全与网络安全密切交织并在数字经济时代的国家非传统安全中扮演着日益重要的角色。当然,需要澄清的是,由于数据覆盖内容广泛,关系到社会生活的方方面面,并非所有的数据安全问题都可能构成国家安全的组成部分,如个人数据信息隐私风险便很难与国家安全直接地产生联系。但是,有鉴于数字化时代数据在网络空间中所扮演的核心要素角色,数据安全仍然与网络安全密切关联,并在很大程度上关系到国家的基本安全利益。

网络安全与数据安全密切交织并共同对数字贸易的发展产生影响。这种密切联系具体体现在两个方面:一方面,网络安全和数据安全所面临的风险可能会对国际贸易的开展形成掣肘。网络是数据流动的空间范围,数据安全与否决定了交易安全与否,进而可能会对国际贸易产生深刻影响,并且,国际贸易,特别是国际服务贸易,其服务中潜在会涉及消费者隐私、个人敏感信息乃至涉及国家安全的机密信息。因此,网络空间安全与否可能直接关系到国际贸易的安全与否,进而还可能影响到国家的整体安全利益。另一方面,基于维护网络安全和数据安全而采取的相关措施可能会对国际贸易自由化发展造成影响。实践已然证明,被认为具有贸易限制性影响的国内监管措施不胜枚举,而这些措施可能与非歧视性原则和市场准入规则等国际贸易原则和规则所确定的义务不相符合。③ 其中,数据本地化措施被部分学者认为可能会通过增加服务提供者的交易成本以降低其市场竞争力而严重影响服务贸易并最终与 GATS 规定的义务相抵触。④ 因此,基于前述两方面的考虑不难看出,网络安全和数

---

① 参见杨蓉:《从信息安全、数据安全到算法安全——总体国家安全观视角下的网络法律治理》,载《法学评论》2021 年第 1 期。

② 参见刘金瑞:《数据安全范式革新及其立法展开》,载《环球法律评论》2021 年第 1 期。

③ See Gabriele Gagliani, *Cybersecurity, Technological Neutrality, and International Trade Law*, Journal of International Economic Law, Vol. 23: 3, p. 726 – 727(2020). 在文章中,作者所举的例子包括禁止美国国防部使用由卡巴斯基实验室开发的软件平台;中国的长城防火墙;2010 年印度对中国电讯设备的进口禁令;美国对华为采取的禁令措施等。

④ See Joshua P. Meltzer, *Governing Digital Trade*, World Trade Review, Vol. 18: S1, p. s25 – s26(2019).

据安全与国际贸易存在密不可分的联系。随着数字贸易在全球范围内的普及,网络安全和数据安全问题也成为数字贸易自由化发展进程中所必须去面对和考虑的重大议题之一。

当前,网络安全和数据安全已经成为全球各国国家基本安全利益的重要组成部分。数据全球化时代,国家安全的内涵与外延已经突破了传统范畴。以传统领土安全和国防安全为核心的国家安全关切已经开始转变。数字互联网技术的普及和进步使网络安全成为各国战略中的突出特征。[①] 就中国而言,在2014年4月召开的中央国家安全委员会第一次会议上,习近平总书记首次提出了"总体国家安全观"。相对于以往的安全观,总体国家安全观的内容认知更加丰富,涉及的领域亦更加广泛,其中即包含了网络安全与数据安全的应有之义。从更大的范围看,网络安全和数据安全不仅是中国国家安全的重要组成部分,同时也得到了世界各国的高度关注。[②] 2018年,美国国土安全部在《网络安全战略》中也毫不隐讳地表达了对网络安全的关切,并强调美国国土安全部每天都在美国商务部和主要合作伙伴及利益相关者的配合下一起工作,以衡量和管理国家网络安全的风险,并希望2023年美国国土安全部能够通过提高政府网络和关键基础设施的安全性和弹性来改善国家网络安全风险管理以减少非法网络活动。[③] 这无疑体现出国家网络安全和数据安全议题的重要性。欧洲国家对"斯诺登事件"的强烈反应和以美国和澳大利亚为代表的西方国家在通信领域对华为通信技术的"担忧"和"忐忑"亦是这一趋势的现实体现。可以说,网络安全和数据安全在各国国家安全政策中的重要性被不断强化,并逐渐成为国际关系发展中一个重要的全球性议题。由此,从某种意义上看,步入数字化时代,各国对网络安全和数据安全的关切和重视已经达到了前所未有的程度。

综上,网络安全和数据安全已经成为数字贸易时代非传统安全在数字互联网领域的现实体现,而无论是中国还是外国均纷纷制定法律并采取措施以维护本国的网络安全和数据利益。随着国际贸易的数字化发展,网络安全和数据安全与国际贸易深度联结并凸显出越来越密切的联系,而在此之中,以数据本地化措施为代表的国内监管措施无疑是各国对数字贸易中所爆发的安全风险的现实回应。

---

① See Gabriele Gagliani, *Cybersecurity, Technological Neutrality, and International Trade Law*, Journal of International Economic Law, Vol. 23: 3, p. 723 (2020).

② 关于主要大国的网络安全战略,可参见黄惠康:《中国特色大国外交与国际法》,法律出版社2019年版,第374–380页。

③ See US Homeland Security, *DHS Cybersecurity Strategy*, US Homeland Security Website (May 15, 2018), https://www.dhs.gov/publication/dhs-cybersecurity-strategy#.

三、数据本地化措施是维护国家网络安全和数据安全的实践表达

作为国家非传统安全的核心要义,网络安全和数据安全与数字贸易的内在密切联系使两者成为国际贸易数字化时代的重要考量因素。各国很难再抛开对网络安全和数据安全的关切而一味地追求数字贸易的自由化发展。实践表明,网络安全和数据安全的重要性问题也已被包括 OECD、G7、APEC 等国际经济组织或国际经济合作论坛承认和重视。[①] 同时,无论是 GATS、CPTPP 抑或 RCEP 也均秉承并规定了国家安全例外条款。有鉴于网络安全和数据安全已经成为各国国家安全战略中的核心以及网络安全危机频发的现实背景,数据本地化措施正在成为各国应对网络安全和数据安全事件以维护本国国家安全的重要举措。基于对国家安全议题的关切,网络安全和数据安全议题也被诸多国家的学者视为数据本地化措施正当性的基础之一。[②] 整体上看,数据本地化措施作为维护国家网络安全和数据安全的实践表达主要体现在以下两个方面。

一方面,从关联性角度看,网络数据窃取、网络监听、网络攻击等安全风险事件对数字贸易造成的潜在危害是各国采取数据本地化措施的重要前提。数字贸易依托于数据。数据是数字贸易发展的核心要素。同时,数据植根于网络空间,数字贸易的自由化发展有赖于网络空间的自由开放以保障数据跨境的自由流动,但是,网络安全与网络开放之间存在一对固有的矛盾。“网络安全和网络开放通常被视为对立的原则,因为网络开放可以促进网络犯罪,例如网络间谍,个人信息盗窃和对国家关键基础设施的攻击。”[③]同时,网络安全和数据安全密切相连,唇齿相依,出于对国家安全的保障,各国在推动数字贸易发展的过程中无法抛开国家安全而只追求贸易发展。因此,从这个角度看,发展数字贸易进而实现数字贸易的自由化发展有赖于平衡好国家安全与网络开放之间的互动关系。数据本地化措施作为一种可能抑制网络开放的限制措施,在国家网络安全和数据安全面临巨大风险的现实境况下,也成为各国应对网络

---

① See Neha Mishra, *Building Bridges: International Trade Law, Internet Governance, and the Regulation of Data Flows*, Vanderbilt Journal of Transnational Law, Vol. 52:2, p. 485 – 486(2019).

② 相关观点或讨论的文章可参见许可:《自由与安全:数据跨境流动的中国方案》,载《环球法律评论》2021 年第 1 期;许多奇:《论跨境数据流动规制企业双向合规的法治保障》,载《东方法学》2020 年第 2 期;王玥:《试论网络数据本地化立法的正当性》,载《西安交通大学学报(社会科学版)》2016 年第 1 期。See John Selby, *Data Localization Laws: Trade Barriers or Legitimate Responses to Cybersecurity Risks, or Both?*, International Journal of Law and Information Technology, Vol. 25:3, p. 228(2017).

③ OECD, *Economic and Social Benefits of Internet Openness: Background Paper for Ministerial Panel 1.1*, OECD Website (Jun. 2, 2016), https://www.oecd.org/officialdocuments/publicdisplaydocumentpdf/?cote=DSTI/ICCP(2015)17/FINAL&docLanguage=En.

攻击、网络监听等网络安全风险事件对数字贸易造成危害的应对措施，而数据本地化措施的现实发展趋势也对此予以了印证。正如前文中所提及的，“斯诺登事件”已经证实了美国通过侵入他国网络系统，非法获取其他国家境内的数据进而对其他国家的国家安全造成侵害和威胁的事实，[①]而“斯诺登事件”也被认为是数据本地化措施被全球越来越多的国家所采纳的直接动因。[②] 正是“斯诺登事件”所揭露出的各国网络安全和数据安全所面临的被监视的风险才使各国纷纷采取数据本地化措施以避免诱发网络安全风险和数据安全风险。因此，可以说，网络安全和数据安全风险事件的日趋复杂、剧烈和频繁是各国采取数据本地化措施的重要前提。

另一方面，从有效性角度看，尽管数据本地化措施能否有效应对网络安全风险和数据安全风险被广泛质疑，但从既有实践看，数据本地化措施仍然是应对网络安全风险的有效措施。在既有的研究中，确有学者质疑数据本地化措施在应对网络安全风险和数据安全风险方面所能够起到的作用。学者们认为，从技术层面看，数据本地化措施不仅无法有效地阻止外国监听，反而还有可能便利此类行为而加剧数据安全风险和网络安全风险，特别是当一国在数据保护技术存在明显的短板时，本地储存和加工的数据反而更易成为网络攻击行为的行为对象。[③] 这些观点不无道理，但需要反思的是，这种观点所针对的是数字网络技术发展水平相对有限的国家，而对于这些国家来说，通过服务器的物理属性以控制物理的存储远比通过技术手段以限制数据在服务器之间的流动要更容易实现。同时，在网络空间的三层结构中，与物理层和逻辑层有所不同，内容层中的网络空间数据兼具了虚拟与现实的双重属性，即网络空间中数据内容的现实可见和网络空间中数据传递的虚拟性。[④] 此时，对数据的控制程度对一国而言至关重要。虽然各国所采取的数据本地化措施存在诸多的差别，但其本质仍体现出“威斯特伐利亚主权”对数据的控制。[⑤] 此时，从某种程度上看，“威斯特伐利亚主权”也是一国独立自主的网络发展权在数字互联网时代的现实体现。因此，对于许多数字网络技术发展不足的发展中国家来说，只有尽最大努力把数据掌握在自己手中才可能保证其网络主权的实现和网络基本安全利益和数据基本安全利益的保护。

---

① 参见马其家、李晓楠：《论我国数据跨境流动监管规则的构建》，载《法治研究》2021 年第 1 期。

② See Sai Rakshith Potluri, V. Sridhar & Shrisha Rao, *Effects of Data Localization on Digital Trade: An Agent – Based Modeling Approach*, Telecommunications Policy, No. 44: 9, p. 102022(2020).

③ 相关观点可参见彭岳：《数据本地化措施的贸易规制问题研究》，载《环球法律评论》2018 年第 2 期。See Patrick S. Ryan, Sarah Falvey & Ronak Merchant, *When the Cloud Goes Local: The Global Problem with Data Localization*, Computer, Vol. 46: 12, p. 54 – 56(2013).

④ 参见郎平：《主权原则在网络空间面临的挑战》，载《现代国际关系》2019 年第 6 期。

⑤ 参见刘晗、叶开儒：《网络主权的分层法律形态》，载《华东政法大学学报》2020 年第 4 期。

此外,从全球数据本地化措施的实施现状看,数据本地化措施是当前全球最普遍的应对网络安全风险和数据安全风险的国内监管措施。基于前文中的讨论可知,数据本地化措施已经在全球范围内广泛存在,而这些数据本地化措施广泛存在的潜在目的之一便是实现网络和数据安全风险的防范。例如,以德国、巴西为代表的部分国家旨在通过物理路由建立国内或区域内的安全路径,以避免第三国(尤其是美国)的监控;而中国的《网络安全法》中对关键信息基础设施的运行安全作出的专门规定亦是出于对国家安全的保护。因此,在网络安全事件频发的现实背景下,数据本地化措施成为各国应对网络安全风险和数据安全风险的现实举措和实践表达。

综上,国家安全是贸易自由化的进程中各国考量的核心因素之一,而在数字贸易蓬勃发展的当下,网络安全和数据安全问题成为各国在国家安全考量中的重中之重。在此背景下,数据本地化措施正在成为各国维护其本国网络安全的实践举措。之后,需要进一步思考的是,在 WTO 规则滞后于数字贸易发展的现实之下,如何对“国家安全”进行适当且合理的解释以使其能够更好地适用于高速发展的数字贸易之中?

第二节　数据本地化措施中的“安全例外”——尝试基于解释论的研究路径

法国政治家夏尔·戴高乐曾言,“条约无法永恒,正如玫瑰和妙龄女子那样”[①]。由于任何条约均只能反映出条约制定时的情势状态,因此,条约解释对条约的实效至关重要。一方面,由于条约是主权国家通过谈判以达成调解和妥协而产生的,因而条约谈判过程中不可避免地会产生许多不清楚或模棱两可的用词。[②] 另一方面,随着社会的发展和客观情势的变化,新环境下国际条约的准确适用亦需要发挥条约解释的功能。既有实践也表明,包括《联合国宪章》在内的诸多国际条约就是通过条约解释的方式而发展成为“活的文件”,[③]而在 WTO“一揽子”协定中,由于其内外部关系的复杂性,条款措辞的模糊性等因素,条约的解释在 WTO 体制中更是具有特殊的重要

---

① 这句话的原文是“Treaties are like roses and young girls. They last while they last”,参见 Annemarieke Vermeer – Künzli. *The Merits of Reasonable Flexibility*:*The Contribution of the Law of Treaties to Peace*, in Georg Nolte eds. ,Peace through International Law:The Role of the International Law,Springer,2009,p. 78。

② 参见[英]安托尼·奥斯特:《现代条约法与实践》,江国青译,中国人民大学出版社 2005 年版,第 200 页。

③ See Jessica Liang,*Modifying the UN Charter through Subsequent Practice*:*Prospects for the Charter's Revitalisation*,Nordic Journal of International Law,Vol. 81:1,p. 4 – 5(2012).

性。[①] 当前,包括 GATS 在内的 WTO"一揽子"协定已经无法很好地适用于数字贸易发展的新特征和新情况。就安全例外而言,自 WTO"一揽子"协定中规定了安全例外条款以来,国家安全与国际贸易之间产生了越来越不可分割的联系并成为 WTO 所面临的日趋加剧的风险之一。[②] 新近缔结的自由贸易协定中,安全例外条款也大体延续了 WTO 中的规则范式和表达,[③]因而新近自由贸易协定中的安全例外条款同样较为的抽象和晦涩。在面对数据本地化措施时,安全例外条款自身所存在的缺陷无疑会影响对数据本地化措施的有效应对,因此,有必要通过条约解释的方式来保持条约文本与数字贸易时代客观情势之间的匹配与兼容。鉴于此,基于数据本地化措施的现状探索自由贸易协定中的安全例外条款的解释与适用是当前亟待讨论的新议题和新命题。

一、解释的必要性:数据本地化措施适用安全例外条款的不确定性

"条约所确定的法律上的权利与义务均制定或诞生于遥远的过去,而其持续有效性是国际关系中应当首先解决的问题,即在任何给定时点下条约文本的解释力。"[④]著名国际法学者赫希·劳特派特关于条约解释的论述即强调了在时代变迁的背景下条约解释的重要性和必要性。诚然,条约文本的内容通常是固定不变的,但是,条约所适用的对象和情境并非一成不变,某种程度上看,条约的本质即具有不精确和不完全性。[⑤] 成员方政府在缔约谈判时通常需要考虑到条约就特定问题进行深入谈判的成

---

① 参见张东平:《WTO 司法解释论》,厦门大学出版社 2005 年版,第 28 页。

② See Tatiana Lacerda Prazeres, *Trade and National Security: Rising Risks for the WTO*, World Trade Review, Vol. 19:1, p. 138(2020).

③ 以 RCEP 为例,RCEP 第十二章"电子商务"中的"计算设施的位置"条款规定中即规定了安全例外,其中的表述为"Nothing in this Article shall prevent a Party from adopting or maintaining: any measure that it considers necessary for the protection of its essential security interests"。这一表述与 GATS 安全例外条款的表述"to prevent any Member from taking any action which it considers necessary for the protection of its essential security interests"基本相同,而 RCEP 第十七章"一般条款和例外"中的"安全例外"条款的表述也与 GATS 中的表述基本相同,仅略做增项规定。在 CPTPP 中,"电子商务"章节的"计算设施的本地化"条款并未明确规定安全例外,而在"例外与一般条款"章节(Exceptions and General Provisions)的安全例外条款中,CPTPP 也规定了安全例外条款,即"Nothing in this Agreement shall be construed to: preclude a Party from applying measures that it considers necessary for... or the protection of its own essential security interests"。此外,在 DEPA 中,DEPA 的"例外"(Exceptions)章节中的"安全例外"条款采用了与 CPTPP 基本相同的条款表述。

④ E. Lauterpacht, *International Law: The General Works: Being the Collected Papers of Hersch Lauterpacht*, Cambridge University Press, 1970, p. 129.

⑤ See Sebastien Jodoin, *Understanding the Behavior of International Courts: An Examination of Decision – Making at the Ad Hoc International Criminal Tribunals*, Journal of International Law and International Relations, Vol. 6:4, p. 4(2010).

本、未来的不可预测性以及多样化履约的潜在价值等因素而有意使条约的内容不尽完整,有待于进一步解释或通过实践予以明确。[①] 对此,安全例外条款即一个鲜明的实例。包括安全例外条款在内的自由贸易协定例外条款谈判本来就是缔约国之间基于政治、经济等多方面考量后妥协的结果,因而其内涵具有高度的不精确和不完全性。然而,安全例外条款解释和适用标准的模糊性和争端解决机构对相关措施之管辖权的不确定性容易诱致安全例外条款的滥用风险。因此,在数字贸易时代,数据本地化措施在解释与适用安全例外条款时应当予以特别的重视。目前,WTO 规则能够适用于数据本地化措施已无争议,但数据本地化措施解释与适用安全例外条款仍然存在不确定性。数据本地化措施解释与适用安全例外条款时所存在的不确定性主要源于以下四个方面。

第一,安全例外条款内涵与外延的模糊性是产生数据本地化措施解释与适用困境的根本原因。安全例外的内涵与外延有较强的弹性,而这是安全例外条款适用中可能的失衡原因之一。[②] “每个国家都有很强的动机通过比预期更宽泛地解释例外条款的方式以在一项条约中搭便车。”[③]数字时代,各国面临的国家安全形势发生了客观变化。各国开始倾向于对安全例外条款进行扩张适用进而为应对网络安全等非传统安全问题提供国际法依据。[④] 在此背景下,国家安全范围的扩张对滥觞于第二次世界大战后的 WTO 安全例外条款带来了巨大的解释和适用挑战。[⑤] 安全例外条款解释与适用的不确定性产生的后果便是安全例外条款的不当滥用和不当误用。这也将刺激各国将安全例外条款作为过度保护本国利益和实施单边措施的政策工具,进而“引发常规贸易措施向国家安全措施的大迁移”[⑥]。在新近达成的部分自由贸易协定中,虽然已经出现限缩安全例外条款的例证,[⑦]但从整体范围看,亦有诸多的自由贸易协定拓宽了安全例外条款的内涵。部分自由贸易协定的安全例外条款甚至还直接明确

---

① See Joel P. Trachtman. *The Domain of WTO Dispute Resolution*. Harvard International Law Journal, Vol. 40: 2, p. 346(1999).

② 参见梁咏:《论国际贸易体制中的安全例外再平衡》,载《法学》2020 年第 2 期。

③ 韩逸畴:《国际规则的“结构性挑战”:以贸易协定中的例外规定为例》,载《当代法学》2021 年第 4 期。

④ 参见丁丽柏、陈喆:《论 WTO 对安全例外条款扩张适用的规制》,载《厦门大学学报(哲学社会科学版)》2020 年第 2 期。

⑤ 参见黄志雄:《WTO 安全例外条款面临的挑战与我国的对策——以网络安全问题为主要背景》,载《国际经济法学刊》2014 年第 4 期。

⑥ 彭岳:《中美贸易战中的安全例外问题》,载《武汉大学学报(哲学社会科学版)》2019 年第 1 期。

⑦ 例如,在新近达成的自由贸易协定中,限缩安全例外规则的主要特征体现在删除自决权表述(it considers)和增加限制性规则或原则两个方面。前者如《加拿大—以色列自由贸易协定》(CIFTA);而后者则如《欧盟—南非自由贸易协定》(TDCA)。

了基于国家基本安全利益所采取之措施的不可诉性。[①] 由此可见,国家安全例外条款正在向两个几乎相背离的方向发展,这无疑不利于国际贸易的自由化发展。此外,诸如“其认为的”“基本安全利益”等术语的内涵也同样有待进一步明确解释。因为在数字网络领域,各国对数据安全和网络安全在何种程度可能构成基本安全利益的认知是不统一的。例如,在应对华为公司的网络技术产品时,澳大利亚认定相关产品将会对其国家安全形成挑战,然而英国和新西兰则给出了相反的认定结论。[②]

第二,各国在应对数据本地化措施与国家安全议题时的不稳定状态要求明确数据本地化解释与适用安全例外条款的合理边界。各国对待数据本地化措施往往存在矛盾的内心状态,即一方面致力于推动数字贸易的自由发展而限制数据本地化措施,另一方面又出于对国家安全的担忧而实施数据本地化措施。例如,作为数据自由流动最大支持者的美国,一直致力于推动数据跨境的自由流动且极力反对数据本地化措施,而其自身却又采取了一些数据本地化要求措施。[③] 这事实上就反映出各国在处理数据本地化措施与国家安全互动关系时的矛盾心态。因此,从这个角度看,对数据本地化措施适用安全例外条款进行解释,其实质上也能够为各国在处理数据本地化措施与国家安全的互动关系时提供必要的指引。

第三,数据本地化措施所潜在的新颖性无疑加剧了安全例外条款解释与适用中的不确定性和模糊性。如前文所提及的,就国家基本安全利益问题,数据本地化措施背后的核心点在于各国对其本国网络安全和数据安全的关切与隐忧,因为数字贸易自由化发展所依赖的数据跨境自由流动可能存在损害国家安全的危险隐患。[④] 因此,数据本地化措施是各国维护其本国网络安全和数据安全的实践表达。尽管网络安全和数据安全属于国家安全的核心组成部分已为绝大多数国家所接受并认可,但是,由于 WTO 安全例外条款诞生于数字网络时代前期,因而无法很完美地解决数字贸易所引发的新问题;之后达成的诸如 RCEP、CPTPP 等自由贸易协定也未能有效回应安全例外条款所存在的不确定性和模糊性。因此,网络安全和数字安全如何适用于既有的安全例外条款仍然是存疑的。从具体条款看,网络安全和数据安全所面临的风险在何种情况下可能构成“国际关系中的紧急情况”显然是有待明确的;而数据本地化措施的实施能否构成安全例外条款中“其认为必要的措施”更是难以琢磨。因此,在安全例外条款的内涵本身无法确定的情况下,数字贸易时代数据本地化措施的新颖

① RCEP 电子商务章节中“计算设施的位置”条款中的安全例外规则就是典型例证。

② 参见孙南翔:《国家安全例外在互联网贸易中的适用及展开》,载《河北法学》2017 年第 6 期。

③ 参见韩静雅:《跨境数据流动国际规制的焦点问题分析》,载《河北法学》2016 年第 10 期。

④ 参见彭德雷:《数字贸易的“风险二重性”与规制合作》,载《比较法研究》2019 年第 1 期。

性无疑加剧了安全例外条款在使用中的不确定性和模糊性。

第四，规则导向的数字贸易格局构建有赖于厘清安全例外条款中相关术语的内涵与外延，进而消散安全例外条款所自带的浓郁的国际政治氛围。由于国际贸易中的例外条款无不与政治问题密切关联，因此“基本安全利益”这一概念同样蕴藏着国际政治因素。部分国家对国家基本安全问题的高度重视使政治被凌驾于国际法原则的约束之上，[①]这无疑将会影响国际法在调整国际关系时的有效性，进而会对国际贸易的自由化产生不利影响。例如，特朗普治下的美国政府泛化国际贸易中的国家安全概念，并坚持认为相关贸易限制措施不在 WTO 的管辖范围之内，无疑破坏了 WTO 作为成员方合法贸易约束的权威并削弱了 WTO 在应对跨国关系中的影响力。[②] 同时，国家安全的泛化所造成的国内监管政策随意性问题极大地损害了全球数字贸易的整体利益进而会成为全球数字贸易发展的政策难点之一。[③] 因此，尽可能地厘清安全例外条款中的相关术语对推动国际贸易规则体系构建进而削弱政治因素对国际贸易的不当干扰具有现实意义。

基于以上四个方面的分析，数据本地化措施适用安全例外条款时面临严峻的不确定性困境，而安全例外条款解释与适用的不确定性无疑会加剧国际贸易规则所面临的“结构性挑战”。[④] 因此，通过条约解释的方法对数据本地化措施援引安全例外进行解释具有现实的必要性，而通过对这一问题进行解释也将有助于数字贸易的自由化发展。

其一，基于数据本地化措施寻求网络安全和数据安全在国际贸易安全例外条款中的解释问题是探索数据本地化措施适用安全例外条款的理论前提。保障国家安全是数据本地化措施的政策目标之一。[⑤] 尽管各国均充分重视网络安全和数据安全问题并将之视为国家安全不可分割的组成部分，但是，将国家安全置于国际贸易的语境之下时，国家安全的内涵具有其特定性。此外，时过境迁，条约的适用也必然会遇上新的问题。任何条约的制定均反映的是缔约时的客观情势，而情势不变毕竟只是美

---

① See Andrew Emmerson, *Conceptualizing Security Exceptions: Legal Doctrine or Political Excuse?*, Journal of International Economic Law, Vol. 11: 1, p. 139(2008).

② See Rachel Brewster, *The Trump Administration and the Future of the WTO*, The Yale Journal of International Law Online, Vol. 44: 1, p. 10 – 11(2018).

③ 参见沈玉良等：《数字贸易发展新动力：RTA 数字贸易规则方兴未艾——全球数字贸易促进指数分析报告(2020)》，载《世界经济研究》2021 年第 1 期。

④ 所谓国际贸易中的“结构性挑战”是指在容许国际贸易规则的灵活性的同时，又如何防止灵活性规则的滥用。See Krzysztof J. Pelc, *Making and Bending International Rules: The Design of Exceptions and Escape Clauses in Trade Law*, Cambridge University Press, 2016, p. 5 – 7.

⑤ 参见李海英：《数据本地化立法与数字贸易的国际规则》，载《信息安全研究》2016 年第 9 期。

好的假象，随着时间的推移，任何条约都将面临如何适应新的现实和事实环境的难题。[①] 目前，数据本地化措施在全球范围内的广泛兴起无疑凸显出对安全例外条款进行条约解释的重要性和紧迫性，而基于条约内涵变迁的视角，通过条约解释的方法对国家安全进行必要的解释也将有助于厘清数据本地化措施在实践中适用国际贸易安全例外条款的合理边界。

其二，探索数据本地化措施适用安全例外条款有助于推动各国在实施数据本地化措施的过程中控制好“度”。条约是各国参与国际交往活动的行为指南和行动准则，而条约解释的目的即“确定各当事国所必须被认为有意就与产生解释问题的有关情况对约文所加的意义”[②]。因此，从这一角度看，条约解释在一定程度上能够为各国参与国际交往活动提供解释性的指引，而数据本地化措施恰恰需要通过对安全例外条款进行解释以明确其实践中的适用问题进而产生积极效果。如前所言，在国际贸易视阈下，实施数据本地化措施的原因之一便是各国对国家安全的关切。尽管安全例外被视为各国为平衡贸易自由化与国家安全的制度工具，但是安全例外的适用不宜“率性而为”。通过对安全例外条款进行必要的解释有助于厘清实施数据本地化措施时适用安全例外条款时的合理边界，避免安全例外条款的不当滥用。此外，从条约解释的功能看，探索数据本地化措施适用安全例外条款同时也有助于推动构建符合数字贸易发展特性的贸易规则。这是因为，条约解释的过程是“赋予”条约含义的过程，[③]在这一过程中，通过对条约中术语的概念及其适用的明晰能够为数据本地化措施的实施指明正确的方向。这无疑也有助于推动构建符合数字贸易发展特性的国际贸易规则。

综上所述，面对数字贸易自由化与国家安全这一对矛盾，解决问题的关键仍需回到国际法规则本身并通过条约解释的方式以明晰条约的解释与适用。在国际贸易视阈下，对数据本地化措施适用安全例外条款进行解释的必要性即在于数据本地化措施适用安全例外条款时的不确定性。这种不确定性既缘于安全例外条款本身的模糊性也缘于安全例外条款在适用于数字贸易时的滞后性。通过条约解释的方式对前述问题展开解释将有助于探索数据本地化措施适用安全例外条款的合理边界以避免安全例外条款的滥用，进而也有助于推动数据跨境的自由流动和数字贸易的自由发展。同时，尽管条约可以随着时间的进展而适应新情况，但是对条约适应新情况的方式仍

---

① 参见孙南翔：《论“发展的条约解释”及其在世贸组织争端解决中的适用》，载《环球法律评论》2015年第5期。

② ［英］R. 詹宁斯、［英］A. 瓦茨修订：《奥本海国际法》（第1卷第2分册），王铁崖等译，中国大百科全书出版社1998年版，第661页。

③ See Richard K. Gardiner, *Treaty Interpretation*, Oxford University Press, 2015, p. 453.

然缺乏明确的认识,这严重地限制了国际条约的确定性和合法性。[①] 基于此,需要进一步思考的是,基于何种解释路径方能更适宜地解释安全例外条款以适应数字贸易的发展?

二、解释的进路:国际贸易协定中“一般性用语”的演化解释

“条约的含义在缔结之时并未被刻在石头上,相反,关于条约含义的辩论会继续进行,尽管不再是关于条约措辞的争论,而是关于措辞含义的辩论。”[②]的确,条约的解释对于条约的履行而言至关重要。“条约法没有哪部分比解释问题更让文本者惊恐”[③]。英国大法官麦克奈尔的论述毫无疑问揭开了条约解释问题的复杂性和高难度。在条约解释的过程中,时空要素是条约解释的核心要素之一。这是因为,任何解释活动必然是发生在特定的时空环境之中并形成特定的解释环境进而对解释的主体、客体等其他各要素产生显著的影响,[④]而在其中,时间要素对条约解释则更可能产生明显的影响。

时间要素是条约解释过程中的一个重要变量,可能会对条约解释结果产生根本性的变化。所谓条约的时间要素,是指条约解释中的“时间点变量”,即解释条约时究竟应当静止不变还是可以与时俱进?[⑤] 条约解释的实践也基于前述两种观点而形成了截然相反的两种解释进路。前者即条约的“静态解释”,是由国际法院前院长菲茨莫里斯(Fitzmaurice)于20世纪50年代基于国际法院的判决所总结出来的一项条约解释原则。[⑥] 后者即条约的“演化解释”和“动态解释”,是指在条约解释时对条约术

① See Julian Arato, *Subsequent Practice & Evolutive Interpretation: Techniques of Treaty Interpretation over Time and Their Diverse Consequences*, The Law and Practice of International Courts and Tribunals, Vol. 9:3, p. 444(2010).

② Jan Klabbers, *On Rationalism in Politics: Interpretation of Treaties and the World Trade Organization*, Nordic Journal of International Law, Vol. 74:3, p. 406(2005).

③ Lord McNair, *The Law of Treaties*, Oxford at the Clarendon Press, 1961, p. 364. 转引自韩逸畴:《时间流逝对条约解释的影响——论条约演变解释的兴起、适用及其限制》,载《现代法学》2015年第6期。

④ 参见韩燕煦:《条约解释的要素与结构》,北京大学出版社2015年版,第126页。

⑤ 参见吴卡:《国际条约演化解释理论与实践》,法律出版社2016年版,第15页。

⑥ 关于菲茨莫里斯所总结的条约解释原则参见 Sir Gerald Fitzmaurice, *The Law and Procedure of the International Court of Justice 1951 - 4: Treaty Interpretation and Other Treaty Points*, British Year Book of International Law, Vol. 33:1, p. 212(1957),还可参见李浩培:《条约法概论》,法律出版社2003年版,第349-350页。其中条约的“静态解释”也被称为“同时原则”,是指“一个条约的条款,必须依该约原来缔结时所具有的或应可赋予的意义,并参照当时通行的语文使用惯例,予以解释”。此外,“静态解释”也被称为“当时意义解释”(contemporaneous interpretation)可参见 Julian Wyatt, *Intertemporal Linguistics in International Law: Beyond Contemporaneous and Evolutionary Treaty Interpretation*, Hart Publishing, 2019, p. 17-52,还可参见吴卡:《条约演化解释方法的最新实践及其反思》,载《法学家》2012年第1期。

语赋予随时间变化的含义的解释。[1] 从国际法院的判例看,条约解释原则上应以缔约时条约用语之意义为准,只有在适用条约时该用语的意义本身确实有所变化,才可考虑适用之时的意义。[2] 随着条约解释实践的发展,演化解释正在成为一种"当今国际争端解决机构在条约解释方法上的最新趋势"[3]。

演化解释的兴起并非偶然而是具有深刻的社会现实背景。首先,从根本上看,从缔结条约之日到条约条款需要解释之日,条约可能面临包括政治、社会或历史背景、技术、语言等诸多要素的变化。[4] "条约不只是枯燥无味的典籍。条约是为缔约国提供一种稳定环境并实现其中所载宗旨的文书。因此,条约可能随时间流逝而变化,必须适应新的情况,根据国际社会的社会需求而演变,有时还有可能过时。"[5]学者诺尔特在第十六届国际法委员会报告中深刻地揭示了条约演化解释的动因与缘由,而根据现实情势的变迁对条约进行演化解释也是贯彻法律解释之现在性的体现。[6] 其次,法律的变迁,特别是与条约解释相关的国际法规则的变迁是推动条约演化解释的动因之一。具体而言,时际法规则的发展与条约演化解释的发展密切相关。在"帕尔马

---

① See Sondre Torp Helmersen, *Evolutive Treaty Interpretation: Legality, Semantics and Distinctions*, European Journal of Legal Studies, Vol. 6: 1, p. 128(2013). 此外,"演化解释"还被称为"当代意义解释",可参见吴卡:《条约演化解释方法的最新实践及其反思》,载《法学家》2012 年第 1 期。关于"动态解释"的用法可参见 Malgosia Fitzmaurice, *Dynamic(Evolutive) Interpretation of Treaties, Part* Ⅰ, Hague Yearbook of International Law, Vol. 21: 1, p. 101 – 153(2008); Michael P. Van Alstine, *Dynamic Treaty Interpretation*, University of Pennsylvania Law Review, Vol. 146: 3, p. 687 – 794(1998)。关于"与时俱进"解释的用法,参见[美]约翰·H. 杰克逊:《国家主权与 WTO:变化中的国际法基础》,赵龙跃等译,社会科学文献出版社 2009 年版,第 218 页。

② See Reports of Judgments, Advisory Opinions and Orders, Dispute Regarding Navigational and Related Rights(Costa Rica V. Nicaragua), 13 July 2009, para. 63 – 64. 对该裁决的解读可参见张乃根:《条约解释的国际法》(下),上海人民出版社 2019 年版,第 640 – 642 页。

③ 曾令良:《从"中美出版物市场准入案"上诉机构裁决看条约解释的新趋势》,载《法学》2010 年第 8 期。

④ See Gabrielle Marceau, *Evolutive Interpretation by the WTO Adjudicator*, Journal of International Economic Law, Vol. 21: 4, p. 791(2018).

⑤ Georg Nolte, *Treaties over Time in Particular: Subsequent Agreement and Practice*, in Report of the International Law Commission: Sixtieth session, UN Doc. A/63/10, 2008, Annex A para. 1.

⑥ 法律解释之现在性是指"苟发生立法当时所未料及之事件,自须衡量现行环境及价值判断之各种变化,以探求立法者若于今日立法时,所可能表示之意思"。参见杨仁寿:《法学方法论》,中国政法大学出版社 2013 年版,第 135 页。

斯岛仲裁案”中,胡伯法官提出了著名的时际法理论。[①] 胡伯法官的时际法理论包含了两层含义:一层即强调条约应参照条约缔结时有效的一般国际规则加以解释;[②]另一层则强调了对于持续性表现的权利应当基于法律的发展所要求的条件。这一理论与方法在条约领域的延伸即继续性的条约应按照发展演化后的国际法进行解释。[③]这也意味着,在解释条约时,法律解释者必须遵守解释时存在的国际法规则而不是缔结条约时可能存在的国际法规则。[④] 此外,条约演化解释的方法在习惯国际法中也广泛地存在。[⑤] 除前述两方面外,条约本身的模糊性、国际争端解决机构在争端解决过程中的能动性以及条约当事国的意图等因素也是推动条约演化解释的重要动因之一。

条约的演化解释方法在 WTO 争端解决机构的裁决中逐渐开始被引入。与多数国际条约对术语的精确性要求不同,WTO“一揽子”协定中的诸多条款使用的是比较宽泛且尚未详细界定的术语。具体而言,为了能够在书面上获得一个所有必要的各方都能够同意的最终协议定而在事实上“结束”条约的谈判,条约的谈判各方有意识地在条约中对一些事项避而不谈或使条约中的一些术语比较含糊而非试图对术语进行精确的界定。[⑥] 这就使演化解释对于 WTO“一揽子”协定以及 WTO 争端解决机构而言具有独特的重要性,因为,条约适用情境的变化在 WTO“一揽子”协定中显得特别突出。其中最显著的变化即是 WTO“一揽子”协定缔结时还不存在数字贸易。[⑦] 数

---

① 关于“帕尔马斯岛仲裁案”的相关介绍,可参见黄远龙:《国际法上的时际法概念》,载《外国法译评》2000 年第 2 期。文章指出胡伯法官当时提出了著名的时际法理论,即“必须根据当时的法律认识一项司法事实,而不是争端的出现或解决时有效的法律……至于在一个具体案件中,在先后继续的不同时期所实行的几个法律体系中应当适用哪一个(所谓时际法)的问题,应该在权利的创设和权利的存续之间作出区别。创设一个权利的行为受该权利创设时有效的法律支配,依照这同一个原则,该权利的存续,换句话说,该权利的继续表现,也应当遵循法律的发展所要求的条件”。

② 参见[英]R. 詹宁斯、[英]A. 瓦茨修订:《奥本海国际法》(第 1 卷第 2 分册),王铁崖等译,中国大百科全书出版社 1998 年版,第 667 页。

③ 参见吴卡:《条约解释的新动向:当代意义解释对当时意义解释》,载《法学评论》2013 年第 2 期。

④ See Ulf Linderfalk, *Is Treaty Interpretation an Art or a Science? International Law and Rational Decision Making*, The European Journal of International Law, Vol. 26: 1, p. 170(2015).

⑤ 习惯国际法是国际法的渊源之一,且条约的解释要以习惯国际法为背景加以解释,参见[英]R. 詹宁斯、[英]A. 瓦茨修订:《奥本海国际法》(第 1 卷第 1 分册),王铁崖等译,中国大百科全书出版社 1995 年版,第 15 页。关于条约演化解释方法在习惯国际法中的讨论,参见 Sondre Torp Helmersen, *Evolutive Treaty Interpretation: Legality, Semantics and Distinctions*, European Journal of Legal Studies, Vol. 6: 1, p. 165 – 177(2013)。

⑥ 参见[美]约翰·H. 杰克逊:《国家主权与 WTO:变化中的国际法基础》,赵龙跃等译,社会科学文献出版社 2009 年版,第 215 页。

⑦ See Gabrielle Marceau, *Evolutive Interpretation by the WTO Adjudicator*, Journal of International Economic Law, Vol. 21: 4, p. 792(2018).

字贸易也为WTO“一揽子”协定适用演化解释进行条约解释开创了空间。同时，实践表明，演化解释已经开始逐步被WTO争端解决机构所援用。尽管从数量上看，WTO争端解决机构进行演化解释的案件数量仍然非常有限，但是当面临演化解释和静态解释的选择时，WTO争端解决机构却都选择了演化解释的方法。[①] 因此，从这一角度看，演化解释的方法已经在WTO中占据了重要的位置。在具体适用上，WTO争端解决机构的演化解释主要是以WTO成员方在缔约时的合法预期为出发点，并参照条约目的和宗旨，基于善意解释的原则来界定条约文本中的一般性术语。[②] 由此可见，演化解释对于WTO而言具有重要的作用和独特的意义。

在数字贸易中，面对数据本地化措施，安全例外条款的解释与适用可以考虑通过演化解释予以推进。在联合国国际法委员会于2006年公布的报告中，国际法委员会指出，当某一条约中的术语具有下列特性时即可被认为具有演化的性质：(1)术语含有考虑嗣后技术、经济或法律发展的意蕴；(2)术语为各方规定了进一步逐步发展的义务；或(3)术语具有普遍性，或其表述方式非常笼统而需要考虑到不断变化的情况。[③] 对此，安全例外条款中的诸多术语显然符合前述标准。例如，“基本安全利益”这一术语即具有普遍性的笼统术语，且随着技术和时间的发展这一术语也显然会有进一步的发展。具体而言，自由贸易协定电子商务章节中的安全例外条款承继了WTO“一揽子”协定中的安全例外条款，而此时的“基本安全利益”显然与GATT或者GATS订立时的“基本安全利益”有着截然不同的内涵与外延。换言之，“基本安全利益”是个发展的概念并跟随着时空的变化而变化。因此，从某种程度上看，“基本安全利益”这一术语的解释需要且可以适用演化解释的方法予以解释。此外，诸如“国际关系中的其他紧急情况”也同样需要采用演化解释的方法以实现在数字贸易中的有效解释与适用。

需要注意的是，尽管演化解释在《维也纳条约法公约》(VCLT)的解释规则中尚找不到清晰的依据，[④]但是，演化解释并非一个独立的解释方法而置其他条约解释方法于一边；作为一种条约解释方法，演化解释的目的是确定缔约者之间的立法真意和

① 参见吴卡：《国际条约演化解释理论与实践》，法律出版社2016年版，第17页。

② 参见孙南翔：《论“发展的条约解释”及其在世贸组织争端解决中的适用》，载《环球法律评论》2015年第5期。

③ See International Law Commission, *Fragmentation of International Law: Difficulties Arising from the Diversification and Expansion of International Law: Report of the Study Group of the International Law Commission*, A/CN.4/L.682, 13 April 2006, para. 23.

④ 参见张乃根：《条约解释的国际法》(下)，上海人民出版社2019年版，第590页。

共同意图。[①] 因而在适用中，条约演化解释需要通过适当运用通常解释方法作为确立当事方意图的手段。[②] 对此，联合国国际法委员会在其专题研究报告中也曾指出，“演化解释似乎不是一种单独的解释方法，而是适当应用通常解释方法的结果”[③]。因此，当条约具体条款中设计某个具体的一般性术语而未作明确界定时，仍然需要基于VCLT第31条和第32条中所规定的通常的条约解释方法和解释资料并结合个案的具体情况予以具体的判断和解释。[④] 这也意味着，演化解释并不是一种与传统条约解释规则和条约解释方法相冲突的条约解释方法，而是可以通过两者之间的互动配合而不断发展的条约解释技术。

综上，时间要素的变化推动条约术语内涵的变化。通过动态的演化解释方法厘清条约的内涵对实现条约在当代的有效运行具有重要意义。演化解释仅是条约解释的方式但不具有居于传统解释方式和解释规则之上的优先地位，也不构成一种独立于传统解释方式和解释规则的全新的条约解释方法。WTO争端解决机构已经开始采用演化解释的方法对条约的具体术语展开解释。就安全例外条款而言，既有的与数字贸易和数据本地化措施相关的安全例外条款均大体延续了WTO“一揽子”协定（特别是GATS）中的安全例外条款。有鉴于安全例外条款的模糊性等固有缺陷，通过演化解释的理念与方式去合理界定安全例外条款中的相关术语具有深刻的现实意义。

三、安全例外的解释：何为数据本地化措施中的“基本安全利益”和“国际关系中的紧急情况”

安全例外条款的解释与适用始终是国际贸易进程中的敏感话题。不同于贸易协定中的一般例外条款，贸易协定的安全例外条款在被缔约方适用的过程中存在更大

---

① 确定缔约者之间的共同意图对演化解释而言非常重要。而是否考虑缔约者的立法也是条约演化解释和嗣后行为之间的一个显著的区别。关于两者之间的区别的进一步论述，参见 Richard K. Gardiner, *Treaty Interpretation*, Oxford University Press, 2015, p. 242。

② See Eirik Bjorge, *The Evolutionary Interpretation of Treaties*, Oxford University Press, 2014, p. 2.

③ Georg Nolte, *First Report on Subsequent Agreements and Subsequent Practice in Relation to Treaty Interpretation*, International Law Commission Sixty – fifth Session, A/CN. 4/660, para. 62.

④ 参见韩逸畴：《时间流逝对条约解释的影响——论条约演变解释的兴起、适用及其限制》，载《现代法学》2015年第6期。进一步研究可知，VCLT中的条约解释规则实际上已成为WTO法律的基本组成部分，参见 David Palmeter & Petros C. Mavroidis, *Dispute Settlement in the World Trade Organization: Practice and Procedure*, Cambridge University Press, 2004, p. 80 – 84。

的自主裁量空间，且无须考虑是否构成任意或不合理的歧视。[①] 就数据本地化措施相关条款而言，在新近达成的自由贸易协定中大多包含有安全例外条款并涉及“基本安全利益”等概念。例如，在 RCEP 中，缔约各方即规定“本条的任何规定不得阻止一缔约方采取或维持该缔约方认为对保护其基本安全利益所必要的任何措施”[②]。同时，“长期以来，WTO 成员对于国家安全例外的潜在风险有非常深刻的了解，但是对于如何完善这一条款一直不能达成共识”[③]。在此背景下，如何合理界定安全例外条款中的相关概念，对安全例外条款在数据本地化措施中的准确适用意义重大。

由于新近自由贸易协定之数字贸易章节中的安全例外条款大多衍生自 WTO 的安全例外条款，因此，对 WTO 安全例外条款的理解与适用在数据本地化措施适用安全例外条款方面具有极为重要的意义与价值。进一步回顾 GATS 中的安全例外条款，GATS 第 14 条之二中的第 1 款和第 2 款均可能涉及数据本地化措施。对第 1 款(a)项而言的理解相对较为简单，即若相关信息的披露可能会违背其“基本安全利益”，则可以援引安全例外条款而采取相关的数据本地化措施以限制信息和数据的披露(显然包括通过跨境流动的公开方式)。此时，问题的实质就在于对“基本安全利益”的界定。而就第 1 款(b)项的理解则相对更为复杂一些。[④] 此时，最为重要的三个术语即“必要的”“基本安全利益”“国际关系的紧急情况”。“必要的”关系到审查的实质标准问题，即前书已经讨论过的必要性标准测试问题，也关系到国家安全自决权的行使问题。相比而言，“基本安全利益”和“国际关系的紧急情况”两个术语对于理解和阐释数据本地化措施适用安全例外条款具有关键意义。前者所要解决的是事项性问题，即何种事项符合国家安全例外条款，而后者则为时间性认定，旨在确定何时成员方能够使用国家安全例外条款。[⑤] 因此，问题的实际仍将回归到对“基本安全

---

① 关于一般例外与安全例外的区别参见 Martina Francesca Ferracane, *Data Flows and National Security: A Conceptual Framework to Assess Restrictions on Data Flows under GATS Security Exception*, Digital Policy, Regulation and Governance, Vol. 21: 1, p. 51 (2019)；还可参见李巍：《新的安全形势下 WTO 安全例外条款的适用问题》，载《中国政法大学学报》2015 年第 3 期。

② See RCEP Article 12. 14. 3 “Nothing in this Article shall prevent a Party from adopting or maintaining: (b) any measure that it considers necessary for the protection of its essential security interests. Such measures shall not be disputed by other Parties”.

③ 林桂军、Tatiana Prazeres：《国家安全问题对国际贸易政策的影响及改革方向》，载《国际贸易问题》2021 年第 1 期。

④ 事实上，GATS 第 14 条之二第 1 款(b)项中涉及三类情形，而对于其中的第(i)和第(ii)类而言，由于更多地涉及军事活动，因而与数据本地化措施的关联度相对有限。本书重点讨论的是第(iii)类中所涉及的情形。

⑤ 参见孙南翔：《国家安全例外在互联网贸易中的适用及展开》，载《河北法学》2017 年第 6 期。

利益”和“国际关系中的紧急情况”这两个术语的理解上。

就“基本安全利益”术语而言,首先,从文义上看,“基本”(essential)一词的语意是指“绝对不可缺少的或必需的”①。保护“基本”安全利益的限定语是对成员方援引安全例外条款的客观约束,而不是所有利益都涉及国家安全或基本安全利益。② 因此,基本安全利益应当被限定于特定范围之内。同时,从词语构成上看,“基本”一词修饰“安全利益”,因而应被视为对安全利益的进一步限缩和限定。作为一个表示程度的副词,“基本”一词限定了安全利益的范畴,这意味着“基本”一词对成员引用安全例外形成了一种客观约束。③ 因此,“基本安全利益”显然有别于“一般安全利益”术语的含义而更加强调对缔约方具有重要性和基础性的安全利益,而“一般安全利益”显然是无法构成 WTO 安全例外条款中的基本安全利益的。④

其次,结合条约的目的和宗旨来看,单纯基于商业目的或经济目的考量的安全利益难以构成基本安全利益。尽管学界对条约解释诸要素之间的关系问题仍然存在较大分歧,但是条约目的与宗旨在条约解释中的作用却已得到公认。⑤ WTO 争端解决的实践表明,条款的目的和宗旨在条约解释中受到了极大的关注。⑥ 对于安全例外条款的目的与宗旨,结合条约缔结的准备资料看,GATT 起草者认为:“我们认为最好起草一些条款。这些条款既可以考虑到真正的安全利益,同时又尽可能地可以限制为维持工业而采取保护措施的情况发生……我们不能把它规定得太过局限,因为我们不能禁止单纯出于安全原因而需要的措施,同时我们也不能把它规定得过于宽泛,以至于在安全的幌子下各国去实际上具有真正具有商业目的的措施”。⑦ 由此可知,安全例外条款的目的和宗旨主要体现在两个方面:一方面是为了平衡国家基本安全利

---

① W. R. Trumble and A. Stevenson eds., Shorter Oxford English Dictionary, 6th ed., Oxford University Press, 2007, Vol. 1, p. 865. “The term ‘essential’ is defined as [a]bsolutely indispensable or necessary”. 转引自彭德雷、周围欢、杨国华:《国际贸易中的“国家安全”审视——基于美国“232 调查”的考察》,载《国际经贸探索》2018 年第 5 期。

② 参见李巍:《新的安全形势下 WTO 安全例外条款的适用问题》,载《中国政法大学学报》2015 年第 3 期。

③ 参见李巍:《新的安全形势下 WTO 安全例外条款的适用问题》,载《中国政法大学学报》2015 年第 3 期。

④ See Shin - yi Peng, *Cybersecurity Threats and the WTO National Security Exceptions*, Journal of International Economic Law, Vol. 18:2, p. 470(2015).

⑤ 参见冯寿波:《〈WTO 协定〉与条约解释——理论与实践》,知识产权出版社 2015 年版,第 122 页。

⑥ 参见张东平:《WTO 司法解释论》,厦门大学出版社 2005 年版,第 150 - 151 页。

⑦ World Trade Organization(WTO), *GATT Analytical Index - Security Exceptions*, https://www.wto.org/english/res_e/publications_e/ai17_e/gatt1994_art21_gatt47.pdf.

益和国家主权与开放的商业和贸易体系之间的关系;[①]另一方面则是促使条款能够得到善意的履行进而能够保护真正的基本安全利益以避免成员方将条款用于产业和经济保护。因此,并非所有为了保护成员方安全利益而采取的贸易措施都可以通过援引安全例外条款来抗辩其正当性或免除其所应当承认的国际法义务和责任。为防止安全例外条款的滥用而对国际贸易造成不必要的限制,在解释和适用安全例外条款时应受其立法宗旨和目的限制,即应当被限定于维护成员方基本安全利益之需而非被用于经济目的和贸易保护,对此,GATT 委员会在"瑞典—鞋类案"的相关判理中也对此予以了印证;[②]而出于保护国家经济安全利益可以考虑援引 WTO 中的其他例外条款予以解决。[③] 因此,基本安全利益不应包含单纯基于商业目的或经济目的考量的安全利益。

再次,从新近 WTO 争端解决机构的裁决看,在"俄罗斯—过境运输措施案"中,WTO 争端解决机构的专家组诠释了成员方"基本安全利益"的范围和程度。专家组指出,一个国家的基本安全利益"通常可以理解为是指与国家的基本职能有关的那些利益,即保护其领土和人口不受外部威胁,以及在内部维护法律和公共秩序等"[④];在后续裁决的"沙特—知识产权案"中,专家组也重提了"俄罗斯—过境运输措施案"关于"基本安全利益"术语的判断标准。[⑤] 这一点实际上与文义解释所得出的结论是一致的,即基本安全利益是具有更高适用标准的国家安全利益。

最后,数据本地化措施中"基本安全利益"的确定还应当基于演化解释的方法予以进一步考量。当前,国际司法机构经常通过当事国的嗣后实践去探索条约术语是否具有演化解释的意图和迹象。对此,尽管专家组指明关于安全例外条款的解释尚

---

① See Alan S. Alexandroff & Rajeev Sharma, *The National Security Provision—GATT Article XXI*, in Patrick F. J. Macrory, Arthur E. Appleton Michael and G. Plummer eds., The World Trade Organization: Legal, Economic and Political Analysis, 2005, p. 1572.

② "瑞典—鞋类案"发生于 WTO 成立之前,该案中,GATT 委员会认为应当区分"商业目的"和"真正的国家安全目的",而不得将安全例外条款用于救济产业损害。相关文献可参见丁丽柏、陈喆:《论 WTO 对安全例外条款扩张适用的规制》,载《厦门大学学报(哲学社会科学版)》2020 年第 2 期;冯从、陈希沧、史晓丽:《GATT 安全例外条款的适用与发展》,载《国际贸易》2021 年第 1 期;参见 Tania Voon, *The Security Exception in WTO Law: Entering a New Era*, AJIL Unbound, Vol. 113: 1, p. 46 (2019); See Tsai - fang Chen, *To Judge the "Self - Judging" Security Exception under the GATT* 1994 - *a Systematic Approach*, Asian Journal of WTO & International Health Law and Policy, Vol. 12: 2, p. 311 - 356 (2017).

③ 参见陈卫东:《WTO 例外条款解读》,对外经济贸易大学出版社 2002 年版,第 379 页。

④ Report of the Panel, Russia - Measures Concerning Traffic in Transit, WT/DS512/R, 5 April 2019, para. 7. 130.

⑤ See Report of the Panel, Saudi Arabia - Measures Concerning the Protection of Intellectual Property Rights, WT/DS567/R, 16 June 2020, para. 7. 280.

不存在VCLT意义上的嗣后惯例,[①]但是,从嗣后实践来看,网络环境下国家安全问题的重要性已被全球多数国家的理论与实践所普遍接受。从司法实践看,嗣后协定和嗣后惯例等嗣后实践行为都是对条约术语之含义进行理解的客观证据,进而可借助嗣后实践推定在条约缔结之时各缔约方是否具有赋予条约术语的含义能够随时间演变的意图。[②] WTO上诉机构援引《联合国海洋法公约》和《生物多样性公约》等国际条约对“自然资源”这一术语进行演化解释即是现实例证。[③] 就网络空间的安全利益而言,如前文所述,各国均已将网络安全和数据安全视为其本国的核心安全利益并制定了网络安全政策。在自由贸易协定层面,新近达成的自由贸易协定的电子商务章节也纷纷提及网络安全问题,并设计有专门的条款予以规定。[④] 同时,考虑到互联网作为国家领土在网络空间的延伸以及网络空间与现实世界间的密切联系,网络空间内的国家安全利益可被视为与国家的基本职能所相关的利益。

综上,基于演化解释路径,数据本地化措施中的网络安全利益可能符合安全例外中的“基本安全利益”要求。但是,网络安全和数据安全并非完全等于国家基本安全利益。单纯基于商业和经济利益考量的网络安全和数据安全显然无法归属于国家基本安全利益。在此基础上,需要进一步思考的是,何为“国际关系中的紧急情况”? 如前文所提及的,这一术语的界定决定了成员方能够使用国家安全例外条款的时间性认定。

首先,对“国际关系中的紧急情况”术语的解释要求国家间的关系必须满足一定的紧急程度。“国际关系中的紧急情况”术语中“紧急情况”一词的使用即明确地排除了国家之间的普通紧张关系而要求国家之间存在某种极端的冲突。但是,“国际关系中的紧急情况”并非必然涉及使用武力的情况,因而并不需要以武力使用为前提。[⑤]

---

① See Report of the Panel, Russia – Measures Concerning Traffic in Transit, WT/DS512/R, 5 April 2019, para. 7.80.

② 参见韩逸畴:《时间流逝对条约解释的影响——论条约演变解释的兴起、适用及其限制》,载《现代法学》2015年第6期。

③ See Report of the Appellate Body, United States – Import Prohibition of Certain Shrimp and Shrimp Products, WT/DS58/AB/R, 12 October 1998, p. 130.

④ See RCEP Article 12.13 “Cyber Security”:“The Parties recognise the importance of:...”; See DEPA Article 5.1 “Cybersecurity Cooperation”:“1. The Parties have a shared vision to promote secure digital trade to achieve global prosperity and recognise that cybersecurity underpins the digital economy”.

⑤ See Michael J. Hahn, *Vital Interests and the Law of GATT: An Analysis of GATT's Security Exception*, Michigan Journal of International Law, Vol. 12:3, p. 589 (1991).

WTO争端解决机构专家组在"沙特—知识产权案"中的立场无疑表明了这一点。[①]同时,基于"技术中立"的理念,国际贸易规则可以适用于互联网空间。在"美国—赌博案"中WTO争端解决机构的法律解释和适用即是最佳的例证。因此,对"国际关系中的紧急情况"这一术语的解释尚无须区分物理空间与网络空间而应当一视同仁地予以适用。这也就意味着以网络电子入侵和电子战争所造成的网络安全和数据安全利益威胁有可能落入"国际关系的其他紧急情况"这一术语的内涵之中。

其次,"国际关系中的紧急情况"术语的解释应将其置于条款的上下文而予以统一的理解和解释。GATS安全例外条款的第1款中分别设有(a)(b)(c)三项并通过"或"字过渡,其中(b)项中又进一步规定了三种情况,其中即包含有"国际关系中的其他紧急情况"。因此,对"国际关系中的其他紧急情况"的理解应当放置于(b)项的整体之下。在"俄罗斯—过境运输措施案"中,针对GATT中的"国际关系中的紧急情况"术语,专家组即指出"虽然(b)项列举的各款规定了替代性要求,但这些款项所处理的事项引起了类似或共同的关切,这些关切可以根据每项所处理的事项所产生的具体安全利益来制定……'国际关系中的紧急情况'必须被理解为引起与(b)项所列举的其他事项所引起的相同类型的利益"[②]。因此,这一论述也体现出专家组将"国际关系中的紧急情况"这一术语放置于条款整体予以理解的基本立场。这也就意味着,"国际关系中的紧急情况"与(b)项中规定的另外两种情况所承载的"基本安全利益"相同。[③] 同样是在"俄罗斯—过境运输措施案"中,专家组认为"虽然(成员国之间的政治或经济)冲突有时可能被认为是政治意义上的紧急或严重冲突,但它们不属于国际关系中的紧急情况,除非它们引起国防和军事利益或维持法律和公共秩序的利益"[④]。而在"沙特—知识产权案"中,专家组进一步认为"国际关系中的紧急情况"包括三种情况,即"武装冲突或者潜在武装冲突"、"紧张局势或危机加剧"以及"笼罩或包围一个国家的普遍不稳定局势"。[⑤] 因此,从专家组的解释立场看,尽管一国在国际

---

① See Report of the Panel, Saudi Arabia – Measures Concerning the Protection of Intellectual Property Rights, WT/DS567/R, 16 June 2020, para. 7.244 – 7.245. 在该案件中,WTO争端解决机构专家组认为,"国际关系中的紧急情况"通常是指"武装冲突、潜在武装冲突、紧张局势或危机加剧以及笼罩或包围一个国家的普遍不稳定局势"。从该表述看,武装冲突并非"国际关系中的紧急情况"的全部,而仅仅是其中的一种类型,因此,从这个角度看,武力并非"国际关系中的紧急情况"的必然要件。

② Report of the Panel, Russia – Measures Concerning Traffic in Transit, WT/DS512/R, 5 April 2019, para. 7.74.

③ 参见张乃根:《国际经贸条约的安全例外条款及其解释问题》,载《法治研究》2021年第1期。

④ See Report of the Panel, Russia – Measures Concerning Traffic in Transit, WT/DS512/R, 5 April 2019, para. 7.75.

⑤ See Report of the Panel, Saudi Arabia – Measures Concerning the Protection of Intellectual Property Rights, WT/DS567/R, 16 June 2020, para. 7.245.

贸易中所面临的紧急情况瞬息万变且无疑具有开放性和特殊性，但若要构成安全例外条款中的“国际关系中的紧急情况”则成员方必须处于等同于战争的特定危机情况，且所采取的相关措施所拟要保护的基本安全利益应属于国防和军事利益或维持法律和公共秩序的利益。

最后，因循演化解释的路径，基于网络攻击和网络战争所引发的国防和军事利益危机等情况而采取的相关措施可被解释为“国际关系中的紧急情况”。换言之，“国际关系中的紧急情况”应当被理解为包括数字网络空间中的紧急情况。随着战争科技化发展趋势，网络攻击和网络战被视为战争的全新形式。这些网络不法行为显然会侵害一国的国防（网络）安全，也会对一国的公共秩序利益（如数据隐私等）产生危害，由此，一国在面临前述危害行为时可被视为面临“国际关系中的紧急情况”，此时，一国采取数据本地化措施而防止网络安全环境和数据隐私保护环境的恶化符合安全例外条款的相关要求。但是，需要注意的是，基于经济活动而可能面临的相关风险不宜被扩大理解为安全例外条款中所规定的“国际关系中的紧急情况”。因此，成员方以国家安全为由来证明纯粹出于经济或商业动机而采取的措施的正当性显然是不正确的。①

综上，作为国际贸易规则之灵活性安排的安全例外条款具有两面性，既可能保护一国的基本安全利益也可能因其不当适用而阻碍贸易的自由化发展。安全例外条款中所涉及的“基本安全利益”和“国际关系中的紧急情况”均属于国际条约中的一般性术语，可以因循演化解释的理念结合条约解释的方式而展开解释。基于此，网络安全和数据安全均可被解释为一国的“基本安全利益”，而构成“国际关系中的紧急情况”则需要在国防和军事利益或维持法律和公共秩序的利益受到紧迫威胁时才可能满足。由此可知，在明确条款规则中的相关一般性术语的概念后，需要进一步思考的是安全例外条款的适用问题，如此方能实现贸易自由化与国家安全之间的平衡。

第三节　数据本地化措施适用“安全例外”的边界与限度

国家基本安全利益对一国参与国际交往和国际贸易活动的重要性使各国无法不顾国家基本安全利益而径直推动国际贸易的自由化发展。纵然国际贸易规则历经数

---

① See Tatiana Lacerda Prazeres, *Trade and National Security: Rising Risks for the WTO*, World Trade Review, Vol. 19: 1, p. 144 (2020).

十年的发展变迁,安全例外条款仍然是国际贸易规则中不可抛弃的核心条款之一。然而,在安全例外条款的适用问题上,过度强调国家安全自决权的主张使安全例外条款难免成为各国采取贸易限制措施的“合法”借口之一。“虽然制定安全例外条款的本意不是创设一项政治例外或外交例外,也不是为某些国家将其社会、政治或经济理念强加给其他的国家提供依据,但在实践中,(安全例外条款)却经常被滥用或错误使用。”①这无疑不利于国际贸易自由化的良性发展。例如,特朗普治下的美国政府以“国家安全”为由对来自包括中国在内的部分 WTO 成员方的进口钢铁和铝产品进行征税即这一现象的现实体现;②而在数字贸易领域,美国针对 TikTok 所采取的一系列措施也无不显示出其对“国家安全”适用的随意性。同时,在国际贸易条约层面,安全自决权条款在自由贸易条约的文本中开始越来越频繁地出现。③ 例如,就数据本地化措施而言,RCEP 在相关条款中的注释中着重强调了自决权,④而 CPTPP 中对安全例外条款内容的精简也无疑强化了成员方的自由裁量权进而增加了安全例外条款的滥用风险。⑤ 基于充分且无限制的安全自决权,各国在基于基本安全利益考量而采取数据本地化措施时可能会产生放纵抑或放任的心态,这无疑不利于数字贸易的理性发展。因此,需要进一步思考的是,在国际贸易特别是数字贸易视阈下,援引安全例外条款的边界与限度何在?这既是实现国际贸易自由化发展的必然要求,也是对实现国际经贸关系法治化发展的现实回应。

一、善意原则:国家安全自决权的限制性适用

作为一项古老的法律原则,善意原则被认为是“所有法律的基础以及法律的一项

---

① 陈卫东:《WTO 例外条款解读》,对外经济贸易大学出版社 2002 年版,第 359 - 360 页。

② 相关新闻报道可参见《美国宣布对进口钢铁和铝产品征收高关税》,载新华网,http://us.xinhuanet.com/world/2018 - 03/09/c_1122509406_3.htm;相关文献可参见彭德雷、周围欢、杨国华:《国际贸易中的“国家安全”审视——基于美国“232 调查”的考察》,载《国际经贸探索》2018 年第 5 期。目前,中国等诸多国家和地区已就此在 WTO 争端解决机制项下启动争端解决程序,其中涉及中国的案件案号为 DS544,2022 年 12 月 9 日,中国诉美国钢铝 232 关税措施案专家组发布报告,裁定美国相关措施违反 WTO 规则,驳回美国援引 WTO 安全例外条款进行的抗辩。

③ See Andrew D. Mitchell & Caroline Henckels, *Variations on a Theme: Comparing the Concept of "Necessity" in International Investment Law and WTO Law*, Chicago Journal of International Law, Vol. 14: 1, p. 107 (2013).

④ See RCEP Article 12. 14. 3(b) "Nothing in this Article shall prevent a Party from adopting or maintaining: (b) any measure that it considers necessary for the protection of its essential security interests. Such measures shall not be disputed by other Parties".

⑤ See Xiaolian Quan, *The Governance of Cross - Border Data Flows in Trade Agreements: Is the CPTPP Framework an Ideal Way Out?*, Frontiers of Law in China, Vol. 15: 3, p. 269 (2020).

基本原则”[①]。随着国际法的不断发展完善，善意原则已被作为一般法律原则而与国际法渊源紧密联系在一起。[②]《联合国宪章》之中亦对善意原则有所涉及。[③] 此外，作为一项极为重要的一般法律原则，善意原则也曾被国际法院援引。[④] 由此可见，善意原则在国际法中占据着重要的地位。具体而言，作为一项国际法基础原则，善意原则塑造了现有国际法规则的遵守方式并限制了行使国际法规则所赋予之权利的合法方式。[⑤] 进一步来说，在国际贸易法中，善意原则除了具备其作为国际法一般法律原则的应有之义外，还结合了 WTO 法律制度的自身特点而扮演并发挥着独特的作用。无论是在 WTO 的争端解决还是实体性规范中都分布着善意原则的身影，[⑥]并且善意原则衍生出的诸如“防止权利滥用”等一系列原则也发挥着独特的法律功效。[⑦] 基于善意原则所衍生出的一系列法律标准已经成为一般国际法在安全例外条款中适用的重要路径之一。[⑧] 对此，WTO 上诉机构也在其裁决中多次强调了善意原则的重要性。在“美国—精梳棉纱过渡性保障措施案”中，上诉机构在援引了“美国—虾案”中的观点后指明了善意原则的核心地位，认为善意原则是一项“构成所有条约基础的普遍原则”[⑨]。由此可见，善意原则已经在事实上成为一项国际贸易法领域的重要基本原则。

在国际贸易法领域，善意原则蕴含着丰富的内涵，然而，善意原则作为一项最重要的法律原则的本质属性却使其很难用绝对术语予以定义。[⑩] 事实上，WTO“一揽子”协定中并未对善意原则进行任何权威的官方界定，这在某种程度上意味着，善意

---

① John O' Connor, *Good Faith in International Law*, Dartmouth Publishing Company, 2001, p. 2.

② 参见 Marion Panizzon et al., *Good Faith in the Jurisprudence of the WTO: The Protection of Legitimate Expectations, Good Faith Interpretation and Fair Dispute Settlement*, Hart Publishing, 2006, p. 17；参见赵建文：《条约法上的善意原则》，载《当代法学》2013 年第 4 期。

③ See United Nations Charter Article 2.2 " All Members, in order to ensure to all of them the rights and benefits resulting from membership, shall fulfill in good faith the obligations ...".

④ 参见［英］R. 詹宁斯、［英］A. 瓦茨修订：《奥本海国际法》（第 1 卷第 1 分册），王铁崖等译，中国大百科全书出版社 1995 年版，第 23 页。

⑤ See Malcolm N. Shaw, *International Law* (Eighth Edition), Cambridge University Press, p. 77.

⑥ 例如，在 WTO《关于争端解决规则与程序的谅解》第 3 条第 10 款即提及了善意原则，而在 WTO 争端解决机构所裁决的诸多案件中，当涉及条约解释或者条约履行时，专家组或上诉机构也常会提及善意原则，例如，在“俄罗斯—过境运输措施案”中，专家组在对安全例外条款进行解释时即提及了善意原则，参见 Report of the Panel, Russia - Measures Concerning Traffic in Transit, WT/DS512/R, 5 April 2019, para. 7.132.

⑦ 参见刘敬东：《WTO 法律制度中的善意原则》，社会科学文献出版社 2009 年版，第 7 页。

⑧ 参见赵海乐：《一般国际法在“安全例外”条款适用中的作用探析》，载《国际经济法学刊》2021 年第 2 期。

⑨ Report of the Appellate Body, United States - Transitional Safeguard Measure on Combed Cotton Yarn from Pakistan, WT/DS192/AB/R, 8 October 2001, para. 81.

⑩ See Steven Reinhold, *Good Faith in International Law*, UCL Journal of Law and Jurisprudence, Vol. 2, p. 40 (2015).

原则并非WTO法律体系中的一项明文规则，而是一项拥有更广泛内涵的原则。[①] 既有研究表明，在WTO法律体系内，善意原则包含着公平公正、禁止反言和沉默、条约必须信守以及防止权利滥用等一系列含义。[②] 这些含义共同组成了WTO法律体系中善意原则的内涵并指引着WTO"一揽子"协定解释与适用的各个环节。安全例外条款作为WTO法律体系的重要组成部分，对其解释与适用显然也受到善意原则的统摄。这对于安全例外条款的正确理解与适用进而克服安全例外条款的泛化解释与滥用具有重要意义。质言之，在WTO框架下，各国所享有的安全自决权应受到善意原则的约束。[③] 尽管学界和各国对于安全自决权的权限范围以及可否受到司法审查仍存争议，但对于安全例外条款所赋予的安全自决权显然已达成共识。无论是安全自决权还是安全例外条款，其实质都是要实现贸易自由化与国家安全之间的平衡，而国际法中包括"条约善意履行"和"条约善意解释"等一些善意原则的具体化原则可有助于两者间的平衡。[④] 在"俄罗斯—过境运输措施案"中，WTO专家组亦提及了"善意原则"并认为"通常，基本安全利益由每个成员自行定义……但这并不意味着成员可以自由地将任何关切提升为基本安全利益。相反，一成员将其特别关注事项认定为基本安全利益的裁量权受到其善意解释和适用GATT 1994第XXI(b)(iii)条的义务的限制"[⑤]。由此可见，适用安全自决权并非绝对的自由而应当受到善意原则的指引和约束。接下来需要进一步思考的是，如何遵循善意原则的指引和约束进而实现国家安全自决权的有序适用以避免对国际贸易的自由化发展产生不必要的限制？

第一，国家安全自决权应当以条约必须信守为基本理念和原则，在诚实正直且真诚地履行WTO法律规则的基础之上行使。"善意原则像是一块需要被具体内容填充进去的空白，而条约必须信守原则可以看作是善意原则在条约法领域内的具体适用

① See Andrew D. Mitchell, *Good Faith in WTO Dispute Settlement*, Melbourne Journal of International Law, Vol. 7: 2, 352 (2006).

② See Marion Panizzon et al., *Good Faith in the Jurisprudence of the WTO: The Protection of Legitimate Expectations, Good Faith Interpretation and Fair Dispute Settlement*, Hart Publishing, 2006, p. 20 – 34.

③ 也有学者从其他角度对完全的安全自决权提出了批判，认为完全自决权是不能成立的，因为这将使WTO成员方能够通过简单地引用安全例外规则而逃避WTO义务进而损害多边贸易体制稳定性和可预见性。参见李巍：《新的安全形势下WTO安全例外条款的适用问题》，载《中国政法大学学报》2015年第3期。

④ See Shin – yi Peng, *Cybersecurity Threats and the WTO National Security Exceptions*, Journal of International Economic Law, Vol. 18: 2, p. 466 (2015).

⑤ Report of the Panel, Russia – Measures Concerning Traffic in Transit, WT/DS512/R, 5 April 2019, para. 7.131 – 7.132.

原则。"[1]同时,条约必须信守原则亦强调缔约方依约善意履行的义务。[2] 因而从某种程度上看,善意原则是条约必须信守原则的基础,而条约必须信守原则是善意原则的应然内涵。落脚于国家安全自决权,这就意味着各国应当诚实正直且忠诚地履行条约,既要按照条约的文字表述去履行条约(国家安全自决权),也要按照条约的精神、宗旨和目的去履行条约(实现贸易自由化与国家安全之间的平衡)。因此,尽管WTO成员方有权基于国家安全自决权而自定义"其认为"的基本安全利益,但这种自定义并非具有随意性而应当致力于实现安全例外条款的宗旨和目的。

进一步落脚于安全例外条款,实现缔约方在主观层面对安全例外条款的善意履行的核心之一即在于善意地解释和适用"其认为"这一术语进而实现安全例外条款的合理适用。具体而言,"其认为"的术语表述赋予了各国决定其基本安全利益的自决权,因而也给缔约方适用安全例外条款提供了极大的弹性空间。有学者甚至认为,对于安全自决权问题,安全例外条款的表述明确赋予了每个国家自行确定其"基本安全利益"的权利。[3] 在"俄罗斯—过境运输措施案"中,美国政府也一再强调自决权的重要性,并认为WTO争端解决机构对于基于安全例外的案件在客观上不具有"可审查性"。[4] 因此,各国"其认为"基本安全利益的范围与程度之深浅在一定程度上直接决定了安全例外条款的适用程度的深浅进而会对贸易与国家安全之间的平衡产生直接的影响。对此,在不否定各国所享有的国家安全自决权的基础上,各国在行使国家安全自决权过程中的诚实与正直应当被强调。这是因为,安全例外条款的目标与宗旨要求各国在行使国家安全自决权时追求贸易自由化与国家安全的相互平衡进而防止因过于强调基本安全利益而对贸易自由化形成障碍和限制。

在基于基本安全利益而援引安全例外条款并采取数据本地化措施时,各国同样应当基于"条约必须信守"的指引而善意地确定其所认为的基本安全利益。一方面,

---

① 王玮:《善意原则在国际法实践中的应用研究——基于国际法院具体适用的类型化分析》,载《河北法学》2021年第4期。

② 参见李浩培:《条约法概论》,法律出版社2003年版,第272页。在该书中,李浩培即强调条约必须信守原则的内涵之一即当事国有依约善意履行的义务,也就是诚实地和正直地履行条约。相关内容还可参见[英]伊恩·布朗利:《国际公法原理》,曾令良、余敏友等译,法律出版社2003年版,第679页。在该书中,伊恩·布朗利教授指出,约定必须遵守是指有效的条约对当事国有拘束力,必须由各该国善意履行。此外,《维也纳条约法公约》也强调了依约善意履行义务,可参见VCLT Article 26 "Pacta sunt servanda":"Every treaty in force is binding upon the parties to it and must be performed by them in good faith"。

③ See Richard S. Whitt, *The Politics of Procedure: An Examination of the GATT Dispute Settlement Panel and the Article XXI Defense in the Context of the U. S. Embargo of Nicaragua*, Law and Policy in International Business, Vol. 19:3, p. 616(1987).

④ See Report of the Panel, Russia – Measures Concerning Traffic in Transit, WT/DS512/R, 5 April 2019, para. 7.51 –7.52.

各国在适用安全例外条款前应当善意地解释条款以准确地理解网络和数据安全环境下"基本安全利益"的内涵,不宜出于经济和商业目的而不适当地泛化对"基本安全利益"的理解。[①] 另一方面,各国在善意解释条款的基础上应当基于平衡贸易自由化与国家安全的目的谨慎而行,善意地适用安全例外条款。国家安全自决权源于 WTO 法律规则中的例外条款,因而对例外条款的援引应当保持一种克制的立场而非一种完全基于自我利益的考量。否则,安全例外条款就真有可能成为一个"允许成员国以国家安全的名义采取几乎任何它想要的行动"的条款。[②] 倘若如此,WTO 的价值和意义也将大打折扣,甚至消亡殆尽。

第二,基于善意原则的指引,在援引安全例外条款时,应禁止各国滥用安全例外条款所赋予的国家安全自决权。国际法学界普遍认为,禁止权利滥用是善意原则的具体表述或实施方式之一。[③] 可以说,限制各国权利并防止其滥用是当代国际社会对"善意"的重要通行标准。[④] 根据其基本内涵,禁止权利滥用要求各国不得以妨碍其他国家享受其权利的方式行使权利,或不得以不同于权利设定目的的方式行使权利而损害另一国家的利益。[⑤] 因此,各国在行使国家安全自决权时应当诚实且正直,善意界定其认为的基本安全利益,以避免对国际贸易自由化的整体利益和其他国家的基本利益造成不必要的消极影响。WTO 专家组的实践也表明,争端解决机构需要考虑措施对可能受影响的相关方的利益,[⑥]在"沙特—知识产权案"中,WTO 专家组即在裁决中明确显露出对第三方利益持有者的利益的重视。[⑦]

就数据本地化措施而言,各国基于其基本安全利益考量而采取数据本地化措施时应当重视其权利与义务的平衡,避免其权利的行使违反其应当承担的 WTO 义务。例如,安全例外条款的援引不应当超过必要的或其所必需的限度。目前,各国在采取数据本地化措施时步调不一、举措不同,对贸易自由化的影响呈现出不同程度的抑制效应。研究显示,就国家安全而言,从部分国家援引国家安全例外的广度和频次看,

---

① 本书关于"基本安全利益"的理解已在前文中详述,此处不再赘述。

② "允许成员国以国家安全的名义采取几乎任何它想要的行动"的评价是国际贸易组织(ITO)讨论安全例外规则时,相关学者和观察家给予的评价。See Michael J. Hahn, *Vital Interests and the Law of GATT: An Analysis of GATT's Security Exception*, Michigan Journal of International Law, Vol. 12: 3, p. 568 (1991).

③ 参见刘敬东:《WTO 法律制度中的善意原则》,社会科学文献出版社 2009 年版,第 107 页。

④ 参见赵维田:《美国:对某些虾及虾制品的进口限制案》,上海人民出版社 2003 年版,第 1052 页。

⑤ See Andrew D. Mitchell, *Good Faith in WTO Dispute Settlement*, Melbourne Journal of International Law, Vol. 7: 2, p. 349 (2006).

⑥ 参见杨钊、黄世席:《国际贸易协定下安全例外条款"必要性"措施的判定——基于"卡塔尔诉沙特知识产权保护措施案"专家组报告分析》,载《国际法学刊》2021 年第 3 期。

⑦ See Report of the Panel, Saudi Arabia - Measures Concerning the Protection of Intellectual Property Rights, WT/DS567/R, 16 June 2020, part. 7. 291.

无论是数字技术相对落后的经济体还是数字技术最具优势的经济体均频频使用安全例外条款对数字产品实施禁用政策,增加了数字贸易发展的不确定性,极大地损害了全球数字贸易利益。[1] 因此,各国在援引安全例外条款时仍应当重视其自身推动贸易自由化发展的宗旨与义务,善意援引安全例外条款以避免对数字贸易造成负面影响。此外,各国基于其基本安全利益考量而采取数据本地化措施时还应当防止恶意行使权利而导致其他缔约方利益受损。如前所言,数据已经成为数字时代的核心生产要素并成为一个国家和企业的核心战略资源,基于基本安全利益考量而采取数据本地化措施可能对其他国家及其国家的企业产生抑制性负面影响。因此,各国应当谨慎克制地采取数据本地化措施以避免因权利的恶意行使而损害其他国家或成员方的合法利益。

第三,基于善意原则的指引,在援引安全例外条款时,各国应当尊重其已经明确做出的承诺和行为,即禁止反言。在 WTO 法律规则体系内,禁止反言也是善意原则的应然内涵。[2] “任何具有法律意义的陈述或者行为都能产生禁止反言的效果,即禁止陈述者否认其明示的或默示的陈述的真实性。”[3]简单来说,禁止反言就是“应当言而有信,不能说话不算数”[4]。落脚于国际贸易法视阈下,从某种程度上看,禁止反言要求各国应当尊重其在贸易协定谈判和履行过程中所明确承诺和实践的行为,不得将其已经承诺履行的一般义务或者具体承诺的减让表重新界定为基本安全利益而肆意采取贸易限制性措施。在“俄罗斯—过境运输措施案”,WTO 专家组即强调善意原则要求各国不要使用安全例外来规避其应承担的义务,包括“试图摆脱构成多边贸易体系的互惠互利安排而将其同意在贸易体系内保护和促进的贸易利益重新标记为基本安全利益”[5]。

就数据本地化措施而言,其自身所具有的新颖性特征使各国在援引安全例外条款时应当格外注意善意原则中的禁止反言要求。尽管数字贸易所涉及的相关行业领域无法通过传统分类简单的套用,但是基于技术中立的理念,WTO 规则仍然可以适用于数字化形态的国际贸易。因此,对于以数字形态所展现出的贸易行为,各国仍然应当尊重其在传统贸易中所做出的承诺而不应当打破既有的互利互惠安排,随意地

① 参见沈玉良等:《数字贸易发展新动力:RTA 数字贸易规则方兴未艾——全球数字贸易促进指数分析报告(2020)》,载《世界经济研究》2021 年第 1 期。

② See Marion Panizzon et al., *Good Faith in the Jurisprudence of the WTO: The Protection of Legitimate Expectations, Good Faith Interpretation and Fair Dispute Settlement*, Hart Publishing, 2006, p. 106.

③ [英]伊恩·布朗利:《国际公法原理》,曾令良、余敏友等译,法律出版社 2003 年版,第 712 页。

④ 刘敬东:《WTO 法律制度中的善意原则》,社会科学文献出版社 2009 年版,第 110 页。

⑤ Report of the Panel, Russia – Measures Concerning Traffic in Transit, WT/DS512/R, 5 April 2019, para. 7. 133.

冠以基本安全利益的理由,不当维护自身利益。

综上,数据本地化措施适用安全例外条款时应当划清合理的边界与限度以避免对贸易自由化施加不必要的负担。这种边界与限度突出体现在安全自决权的限制性适用方面。国家基于基本安全利益的考量而采取数据本地化措施时,应遵循善意原则的指引而行事。一方面,国家安全自决权应当以“条约必须信守”为基本理念和原则,在诚实正直且忠诚地履行 WTO 法律规则的基础之上行使;另一方面,基于善意原则的指引,在援引安全例外条款时,各国应当被要求禁止反言和禁止滥用安全例外条款所赋予的国家安全自决权。如此,国家安全自决权的行使方能被控制在合理的限度内,进而避免对贸易自由化造成不必要的影响。

二、数据本地化措施援引国际贸易“安全例外”之考量

数据本地化措施在全球范围内的普遍化有待于通过国际法规则予以平衡和协调。在国际贸易法领域,有鉴于数字网络空间中基本安全利益考量是各国采取数据本地化措施的核心关切点,数据本地化措施援引安全例外条款显然是其中核心且毋庸赘言的焦点话题之一。同时,考虑到安全例外条款的模糊性,如何才能更好地将安全例外条款适用于数据本地化措施中是当前亟待思考并解决的现实问题。[①] 在“俄罗斯—过境运输措施案”中,WTO 专家组在裁决中已经表明,争端解决机构对涉及安全例外条款的案件具有管辖权,并明确了专家组在该类型案件中的客观审查事项的范围。[②] 这一裁决既为数据本地化措施适用安全例外条款的因素考量提供了指引,也为数据本地化措施适用安全例外条款的因素考量提供了现实可能性。换言之,这一裁决提供了数据本地化措施适用安全例外条款的必要性和可行性依据。因此,需要进一步思考,基于既有的 WTO 裁决,数据本地化措施适用安全例外条款需要有哪些考量因素方能够判断数据本地化措施的合理且必要与否?[③]

首先,数据本地化措施援引安全例外条款应当准确识别援引安全例外条款是出

---

① 需要说明的是,目前尚无国家实际援引过安全例外条款作为其采取数据本地化措施的理由之一,在 WTO 层面亦尚无有实际进入争端解决阶段的案件。但是不难推测,考虑到目前诸多国家将国家安全之理由作为其采取相关措施的解释原因之一,故而若数据本地化措施一旦进入 WTO 争端解决阶段,被申诉方极大的概率会采用安全例外规则予以抗辩。

② See Martina Francesca Ferracane, *Data Flows and National Security: A Conceptual Framework to Assess Restrictions on Data Flows under GATS Security Exception*, Digital Policy, Regulation and Governance, Vol. 21: 1, p. 51(2019).

③ 对于这一问题,事实上不仅涉及法律规则的适用层面,也涉及法律规则的解释层面。两者同等重要并共同推动实现数据本地化措施的合理使用。对于法律解释层面的部分问题,由于前文中已经展开讨论,故对已论述的内容此部分不再赘述。

于基本安全利益考量还是出于基本安全利益所包裹的经济利益和商业利益考量。基于前文分析,基本安全利益可以通过演化解释的方式涵盖包括网络安全和数据安全在内的数字时代新的安全问题。但是,基本安全利益包装之下的经济利益目的仍然应当被排除在可适用数据本地化措施的范围之外。基本安全利益的确定应当由各国基于善意原则并遵循 WTO 的宗旨和目的而解释确定。这就意味着,各国不应以国家安全为借口滥用国家安全例外,采取保护措施以保护效率低下的国家经济。[①] 不受限制的国家安全自决权所产生的直接后果是各国可以简单地通过援引安全例外规避其应当承担的 WTO 义务。近年来,各国以国家安全为由而实施数据本地化措施的情形还包括产业安全、供应链安全等。[②] 部分国家倾向于将产业安全或供应链安全与国家安全挂钩进而以国家安全为借口采取贸易限制性措施。[③] 尽管从政治学的角度看,前述产业安全和供应链安全也属于国家整体安全观的范畴。但是,不容否认的是,这些安全利益更多的是出于经济安全的考量。在国际贸易法律规则的框架之下,基于国家经济安全的考量不宜过度援引安全例外条款而采取数据本地化措施等贸易限制性措施。

其次,在对数据本地化措施援引安全例外条款进行必要性判断时具有其特殊性。安全例外条款中的必要性判断与国家安全自决权密切联系,因而允许各国自行对其基于安全例外条款所采取的措施进行必要性判断。[④] 这有别于争端解决机构在对国内监管措施进行必要性标准测试时所享有的全面且深度的审查职能。然而,需要注意,WTO 以及各国尊重成员方基于基本安全利益而实施包括数据本地化措施在内的贸易限制措施之必要性判断的自决权不意味着允许成员方滥用自决权而损害其他成员方所享有的权利。“援引 WTO 国家安全例外的成员在其行为方式的选择上有一定自由裁量权,但此种权利应有一定的客观限制。”[⑤]换言之,这种尊重并非绝对的而应当有一定的限度和容忍度。此外,尽管安全例外条款中必要性判断存在自决性特征,但这并不意味着争端解决机构无法对必要性进行有意义的审查,争端解决机构仍然

① See Rolf H. Weber & Rainer Baisch, *Revisiting the Public Moral/Order and the Security Exceptions under the GATS*, Asian Journal of WTO & International Health Law and Policy, Vol. 13:2, p. 378(2018).

② 参见徐程锦:《WTO 电子商务规则谈判与中国的应对方案》,载《国际经济评论》2020 年第 3 期。

③ 例如,前文所曾提及的,美国以“国家安全”为由对来自包括中国在内的部分 WTO 成员方的进口钢铁和铝产品进行征税即是这一现象的现实体现。

④ 根据“俄罗斯—过境运输措施案”中专家组的意见,“其认为”的措辞限定“基本安全利益”和“必需”两个概念,即成员方有权定义何者属于其基本安全利益,亦有权决定何种措施是必需的。参见刘美:《论 WTO 安全例外对单边贸易制裁的有限治理——基于“俄罗斯过境限制案”的分析》,载《国际经贸探索》2020 年第 1 期。

⑤ 谭观福:《WTO 国家安全例外视角下的网络安全》,载《中国高校社会科学》2018 年第 2 期。

可以对成员方所采取的措施予以客观的审查。在进行必要性判断时，成员方应当首先解释其寻求保护的利益如何落入基本安全利益的范畴进而解释其认为该措施满足必要性要求的考虑依据，①而争端解决机构则应当据此予以客观的判断。这也就意味着，对于主张安全例外条款而援引数据本地化措施的国家应当对其认为的基于国际关系中的紧急情况所保护的基本安全利益进行判断；而对于必要性的程度是否充分的问题，尽管从理论上看可以采用“要素权衡分析”路径，但从实践看，WTO 争端解决机构更倾向于通过“基本安全利益”与“国际关系的紧急情况”的关联性程度予以直接的判断。② 这种关联性体现在成员方所处的国际关系的紧急情况程度上。所处的国际关系紧急情况越典型，则关联性越强。因此，从这一角度看，数据本地化措施援引安全例外条款在进行必要性判断时，应当着重对其所认为的包括网络安全和数据安全等问题可能引发的国际关系的紧急情况予以阐释。通常而言，对这种紧急情况的理解与阐释应当基于善意的目的且越是达到等同于战争的紧急程度则越能够证明其措施的必要性。此外，需要注意到的是，在部分自由贸易协定中的电子商务章节明确排除了争端解决机构对安全例外问题的管辖权，这也就意味着措施必要性的判断将完全脱离争端解决机构的审查而由各国完全自主决定。这一趋势显然值得警惕并反思。这不仅不利于数字贸易自由化的实现，而且还有可能会对各国自身的权利和利益产生消极影响。

再次，数据本地化措施适用安全例外条款应考虑对数据进行分类分级进而因“数”制宜。海量的数据资源意味着其可能涵盖政务、商业、个人等诸多类型，③同时，同一类型的数据也可根据其敏感程度而进一步划分为不同等级。由于安全例外条款的适用目的主要针对国家的基本安全利益，因此，数据本地化措施在适用安全例外条款时，原则上也应当仅适用于与国家基本安全利益直接密切相关的数据，而不应间接适用于常规类型的数据。例如，对于关键信息基础设施的运营者所收集和产生的数据，其在适用安全例外条款时应当适当予以宽容；而对于普通类型的数据，如商业交易数据，尽管其可能间接含有敏感信息（如交易方的敏感身份信息等）进而会对国家安全造成不确定性风险，但由于此类数据属于商业数据，因而其在适用安全例外条款

---

① See Report of the Panel, Russia – Measures Concerning Traffic in Transit, WT/DS512/R, 5 April 2019, para. 7. 134.

② See Report of the Panel, Russia – Measures Concerning Traffic in Transit, WT/DS512/R, 5 April 2019, para. 7. 135. 在之后裁决的“沙特—知识产权案”中，WTO 争端解决机构专家组也提及了这一判断思路，可参见 Report of the Panel, Saudi Arabia – Measures Concerning the Protection of Intellectual Property Rights, WT/DS567/R, 16 June 2020, part. 7. 4. 3. 3. 4。

③ 参见马其家、李晓楠：《论我国数据跨境流动监管规则的构建》，载《法治研究》2021 年第 1 期。

时应当更为审慎。

最后,数据本地化措施适用安全例外条款应当秉持技术中立的基本立场。当前,技术中立已成为一项 WTO 的基本原则和一项互联网政策的关键原则。① 因此,数据本地化措施援引和适用安全例外条款也应当秉持技术中立的基本立场。这种基本立场至少体现在两个方面:一方面,应当以中立的视角看待数字贸易中的数字技术和数字技术所可能引发的国家安全风险。数据本地化措施部分源于数字技术对国家基本安全利益所潜在造成的风险。尽管数字技术的广泛运用可能产生甚至扩大风险,但是数字技术本身是中立的,数字技术所造成的风险归根结底缘于技术使用者的意图。因此,不应当以数字技术可能产生风险为由而预设风险进而直接援引安全例外条款采取甚至提前采取数据本地化措施。援引安全例外条款而采取数据本地化措施必须基于已经实际产生的国际关系中的紧急情况及其对国家基本安全利益所造成的风险。另一方面,技术中立的基本立场意味着数据本地化措施适用安全例外条款不应当违反成员方在 WTO 中的具体承诺。实践表明,WTO 争端解决机构通过采用渐进式和技术中立的立场来解释 GATS 规则,因而除非成员方明确提出了限制,否则成员方的具体承诺被假定为涵盖了所有供应方式,因而也包括以数字形式展开的贸易。②这也就意味着,“若某一 WTO 成员就常规服务贸易作出具体承诺,则此类具体承诺的法律效力将延伸至数字服务贸易”③。因此,在 WTO 的法律框架中,基于技术中立的基本立场,数字贸易应当被视为传统国际贸易在数字经济领域中的新发展。各国在援引安全例外条款而采取数据本地化措施以及争端解决机构在审查成员方所采取的数据本地化措施时,应当充分考虑其在国际贸易中所作出的承诺,以延续国际贸易的稳定健康发展。

综上,源于规则本身的局限性,作为一项国际贸易协定中例外安排的安全例外条款存在解释与适用难题。在数字贸易时代,援引安全例外条款采取数据本地化措施同样需要在条约解释和规则适用两个层面展开进一步思考。专就适用层面而言,在条约解释的基础上,数据本地化措施援引安全例外条款需要从安全利益的考量、必要性的判断以及技术中立的角度予以特殊考量。如此方能准确地援引安全例外条款并合理地采取数据本地化措施以避免对数字贸易的发展产生不必要的负

---

① 参见吴峻:《网络中立理论及其对世界贸易组织架构下互联网政策的影响》,载《国际法研究》2015 年第 6 期;彭德雷:《互联网环境下服务贸易市场准入的规制研究》,载《青海社会科学》2014 年第 5 期。

② 参见王海峰:《GATS 框架下的互联网服务管理权限问题研究——兼论我国的应对之策》,载《法商研究》2013 年第 5 期;Susannah Hodson, *Applying WTO and FTA Disciplines to Data Localization Measures*, World Trade Review, Vol. 18:4, p. 582(2019)。

③ 彭岳:《数据本地化措施的贸易规制问题研究》,载《环球法律评论》2018 年第 2 期。

面影响。

三、实例考察:美国"TikTok 事件"中的数据本地化措施

在经济相互依存和数字技术高速创新时代,全球贸易体系面临着贸易多边主义和国家安全的纠结,并且在诸多贸易事件中暴露出一个核心问题,即如何在 WTO 体系内妥善处理国家安全问题。[①] 在这些系列事件中,"TikTok 事件"无疑是其中值得高度关注的事件之一。2020 年 8 月 6 日,时任美国总统特朗普签署行政令,认为中国字节跳动公司所开发的应用程序 TikTok 将其从用户使用中所获取的美国用户数据,包括网络活动、位置信息、搜索记录等发送到中国,潜在威胁了美国的国家安全、外交政策和经济以及用户的信息和数据隐私安全,进而下令在 45 天后禁止任何个人或实体在美国的司法管辖区内与中国字节跳动公司或其子公司进行任何交易。[②] 该行政命令的法律依据是美国国内法中的《国际紧急经济权力法》(IEEPA)和《国家紧急状态法》(NEA)。对此,中国政府认为美国政府的做法属于"泛化国家安全概念",违反了"世贸组织开放、透明、非歧视原则"并呼吁美国政府"停止将经贸问题政治化,停止滥用国家安全概念推行歧视、排他政策"[③]。由此可见,美国在"TikTok 事件"中所采取的相关措施具有浓厚的"国家安全"色彩。尽管相关案件尚未上升到 WTO 争端解决层面且拜登政府上台后"TikTok 事件"似乎也呈现出冷处理的趋势。但是,不难想象,假设这一事件引发 WTO 层面的贸易争端,安全例外必然会成为美国政府的抗辩理由之一。因此,基于国际贸易规则中的安全例外条款而思考美国"TikTok 事件"中的相关措施具有现实的必要性和合理性。[④]

首先需要思考的是,美国政府在"TikTok 事件"中所采取的一系列举措是否属于数据本地化措施? 事实上,单从特朗普所发布的行政令看,行政令所内含的禁止令确实与数据本地化措施存在明显区别,尚无法将相关禁令措施直接定性为数据本地化

---

① See Mona Pinchis - Paulsen, *Trade Multilateralism and U. S. National Security: The Making of the GATT Security Exceptions*, Michigan Journal of International Law, Vol. 41: 1, p. 109 – 110(2020).

② See *Executive Order on Addressing the Threat Posed by TikTok*, Whitehouse Website(Aug, 2020), https://www.whitehouse.gov/presidential-actions/executive-order-addressing-threat-posed-tiktok/. 美国总统换届后,由于白宫网站的更新,相关文本可参见 https://www.federalregister.gov/documents/2020/08/11/2020-17699/addressing-the-threat-posed-by-tiktok-and-taking-additional-steps-to-address-the-national-emergency。

③ 《2020 年 8 月 3 日外交部发言人汪文斌主持例行记者会》,载外交部官网 2020 年 8 月 3 日,https://www.fmprc.gov.cn/web/fyrbt_673021/jzhsl_673025/t1803570.shtml。

④ 值得关注的是,截至本书定稿之日,"TikTok 事件"仍在持续发酵。2024 年 3 月 8 日,美国众议院一致通过了《保护美国人免受外国对手控制应用程序侵害法》(Protecting Americans from Foreign Adversary Controlled Applications Act),要求字节跳动剥离对旗下短视频应用 TikTok 的控制权。

措施。但是,综观总统令发布后的一系列潜在可能性举措看,数据本地化措施的“身影”若隐若现。首先,回溯事件进程,特朗普在行政令发布一周后,再次发布行政令要求中国字节跳动公司在90天内必须完成TikTok美国业务出售交易的交割。① 进一步结合后续的一系列公开的新闻报道看,之后可能发生的交易措施包括“字节跳动向微软出售TikTok”抑或“甲骨文成为TikTok在美国业务的可信赖的技术合作伙伴”。② 其次,从可能发生的相关交易看,交易的后果均为TikTok的“美国化”,即美国公司逐渐开始掌握对TikTok的控制权最终实现对TikTok的掌控。这无疑意味着TikTok背后的数据资源将逐渐由美方所拥有和掌握,并将逐渐存储于美国公司掌控之下的服务器内。这实质上表明“TikTok事件”是中美之间数据控制权博弈的现实体现。③ 最后,考虑到特朗普政府认为美国的网络安全风险源于TikTok中的相关数据被中国政府所获取,因而美国公司掌控数据之后无疑会进一步地限制相关数据的流动以维护其国家安全。因此,从以上角度看,无论是出售还是最终可能实现的技术合作,都极可能构成一种隐性的数据本地化措施。对此,美国国内的相关报道和新闻评论也在侧面予以了一定程度的证实。④ 基于此,即便美国所考量的网络和数据安全潜在属于国际贸易法中的基本安全利益,但需要进一步反思的是,基于现有的公开资料,美国在“TikTok事件”中所潜在实施的数据本地化措施是否能够满足国际贸易规则中安全例外条款的要求?

首先,美国政府在“TikTok事件”中所采取的一系列措施是否符合善意原则有待商榷。成员方遵循善意原则与否对实现条约的宗旨和目的以及提升条约的有效性有着至关重要的作用。遵循善意原则的指引,WTO成员方应当善意地解释和适用WTO规则中的安全例外条款。这意味着,在解释和确定“基本安全利益”时,各国应当基于平衡贸易自由化与国家安全的条约宗旨审慎而行,不宜出于经济和商业目的

① 美国总统换届后,由于白宫网站的更新,相关文本可参见*Regarding the Acquisition of Musical. ly by ByteDance Ltd.*, Federal Register Website, https://www. federalregister. gov/documents/2020 /08/19/2020 - 18360/regarding - the - acquisition - of - musically - by - bytedance - ltd。

② *Microsoft to Continue Discussions on Potential TikTok Purchase in the United States*, Microsoft Website, https://blogs. microsoft. com/blog/2020/08/02/microsoft - to - continue - discussions - on - potential - tiktok - purchase - in - the - united - states/;《甲骨文盘前涨超13%　公司将成为TikTok在美国的“技术合作伙伴”》,载新浪网,http://finance. sina. com. cn/7x24/2020 - 09 - 14/doc - iivhvpwy6650650. shtml? cref = cj。

③ 参见冯硕:《TikTok被禁中的数据博弈与法律回应》,载《东方法学》2021年第1期。

④ *On TikTok, the Trump Administration is Adopting China's Own Vision for the Internet*, Nextgov Website(Sep. 22, 2020), https://www. nextgov. com/ideas/2020/09/tiktok - trump - administration - adopting - chinas - own - vision - internet/168667/; *US' TikTok Grab Could Result in Data Nationalism*, Deccanchronicle Website(Aug. 6, 2020), https://www. deccanchronicle. com/technology/in - other - news/060820/us - tiktok - grab - could - result - in - data - nationalism. html.

而不适当的泛化"基本安全利益"概念,亦不宜将经济和商业目的裹挟入基本安全利益的范畴而肆意妄为。然而在"TikTok 事件"中,美国政府是否完全出于国家基本安全利益的考量而做出一系列决定是存疑的,特别是在后续一系列措施中,美国政府深度参与到 TikTok 的收购环节,这无疑显露出其是出于商业和技术目的的考量而采取一系列措施。如若美国政府并非完全出于国家实际安全所需来衡量其基本安全利益,而是将国家基本安全利益作为一种模糊性概念去涵摄其经济利益考量和技术利益考量,那么美国政府的行为难免被人诟病。此外,极为讽刺的是美国针对 TikTok 的一系列行动与其主张数据跨境自由流动的国际立场截然相反,这也有悖于善意原则的基本要求。[①] 综上,美国政府在"TikTok 事件"中所采取的一系列措施难谓符合作为国际法基本原则之一的善意原则的标准。

其次,美国政府在"TikTok 事件"中所采取的一系列措施是否满足"国际关系中的紧急情况"是存疑的。在"沙特—知识产权案"中,WTO 专家组在裁决中指引了安全例外条款相符性判断要素,而是否存在"战争或者其他国际关系中的紧急情况"便是其中的首要判断要素。[②] 倘若援引安全例外条款进行抗辩,美国政府有可能会依据安全例外条款(b)项中的"国际关系中的紧急情况"予以展开。基于前文分析,一国在国际贸易中所面临的"国际关系中的紧急情况"瞬息万变且无疑具有开放性和特殊性,但若要构成安全例外条款中的"国际关系中的紧急情况"则成员方必须处于基本等同于战争的特定危机情况,且采取的相关措施所拟要保护的基本安全利益应属于国防和军事利益或维持法律和公共秩序的利益,而就"TikTok 事件"背后的国际关系环境看,美国政府显然没有面临此等危机情形。一方面,作为商业视频应用程序,TikTok 所获取的数据更多的是商业数据抑或用户数据,此类数据是否可能与国防和军事利益密切挂钩尚需明确证据予以证明。另一方面,就维持法律和公共秩序的利益而言,尽管相关的用户数据与公共秩序密切相关,但此时是否存在基本等同于战争的危机情况显然是存疑的。因此,从这一角度看,纵然美国政府在"TikTok 事件"中采取一系列措施有诸多理由,但很难满足"国际关系中的紧急

---

① 参见丁婧文:《"TikTok"事件的法律分析——兼谈数据利用国际经贸规则的完善》,载《法治社会》2020 年第 5 期。

② See Report of the Panel, Saudi Arabia – Measures Concerning the Protection of Intellectual Property Rights, WT/DS567/R, 16 June 2020, para. 7. 242. 根据专家组报告,四项判断要素可大致归纳为:(1)是否存在战争或者其他国际关系中的紧急情况;(2)相关措施是否是在战争或者其他国际关系中的紧急情况下所采取;(3)充分阐明其相关的"基本安全利益",从而能够评估这些行动与其基本安全利益的保护之间是否存在任何联系;(4)措施的必要性问题。需要另外说明的是,尽管前述争端所涉及的安全例外条款源于《与贸易有关的知识产权协定》中,但实质上在 WTO"一揽子"协定中,安全例外条款基本承继于 GATT 的安全例外条款。因此,前述争端中专家组的裁决意见也可以转化援用于 GATS 中。

情况”要件。

需要展开思考的是，美国政府也可能通过援引安全例外条款（a）项中的相关规定予以阐释。倘若如此，对这一条款的适用问题仍将回归对“基本安全利益”的考量中。质言之，相关数据信息的披露（无论是主动还是被动）是否会违背其基本安全利益？对此，如前所言，尽管基本安全利益在数字时代能够涵盖网络安全等非传统安全，但是在具体适用的考量中仍应当基于善意原则予以确定。美国政府将经济和科技目的裹挟于基本安全利益之中，其合理性和合法性有待商榷。

最后，美国政府在“TikTok 事件”中所采取的一系列措施是否是其保护基本安全利益“所必需”亦有待考量。如前所言，在安全例外的必要性测试中，WTO 争端解决机构倾向于通过“基本安全利益”与“国际关系的紧急情况”的关联性程度直接判断，且这种判断是建立在成员方充分阐释其基本安全利益的基础上再由争端解决机构进行客观审查的。就“TikTok 事件”而言，美国政府尚未充分公开相关证据证明其所面临的基本安全利益风险。此外，根据 TikTok 所属公司的公开表态，TikTok 美国用户的数据均存储在美国国内并在新加坡留有备份。[①] 倘若确实如此，美国政府所采取的进一步针对性措施是否仍属必需也是存疑的。因此，既有的证据尚无法直接确定相关措施已达到充分的必要性程度，美国政府需要进一步地证明其相关措施在 WTO 层面的合规性。退一步讲，即便美国能够证明相关数据本地化措施的必要性程度，那么是否存在更少贸易限制的替代性措施也需进一步反思，因为美国政府自身也承认“现有的工具和策略已可以帮助缓解网络安全威胁，并在事件发生时将其影响最小化”[②]。既然现有的工具和策略已经可以解决网络和数据安全威胁，那么针对 TikTok 所采取的本地化措施是否仍然是“所必需”的应当值得怀疑。

此外，美国时间 2021 年 6 月 9 日，新任美国总统拜登发布新的行政令，废除了特朗普总统于 2020 年 8 月 6 日针对 TikTok 发布的行政令。[③] 尽管新行政令并未从根本

---

① See Lara Walsh, *What Is TikTok's Privacy Policy? Here's How The Platform Uses Your Data*, Elite Daily Website(Jul. 9, 2020), https://www.elitedaily.com/p/what-is-tiktoks-privacy-policy-heres-how-the-platform-uses-your-data-29006472.

② WTO, Joint Statement on Electronic Commerce Initiative – Communication From The United States, INF/ECOM/5, 25 March 2019, para. 5.1.

③ See Executive Order on Protecting Americans' Sensitive Data from Foreign Adversaries, The White House Website, https://www.whitehouse.gov/briefing-room/presidential-actions/2021/06/09/executive-order-on-protecting-americans-sensitive-data-from-foreign-adversaries/. 新行政令仍然强调“包括中国在内的外国对手拥有或控制或受其管辖的人设计、开发、制造或提供的软件应用程序持续的威胁美国国家安全、外交政策和经济”，因此“联邦政府应当严格的、基于证据来分析评估相关威胁”。我国商务部新闻发言人在例行记者会中也表示了关切。

上改变针对中国软件公司相关应用程度的高压审查，但是，在新行政令中，美国总统拜登同时发布了评估应用程序风险的考量因素，这些考量因素能够为中国政府和中国企业的后续实践提供指引。就美国政府所发布的考量因素来说，从国际贸易法的视阈看，相关考量不完全具有合理性，超出了安全例外条款所界定的正当边界。美国将“受外国对手胁迫或收受的人对应用程序的所有权、控制或管理”以及“连接的软件应用程序的用户数量”等因素作为风险评估的考量因素显然超出了“基本安全利益”考量的合理范畴，而带有将商业目的裹挟基本安全利益考量的意蕴。事实上，与特朗普的行政令如出一辙，拜登所发布的新行政令也试图将经济问题与国家安全相联系。从国际贸易法的角度看，经济利益不应当被列入基本安全利益的考量范围，因此，尽管拜登所签发的新行政令在一定程度纠正了特朗普所签的行政令的错误倾向，但仍有可待商榷之处。

综上，在国家基本安全利益已经演化为包括网络安全和数据安全等非传统安全的现实背景下，数据本地化措施援引安全例外条款具有一定合法性和可行性。但是，相关措施的实施应当遵循善意原则的要求，基于技术中立的立场和视角对基本安全利益的界定和相关措施的必要性判断予以重点考量。以此为标准，美国政府在“TikTok 事件”中所采取的一系列举措尚存诸多现实问题且不符合 WTO 关于安全例外条款的一系列要件要求。

本章小结

国家基本安全利益是贸易自由化进程中各国考量的核心因素之一。鉴于此，WTO 制定了安全例外条款试图实现贸易自由化与国家基本安全利益之间的平衡。进入数字互联网时代，网络安全和数据安全问题成为各国在国家安全考量中的重中之重。网络安全和数据安全是非传统安全在数字互联网领域的现实体现。实践亦表明各国均将网络安全和数据安全利益视为其核心关切并制定了相关政策和法律以维护自身的网络和数据安全利益。在此背景下，数据本地化措施正在成为各国在数字贸易中维护其本国网络安全和数据安全的实践举措。

尽管网络安全和数据安全已成为各国基本安全利益的核心关切，但是，在 WTO 等国际贸易规则体系内，基本安全利益仍然有其特殊考量。实践显示，国家安全的概念正在被各国泛化使用进而对国际贸易的自由化发展产生了负面效应。数字贸易领域，由于安全例外条款的模糊性以及数据本地化措施的新颖性，数据本地化措施能否以及如何适用安全例外条款仍然存在不确定性。问题的关键仍然需要回到国际法规则本身并通过条约解释的方式以明晰安全例外条款的解释与适用。对此，运用动态的演化解释方法有助于厘清安全例外条款中相关术语的现代内涵，对实现安全例外条款在当代的有效运行具有重要意义。安全例外条款中涉及的“基本安全利益”和“国际关系中的紧急情况”均属于国际条约中的一般性术语，可以遵循演化解释的理念结合条约解释的方式展开解释。基于此，网络安全和数据安全可被解释为一国的“基本安全利益”，而构成“国际关系中的紧急情况”则需要在国防和军事利益或维持法律和公共秩序的利益受到紧迫威胁时才可能满足。

就条约的适用而言，数据本地化措施援引安全例外条款具有合法性和可行性。尽管依据安全例外条款，国家享有对其国家基本安全利益的自决权，但是，对国家安全自决权的尊重具有客观的容忍限度。为了避免因安全例外条款的滥用而有悖于贸易自由化发展的基本宗旨与理念，数据本地化措施的实施应当遵循善意原则的要求，并基于技术中立的立场和视角对基本安全利益的界定和相关措施的必要性判断予以重点考量。以此为标准反思美国政府在“TikTok 事件”中实践措施，其尚存诸多现实问题且不符合安全例外条款中所明确规定的一系列要件要求。

第四章

冲突与平衡:数据本地化措施中的“数据隐私保护”问题

经济全球化理念和人权理念是“冷战”结束以来引领国际法与国际制度演进的两大基本理念。[①] 国际贸易领域,以经济全球化为引领的贸易自由化理念与人权理念持续存在冲突并被广泛评论。自 1999 年西雅图事件[②]爆发以来,基于人权话语而对 WTO 展开的批判活动日趋变得流行,并由此引发了学界关于“贸易自由化与人权保护”问题多年的跨国、跨学科论战。[③] 究其缘由,则在于致力于实现贸易自由化的 WTO 规则会对社会的几乎所有环节和领域产生影响,而其中就包括自由化贸易可能会危及对人权的尊重。[④] 正是因为自由贸易对包括人权在内的诸多领域可能产生的深刻影响,贸易联结即“贸易与”现象正在成为各方关注的焦点并成为国际经济制度所面临的核心政策难题之一。[⑤] 可以说,贸易联结随着贸易自由化的发展而产生,并将随着贸易自由化的深入而升华。进入数字贸易时代,数字贸易联结现象产生了诸多新的问题,而数据本地化措施无疑是其中最引人关注的话题。具体而言,数字贸易

---

① See Robert Howse & Ruti G. Teitel, *Beyond the Divide*: *The International Covenant on Economic*, *Social and Political Rights and the World Trade Organization*, in Sarah Joseph et al. eds., The World Trade Organization and Human Rights: Interdisciplinary Perspectives, Edward Elgar Publishing, 2009, p. 39.

② 西雅图事件发生于 1999 年 11 月 30 日至 12 月 3 日,当时 WTO 第三次部长级会议正在美国西雅图召开,但在会议前后,西雅图爆发了大规模游行示威。成千上万的反全球化人士加入进来希望引起 WTO 对贸易环境、劳工标准等方面的关注。电影《西雅图之战》即这一事件的真实反映。相关文献可参见柏建华:《从西雅图会谈失败看世贸组织走向》,载《经济纵横》2000 年第 2 期。

③ 参见李春林:《彼德斯曼与阿尔斯通贸易与人权论战评析》,载《北京航空航天大学学报(社会科学版)》2014 年第 5 期。

④ See Joost Pauwelyn, *The Role of Public International Law in the WTO*: *How Far Can We Go*?, The American Journal of International Law, Vol. 95: 3, p. 539 (2001).

⑤ See Frank J. Garcia, *Trade and Justice*: *Linking the Trade Linkage Debates*, University of Pennsylvania Journal of International Economic Law, Vol. 19: 2, p. 393 (1998); John H. Jackson, *Afterword*: *The Linkage Problem - Comments on Five Problem*, The American Journal of International Law, Vol. 96, p. 118 (2002).

所倚仗的数据跨境自由流动潜在侵蚀着数据背后所承载的隐私安全。由此,作为贸易自由化新表征的数字贸易自由化与属于基本人权的数据隐私权发生了交集并产生了矛盾。数据本地化措施成为数字贸易自由化与数据隐私权这组贸易联结议题的平衡点。在此背景下,值得思考的是,数字贸易时代,数字贸易自由化与数据隐私权如何才能实现由冲突走向平衡?这既是探究贸易联结这一理论问题的现实要求,也是应对数据本地化措施这一实践问题的必然要求。

第一节　基于数据隐私保护之权利考量的数据本地化措施

数据跨境自由流动与数字贸易的发展相辅相成。但是,数据跨境自由流动在助力数字贸易发展的同时,也在数据隐私和消费者保护领域引发了一系列现实问题和现实关切。[①] 就数据隐私而言,在数字互联网空间中,基于数据跨境流动并得益于日新月异的数据分析技术和精准推送技术,隐私空间的神秘面纱被无情扯开并创制出越来越多的“无隐私公众”。[②] 同时,国家物理疆界在大数据时代的淡化使国家监管的难度持续加大,而社会隐私的私密性持续降低亦使个人隐私的保护越发困阻。[③] 在此背景下,数据隐私保护问题正在成为各国日益关注的核心焦点。世界各地的立法者都努力地在保护个人数据隐私和利用数据潜在价值之间找到新的平衡。[④] 由此,各国基于自身数字贸易和数字基础设施的发展情况以及其本国立法传统开创出了不同的监管路径,这些监管路径和政策选择的差异阻碍了数字贸易的发展并削弱了数据所产生的社会经济效益。[⑤] 数据本地化措施即各国对数据隐私保护之监管路径分歧的现实回应与现实写照。因此,进一步分析研究并深度挖掘其中的核心争议焦点具有现实紧迫性和现实意义。这既有利于数据本地化措施监管一致性的实现,也有利于数字贸易自由化的发展。

---

① 参见马其家、李晓楠:《论我国数据跨境流动监管规则的构建》,载《法治研究》2021年第1期。

② 参见［英］约翰·帕克:《全民监控:大数据时代的安全与隐私困境》,关立深译,金城出版社2015年版,第1页;转引自马长山:《智慧社会背景下的“第四代人权”及其保障》,载《中国法学》2019年第5期。

③ 参见赵骏:《“一带一路”数字经济的发展图景与法治路径》,载《中国法律评论》2021年第2期。

④ See Viktor Mayer – Schonberger & Yann Padova, *Regime Change: Enabling Big Data through Europe's New Data Protection Regulation*, Columbia Science and Technology Law Review, Vol. 17:2, p. 317(2016).

⑤ See Margaret Byrne Sedgewick, *Transborder Data Privacy as Trade*, California Law Review, Vol. 105:5, p. 1516(2017).

一、"市场话语"vs"权利话语":美欧间迥异的路径选择

回溯国际贸易数十年的发展历程,同属于高度发达资本主义世界的美国和欧盟在参与贸易全球化的进程中共识远多于分歧。在贸易自由化方面,纵然受到单边主义因素的影响,但美欧均充分强调自由贸易的重要性并致力于推动贸易自由化的发展。然而,在数字贸易自由化方面,尽管美欧均强调数据跨境自由流动的重要性,但在数据隐私保护的重要性和优先性问题上存在分歧进而作出了迥异的监管路径选择。① 尽管美欧均在努力推动数据在全球范围内的自由流动并呼吁网络的自由发展,但相比美国,欧盟对贸易与数字人权之间的平衡给予了更广泛的关注。② 美欧之间就隐私保护路径的选择正在迸发出"跨越大西洋的碰撞"③。既有的学术研究将之归结为"市场话语"与"权利话语"的路径差异。④

就美国而言,数字贸易时代,鉴于数据跨境自由流动的重要性,美国将数字经济和数字贸易的发展置于首位,致力于推动和保障数据跨境自由流动进而充分释放数据流动的经济效能。⑤ 具体而言,美国秉持高度市场化和贸易自由化的原则,在数据跨境流动议题中极为强调数据跨境自由流动,而对于数据隐私保护则将其置于市场的环境下予以考虑。在国际法层面,从既有的自由贸易协定缔结情况看,美国始终致力于推动数据跨境自由流动而过分忽视对数据隐私的保护问题。在美国所签订的第一个包含数据跨境流动议题的自由贸易协定,即美韩自由贸易协定中,相关条款的表述即明确强调了数据跨境自由流动的重要性而对数据隐私保护问题却只字未提。⑥在具有强烈美国色彩的CPTPP数字贸易章节中,尽管涉及个人信息保护条款,但相关

---

① See Jinhe Liu, *China's Data Localization*, Chinese Journal of Communication, Vol. 13:1, p. 84(2020).

② See Susan Aaronson, *Why Trade Agreements are not Setting Information Free: The Lost History and Reinvigorated Debate over Cross-Border Data Flows, Human Rights, and National Security*, World Trade Review, Vol. 14:4, p. 675(2015).

③ James Q. Whitmant, *The Two Western Cultures of Privacy: Dignity Versus Liberty*, The Yale Law Journal, Vol. 113:6, p. 1153(2004).

④ 关于"市场话语"与"权利话语"的界分,可参见解正山:《数据驱动时代的数据隐私保护——从个人控制到数据控制者信义义务》,载《法商研究》2020年第2期;彭岳:《贸易规制视域下数据隐私保护的冲突与解决》,载《比较法研究》2018年第4期;Paul M. Schwartz & Karl-Nikolaus Peifer, *Transatlantic Data Privacy Law*, Georgetown Law Journal, Vol. 106:1, p. 121-137(2017)。

⑤ 参见刘宏松、程海烨:《跨境数据流动的全球治理——进展、趋势与中国路径》,载《国际展望》2020年第6期。

⑥ See U. S. - Korea Free Trade Agreement(KORUS) Article 15.8 "... the Parties shall endeavor to refrain from imposing or maintaining unnecessary barriers to electronic information flows across borders". 当然,在美韩自由贸易协定的其他条款中(Article 15.5)也提到了"在线消费者保护"的问题,这似乎涵盖有数据隐私保护的含义,但从条款的文本看,条款主要针对的是欺诈营销的问题。

条款也仅为原则性规定，“隐私”字样甚至只出现在具体条款的脚注当中；[①]而在USMCA中，虽然协定升级了个人信息保护条款的可操作性，明确了缔约方需遵循的具体国际框架协定及基本原则，[②]但是，结合USMCA中相关条款排除了数据本地化措施的条款安排来看，美国仍然将推动数据跨境自由流动作为优先于数据隐私保护的事项。[③] 此外，在WTO电子商务诸边谈判中，尽管美国在提案中承认数据隐私的重要性，但仍然强调“应当对正在发展中的隐私保护机制予以检查，以使其以对贸易最小限制的方式解决隐私问题，从而在保持合法公共政策目标的同时促进贸易蓬勃发展”[④]。客观地看，美国政府在WTO电子商务诸边谈判提案中的表述并无不妥，但其中所映射出的对当前全球数据隐私保护机制可能对贸易造成过度限制的关切凸显出美国强调数据跨境自由流动优先性的一贯立场。因此，基于美国在自由贸易协定缔结过程中的一系列实践，尽管美国并不否定对数据隐私保护的应有关注，但是其更强调包括数据跨境自由流动在内的数字贸易自由化发展，也更为强调“市场”和“经济利益”的考量。而从国内法层面看，美国针对数据隐私保护的实践也体现出其一贯的立场。根据美国国内法的基本理论，数据本身即属于一种财产，而这也是个人数据之所以可以受到保护的根本原因。[⑤] “美国隐私立法以数据自由流动为原则，个人数据的采集、处理及使用以法律明确禁止为限。”[⑥]综上，得益于其领先于全球的数字基础设施建设，美国始终坚持“市场话语”的理念，并致力于通过鼓励数据跨境的自由流动来巩固其在数字贸易领域的优势和领先地位。

与美国过度强调数字市场和数字贸易自由有所不同，欧盟在推动数据跨境自由流动的同时也充分重视对数据隐私的保护。即便欧盟逐步开始重视数据跨境自由流动议题在数字贸易发展的地位，但其始终未忽略数据隐私保护的重要性。[⑦] 自1970年德国黑森州制定了世界上第一部数据保护专门立法（《德国黑森州资料保护法》）

---

① See CPTPP Article 14.8 “Personal Information Protection”.

② 参见周念利、陈寰琦：《基于〈美墨加协定〉分析数字贸易规则“美式模板”的深化及扩展》，载《国际贸易问题》2019年第9期。

③ See USMCA Article 19.12 “Location of Computing Facilities”.

④ WTO, Work Programme on Electronic Commerce – The Economic Benefits of Cross – border Data Flows: Communication from the United States, S/C/W/382, 17 June 2019, para. 35 “The CTS could also examine the mechanisms being developed that address privacy issues in a manner that is least trade restrictive, allowing trade to flourish while preserving legitimate public policy objectives”.

⑤ 参见程啸：《论大数据时代的个人数据权利》，载《中国社会科学》2018年第3期。

⑥ 解正山：《数据驱动时代的数据隐私保护——从个人控制到数据控制者信义义务》，载《法商研究》2020年第2期。

⑦ 参见冯洁菡、周濛：《跨境数据流动规制：核心议题、国际方案及中国因应》，载《深圳大学学报（人文社会科学版）》2021年第4期。

以来,数据隐私立法在欧盟以及欧洲各国的立法进程中都扮演着重要的角色,并在全球范围内产生着极大的影响力。[①] 就欧盟及其成员国的域内立法而言,包括捷克、希腊、西班牙等众多国家都在其宪法中明确规定或通过司法解释对数据隐私提供宪法层面的保护。[②]《欧洲人权公约》和《欧盟基本权利宪章》也均将隐私权作为一项基本权利而予以保障,[③]由此欧盟及欧盟国家对数据隐私权的重视程度可见一斑。在国际法层面,欧盟在主张数据跨境自由流动的基础上也着重强调了数据隐私保护的重要性。首先,在欧盟的对外关系当中,人权被看作其中的一条"银线"并贯穿于对外贸易关系的方方面面。[④] 在数字贸易领域中,欧盟推行的是一种数据隐私强保护基础上的数据跨境自由流动。欧盟制定并已付诸执行的 GDPR 即欧盟关注数据隐私保护的里程碑,并因其中所制定的诸多措施而被质疑具有数据本地化措施等贸易限制立场。[⑤] 其次,在双边自由贸易协定层面,数据隐私保护始终是欧盟自由贸易协定中数字贸易的核心议题之一。数据隐私保护始终是数字贸易"欧式模板"的典型特征也是欧盟始终坚守的立场,旨在数据隐私安全得以确保的前提下允许数据跨境的自由流动。[⑥] 再次,在多边自由贸易协定谈判中,欧盟也毫不避讳自身对数据隐私保护的基本立场。例如,在 WTO 电子商务谈判中,欧盟提交的提案中即强调应当致力于确保数据跨境自由流动以促进数字经济中的贸易活动,但同时也要对数据和消费者隐私进行保

---

① 关于欧盟国家以及欧盟的数据保护立法史,可参见方芳:《欧盟个人数据跨境流动政策的演变:市场统一与贸易规范》,载《复旦国际关系评论》2019 年第 1 期;张金平:《欧盟个人数据权的演进及其启示》,载《法商研究》2019 年第 5 期;Michael L. Rustad & Thomas H. Koenig, *Towards a Global Data Privacy Standard*, Florida Law Review, Vol. 71: 2, p. 373 – 381 (2019)。

② See Paul M. Schwartz & Karl – Nikolaus Peifer, *Transatlantic Data Privacy Law*, Georgetown Law Journal, Vol. 106: 1, p. 126 (2017).

③ See European Convention on Human Rights Article 8 "Right to respect for private and family life"; Charter of Fundamental Rights of The European Union Article 8 "Protection of personal data".

④ 参见蒋小红:《贸易与人权的联结——试论欧盟对外贸易政策中的人权目标》,载《欧洲研究》2016 年第 5 期。

⑤ 参见王志安:《云计算和大数据时代的国家立法管辖权——数据本地化与数据全球化的大对抗?》,载《交大法学》2019 年第 1 期;田晓萍:《贸易壁垒视角下的欧盟〈一般数据保护条例〉》,载《政法论丛》2019 年第 4 期;张继红:《个人数据跨境传输限制及其解决方案》,载《东方法学》2018 年第 6 期;Anupam Chander, *Is Data Localization a Solution for Schrems* Ⅱ?, Journal of International Economic Law, Vol. 23: 3, p. 777 (2020); Han – wei Liu & Shin – yi Peng, *The Legality of Data Residency Requirements: How Can the Trans – Pacific Partnership Help*?, Journal of World Trade, Vol. 51: 2, p. 191 – 192 (2017)。

⑥ 参见周念利、陈寰琦:《数字贸易规则"欧式模板"的典型特征及发展趋向》,载《国际经贸探索》2018 年第 3 期。

护。[①] 最后,欧盟在数据隐私保护领域的立法和执法实践在全球范围内形成了极强的"布鲁塞尔效应"。[②] 自 GDPR 实施以来,欧盟严苛的执法和 GDPR 中"充分性"认定的高标准强有力地推动了各国在数据跨境流动中的数据隐私保护问题。目前,欧盟的数据跨境流动监管呈现法律输出特征,其意在成为全球数据规则和标准的制定者。[③] 例如,韩国的相关法律和数据隐私保护的规制路径即受到了欧盟的深刻影响。[④] 综上,基于欧盟各国关注基本人权的历史理念,欧盟在推动数据跨境自由流动的进程中始终强调对数据隐私的保护,因而形成了具有其独特特色的监管路径。

通过对比美欧间迥异的路径选择,不难发现,过于强调自由的美式路径与坚守数据隐私保护的欧式路径事实上站在了天平的两端。尽管两者之间存在足够的空间能实现相互间的协调、兼容与匹配,但是,既有的实践一再表明,实现两者之间的对立统一绝非易事。针对美欧之间的路径分歧,美欧间先后达成了"安全港框架"和"隐私盾框架"。然而,前者于 2015 年 10 月被欧盟法院宣判无效,其理由之一是欧盟委员会怠于履行职责以保证相关措施在实践中能够有效地确保第三国对于个人数据的保护在实质上与欧盟所提供的数据保护等同。[⑤] 而后者也于 2020 年 7 月 16 日被欧盟法院判决无效,其理由之一也是美国的国内法难以满足欧盟对于个人信息数据保护的基本要求。[⑥] 某种程度看,"安全港框架"和"隐私盾框架"成为美欧在数据流动议题

---

① See WTO, Joint Statement on Electronic Commerce – EU Proposal for WTO Disciplines and Commitments Relating to Electronic Commerce: Communication from the European Union, INF/ECOM/22, 26 April 2019, para. 2.7 – 2.8.

② 所谓"布鲁塞尔效应"是指欧盟基于并凭借其市场力量单方面监管全球市场的能力,参见 Anu Bradford, *The Brussels Effect: How the European Union Rules the World*, Oxford University Press, 2020, p. 1。

③ 参见金晶:《欧盟的规则,全球的标准? 数据跨境流动监管的"逐项竞争"》,载《中外法学》2023 年第 1 期。

④ 参见姚旭:《欧盟跨境数据流动治理:平衡自由流动与规制保护》,上海人民出版社 2019 年版,第 93 – 96 页。此外,韩国为了能够达到欧盟 GDPR 中关于数据流转"充分性"机制的要求,专门修改了其本国的《个人信息保护法》进而与欧盟达成了联合声明,如若最终完成后续程序性事宜,韩欧之间将实现数据跨境的自由流动,可参见 *Joint Statement by Commissioner Reynders and Yoon Jong In, Chairperson of the Personal Information Protection Commission of the Republic of Korea*, European Commission Website (Mar. 30, 2021), https://ec.europa.eu/commission/presscorner/detail/en/statement_21_1506。

⑤ See Judgment of the Court, *Maximillian Schrems vs. Data Protection Commissioner (Case C – 362/14)*, Court of Justice of the European Union Website (Oct. 6, 2015), https://curia.europa.eu/juris/document/document.jsf? text = &docid = 169195&pageIndex = 0&doclang = EN&mode = req&dir = &occ = , para. 74 – 75.

⑥ See Press Release No. 91/20, *The Court of Justice invalidates Decision* 2016/1250 *on the adequacy of the protection provided by the EU – US Data Protection Shield (Case C – 311/18)*, Court of Justice of the European Union Website (Jul. 16, 2020), https://curia.europa.eu/jcms/upload/docs/application/pdf/2020 – 07/cp200091en.pdf.

上的理念之争、规则之争和话语之争。[①] 美欧在看待数据跨境流动与数据隐私保护上的立场差异与观点分歧也使双方在参与双边贸易协定的谈判中寻求着不同的关注点，这在一定程度上加剧了国际贸易规则的碎片化发展趋势。[②] 因此，需要进一步思考的是，美欧间的路径分歧究竟源于何处？尽管两者之间可能在政治和数字经济的发展方面存在分歧，但是，回归问题的本质，是否还存在其他更为深刻的根源是当前有待进一步挖掘的。只有厘清这些问题才能更有助于平衡各方之间的立场分歧进而推动数字贸易健康有序的发展。

二、"贸易自由化"vs"数据隐私权"：数字贸易与人权的联结

尽管国际贸易自由化发展已经成为不可逆的趋势且国际贸易自由化发展为全球社会整体福利的增长带来了切切实实的好处。但是，过去数十年的实践表明，贸易自由化并非只有单向的益处，也可能引发一系列的不良风险。在此之中，贸易自由化对基本人权所产生的负面影响使贸易自由化与基本人权的冲突问题得到了越来越多的关注和重视。早在2000年，联合国即在报告中毫不隐讳地批判了以WTO为代表的国际贸易自由化体制，并指出了贸易自由化进程中存在的诸多有悖于人权理念的现实问题。[③] 由此可见，即便贸易自由化与基本人权间的冲突不属于固有冲突，但至少也已广泛存在。贸易自由化与健康权[④]、发展权[⑤]等基本权利之间的冲突都是这一问题的现实写照。这一系列问题都被统归于贸易联结问题，[⑥]而基于数据隐私保护采取数据本地化措施以及美欧的路径选择差异归根结底也属于贸易联结问题。质言之，从本质上看，无论是各国采取数据本地化措施时对数据隐私保护的关切，还是美欧监管路径选择的差异，其核心仍然可归结于贸易与人权这一经典的贸易联结议题，而数

① 参见单文华、邓娜：《欧美跨境数据流动规制：冲突、协调与借鉴——基于欧盟法院"隐私盾"无效案的考察》，载《西安交通大学学报（社会科学版）》2021年第5期。

② 参见时业伟：《跨境数据流动中的国际贸易规则：规制、兼容与发展》，载《比较法研究》2020年第4期。

③ See Economic and Social Council, The Realization of Economic, Social and Cultural Rights: Globalization and Its Impact on the Full Enjoyment of Human Rights - Preliminary Report Submitted by J. Oloka - onyango and Deepika Udagama, In Accordance with Sub - commission Resolution 1999/8, E/CN. 4/Sub. 2/2000/13, 15 June 2000, para. 13 - 19.

④ 参见古祖雪：《国际法：作为法律的存在和发展》，厦门大学出版社2018年版，第413-418页。

⑤ 参见王国锋：《论WTO中的发展权》，载《北方法学》2015年第3期；Wolfgang Benedek, *The World Trade Organization and Human Rights*, in Wolfgang Benedek, Koen De Feyter and Fabrizio Marrella eds., Economic Globalisation and Human Rights, Cambridge University Press, 2007, p. 137 - 169。

⑥ 关于"贸易联结"的概念，目前学界尚无准确定论。学者通常所指的"贸易联结"是在贸易自由化与人权保护等社会生活方面创建的某种制度性联结，以使两者能够同步进展。参见李春林：《贸易自由化与人权保护关系研究》，法律出版社2016年版，第51-52页。

据本地化措施即贸易与人权这一贸易联结议题在数字贸易时代的聚焦点。

首先,对数据跨境自由流动的强力推动和追逐是贸易自由化在数字贸易领域的典型体现。如前文所言,数字贸易背景下,数据跨境自由流动是全球经济贸易发展的自发过程与必然结果。数字贸易自由化发展有赖于数据跨境自由流动。因此,从某种程度上看,对数据跨境自由流动的追求就是对数字贸易自由化的追求。事实上,由于数据流动是数字产业赖以生存的基础,推动数据存储的非强制本地化和数据跨境的自由流动也一直是美国在数字贸易领域的工作和谈判重点。① 美国在其参与构建的自由贸易协定中的数字贸易条款也旨在确保建立一个相当自由的制度体系,包含制定与数据跨境自由流动相关的规则体系。② 这无疑体现出一种高度贸易自由化的立场倾向。

其次,步入数字时代,数据隐私权是人权在数字时代的现实体现,其已经成为一项基本人权并在现实生活中扮演着日益重要的角色。③ 数字时代凸显人的“数字属性”④,由此,人权形态正在面临数字化所带来的前所未有的改造和重塑。⑤ 为了适应数字时代的客观发展要求,转变人权理念并推动人权观由物理世界向数字世界转型升级具有现实的必要性与紧迫性,而数据隐私权无疑是其中关注的核心焦点。联合国大会亦对数字时代的隐私权予以了明确支持并强调了其重要性。⑥ 事实上,数据隐私权议题的日趋火热具有其必然性。数字时代,物理世界与数字世界的界分已然失去了其原本的意义,个人的消费数据、出行数据等都已转化为生产要素而在国际贸易中扮演着重要的角色。然而,“在新技术条件下,当‘可隐性’逐步瓦解,隐私的成立和维护变得岌岌可危”⑦。由此,在数字时代,隐私权的保护面临着全新的时代困境。⑧ 在此背景下,包括数据隐私权在内的数字人权的出现是对数字环境下个人的基本权利的现实制度回应并日益成为各国在数字贸易协定中的谈判基本立场。这也正如欧

---

① 参见陈寰琦、周念利:《从 USMCA 看美国数字贸易规则核心诉求及与中国的分歧》,载《国际经贸探索》2019 年第 6 期。

② See Mira Burri, *The Regulation of Data Flows Through Trade Agreements*, Georgetown Journal of International Law, Vol. 48: 1, p. 418 – 430(2017).

③ 需要说明的是,也有学者对“数字人权”的论述提出了质疑,认为数字人权并不构成基本权利。可参见刘志强:《论“数字人权”不构成第四代人权》,载《法学研究》2021 年第 1 期。

④ 参见龚向和:《人的“数字属性”及其法律保障》,载《华东政法大学学报》2021 年第 3 期。

⑤ 参见马长山:《迈向数字社会的法律》,法律出版社 2021 年版,第 128 页。

⑥ See UN News, *General Assembly Backs Right to Privacy in Digital Age*, United Nations Website(19 December 2013), https://news.un.org/en/story/2013/12/458232 – general – assembly – backs – right – privacy – digital – age.

⑦ 余成峰:《信息隐私权的宪法时刻——规范基础与体系重构》,载《中外法学》2021 年第 1 期。

⑧ 参见马长山:《数字时代的人权保护境遇及其应对》,载《求是学刊》2020 年第 4 期。

盟委员会所强调的,“数据保护不是繁文缛节(red tape)或关税问题,这是一项基本权利,因而是不可协商的”[①]。由此可见,数据隐私权是隐私权在数字时代的数字体现,也是数字时代数字人权的核心构成并作为一项基本人权而被越来越多的国家所重视。

最后,数字贸易自由化与包括数据隐私权在内的数字人权存在紧密联系。国际贸易法与人权之间的关系是21世纪初国际律师所面临的核心问题之一,[②]而国际贸易法与人权法之间相互关系的性质与紧密程度也逐渐成为广泛讨论的主题。[③] 在国际贸易法视阈下,数据隐私保护可以通过多种方式转化成为贸易问题。[④] 这深刻地体现出贸易自由化与隐私权之间的密切联系。一方面,数据隐私权已经成为各国制定和执行数字贸易政策的核心关切和重要考量因素。这一因素的重要程度随着数字贸易发展进程的加快以及数据隐私泄露事件的频发而日益凸显。而且,数据隐私权背后潜在的数据隐私保护问题也是各国国家安全考虑的核心内容之一。不同国家或地区基于不同的政策立场和核心关切而制定不同的数据隐私保护标准和采取不同的数据隐私保护路径,也可能引发新型的数字贸易壁垒进而对国际贸易的自由化发展产生影响。另一方面,数字贸易自由化发展不可避免地会对数据隐私权造成潜在威胁。数字技术的发展和数据流动的便捷消散了物理世界的实体边界进而削弱了个人对数据的控制。数据流动的过程将可能挤压个人数据保护的边界,进而对数字人权形成干涉。[⑤] 同时,在数字贸易中,大数据技术的发展和运用也改变了公共空间与私人空间的社会构型,使原有的公域与私域之分难以为继。[⑥] 数据隐私因而面临潜在威胁,数据隐私权保护的呼声也因而高涨。由此可见,数字贸易自由化与包括数据隐私权在内的数字人权唇齿相依,互相影响,处于紧密联系之中。随着数据传输,尤其是涉及个人数据的数据传输在全球经济中变得越来越重要,数据隐私保护和国际贸易领

---

① *Speech - Towards a more Dynamic Transatlantic Area of Growth and Investment*, European Commission Website(Oct. 29,2013), https://ec.europa.eu/commission/presscorner/detail/en/SPEECH_13_867.

② See Philip Alston, *Resisting the Merger and Acquisition of Human Rights by Trade Law: A Reply to Petersmann*, European Journal of International Law, Vol. 13:4, p. 818(2002).

③ See Carlos Manuel Vázquez, *Trade Sanctions and Human Rights - Past, Present, and Future*, Journal of International Economic Law, Vol. 6:4, p. 797(2003).

④ See Diane A. MacDonald & Christine M. Streatfeild, *Personal Data Privacy and the WTO*, Houston Journal of International Law, Vol. 36:3, p. 629 - 630(2014).

⑤ 参见陈兵、徐文:《数据跨境流动的治理体系建构》,载《中国特色社会主义研究》2021年第4期。

⑥ 参见郑戈:《在鼓励创新与保护人权之间——法律如何回应大数据技术革新的挑战》,载《探索与争鸣》2016年第7期。

域的关系也将变得越来越密切。[1]

尽管美欧在数据跨境流动和数据隐私保护的路径分歧凸显出数字贸易自由化与数据隐私权这一贸易联结问题在数字贸易时代的重要性。但是,这并不意味着只有美欧间存在这一贸易联结问题。事实上,数字贸易自由化与数据隐私权这一贸易联结问题在全球范围内广泛存在。这缘于数字贸易已经成为国际贸易发展的新阶段并已在全球范围内广泛开展。同时,由于数字贸易的发展天生具有跨国界性质。因此,数字贸易自由化与数据隐私权这一贸易联结问题相比过去传统的贸易联结问题具有覆盖人群更广和席卷速度更快的新特征。这意味着,任何参与到数字贸易的国家与个人都无法回避数字贸易自由化与数据隐私权的冲突问题。随着数字贸易进程的加快,数字贸易自由化与数据隐私权的冲突问题也会以更快的速度和更高的频率席卷全球,而数据隐私保护议题在全球数字贸易规则谈判中的日趋火热无疑是这一趋势的现实写照与体现。综上可知,在数字贸易高速发展的当下,应对数字贸易自由化与数据隐私权这一全新的贸易联结议题具有现实紧迫性与重要性。

面对全新的贸易联结议题,数据本地化措施无疑是数字贸易自由化与数据隐私权这一贸易联结议题的纽带。因为数据本地化措施广泛存在的动因之一便是数据隐私的保护问题。数据本地化措施无疑已经成为数字贸易自由化与数据隐私权这一贸易联结中的平衡点。尽管数据本地化措施的存在并不利于数字贸易自由化的实现,但是,合理限度内的数据本地化措施能够有效地降低数据隐私在数据跨境流动过程中所面临的风险。因此,问题的实质将被归结为如何能够更好地掌控数据本地化措施的“量”和“度”以使其能够更好地平衡数字贸易自由化与数据隐私权的对立冲突进而实现数字贸易的良性发展。这既是问题的现实体现也是问题解决的逻辑原点。

三、现状下数字贸易自由化与数据隐私保护的冲突

无论是以《世界人权宣言》为引领的国际人权法还是以 WTO 为代表的国际贸易法,两者都是现行国际法的重要组成部分,因而两者均应得到尊重和切实的履行。理论上讲,贸易利益与人权利益应处于一种平等的关系而予以同等重视与关注,但是,在实践中,受政治经济等多重因素的影响,人权利益并未受到与贸易利益同等的关注因而在与贸易利益的“对抗”中处于劣势地位。例如,TRIPs 及后 TRIPs 时代自由贸

---

① See Julian Rotenberg, *Privacy before Trade: Assessing the WTO – Consistency of Privacy – Based Cross – Border Data Flow Restrictions*, University of Miami International and Comparative Law Review, Vol. 28: 1, p. 119(2020).

易协定所确立的高标准的知识产权保护标准加剧了发展中国家的药品可及性困境进而造成了发展中国家人民的健康权危机。① 数字贸易时代,尽管贸易自由化与数据隐私保护的重要性得到了各国的普遍承认,但是,数据隐私权并未得到普遍且充分有效的保护。换言之,人权属性的数据隐私保护利益在与贸易利益的竞争中处于相对劣势地位,究其根本,即在于数字贸易自由化与数据隐私保护之间所存在的冲突。

贸易与人权的冲突并非一个全新的话题。国际贸易法律体系与国际人权法律体系之间的制度差异及其扩张以及两者间互动的不足导致了两者间冲突的发生。② 步入数字时代,贸易与人权制度间的沉疴痼疾在贸易自由化与数据隐私保护问题中仍然存在。贸易自由化与数据隐私保护在价值目标以及制度功能上的对立使两者间的平衡与协调存在与早期贸易联结问题所面临的相同的困难。当然,贸易自由化与数据隐私保护之间的制度冲突也呈现出了较以往问题不同的新特点。例如,相较于过去的传统贸易联结议题,贸易自由化与数据隐私保护的联结议题具有更强烈的技术色彩,因而对问题的处理离不开对技术伦理的反思。对此,贸易自由化与数据隐私保护的利益平衡需要秉持技术中立的基本立场并有赖于对技术使用者进行适当的监管和限制以实现对技术的把控。此外,贸易自由化与数据隐私保护的利益平衡不仅体现出贸易与人权的议题联结,还体现出人权议题内部的关系处理问题。这是因为,数据本地化措施等限制数据跨境自由流动措施在保障数据隐私保护的同时还可能关涉到数据和信息的获取自由问题。③ 因此,基于以上分析,贸易自由化与数据隐私保护的贸易联结议题继承了贸易与人权议题的沉疴并呈现出新的特征,而步入数字贸易时代,数字贸易自由化与数据隐私保护的冲突也在价值追求、规则制定等诸多方面呈现出冲突样态。

首先,数字贸易自由化与数据隐私权在价值追求上相背离进而产生了相互抵触的规则义务设定。以 WTO 为代表的国际贸易法律体系和国际人权法律体系天然具有不同的哲学基础和价值目标。④ 数字贸易自由化所追求的贸易效率价值强调数据跨境的自由流动进而将限制数据跨境自由流动的措施视为贸易壁垒,因而要求各国能够尽可能地消除数字贸易中限制数据跨境自由流动的监管措施和贸易限制;而数

---

① 参见张明:《后 TRIPS 时代的药品专利保护:趋势、影响与因应——以发展中国家的立场为视角》,载《国际经济法学刊》2021 年第 2 期。

② 参见李春林:《国际法上的贸易与人权问题研究》,武汉大学出版社 2007 年版,第 110 - 114 页。

③ See Susan Aaronson, *Why Trade Agreements are not Setting Information Free: The Lost History and Reinvigorated Debate over Cross - Border Data Flows, Human Rights, and National Security*, World Trade Review, Vol. 14:4, p. 677 (2015).

④ See Sarah Joseph, *Blame it on the WTO?: A Human Rights Critique*, Oxford University Press, 2011, p. 55.

据隐私权则强调数据隐私的保护进而将数据隐私保护视为一项基本人权予以保护，因而在追求数据跨境流动时设定了强制性的义务性规范以保障数据隐私安全。优先与劣后的划分无疑使两者间存在制度上的冲突进而使包括数据本地化措施在内的数据流动监管措施成为各国监管协调的核心议题。

其次，国际贸易规则强势介入数据隐私保护领域但却未能充分制定有效的数据隐私保护规则。实践表明，长期以来，国际贸易规则奉行“积极一体化”的扩张性政策，将原本不属于国际贸易的议题纳入自身的调整范围之内。① 作为规范商品和服务跨境贸易的国际贸易法正试图为跨境数据隐私保护提供规则框架。② 具体而言，国际贸易规则强势介入数据隐私保护领域并力图构建具有强制力的数据隐私保护规则进而最大限度地便利数据跨境自由流动。在新近达成的自由贸易协定中，关于数据隐私保护的条款已经成为其中的主流条款之一，但是，无论是多边、区域还是双边层面，自由贸易协定均未能制定具有明确执行力的制度规则而是仅停留在原则性规范层面。例如，RCEP 中的相关条款仅要求缔约方采取或维持相关的法律框架并宽泛地规定了一些原则性的条款。在未能为数据隐私保护提供有效制度规范的背景下，国际贸易规则对数据隐私领域的介入无疑不利于数据隐私保护进而可能对数据隐私权乃至数字贸易的整体发展产生负面影响。

再次，在国际贸易法视阈下，国际贸易法与主权国家基于数据隐私保护所采取的国内监管措施存在冲突可能性。基于前文的分析，尽管包括数据本地化措施在内的国内监管措施具有正当性，但其在具体适用的过程中可能与推动贸易自由化的国际贸易规则相抵触，而超出必要性限度的数据本地化措施无疑是这一抵触的现实体现。对此，有学者指出，“GATS 义务似乎与关于跨境数据流动的立法规定相抵触，因为后者可能通过限制个人数据的传输来抑制甚至阻止国际服务的提供”③。由此，数据隐私保护规则无疑会给服务贸易的自由化发展带来挑战。④ 这些规则的冲突即数据隐私权与贸易自由化之间冲突的现实体现之一。

最后，国际法的碎片化发展趋势无疑在一定程度上加剧了国际贸易法与国际人

---

① See Ernst – Ulrich Petersmann, *From "Negative" to "Positive" Integration in the WTO: Time for Mainstreaming Human Rights into WTO Law?*, Common Market Law Review, Vol. 37: 6, p. 1363(2000).

② See Margaret Byrne Sedgewick, *Transborder Data Privacy as Trade*, California Law Review, Vol. 105: 5, p. 1515(2017).

③ Christopher Kuner, *Transborder Data Flows and Data Privacy Law*, Oxford University Press, 2013, p. 52.

④ See Yi – Hsuan Chen, *The EU Data Protection Law Reform: Challenges for Service Trade Liberalization and Possible Approaches for Harmonizing Privacy Standards into the Context of GATS*, Spanish Yearbook of International Law, Vol. 19, p. 211(2015).

权法之间的制度冲突。国际法的碎片化发展势必会引发国际法制度的"部门主义"和"区域主义"倾向进而引发国际实体法规则之间的冲突。[①] 尽管国际贸易法与国际人权法分属国际法的两个独立领域,但是两者相互交织密切联系。两者在价值目标上的差异使两者依照自身目标制定规则时无法完全顾及彼此间的协调互动,因而两者间的制度冲突难免发生。各国家行为体、国家联盟或者国际组织基于数据隐私考量所制定的制度规则不可避免地会对国际贸易的发展产生或多或少的负面影响。欧盟GDPR所引发的争议即这一现象的现实体现。因此,作为国际贸易法与国际人权法的当代体现,国际法的碎片化发展趋势使得数字贸易自由化与数据隐私保护间难免会存在制度冲突进而会对数字贸易的发展形成掣肘。

数据本地化措施即数字贸易自由化与数据隐私保护这对矛盾冲突的现实体现。一方面,尽管数据本地化措施并非国际人权法体系内明确规定的用以保护数据隐私权的基本措施,但是数据本地化措施致力于保护数据隐私权的初衷是明确的。数字信息时代,诸多新型的国际贸易壁垒产生的原因之一即在于个人数据信息全球扩散与不同国家对个人数据信息保护差异之间所存在的矛盾。[②] 欧盟法院所裁决的数据隐私诉讼案,虽未直接创设关于数据本地化措施的法律制度,但却凸显了美欧之间在数据隐私保护方面不可调和的实践与理论冲突。[③] 这也使数据本地化措施成为跨境数据流动议题分歧中仅存的弹性解决方案。[④] 由此不难理解,数据隐私保护已然成为数据本地化措施产生的原因之一,或者说,数据本地化措施是各国保护数据隐私权的核心监管措施之一。另一方面,新近达成的自由贸易协定表明,自由贸易协定给予了数据跨境自由流动极高的关注并尝试通过贸易协定的方式协调各国的政策立场进而影响各国对数据跨境自由流动问题所采取的政策措施。其中,数据本地化措施无疑是其中的核心议题。由此可见,数据本地化措施已经成为贸易自由化与数据隐私权这一数字贸易时代的贸易与人权联结议题的交叉点。

综上,在法律视野下,就贸易自由化与数据跨境流动议题而言,以美欧为代表的截然不同的政策与监管路径反映出数字贸易自由化与数据隐私保护这一对数字贸易时代的贸易联结新议题,而在此之中,数据本地化措施则是这一贸易联结新议题的现实体现和矛盾焦点。数字网络时代,数据隐私保护的重要性已然无须赘言。缘于技术的进步,贸易和隐私保护之间的联系变得越来越密切,其使数据信息可以轻松流动

---

① 参见古祖雪:《国际法:作为法律的存在和发展》,厦门大学出版社 2018 年版,第 177 页。

② 参见侯富强:《基于个人信息保护的国际贸易壁垒及其法律应对》,载《法学论坛》2015 年第 3 期。

③ See H. Jacqueline Brehmer, *Data Localization: The Unintended Consequences of Privacy Litigation*, American University Law Review, Vol. 67:3, p. 930 (2018).

④ 参见郑玲丽:《区域贸易协定数据本地化与例外问题研究》,载《国际商务研究》2020 年第 4 期。

进而暴露出两者间的紧张局势。[①] 在此背景下，讨论如何才能更好地平衡数据隐私保护与数据跨境自由流动应当首先考虑贸易自由化与数据隐私权之间的互动关系。这是实现贸易自由化与数据隐私权利益平衡的必然要求也是实现两者之间良性互动的基本前提。

第二节　数字贸易自由化与数据隐私权的关系互动与路径选择

既有关于数据本地化措施的研究表明，尽管经济贸易发展与人权保护之间的平衡互促被广泛强调，但是，在现有的数字贸易法律与政策中，欧盟模式注重对人权的保护，即在满足特定的条件时，数据可以跨境自由流动，而美国模式则倾向于数据跨境的自由流动，只有在特殊情况下才允许减损。[②] 事实上这一现象的实质仍然将被归结为贸易自由化与人权之间的关系互动问题，即贸易联结问题。谈及贸易联结议题，贸易自由化与人权之间的关系互动无疑是其中的核心问题。[③] 既有实践表明，贸易自由化与基本人权保护的价值选择和立场站位是各国数据跨境自由流动和数据本地化监管实践差异化发展日趋强烈的根源之一。各国对于贸易自由化与数据隐私权关系互动的价值选择和观点差异决定了数字贸易时代各国在参与全球贸易治理中的政策立场，同时，各国对于贸易自由化与数据隐私权的观点差异与路径选择决定了数字贸易时代各国在参与数字贸易协定谈判中的观点立场。由此可见，回归对数字贸易自由化与数据隐私权关系互动的讨论是探索数字贸易时代数据隐私保护和推动数字贸易自由化平衡发展的理论起点。数据本地化措施是平衡数字贸易自由化与数据隐私保护之砝码，探索并尝试厘清数字贸易自由化与数据隐私权的关系互动也是协调全球纷繁复杂的数据本地化措施的应然要求。因此，厘清贸易自由化与数据隐私权的

---

① See Mira Burri, *Interfacing Privacy and Trade*, *Case Western Reserve Journal of International Law*, Vol. 53:1, p. 37(2021); Susan Aaronson, *Why Trade Agreements are not Setting Information Free: The Lost History and Reinvigorated Debate over Cross - Border Data Flows, Human Rights, and National Security*, World Trade Review, Vol. 14:4, p. 672(2015).

② 参见赵骏、向丽：《跨境电子商务建设视角下个人信息跨境流动的隐私权保护研究》，载《浙江大学学报(人文社会科学版)》2019 年第 2 期。相关研究成果还可进一步参见胡炜：《跨境数据流动立法的价值取向与我国选择》，载《社会科学》2018 年第 4 期；黄宁、李杨：《“三难选择”下跨境数据流动规制的演进与成因》，载《清华大学学报(哲学社会科学版)》2017 年第 5 期。

③ See Gao Pengcheng, *Rethinking the Relationship Between the WTO and International Human Rights*, Richmond Journal of Global Law & Business, Vol. 8:3, p. 397 - 398(2009).

关系进而探索平衡两者关系的路径选择,对中国制定行之有效的国内规则和参与完善全球数据本地化措施和数据跨境自由流动规则具有重要的现实意义。

一、数据隐私权在数字贸易自由化进程中的理性定位

人权在贸易法中的地位问题是讨论国际人权法与WTO法律制度关系所亟待解决的问题。① 数字贸易的发展依托经济全球化的深入推进。步入全球化时代,全球化的发展既为基本人权的实现创设了条件也对基本人权的保护造成了风险和挑战。② 就风险与挑战而言,全球化时代,"数据信息既可能会增进人权、发展人权,也可能会威胁人权、侵蚀人权"③,而数字互联网技术和数字贸易的发展所带动的数据跨境流动无疑加剧了数据隐私保护的风险。为此,强化数据隐私保护已具有越来越强烈的现实需求并得到了越来越广泛的认可。在数字贸易的发展进程中,尽管数据隐私权与数字贸易自由化存在冲突,且对数据隐私权的保护可能阻碍贸易自由化的发展,但同时需要认识到的是,数据隐私权在数字贸易的发展进程中也一定程度上扮演着积极的角色定位。这种角色定位是由数据隐私权在数字贸易自由化进程中所发挥的功能决定的。换言之,数据隐私权所发挥的作用决定了其在数字贸易自由化进程中的定位。对此,从宏观视角看,包括数据隐私权在内的基本人权在贸易发展进程中至少发挥着两大基本功能,即"一是用作打开想象多边贸易体制的应有集体目的的空间;二是用作改进多边贸易体制公正性的伦理基准"④。质言之,人权为多边贸易体制的发展设定了应有的目的并为多边贸易体制的优化提供了指引。进一步落脚于数据隐私权这一微观视角,数据隐私权作为人权新标杆对数字贸易的良性发展有着指引、促进和评价的积极意义,而数据隐私权在数字贸易发展进程中的积极作用也深刻地决定着数据隐私权在数字贸易自由化进程中的定位。

首先,从国际贸易规则制定的角度看,数据隐私权在一定程度上居于数字贸易规则发展的指引地位,指引数字贸易规则制定的应然面向。尽管人权秉持着一种截然不同于贸易自由化的价值立场和价值取向,但是这并不意味着人权与贸易自由化天然就处于绝对的对立地位。人权在国际贸易发展进程中提供着一种独立的价值指引

---

① See Thomas Cottier, Joost Pauwelyn & Elisabeth Bürgi Bonanomi, *Linking Trade Regulation and Human Rights in International Law: An Overview*, in Thomas Cottier, Joost Pauwelyn and Elisabeth Bürgi eds., Human Rights and International Trade, Oxford University Press, 2005, p. 3.

② See C. Sheela Reddy, *Globalisation - A Human Rights Perspective*, World Affairs: The Journal of International Issues, Vol. 12: 2, p. 84 - 85(2008).

③ 马长山:《智慧社会背景下的"第四代人权"及其保障》,载《中国法学》2019年第5期。

④ 李春林:《贸易自由化与人权保护关系研究》,法律出版社2016年版,第464页。

以避免国际贸易过度追求经济和效率价值。更重要的是,在价值指引之外,人权还扮演着一种制度指引的角色。人权为实质性调整贸易政策和贸易制度提供了规范框架并为贸易政策制定者在重新设计国际贸易体系以及在做出艰难选择时提供指引和帮助。[①] 当前,全球贸易环境动荡,全球贸易规则正面临重塑。在数字贸易规则建构过程中,恰恰缘于数据隐私权的重要性和数据隐私权保护的迫切性,基于权利话语体系的呼声才能够在数字贸易规则的制定过程中得到广泛的支持,而欧盟在数字贸易规则中高度重视数据隐私保护并将其视为一项基本人权予以强调正是数据隐私权指引地位的现实体现。基于权利话语体系的呼声也进一步推动数字贸易规则赋予了数据隐私议题专门地位并规定专门条款来强调其重要性和紧迫性,这就为数据隐私在国际贸易法框架内得到保护提供了可能;而越来越多国家在其国内法制定过程中对数据隐私保护议题的高度关注也是数据隐私权指引地位的现实体现。就数据本地化措施而言,数据本地化措施在全球多国中的广泛采用在一定程度上也是数据隐私权指引作用和指引地位的体现。尽管基于数据隐私权指引的制度规则设计和措施援用并非完全正确也并非完全有利于社会整体的发展,但是,数据隐私权的指引无疑为作为自然人的个体的权利保护提供了可能,使其尽可能地免于遭受数字时代所引发的隐私风险与挑战。

其次,从国际贸易规则完善的角度看,数据隐私权的基本人权属性决定了数据隐私权在贸易自由化进程中的底线定位。尽管有学者强调,人权是基于自然法所产生的概念而贸易法是基于实证法所产生的,因而不应当过分地强调两者间的关系。[②] 但是,随着贸易规则对社会生活各个领域的全方面介入,贸易规则与基本人权之间的关系已经无法被割裂,例如,与贸易有关的知识产权规则的全面开花使贸易自由化与健康权之间的联系日趋紧密。在数字贸易时代,贸易自由化与数据隐私权之间的关系亦是如此,数据隐私权在数字贸易时代人权体系中所占据的核心位置促使数字贸易在发展进程中将数据隐私保护作为其一项基本义务而予以履行。具体而言,数据隐私权本身所秉持的权利价值观明确了数字贸易发展和数字贸易规则完善进程中对数据隐私权保护的最低目标和要求,有助于推动数字贸易对数据隐私的关注,有助于展现国际社会对数据隐私保护议题的关注,进而有助于为数字贸易自由化发展明确其人权保护责任。这也为推动数据隐私保护成就的达成提供了现实可能。因此,从这

---

① See Andrew T. F. Lang, *Rethinking Trade and Human Rights*, Tulane Journal of International and Comparative Law, Vol. 15: 1, p. 389(2007).

② See Qingjiang Kong, *A Human Rights Approach to Trade? Some Reflections*, in Thomas Cottier, Joost Pauwelyn and Elisabeth Burgi eds., Human Rights and International Trade, Oxford University Press, 2005, p. 232 – 234.

一角度看,数据隐私权的基本人权属性为数字贸易自由化发展和数字贸易规则完善划定了数据隐私保护的底线定位。

最后,从国际贸易规则实施的角度看,数据隐私权在一定程度上居于数字贸易自由化发展的评价地位,可评价数字贸易规则实施的现实效果。一方面,数据隐私权作为数字时代的一项基本人权具有其鲜明的法律意义。因此,为了实现对数据隐私权的保护,国家在制定其本国的经济与贸易政策以及参与制定国际贸易规则的过程中必须据此而予以考虑。这也就意味着,从某种意义上看,数据隐私权在一定程度上划定了数字贸易规则的发展方向,即应当实现对数据隐私权的保护;同时,这也意味着数据隐私权构成了数字贸易规则的评价基准,即数据隐私权保护的实现程度反映了数字贸易规则的合理程度。从这个角度看,数据隐私权成为数字贸易规则的法律评价标准之一。另一方面,数据隐私权是潜在的构成数字贸易规则的道德评价标准之一。保护人权无疑占据着道德的制高点。因此,是否有利于基本人权的实现在事实上成为贸易规则合理与否的判断因素之一,而有悖于基本人权理念的贸易规则无疑有待于进一步的发展、纠偏与完善。

综上,数据隐私权在数字贸易自由化发展进程中扮演着重要的角色。在数字贸易自由化发展的必然趋势下,数据隐私权的权利理念为平衡贸易利益和隐私权益提供了指引并在一定程度上划清了数字贸易自由化发展进程中的"人权底线",有助于避免国际贸易规则中贸易自由化价值的过度倾斜,这无疑有利于数字贸易的良性健康发展和数字贸易规则的优化制定。此外,在数字贸易规则适用的过程中,通过观察数据隐私权的保护状态也能够进一步评价数字贸易规则的合理与否。基于此,需要进一步思考的是,在明确数据隐私权在数字贸易自由化进程中的定位的基础上,如何进一步处理好数字贸易自由化与数据隐私保护间的互动关系?

二、数字贸易自由化与数据隐私权的二元互动关系

当前,数据隐私保护是最为敏感和技术上最具挑战性的问题之一,数据本地化等议题都与之密切相关。① 数据隐私保护也是跨境数据流动中一个最重要的问题,并成为诸多国家允许数据跨境自由流动的先决条件之一。② 尽管数据跨境自由流动对国际贸易自由化发展的重要意义以及数据隐私权作为基本人权在数字贸易时代的核心价值已经得到了越来越多国家的承认和关注,但是,由于这一贸易联结议题的新颖

---

① See Robert Wolfe, *Learning about Digital Trade: Privacy and E - Commerce in CETA and TPP*, World Trade Review, Vol. 18: S1, p. s63(2019).

② 参见王中美:《跨境数据流动的全球治理框架:分歧与妥协》,载《国际经贸探索》2021 年第 4 期。

性,两者间的互动关系仍然尚未稳定,也使两者之间的有效协调尚未形成。同时,尽管针对数据隐私保护的努力已经在各大国际组织或者非政府组织层面展开,[①]但是彼此间有效的制度互动尚未形成。这些都是数字贸易发展的不稳定和不确定因素。数据本地化措施作为数据隐私保护的实践举措,既是贸易自由化与数据隐私权这一贸易联结议题的现实体现,也是当前彼此间规则冲突的矛盾焦点。因此,数字贸易自由化与数据隐私权的互动关系问题是当前急需思考的问题。这也是完善数字贸易时代数据跨境自由流动规则(特别是数据本地化规则)构建的核心环节。

贸易自由化与人权这一贸易联结问题的分析进路在某种程度上反映出贸易自由化与人权互动的路径选择,这在数字贸易自由化与数据隐私权这一贸易联结议题上也同样适用。从既有研究看,有关贸易与人权关系的分析进路大体上沿着传统进路、批判进路、宪政进路和例外平衡进路几方面展开并发生理论变迁。这些分析进路为贸易自由化与人权保护的研究注入了广泛的生机与活力,并推动贸易与人权这一贸易联结议题进入了研究热度的峰值。进入数字贸易时代,因循这几条分析路径,大致可以进一步分析出数字贸易自由化与数据隐私权的互动关系。

首先,基于古典自由主义经济学中的"自由贸易能够使各国发挥比较优势、实现互利互惠并增进全球福利"的传统假定是解释贸易与人权关系互动的传统进路。[②] 基于此,在处理和应对贸易自由化与人权保护议题时,贸易自由化处于优先级而人权则处于劣后级,换言之,传统进路秉持的是贸易自由化所带动的效率优先论。例如,早在 2004 年,在旨在为 WTO 总干事提供支持的高级别专家组所发布的"沙利文报告"中,专家组的核心观点即认为多边贸易体制天生便能促进人权保护,因而尚无必要直接去考虑并应对贸易自由化对人权保护的影响。[③] 坦诚地看,此种观点在应对传统贸易自由化与人权联结议题上尚存一定合理性,这是因为,传统的贸易自由化与人权联结议题更多地涉及物理世界中的基本人权,如食物权、环境权、健康权等,这些基本权利的实现有赖于物质生活水平和技术水平的提升。自由贸易通过充分发挥国家的比较优势,对贸易参与国乃至整个世界的经济增长和社会福利均给予了正向激励。[④] 然而,迈入数字互联网时代,数字人权的实现并非完全取决于物质生活水平和技术水平

---

① 例如,APEC 所发布的《APEC 隐私框架》(*APEC Privacy Framework*)等。

② 参见李春林:《彼德斯曼与阿尔斯通贸易与人权论战评析》,载《北京航空航天大学学报(社会科学版)》2014 年第 5 期。

③ See James Harrison, *The Human Rights Impact of the World Trade Organisation*, Hart Publishing, 2007, p. 37.

④ 参见时业伟:《全球疫情背景下贸易自由与人权保护互动机制的完善》,载《法学杂志》2020 年第 7 期。

的提升,数字贸易的自由化发展也并不必然会带给包括数据隐私权在内的数字人权以积极意义。甚至从某种程度上看,恰恰是数字技术的高速发展才使数据隐私权面临着严峻的风险并使其重要性日趋凸显,而数字贸易自由化发展所依赖的数据跨境自由流动也无疑会放大数据隐私权所面临的风险。在此背景之下,仍然继续依据贸易自由化对社会整体福利增长之贡献来强调贸易自由化对人权保护的促进显然已经不再准确。

其次,与传统进路关注贸易自由化对人权保护的积极影响截然相反,批判进路更关注贸易自由化所产生的消极影响,因而对多边贸易体制秉持一种根本性的批判立场。① 在秉持批判路径的人权倡导者眼中,贸易自由化过度强调"贸易价值"与"贸易目标"的重要性和地位,并将其凌驾于包括人权在内的国际社会的其他合法目标之上。② 对此,正如WTO前总干事拉米先生曾总结的,"在许多人的眼中,贸易是个大坏蛋,其象征着重商主义和资本主义,是跨国公司用来对人们施加其法则的工具,进而损害了人们的社会,经济和文化权利"③。"如果人权法与贸易法要实现其目的,人权法的精神就必须主导贸易法的发展。"④由此可见,在坚持批判路径的人士眼中,人权是一种优先于贸易的价值取向,而贸易仅是实现人权的一种手段而已。事实上,尽管批判路径具有一定的合理性,但是其过于激进的立场并不客观也并不利于解决贸易联结议题。一方面,数字贸易时代,数据隐私权所面临的风险并不能全盘否定数字贸易自由化对发展权等基本权利所产生的积极作用。另一方面,将贸易作为人权发展的一种手段并不现实。既有实践已经表明,在高度重视效率价值的当今社会,通过发展贸易自由化实现人权目的尚无成功实例。与之相反,人权更多地属于一种过度重视效率价值的纠偏工具,而数据隐私权同样扮演着纠偏工具的角色。此外,批判路径所依据的理论假定和叙事逻辑是多边贸易体制的扩张和国际法体系的碎片化发展。⑤ 就前者而言,在多边贸易体制扩张而引发法律秩序变化的同时,人权体系也呈现出扩张趋势;就后者而言,国际法的碎片化发展也非贸易法所独有,而是国际法整体发展的现实趋势。因此,将两者的冲突单独归因于多边贸易体制的扩张是不准确

① 参见李春林:《贸易与人权关系研究:进路批判与重构》,载《政法论坛》2014年第4期。

② See Andrew Lang, *World Trade Law after Neoliberalism: Reimagining the Global Economic Order*, Oxford University Press, 2011, p. 127.

③ DG Pascal Lamy, *Lamy Calls for Mindset Change to Align Trade and Human Rights*, WTO Website (Jan. 13, 2010), https://www.wto.org/english/news_e/sppl_e/sppl146_e.htm.

④ Robert Howse & Makau Mutua, *Protecting Human Rights in a Global Economy: Challenges for the World Trade Organization*, in Hugo Stokke and Ame Tostenson eds., Human Rights in Development: Yearbook 1999 - 2000, Kluwer Law International, 2001, p. 53.

⑤ 参见李春林:《贸易自由化与人权保护关系研究》,法律出版社2016年版,第106-107页。

的。这也意味着,尽管数字贸易自由化有着将贸易价值置于其他价值之上的现实冲动,但是两者之间的冲突仍然需要进一步分析和探索。

再次,宪政进路将宪政思维引入国际贸易法中并认为应当将人权纳入 WTO 协定中以实现贸易与人权关系的多层宪政治理。① 而其中,学者彼德斯曼基于欧盟宪法原理和欧盟宪政实践所提出的权利取向贸易理论引发了广泛的关注。基于其观点,在贸易与人权的关系研究中应当奉行权利本位立场,进而基于人权来构建国际法上的贸易与人权关系。在这一系列关系中,贸易自由化服务于人权,是人权实现的必要手段,同时贸易自由本身也是一项基本人权,两者间应当实现制度整合。② 尽管这一进路在应对贸易与人权的关系方面具有极大的革新价值并能够有效地应对国际法规则的碎片化趋势,但是,就贸易自由化与数据隐私权保护而言,基于权利理念来统摄贸易与人权问题似乎并不可行。从理论层面看,在数字贸易时代,贸易自由能否被视为一项基本人权进而实现其与数据隐私权的整合仍然是需要解决的理论问题。在全球贸易格局风云变幻的当下,尽管多边主义和贸易自由在多个层面获得了理论与实践支持,但是,将贸易自由视为一项基本人权仍然无法得到妥善的解释,贸易自由仍然在事实上更多地体现出其效率价值层面的价值。这种对贸易自由化的功利主义的理解也自然地妨碍了把贸易自由视为人类与生俱来的权利。③ 从实践层面看,宪政路径在数字贸易时代能否“行之有路”仍然应当秉持谨慎的态度。美欧在数据隐私保护间的多重博弈无疑暴露出当前全球两大贸易体之间在人权与贸易自由之间的对立与分歧。如若无法有效协调两者之间的分歧,宪政路径在数字贸易时代很难成为主流。

最后,例外平衡进路在当前贸易自由化与人权研究中占据着重要地位。面对贸易自由化与人权保护之间存在的冲突,例外平衡进路主张现行国际贸易体制从一开始就已经予以了重视,认为一些贸易规则已经灵活采用改革的方式来实现人权目标,其中即包括通过设置“例外条款”的方式来提供一种人权的保障机制。④ 对此,有学者强调并认为 WTO 的目标通常是支持人权的,WTO 中所规定的一系列保障和例外

---

① 参见李春林:《贸易与人权关系研究:进路批判与重构》,载《政法论坛》2014 年第 4 期。

② See Ernst – Ulrich Petersmann, *Time for a United Nations "Global Compact" for Integrating Juman Rights into the Law of Worldwide Organizations: Lessons from European Integration*, European Journal of International Law, Vol. 13:3, p. 629 – 637(2002); Ernst – Ulrich Petersmann, *Human Rights and the Law of the World Trade Organization*, Journal of World Trade, Vol. 37:2, p. 268 – 280(2003).

③ 参见李春林:《国际法上的贸易与人权问题研究》,武汉大学出版社 2007 年版,第 171 页。

④ 参见时业伟:《全球疫情背景下贸易自由与人权保护互动机制的完善》,载《法学杂志》2020 年第 7 期。

条款基本上能够解决人权如何被容纳的问题。[①] 然而，就数据隐私权而言，尽管例外条款能够在一定程度上为数据本地化措施的正当性正名进而在一定程度上实现数据隐私权的保护，但是，数据隐私权能否通过例外条款实现有效保护是存疑的。一方面，由于 WTO 自身所存在的滞后性，WTO 规则中的例外条款能否周延地适用于数据隐私权的保护尚且存疑。有学者甚至认为基于数据隐私保护的国内监管措施很难满足 GATS 一般例外条款的适用标准。[②] 另一方面，尽管数字贸易规则正如雨后春笋般冒出，但从当前趋势看，数据本地化措施的相关例外条款仍然大体延续了传统贸易规则中例外条款的表述。在传统贸易规则无法有效适用的现实境遇下，仅仅通过规则的解释来提供有效的数据隐私权保护也是不切实际的。此外，WTO 一般例外条款表面上虽奉行嵌入式自由主义理念，但实质上却高度践行新自由主义理念而将贸易至上主义发挥至极致。[③] 因此，例外条款在适用过程中存在弊端，其能否有效实现数据隐私权等人权的保护是值得谨慎的，而要想通过例外条款实现数据隐私的有效保护仍然需要对国际贸易规则中的例外条款予以进一步解释与适用。

基于此，既有关于贸易自由化与基本人权互动的路径选择在适用于数据隐私权保护时仍然存在些许的不适和失调，有待商榷。基于前文的分析可知，在贸易自由化与数据隐私权保护的互动关系中，过度鼓吹抑或批判贸易自由化抑或试图将贸易自由化与数据隐私权强制纳入一个统一的框架下予以整合都是不当或者不切实际的。这是因为，无论是贸易自由化还是人权保护，两者所追逐的价值都具有毋庸置疑的正当性。因此，试图过度拥护抑或贬损某一方也是不合理和不可取的。数字贸易时代，贸易自由化与数据隐私权之间的互动路径仍然有待于进一步的思考与探索，而这也是后续更进一步展开研究的理念前提和理论支撑。

三、数字贸易时代贸易自由化与数据隐私权互动的路径选择

在数字贸易时代，贸易自由化与数据隐私权互动的路径选择仍然需要进一步思考与探索。由于数据隐私权属于一种新兴的数字人权，在其内涵与外延尚未准确界定以及数字贸易规则尚处于发展进程中的现实背景下，可考虑将两者分置于贸易法和人权法的单独框架中，并通过相互间运作和磨合共同推动数据隐私权的保护。尽管将贸易自由化与数据隐私权分置于不同的法律框架内实现有限互动进而探索两者

---

① See Hoe Lim, *Trade and Human Rights: What' s at Issue?*, Journal of World Trade, Vol. 35: 2, p. 288 (2001).

② See Svetlana Yakovleva & Kristina Irion, *Pitching Trade Against Privacy: Reconciling EU Governance of Personal Data Flows with External Trade*, International Data Privacy Law, Vol. 10: 3, p. 202(2020).

③ 参见刘雪红：《世界贸易组织一般例外条款适用误区之批判》，载《东方法学》2018 年第 4 期。

间的逐步融合存在其固有且尚难以有效解决的弊端,如不利于国际法的整合,可能加速国际法的碎片化趋势。但是,需要认识到的是,在当前环境下,将贸易自由化与数据隐私权分置也有其现实必然性和固有好处。

首先,贸易与人权本质上分属两个体系,实现两者间的制度整合困难重重。“贸易和人权政策制定者之间缺乏沟通,这意味着在两类制度的发展中确保相互支持或包容的努力直到最近还不存在,而且目前充满了误解和争议。”①就隐私权而言,长期以来,隐私法和贸易法彼此独立发展,两者的目标和实现其目标的工具截然不同。②进入数字贸易时代,这种困难仍然存在并在一定程度上呈现出加剧的趋势。一方面,数据隐私权与贸易自由化存在的根本性争议焦点关系到数据的自由流动程度。数据作为一种生产资源,其自由流动与否关系到数字贸易发展进程与阶段。由此,从一定程度上看,有别于传统贸易联结议题更多地关系到国际贸易发展的旁支,数据隐私权与贸易自由化存在的冲突更为核心,直接关系到数字贸易发展的根本核心问题。另一方面,从数字贸易发展的全球环境看,数据隐私权与贸易自由化的贸易联结问题不仅无法在全球范围内实现意见统一,即便是在发达国家内部也尚未能够形成一致意见。这也有别于传统贸易联结议题中发达国家高度一致的立场定位。发达国家内部的意见分歧也使彼此合作进而共同推动贸易与数据隐私权的制度整合困难重重。因此,贸易与隐私权仍将长期分属于两个领域,难以形成有效的统合,而贸易与隐私权议题在各国国内关注程度不同也决定了将贸易与人权的互动关系整合在一个法律体系内以达成各国间共同的合意尚存困难。

其次,将贸易治理与数据隐私保护问题杂糅于贸易协定之中也存在一定的弊端。尽管数据隐私保护具有人权保护的特性,但究其实质仍然属于数据治理事项,而将数据治理纳入贸易协定之中并作为一项贸易事项予以应对存在其固有的缺陷。具体而言,将数据治理纳为国际贸易事项会阻碍数据治理的发展。数据治理与贸易治理身处不同阶段,纵然存在缺陷,但不容否认的是,相比数据治理,全球贸易治理已经进入了高度发展的阶段;而相比贸易治理,数据治理仍然处于早期阶段。这意味着数据治理需要多样化的路径探索以实现其治理目标。然而,在贸易协定中全面纳入数据治理问题无疑会阻碍数据治理的多样化尝试。③ 此外,将数据治理纳入贸易治理会限制数据治理的有效性。数据隐私保护抑或更广阔的数据治理,不仅仅是贸易问题,也是

---

① Caroline Dommen, *Raising Human Rights Concerns in the World Trade Organization: Actors, Processes and Possible Strategies*, Human Rights Quarterly, Vol. 24: 1, p. 5(2002).

② See Mira Burri, *Interfacing Privacy and Trade*, Case Western Reserve Journal of International Law, Vol. 53: 1, p. 35(2021).

③ 参见彭岳:《数字贸易治理及其规制路径》,载《比较法研究》2021 年第 4 期。

数字经济的整体性问题。因此,数据治理需要更系统性的应对方案,而单纯的贸易治理路径显然无法实现数据隐私保护的诉求。

再次,各国数字基础设施建设水平和数据隐私保护严苛程度的不同决定了各国对数据隐私保护规则的诉求不同,因而试图在国际贸易法框架内设置统一的具有强制力的数据隐私保护规则尚难达成共识。即便是早期具有同质性的数据隐私立法在当前也出现了分歧与分化,[①]而在当下,这种分化趋势伴随着数据隐私风险事件的频发而日趋明显。发达国家与发展中国家之间在数字基础设施建设方面的技术差异在无形之中扩大了彼此之间的分歧,使彼此间难以达成具有现实可行性的统一标准。相比较而言,探索并推行具有指引作用的独立的数据保护规则在现阶段更具现实可行性,而新近所达成的自由贸易协定中大多采取了此种立场路径。[②]

最后,国际贸易的发展历程表明,贸易自由化与基本人权分置于不同体系进而互相角力并共同进步是两者之间的互动常态,这种互动状态从某种形式上体现在了国际造法策略中的"机制转移"方面。[③] 例如,在与贸易有关的知识产权领域,当高标准的知识产权保护标准影响公共健康进而对健康权造成危机时,以世界卫生组织(World Health Organization,WHO)为代表的联合国公共健康体制通过"机制转移"的策略推动对作为基本人权的健康权的保护。[④] 而在当前,在数字贸易规则无法形成统一方案的现实背景下,将贸易自由化规则与数据隐私权规则分置于不同体系进而发展并保持互动也不失为一剂药方,这种机制的互动状态也有利于为未来的机制协调提供可能性。

基于上述内容考量,数字贸易时代,过度强调贸易自由化对人权的积极抑或消极影响并不可取,同时,鉴于各方之间的立场分歧等一系列因素,在现行条件下试图将贸易与人权议题置于同一框架体系存在其固有的难度。因此,贸易自由化与数据隐私权的互动仍然适宜分置于两个独立的体系之内。尽管这一路径选择仍然存在缺陷

---

① See W. Gregory Voss, *Obstacles to Transatlantic Harmonization of Data Privacy Law in Context*, *University of Illinois Journal of Law*, Technology & Policy, Vol. 2019:2, p. 412(2019).

② 例如,在 RCEP 中,电子商务章节即规定"在制定保护个人信息的法律框架时,每一个缔约方应当考虑相关国际组织或机构的国际标准、原则、指南和准则"。See RCEP Article 12.8: Online Personal Information Protection "In the development of its legal framework for the protection of personal information..." .

③ "机制转移"一词最早源于"场域转移"的概念,场域转移是指存在几种不同的动态场域,所有这些动态场域都是为了通过改变规则来产生预期的首选结果,当事国可能会将一个议程从一个场域转移到另一个场域,完全退出一个场域,或在多个场域上同时推行议程。部分学者在讨论知识产权国际规则变迁的过程中,最早开始将"场域转移"的概念与国际机制(international regime)理论相结合,并提出了机制转移(regime shifting)的概念,参见 Laurence R. Heifer, *Regime Shifting: The TRIPS Agreement and New Dynamics of International Intellectual Property Lawmaking*, Yale Journal of International Law, Vol. 29:1, p. 1 - 83(2004)。

④ 参见古祖雪:《国际法:作为法律的存在和发展》,厦门大学出版社 2018 年版,第 399 - 400 页。

与不足,但是,就现阶段而言,通过数据隐私保护规则的制定和执行进而推动数据隐私权在数字贸易中的权利实现不失为一条可行路径。

欧盟在数据隐私保护方面的实践,特别是 GDPR 的成功实践无疑是这一领域的范例。尽管 GDPR 并非专门针对数字贸易所制定的数据保护规则,但是,鉴于数据跨境流动议题在数字贸易进程中的核心地位,GDPR 中的相关规则无疑在欧盟参与全球数据本地化规则制定的进程中扮演着重要角色。GDPR 是欧盟在应对贸易自由化与数据隐私权保护这一贸易联结议题的现实体现,同时也体现了欧盟在数字贸易自由化进程中对数据隐私权的定位和两者关系互动的处理进路。

一方面,欧盟将数据隐私权视为数字贸易发展中的基本底线,是欧盟采取数据本地化措施的核心关切,充分发挥了数据隐私权在数字贸易发展中的指引作用和底线定位。如前文所提及的,在欧盟,数据隐私权被视为一项基本人权,无论是《欧洲人权公约》还是《欧盟基本权利宪章》,隐私权均被视为一项基本权利而予以积极保障;[①]而 GDPR 也一如既往且毫不隐讳地表达了其对数据隐私权的关注,并将对数据隐私权的保护视为其目标与宗旨之一。[②] 这意味着,在欧盟的立法体系中,欧盟所秉持的是个人权利优先理念下的严格立法,旨在采取人权优位的立法模式来积极地保护数据隐私权。[③] 此外,更进一步观察可见,在欧盟参与数字贸易国际规则的建构过程中,数据隐私权亦一直指引着欧盟的参与实践并被欧盟视为推动数据跨境自由流动的底线与前提。回溯欧盟参与数字贸易国际规则完善的实践进程不难发现,在参与数字贸易国际规则完善的过程中,欧盟格外坚持数据隐私保护方面的保护政策制定,并寻求与其制定自由贸易协定的贸易合作伙伴承诺遵守国际数据保护标准。[④] 在 TTIP 的谈判中,美欧间在数据跨境流动和数据隐私保护议题上存在明显的分歧,并在很大程度上阻碍了双方顺利达成这一贸易协定。[⑤] 由此可见,在 GDPR 乃至欧盟数字贸易规则整体制定的进程中,数据隐私权是欧盟数据立法的底线定位,并指引着欧盟的域内立法实践和国际立法参与。

另一方面,尽管在数字贸易国际规则的制定中,欧盟试图将数字贸易规则与数据隐私保护规则相联结并强调数据隐私保护的重要性,但是,从整体上看,欧盟仍然将

---

① See European Convention on Human Rights Article 8 "Right to respect for private and family life"; Charter of Fundamental Rights of the European Union Article 8 "Protection of personal data".

② See GDPR Article 1 "GDPR Subject - matter and objectives".

③ 参见胡炜:《跨境数据流动立法的价值取向与我国选择》,载《社会科学》2018 年第 4 期。

④ See Mira Burri, *The Governance of Data and Data Flows in Trade Agreements: the Pitfalls of Legal Adaptation*, UC Davis Law Review, Vol. 51:1, p. 106 - 107(2017).

⑤ See Gaël Le Roux, *TTIP Negotiations, Policy Convergence, and the Transatlantic Digital Economy*, Business and Politics, Vol. 19:4, p. 709 - 737(2017).

贸易自由化与数据隐私权分置于不同的法律框架内进而实现两者之间的互动发展。为了实现对数据隐私权的有效保护,欧盟先后制定了一系列数据隐私保护规则。这些数据隐私保护规则的制定为欧盟实现数据隐私安全提供了制度保障,同时也为欧盟参与数字贸易国际规则的制定指明了方向和划清了底线。例如,欧盟 GDPR 和《非个人数据自由流动条例》即构筑起了既促进数字贸易发展又有效保护个人数据隐私的制度规则。[①] 此外,欧盟也深度参与了数字贸易国际规则的制定和数据隐私保护规则的国际协调,在致力于推动数字贸易自由化发展和有条件数据跨境自由流动的同时,将数字贸易自由化议题与数据隐私保护议题适度联结。例如,在 WTO 电子商务规则的谈判中,欧盟承认其致力于确保数据跨境流动以促进数字贸易发展的同时亦坚持高标准的隐私保护规则,将隐私保护置于数据跨境自由流动的优先地位,认为各国可以采取并维持其认为适当的保护措施以确保对个人数据隐私的保护。[②] 欧盟在双边层面的数字贸易规则制定实践同样反映出欧盟将数字贸易规则与数据隐私保护规则适度联结的实践路径。例如,在 CETA 中,欧盟与加拿大在认识到数字贸易重要性的同时,也强调双方应制定法律、法规或行政措施以保护个人信息,[③]但是双方并未针对数据隐私保护制定明确适用的规则。由此可见,欧盟仍然倾向于遵循数字贸易规则与数据隐私保护规则进行有限联结的路径以实现两者的发展。

综上,数字贸易自由化与数据隐私权的关系互动与路径选择是实现数据本地化措施理性发展的理论前提。从两者的关系互动看,数据隐私权的权利理念为平衡贸易利益和隐私权益提供了指引、评价功能,为数据本地化措施的发展提供了一定的理论支持,有利于数字贸易的良性健康发展和数字贸易规则的优化制定,而理性看待两者的关系互动,在现行条件下试图将贸易与人权议题置于同一框架体系存在其固有的难度。因此,贸易自由化与数据隐私权的互动仍然适宜分置于两个独立的体系之内。对此,欧盟的实践提供了很好的范例。之后需要进一步思考的是,如何才能实现数据隐私权和贸易自由化的平衡?这是数字贸易规则构建的必然要求也是数字贸易发展的现实所需。

---

① 参见戴龙:《论数字贸易背景下的个人隐私权保护》,载《当代法学》2020 年第 1 期。

② See Joint Statement on Electronic Commerce: EU Proposal for WTO Disciplines and Commitments Relating To Electronic Commerce – Communication From the European Union, INF/ECOM/22, 26 April 2019, para. 2.7 – 2.8.

③ See Comprehensive Economic and Trade Agreement (CETA) Article 16.2 and Article 16.4.

第三节　“适度”的数据隐私保护：贸易自由化与数据隐私权的利益平衡

数字贸易时代，面对数据跨境自由流动的迫切需求以及数据本地化等数字贸易限制性措施，实现贸易自由化与数据隐私权的平衡是实现数字贸易有序发展的积极保障。长期以来，当隐私价值必须与效率、创业精神等前沿价值要求相权衡时，隐私就成了其中的“输家”。[①] 隐私保护并未能够在贸易自由化进程中得到充分的重视，部分实践体现出，当数字贸易自由化面对数据隐私保护时，以欧盟所主导的倾向于高水平隐私保护的数据跨境流动规制体系与以美国所推崇的倾向于数据自由流动的数据跨境流动规制体系正在发生着竞争与冲突。[②] 这种制度间的差异化和多样化无疑会对数字贸易的发展产生不利影响，增加贸易参与者参与数字贸易的制度成本，而基于数据隐私保护之目的所采取的数据本地化措施如何能够最大限度地不对数字贸易产生不必要的限制也使贸易自由化与数据隐私权的利益平衡问题得到了进一步凸显。这是因为，恰当的数据隐私保护是必要且合理的，但是纷繁复杂的国内监管措施可能对贸易发展形成新的限制。可以说，贸易自由化与数据隐私权相伴而生，处理好两者关系并实现两者利益平衡是实现两者和平共处并共同发展的关键核心。基于此，在既有的制度框架体系下，如何能够实现贸易自由化与数据隐私权的平衡是当前亟待解决的现实问题。更进一步看，在贸易规则与隐私保护规则分置的理性路径下，如何能够有效实现两者之间的制度互动则是其中更亟待解决的现实难题。

一、数据隐私保护在数字贸易议题中的平衡与协调

当前，全球各地的立法者都在努力寻求个人隐私需求和数据利用需求之间的新的平衡。[③] 就高速发展的数字贸易规则而言，由于数据隐私保护议题在数字贸易领域的敏感性与关键地位，平衡数据隐私保护与贸易自由化一直是数字贸易规则不能回避的紧迫现实问题。事实上，尽管两者之间存在不可调和性，但从贸易领域看，数据隐私保护与数字贸易自由化发展并非截然对立的关系，而是在一定程度上处于密不

---

① See Julie E. Cohen, *What Privacy is for*, Harvard Law Review, Vol. 126:7, p. 1904(2013).

② 参见黄宁、李杨：《“三难选择”下跨境数据流动规制的演进与成因》，载《清华大学学报（哲学社会科学版）》2017 年第 5 期。

③ See Viktor Mayer - Schonberger & Yann Padova, *Regime Change: Enabling Big Data through Europe's New Data Protection Regulation*, Columbia Science and Technology Law Review, Vol. 17:2, p. 317(2016).

可分且相互促进的关系之中。[①] 由此,数据隐私保护正在成为数字贸易中一项核心环节并得到了各国和国际组织越来越密切的关注。尽管各国在数据隐私保护议题上存在尚且难以调和的价值观差异。但是,在数字贸易的滚滚浪潮之下,各国就数据隐私保护在价值观等方面的差异并不妨碍它们在数字贸易领域展开合作。相反,得益于数字贸易的高速发展,各国之间正在就数据隐私保护问题展开全方位的合作以试图平衡数字贸易自由化与数据隐私保护。尽管这些合作仍然仅为浅层次的合作,但是,这些浅层次的合作无疑会促进数字贸易的整体发展。

当前,数据隐私保护与贸易自由化的平衡与协调在数字贸易双边、诸边、多边等多个层面展开。这种多层面的平衡与协调并不仅在贸易法规则领域展开,还更多地在贸易法规则领域外予以展开。尽管诸多数据隐私保护规则并非与贸易规则直接相关,但由于数据跨境流动与数字贸易之间不可分割的密切联系,数据隐私保护规则已经成为数字贸易平衡与协调贸易自由化与数据隐私权冲突的重要制度组成之一。就数据隐私权与贸易自由化的平衡与协调而言,首先,在双边层面,有鉴于欧盟 GDPR 所引发的"布鲁塞尔效应",以欧盟为核心的双边数据隐私保护框架机制在全球范围内普遍展开,[②]而其中,美欧间就数据隐私保护所展开的合作无疑最具现实影响力和参考价值。无论是早期成就的"安全港框架"还是之后达成的"隐私盾框架",尽管两者先后被欧盟法院判决无效,但是两者就数据隐私保护的探索性尝试无疑为数据隐私保护议题在双边贸易框架下的平衡与协调开创了示范性的指引。"安全港框架"和"隐私盾框架"并非为了数字贸易而专设。事实上,两者仅仅是美欧间为了实现数据跨境流动的行政分支条约,[③]而这两大框架的达成也表明,在数据隐私保护面临风险的当下,尽管包括数据本地化措施在内的跨境数据自由流动冲突在所难免,但各国仍然能够通过寻求政策共识进而实现国际合作,单边主义的数据割裂绝非必然结果。[④]其次,在诸边层面,不同国家主导形成的数字贸易规则和数据隐私保护规则正在成为平衡贸易自由化与数据隐私权的"核心力量",并保持着密切的联系共同推动目标的实现。USMCA、CPTPP 等诸多贸易协定或多或少地包含有数据隐私保护条款,并与在全球范围内具有指引力的数据隐私保护国际标准、原则和指南等相衔接。例如,在

---

① 参见戴龙:《论数字贸易背景下的个人隐私权保护》,载《当代法学》2020 年第 1 期。

② See Paul M. Schwartz, *Global Data Privacy: The EU Way*, New York University Law Review, Vol. 94:4, p. 783 (2019).

③ 参见曹杰、王晶:《跨境数据流动规则分析——以欧美隐私盾协议为视角》,载《国际经贸探索》2017 年第 4 期。

④ 参见贾开:《跨境数据流动的全球治理:权力冲突与政策合作——以欧美数据跨境流动监管制度的演进为例》,载《汕头大学学报(人文社会科学版)》2017 年第 5 期。

RCEP 中,各缔约方即约定在制定保护个人信息的法律框架时,每一缔约方应当考虑相关国际组织或机构的国际标准、原则、指南和准则。[①] 这些国际标准、原则和指南则大体涵盖了 APEC、OECD 等国际经济组织所制定的指引性标准等。[②] 最后,以 WTO 为核心的多边国际贸易法律体系给予了数据隐私权以极高的关注。实践亦表明,数据隐私保护也是当前正在持续推进中的 WTO 电子商务谈判的一项核心议题。但是,相对于双边和诸边层面数据隐私事项协调的快速发展,以 WTO 为代表的多边层面的发展较为缓慢。既有的 GATS 规则在适用于这一问题时也面临法律上的不确定性。[③] 因此,多边规则在应对数据隐私保护与贸易自由化的平衡与协调议题时仍然有待进一步发展。

综上可见,面对数据隐私保护与贸易自由化的平衡与协调,全球各国试图通过不同的框架体系予以实现,两者之间的平衡与协调也将在未来很长时间内成为各方之间所持续关注的数字贸易话题。综合来看,数据隐私保护与贸易自由化的平衡与协调存在以下四方面的特征。

第一,尽管实现两者的平衡与协调是数据隐私保护与贸易自由化议题的核心目标,但从总体上看,相关议题呈现出重视数据隐私权并强化数据隐私保护的趋势。面对数据隐私保护议题,即便是最为追求数据跨境自由流动的美国也并未一概地否定数据隐私保护的重要性。在旨在实现高标准的服务贸易自由化的 TiSA 谈判中,包括加拿大、日本和韩国等发达国家也强调了数据隐私保护的重要性,并强调各国制定相关的法律框架和相关规定的重要性。[④] 由此可见,数据隐私保护的重要性已经得到了各国的广泛认可和重视。

第二,数据隐私保护与贸易自由化的平衡与协调有赖于通过国际贸易规则来厘清相关国内监管措施的边界。数据隐私保护与贸易自由化的平衡与协调得到了国际贸易规则的广泛重视,尽管贸易规则与数据隐私保护规则分置发展的路径有利于两者的互动和共同发展,但是两者间的平衡仍然需要回归到数字贸易法框架之下,并基于国际贸易法的原则和规则来判断隐私保护相关措施与贸易规则的相符性。质言

---

① See RCEP Article 12. 14. 2 "In the development of its legal framework for the protection of personal information, each Party shall take into account international standards, principles, guidelines, and criteria of relevant international organisations or bodies".

② 在 APEC 层面的文件主要指《APEC 隐私框架》,而 OECD 层面的文件则主要指《关于隐私保护与个人数据跨境流动的指南》(*Guidelines on the Protection of Privacy and Transborder Flows of Personal Data*)。

③ 尽管数据隐私保护议题在 GATS 规则中的适用存在不确定性,但鉴于 GATS 规则等 WTO 规则在贸易领域的绝对核心地位,后文也将对此予以专门的论述,故此处不再赘言。

④ 参见高媛、王涛:《TiSA 框架下数字贸易谈判的焦点争议及发展趋向研判》,载《国际商务(对外经济贸易大学学报)》2018 年第 1 期。

之，国际贸易规则在为基于数据隐私保护的措施提供正当性辩护的同时，也厘清了数据隐私保护的合理限度与边界。通过贸易规则及配套的争端解决机制则是解决贸易和隐私紧张状态的一种有效方法，[①]基于此，数据隐私保护与贸易自由化平衡的关键在于基于数据隐私保护所采取之相关措施是否可能对国际贸易产生不必要的限制。无论是国际贸易规则还是具有指引力的隐私保护标准和指南，其目的都在于实现各国统一的数据隐私保护政策和监管措施，以避免政策与监管措施之间因国别差异而可能导致的数据要素流通障碍。例如，美国在其早期发布的《全球电子商务框架》中鲜明地提出，确保网络环境中的个人隐私是必要的，但是不同政策的出现可能会形成非关税的贸易限制。[②] 在此之中，数据本地化措施能否符合国际贸易法律体系中的相关原则和规则即是当前各国所密切关注的问题。由此可见，纵然数据隐私权的重要性已经得到了全球各国的重视且数据隐私保护规则在全球范围内也得到了高速发展，但是，在贸易法视阈下，相关措施的实施能否全面符合贸易规则的实质要求仍然是亟待探索的现实问题。

第三，数据隐私保护规则的发展具有其相对独立性并逐渐被数字贸易规则所吸纳。鉴于数据隐私保护的重要性，各国或国际组织纷纷采取数据隐私保护规则以期实现数据隐私的有效保护。从自由贸易协定的发展趋势看，主流国际组织所制定的数据隐私保护规则和指南等逐渐被自由贸易协定所吸收。例如，在 RCEP 中，各缔约方即强调应当考虑相关国际组织或机构的国际标准、原则、指南和准则。[③] 这些数据隐私保护规则和指南为数字贸易关注数据隐私保护议题提供了强有力的推动力，并为数字贸易中关注数据隐私保护提供了指引。随着数字贸易的发展，这些数据隐私保护规则也将对贸易自由化与数据隐私权的平衡发挥更积极的作用。

第四，数据本地化措施是各国广泛存在的数据隐私保护措施，也是国际贸易法视阈下数据隐私保护的核心争议焦点。为了避免和降低数据跨境流动中数据泄露对个人数据隐私所带来的风险，各国开始采取限制数据流动的防范性措施，而数据本地化措施则是这一系列防范措施中最为常见的措施。[④] 进一步落脚于数据本地化措施，关于数据本地化措施是否符合国际贸易规则的争议也是当前各国持续争议的议题，故

---

① See Aaditya Mattoo & Joshua P. Meltzer, *International Data Flows and Privacy: The Conflict and Its Resolution*, Journal of International Economic Law, Vol. 21: 4, p. 780 (2018).

② 参见赵骏、向丽：《跨境电子商务建设视角下个人信息跨境流动的隐私权保护研究》，载《浙江大学学报(人文社会科学版)》2019 年第 2 期。

③ See RCEP Article 12. 8. 2 "In the development of its legal framework for the protection of personal information, each Party shall take into account international standards, principles, guidelines, and criteria of relevant international organisations or bodies."

④ 参见戴龙：《论数字贸易背景下的个人隐私权保护》，载《当代法学》2020 年第 1 期。

而一定程度上看,在国际贸易法视阈下厘清数据本地化措施的边界对平衡贸易自由化和数据隐私保护之关系有着决定性的影响力。

综上,数字贸易时代,为了强化数据隐私保护进而实现数据隐私保护与贸易自由化的平衡,国际社会在双边、诸边和多边层面展开了广泛的努力并取得了一定的成果。实现两者间平衡的关键则是基于数据隐私保护所采取的相关措施是否符合国际贸易法律规则。这也意味着,尽管数据隐私保护与贸易自由化分置是两者间互动的合理路径,但是,实现两者的有效平衡仍然需要回归到贸易规则下予以审视。基于此,数据本地化措施作为一种旨在实现数据隐私保护的措施,回归国际贸易法视阈之下而对其予以考量具有现实意义和必要性。

二、数据本地化措施援引国际贸易"一般例外"之考量

毋庸置疑,数据隐私保护在数字贸易自由化发展进程中具有正当性。基本权利既不应被国际贸易所抛弃,也不应被视为阻碍其发展的障碍。[①] 秉持这一理念,数据隐私权也不能因为其对数字贸易自由化的发展所造成的潜在负面影响而被忽视。尽管新近达成的自由贸易协定中的数字贸易章节大多列入了与数据隐私保护密切相关的条款,但是,诚如前文所提及的,相关条款更多的仅是原则性的指引性规范,尚未能够予以明确适用。因此,包括数据本地化措施在内的数据隐私保护措施如何进行国际贸易法规则的检视,仍然需要结合早期所达成的国际贸易规则予以展开。就 WTO 而言,尽管在乌拉圭回合谈判期间,隐私和数据保护并未成为谈判主题,但其确实包括了一些旨在调和经济和非经济利益、国内价值观的制度安排。[②] 对此,以 GATS 一般例外条款为代表的国际贸易规则中的一般例外条款无疑为数据本地化措施的正当性和合法性论证提供了理论可能。WTO 一般例外条款的设置目的是豁免那些"情有可原"的违法行为。[③] 其中所涉之权利具有固有性,目前仍为诸多区域贸易协定所直接借用。[④] 新近颁布的自由贸易协定中的相关条款也表明数字贸易(电子商务)规则

---

① See Maria Veronica Perez Asinari, *Is There Any Room for Privacy and Data Protection within the WTO Rules*, Electronic Communication Law Review, Vol. 9: 4, p. 250(2002).

② See Mira Burri, *Interfacing Privacy and Trade*, Case Western Reserve Journal of International Law, Vol. 53: 1, p. 62(2021); Mira Burri, *The Governance of Data and Data Flows in Trade Agreements: The Pitfalls of Legal Adaptation*, UC Davis Law Review, Vol. 51: 1, p. 87 – 88(2017).

③ 参见马乐:《GATT 一般例外条款适用的价值导向与司法逻辑》,载《华东政法大学学报》2015 年第 1 期。

④ 参见刘雪红:《世界贸易组织一般例外条款适用误区之批判》,载《东方法学》2018 年第 4 期。

承继了 GATS 规则中的一般例外条款。[①] 这就在一定程度上划定了数据本地化措施作为一项数据隐私保护措施,其在国际贸易法框架下的合理边界与限度。因此,数据本地化措施作为一种数据隐私保护措施,其本身能否适用以及如何援引一般例外条款对平衡数据隐私权和贸易自由化而言具有重要的现实意义。

在 GATS 规则体系下,一般例外是 GATS 对服务贸易开放所规定的三种例外情形之一,并具体规定在 GATS 第 14 条中。[②] 就一般例外条款而言,GATS 第 14 条是 GATT 第 20 条在服务贸易领域的"衍生物"并具有相似的结构、功能和语言。[③] 但是,在具体内容方面,GATS 的一般例外条款还规定了一些专门适用于服务贸易的例外规则,而其中之一即涉及对个人隐私的保护问题。[④] GATS 一般例外条款中的"隐私例外"也因此被广泛地用于基于数据隐私保护而采取数据本地化措施的讨论当中。具体而言,在既有的国际贸易法规则体系中,WTO"一揽子"协定尚未有关于数据本地化等限制数据跨境自由流动措施的具体规定。即便相关的数据本地化措施可能违反 GATS 规则中的非歧视原则和市场准入原则,但倘若这些措施符合 GATS 第 14 条的一般例外情况则仍然可被视为是合理的。[⑤]

GATS 一般例外条款将隐私例外纳入其中是 WTO 规则试图平衡隐私权和贸易自由化的积极实践,并在一定程度上表明 GATS 对隐私议题重要性的基本立场。这无疑对数字贸易时代基于数据隐私保护而采取监管措施具有积极意义。然而,需要注意的是,尽管一般例外条款为数据本地化措施等数据隐私保护措施的实施提供了

---

① See RCEP Article 17. 12. 2 "For the purposes of Chapter 8 (Trade in Services), Chapter 9 (Temporary Movement of Natural Persons), Chapter 10 (Investment), and Chapter 12 (Electronic Commerce), Article XIV of GATS including its footnotes is incorporated into and made part of this Agreement, mutatis mutandis"; CPTPP Article 29. 1. 3 "For the purposes of Chapter 10 (Cross – Border Trade in Services), Chapter 12 (Temporary Entry for Business Persons), Chapter 13 (Telecommunications), Chapter 14 (Electronic Commerce) and Chapter 17 (State – Owned Enterprises and Designated Monopolies), paragraphs (a), (b) and (c) of Article XIV of GATS are incorporated into and made part of this Agreement, mutatis mutandis. The Parties understand that the measures referred to in Article XIV (b) of GATS include environmental measures necessary to protect human, animal or plant life or health".

② 参见曹建明、贺小勇:《世界贸易组织》,法律出版社 2004 年版,第 248 – 249 页。

③ 参见谭观福:《数字贸易规制的免责例外》,载《河北法学》2021 年第 6 期。

④ See GATS Article 14 (c) "necessary to secure compliance with laws or regulations which are not inconsistent with the provisions of this Agreement including those relating to: ... (ii) the protection of the privacy of individuals in relation to the processing and dissemination of personal data and the protection of confidentiality of individual records and accounts; ... ".

⑤ See Andrew D. Mitchell & Jarrod Hepburn, *Don't Fence Me In: Reforming Trade and Investment Law to Better Facilitate Cross – Border Data Transfer*, The Yale Journal of Law & Technology, Vol. 19: 1, p. 201 – 205 (2017).

空间,但一般例外条款的适用仍然需要遵循严格的判断方法。这也意味着,并非任何基于数据隐私保护目的所采取的数据本地化措施都可以援引一般例外条款的规定而予以正当化。依据 GATS 第 14 条之规定,GATS 一般例外条款由序言和具体例外情形两部分组成。遵循专家组和上诉机构的分析步骤,确定某一措施是否符合一般例外条款时应当采取“两步分析法”,即先确定具体措施是否属于具体例外情形,进而再确定具体措施实施的方式是否符合一般例外条款序言的要求。[①] 因此,数据本地化措施适用一般例外条款时也应当遵循前述思路予以展开。

就数据本地化措施是否属于 GATS 一般例外条款的具体例外情形而言,有鉴于一般例外条款已将隐私保护明确列入条文之中,因此,从原则上看,基于数据隐私保护目的而采取数据本地化措施是可能符合 GATS 一般例外的具体情形的。但是,这并不意味着相关措施就必然符合 GATS 一般例外条款的相关要求。相关数据本地化措施是否符合 GATS 一般例外的要求还需要进一步判断。具体而言,隐私例外规定于 GATS 一般例外条款中的(c)项,而 WTO 争端解决机构专家组在“美国—赌博案”中进一步阐明了 GATS 第 14 条(c)项的法律判断标准:(1)措施必须旨在使法律法规得到“确保遵守”;(2)“法律或法规”不得与 WTO 协定相违背;(3)措施是“必要的”。[②] 遵循这一思路依次展开,首先,就数据本地化措施而言,尽管数据本地化措施的目标并非仅限于数据隐私保护,但是,既有的实践已然表明,数据隐私保护是数据本地化措施实施的主要目标之一,故而数据本地化措施的实施至少在一定程度上是为了确保遵守合理的法律法规。这些法律法规既可能是个人隐私数据信息的出境审查规则,也可能是个人隐私数据信息的本地存储规则。进一步来说,WTO 争端解决机构专家组也同时强调了措施的实施应当是旨在实现法律法规所蕴含是“义务”的实现,而非只是法律法规的“目的”。因此,数据本地化措施可以被认为满足前述要件(1)的前提之一即在于相关的法律法规应当包含有涉及数据隐私保护的义务性条款。其次,就有关数据隐私保护的法律法规是否与 WTO 相违背而言,GATS 第 14 条(c)项以开放列举的形式提供了一个非详尽清单,其中即包括了与隐私保护有关的法律法规。问题的关键则在于相关法律法规是否与包括非歧视原则等 WTO 规则和义务相抵触。应当认为,确定一国基于隐私保护而采取的相关措施是否符合 GATS 一般例外条款,需要分析该具体措施本身是否与 GATS 所规定的诸如非歧视义务等纪律

---

① See Report of the Appellate Body, United States - Standards for Reformulated and Conventional Gasoline, WT/DS2/AB/R, 29 April 1996, p. 22; Report of the Panel, United States - Measures Affecting the Cross-border Supply of Gambling and Betting Services, WT/DS285/R, 10 November 2004, para. 6.449.

② See Report of the Panel, United States - Measures Affecting the Cross-border Supply of Gambling and Betting Services, WT/DS285/R, 10 November 2004, para. 6.536.

相符。[①] 此时,需要基于数据本地化措施的具体内容展开判断。最后,就相关措施的必要性看,基于前文的分析,必要性的判断应当权衡一系列因素方可确定。[②] 这些权衡因素包括成员方所追求的利益或价值的重要程度、相关措施对政策目标达成的贡献程度、相关措施的贸易限制程度以及成员方对公共利益和价值保护的程度和更少贸易限制性替代措施等因素。在这些相关要素中,所追求的利益或价值的重要程度、相关措施对政策目标达成的贡献程度、相关措施的贸易限制程度三个要素是其中应当予以重点考量的因素。[③] 基于以上三个方面的考量可知,数据本地化措施作为一项基于数据隐私保护考量的国内监管措施,其是否构成 GATS 一般例外条款所规定的具体例外情形仍然需要重点考察相关措施能否确保相关法律法规义务性规则的实现、相关法律法规是否与 WTO 协定的一般原则规则相违背以及措施的必要性三个方面予以展开。鉴于数据本地化措施的纷繁复杂,在具体的判断过程中仍然需要结合个案的具体情况进一步判断。

就数据本地化措施是否符合一般例外条款序言的要求而言,需要判断实施基于数据隐私保护考量的相关数据本地化措施是否不会在情形类似的国家之间构成任意或不合理歧视的手段或构成对服务贸易的变相限制。就 GATS 一般例外条款序言的法律内涵而言,依据 GATT 一般例外条款的理念,一般例外条款的序言并非针对相关争议措施的具体内容,而是针对该措施的实施方式进而确保一般例外条款不被滥用。[④] 因此,基于数据隐私保护目的而实施的数据本地化措施应当基于善意的原则实施,平等地对待所有国家的数字贸易产品与服务。如果某些数据本地化措施的实施可能对外国公司施加不合理的负担,使外国公司在与本国公司的竞争中处于明显的不利地位,此种情况下这类措施可能很难符合一般例外条款的序言的要求。因此,相关措施在实施过程中应当平等地适用于本国与外国,以保障其措施实施的合理性进而避免对国际贸易造成变相限制和歧视。

---

① 参见谭观福:《数字贸易规制的免责例外》,载《河北法学》2021 年第 6 期。

② 一般例外条款与必要性测试密切关联,参见安佰生:《WTO“必要性测试”规则探析》,载《财经法学》2015 年第 2 期。此外,本书关于必要性测试的讨论,可回见本书第二章第二节,关于必要性标准测试,无论是国内监管的必要性测试还是一般例外中的必要性测试,两者均是相通的并秉持着相通的立法和司法理念。

③ See Report of the Panel, United States - Measures Affecting the Cross - border Supply of Gambling and Betting Services, WT/DS285/R, 10 November 2004, para. 6.542.

④ See Report of the Panel, United States - Measures Affecting the Cross - border Supply of Gambling and Betting Services, WT/DS285/R, 10 November 2004, para. 6.581; Report of the Appellate Body, United States - Measures Affecting the Cross - border Supply of Gambling and Betting Services, WT/DS285/AB/R, 7 April 2005, para. 339.

综上,尽管GATS规则自其缔结开始就已将隐私保护列入一般例外条款之中且这一条款仍然可以有效地适用于数字贸易时代,但是,基于数据隐私保护之目的而采取的数据本地化措施并不必然符合一般例外条款之规定。作为保护缔约方非贸易价值的重要工具,WTO自创设以来就为协调国内政策而预留了一定的空间以允许成员方追求合法政策目标。[①] 对数据本地化措施而言,这一空间需要针对措施的具体实践并就具体情形和序言两方面予以综合考量。如此才能确定相关措施是否逾越了措施的正当性边界。

三、实例谛观:欧盟GDPR中的数据本地化措施

数据本地化措施是全球范围内普遍存在的强化数据隐私保护的国内监管措施。作为数字贸易自由化与数据隐私权联结的现实体现,数据本地化措施突出地体现了两者之间的关系互动。同时,作为一种国内监管措施,数据本地化措施也是实现贸易自由化与数据隐私权保护的平衡点,而在一系列国内监管措施中,欧盟GDPR无疑是当前基于数据隐私保护目的而采取的国内监管措施的体现。

考察欧盟GDPR中的数据本地化措施,需要明晰的一个前提问题是,GDPR中是否存在数据本地化措施?抑或GDPR中的相关措施是否构成数据本地化措施?对此,本书认为,欧盟GDPR中的相关措施潜在构成数据本地化措施。一方面,欧盟GDPR中的相关措施系基于领土主权和管辖权而对数据的跨境流动采取限制性监管措施,符合数据本地化措施作为一种数字贸易国内监管措施的特征。国内监管措施是各国基于其本国的经济主权而在国际贸易进程中所采取的措施,而就欧盟而言,欧盟在GDPR中所制定的一系列跨境数据流动限制规则即是欧盟基于其经济主权而制定并执行的一项国内监管措施。欧盟基于领土原则对欧盟域内的数据处理行为实行严格监管,进而将欧盟境内产生的数据打上欧盟的烙印,使欧盟限制特定类型数据的跨境自由流动成为可能。[②] 这也是欧盟GDPR中所采取的一系列措施构成国内监管措施的前提基础。另一方面,尽管欧盟GDPR中的相关规则并未强制要求数据的本地存储并在公开场合表明其支持数据跨境自由流动的立场,但从规则和措施的实际效果看,GDPR中所采取的一系列措施具有等同于数据本地存储要求的“软”效果和限制数据跨境自由流动的实际效果。具体而言,欧盟在GDPR中所秉持的是“充分性

---

① 参见杜玉琼、裘韵:《贸易壁垒新形态下WTO平衡价值冲突的路径研究》,载《江苏大学学报(社会科学版)》2021年第3期。

② 参见王志安:《云计算和大数据时代的国家立法管辖权——数据本地化与数据全球化的大对抗?》,载《交大法学》2019年第1期。

标准"为基本原则的事前防范的数据隐私监管路径。① 因此,倘若需要向欧盟以外国家的数据接收者发送和传输数据,国外的数据接受者必须具有充分的数据保护措施。② 换言之,数据产生的初始状况应当被存储在欧盟境内,倘若欧盟确定某个国家或地区对数据的保护不充分,则欧盟成员国必须坚决阻止将个人数据传输到该国家或者地区。与此同时,欧盟在 GDPR 中所设置的近乎严苛的充分性标准评估是基于欧盟委员会单方面评估而达成的。故而从一定程度上看,欧盟所采取的以充分性标准评估为前置的数据隐私保护路径,可能会因为评估的高标准和批准程序的复杂性而对数据跨境自由流动产生限制,进而可能对数字贸易造成限制。因此,欧盟GDPR的相关数据传输要求具有实现数据本地化的效果。③ 综合以上两点考量,欧盟 GDPR 中的相关措施即可能构成潜在的数据本地化措施。欧盟 GDPR 烦琐的数据传输限制也使其被称为"世界上最大的事实上的数据本地化框架"④,基于此,需要进一步思考的是,在国际贸易规则体系下,欧盟是如何实现贸易自由化与数据隐私权之间的平衡的?对标一般例外条款,欧盟 GDPR 中的相关措施是否符合一般例外条款的要求?

基于前文的考察可知,欧盟正试图通过双边与区域层面的制度安排输出其高标准的数据隐私保护规则,强化数字贸易中的数据隐私保护并在此基础上通过互信以实现数据跨境自由流动,进而实现贸易自由化与数据隐私权之间的平衡与协调。欧盟 GDPR 对欧盟内部市场甚至全球数据市场都有着实质且深远的影响,增强了欧盟在数据市场的监管能力并提升了欧盟参与自由贸易协定的规则制定权。⑤ 欧盟在 TTIP 制定过程中的实践亦显示,在自由贸易协定谈判进程中,欧盟积极地将其自身制定的数据保护标准置于优先地位。⑥ 面对数据本地化措施,尽管欧盟在多个场合强调对数据本地化措施的反对,但是,从一定程度上看,数据跨境自由流动与欧盟所强调

① See GDPR Article 44 "General principle for transfers" and Article 45 "Transfers on the basis of an adequacy decision".

② See Linxin Dai, *A Survey of Cross - Border Data Transfer Regulations Through the Lens of the International Trade Law Regime*, New York University Journal of International Law and Politic, Vol. 52: 3, p. 961 (2020).

③ 参见叶开儒:《数据跨境流动规制中的"长臂管辖"——对欧盟 GDPR 的原旨主义考察》,载《法学评论》2020 年第 1 期。

④ Nigel Cory, Ellysse Dick & Daniel Castro, *The Role and Value of Standard Contractual Clauses in EU - U. S. Digital Trade*, ITIF Website (Dec. ,2020), https://itif. org/sites/default/files/2020 - standard - contractual - clauses. pdf.

⑤ 参见方芳:《欧盟个人数据跨境流动政策的演变:市场统一与贸易规范》,载《复旦国际关系评论》2019 年第 1 期。

⑥ See European Commission, *Factsheet on Services in TTIP*, European Commission Website, https://trade. ec. europa. eu/doclib/docs/2015/january/tradoc_152999. 2%20Services. pdf.

的数据隐私权保护具有潜在的矛盾与冲突。强化对数据隐私的保护不可避免地会影响数据的跨境自由流动。换言之,倘若基于数据隐私保护的目的而实施数据本地化措施,欧盟应当如何抉择和评价?这便反映出数据本地化措施是贸易自由化与数据隐私权的冲突焦点。对此,从欧盟的立场和态度看,欧盟倾向于认为高标准的数据隐私保护规则有助于增强各方对数字经济的信任并促进数字贸易的发展。[①] 毋庸置疑,统一的高标准的数据隐私保护规则确实能够实现数字贸易与数据隐私保护的共同进步,然而,具有强制力的数据隐私保护框架和规则目前尚不存在。在当前各国数字基础设施发展和数字贸易发展理念差异较大的现实背景下,欧盟推动高标准数据隐私保护标准的愿景能否实现仍然存疑。因此,纵然欧盟对数据隐私权的高定位以及贸易自由化和数据隐私权分置的实践进路在一定程度上具有合理性和可操作性,但是,欧盟能否最终实现其数据隐私高标准与强保护的愿景仍然有待进一步的实践检验与观察。

欧盟 GDPR 是欧盟推动数据隐私保护进而实现数据隐私权与数字贸易自由化平衡的关键利器。由于欧盟 GDPR 对数字贸易的发展有着深刻影响,因此,需要进一步思考的是,欧盟 GDPR 中潜在的相关措施是否符合 GATS 一般例外条款的规定。对此,应当参照“两步分析法”的路径予以展开。就第一步而言,依据 WTO 争端解决机构专家组在“美国—赌博案”中所确立的判断路径则应当从三个方面予以判断:首先,欧盟 GDPR 中的相关数据本地化措施所旨在确保得到遵守的法律法规至少包含有“充分性标准”要求,适当的安全保障义务等强制性的义务性规范。其次,就有关数据隐私保护的法律法规是否与 WTO 相违背而言,GATS 第 14 条(c)项以开放列举的形式提供了一个非详尽清单,其中即包括了与隐私保护有关的法律法规。问题的关键在于 GDPR 中的相关规定是否与包括非歧视原则等 WTO 规则和义务相抵触。对此,以欧盟 GDPR 为范例看,GDPR 所包含的相关规定平等地适用于欧盟法管辖范围内的数据处理,且 GDPR 中所规定的从欧盟境内向欧盟境外传输数据的限制条件与在欧盟境内传输数据的限制条件并无二致。因此,从这一角度看,GDPR 与 WTO 的非歧视原则是相符的。最后,就相关措施的必要性看,欧盟 GDPR 中的相关措施所致力于追求的利益和价值为数据隐私权,其作为基本人权具有极高的重要程度,且相关措施所设置的“充分性标准”要求以及安全保障义务等强制性规范对数据隐私权的保护的目的达成亦具有充分的贡献程度。此外,欧盟 GDPR 中的相关数据本地化措施仅将数据限定在特定类型的数据(个人数据),且设置了明确的规则以实现措施的透明

---

① See Joint Statement on Electronic Commerce: EU Proposal for WTO Disciplines and Commitments Relating to Electronic Commerce – Communication from the European Union, INF/ECOM/22, 26 April 2019, para. 2. 8. 2.

和避免措施的滥用,因而其对数字贸易的限制程度尚处于一个可控的范围之内。因此,基于以上三方面考量,欧盟 GDPR 中的相关措施作为一项基于数据隐私保护考量的国内监管措施,可以构成 GATS 一般例外条款所规定的具体例外情形。就第二步而言,欧盟 GDPR 中的相关措施的实施并非为了恶意地保护其本国的数字贸易相关产业,且其中的各项措施亦通过明确的规定平等地适用于所有国家的数字贸易产品与服务。因此,应当认为,相关措施的实施不会对数字贸易的发展造成变相的限制和歧视,因而符合一般例外条款的序言的要求。基于以上两步骤的分析,应当认为,欧盟 GDPR 中的相关国内监管措施并不违背 WTO 的相关规则,能够符合 GATS 一般例外条款的要求。

综上,数据隐私保护作为一项数字贸易核心关切,在数字贸易规则的发展进程中已经得到了各国的重视。隐私与贸易之间的争论绝非小事,其一方面体现出数字人权所受到的威胁,另一方面亦凸显出数据驱动经济发展所带来多重利益需求考量。[①] 就数字贸易而言,GATS 的一般例外条款仍然是适用于基于数据隐私保护目的而实施数据本地化措施的最直接规定,而这一条款在诸多自由贸易协定中也得到了继承和发展。对标 GATS 一般例外条款,以欧盟 GDPR 为现实样本分析可见,欧盟 GDPR 中所规定的相关措施能够符合 GATS 一般例外的法律内涵,其本身不会对数字贸易造成变相的限制和歧视。

本章小结

在数字贸易发展进程中,尽管美欧均强调数据跨境自由流动的重要性,但是两者却在数据隐私保护的重要性和优先性问题上存在分歧进而形成了迥异的监管路径选择。从法律层面看,这种迥异的监管路径反映出贸易自由化与数据隐私权这一数字贸易时代的矛盾冲突,而这也是贸易联结议题在数字贸易时代的全新体现。数字贸易自由化与数据隐私权在价值追求上相背离进而产生相互抵触的规则义务设定,国际贸易规则强势介入数据隐私保护领域却未能制定充分且有效的数据隐私保护规则。在这一对矛盾冲突当中,数据本地化措施是这一贸易联结议题的现实体现和矛盾焦点,也是实现贸易自由化与数据隐私权协调发展的平衡点。

数字贸易时代,数字贸易自由化与数据隐私权的关系互动与路径选择是实现数

① See Mira Burri, *Interfacing Privacy and Trade*, Case Western Reserve Journal of International Law, Vol. 53:1, p. 85(2021).

据本地化措施理性发展的理论前提。从两者的关系互动看，数据隐私权的权利理念为平衡贸易利益和隐私权益提供了指引、评价功能，亦为数据本地化措施的发展提供了一定的理论支持，有利于数字贸易的良性健康发展和数字贸易规则的优化制定。理性看待两者的关系互动，在现行条件下试图将贸易与人权议题置于同一框架体系存在其固有的难度。因此，贸易自由化与数据隐私权的互动仍然适宜分置于两个独立的体系之内，通过两个独立体系内的互动发展，有利于实现贸易自由化规则与数据隐私保护规则的相互磨合，进而有助于共同推动两者之间的发展。

回归贸易法视阈下，鉴于数据隐私保护在数字贸易发展中的关键地位，各国对数据隐私保护问题给予了高度的关注。无论是双边、区域抑或诸边层面，致力于实现两者间平衡与协调的努力始终在推进当中，而数据本地化措施作为一项致力于数据隐私保护的国内监管措施，在数字贸易规则的发展进程中也得到了各国的重视。从既有的实践看，GATS 一般例外条款仍然是适用于基于数据隐私保护目的而实施数据本地化措施的最直接规定，而 GATS 一般例外条款在晚近发展的诸多自由贸易协定中也得到了继承和延续。鉴于欧盟 GDPR 中的相关措施可能潜在构成数据本地化措施，因此，对标 GATS 一般例外条款，欧盟 GDPR 中具体条款这一样本具有分析价值。参照“两步分析法”的路径予以展开，欧盟 GDPR 中的相关措施能够符合 GATS 一般例外的法律内涵，其本身不会对数字贸易的自由化发展造成变相限制和歧视。

第五章

面向数据本地化措施的中国实践与因应

数字经济时代,国际贸易正在以数字贸易这种崭新的贸易形式进入新一轮的高速发展期。当前,中国数字经济正处于高速发展阶段,以支付宝、腾讯等互联网巨头为代表的数字经济体正强势崛起并带动数字经济新业态如雨后春笋般涌现。中国数字贸易发展势头强劲,开始由边缘地带逐步向核心地带移动。[①] 尽管数字经济和数字贸易的发展已呈现出不可逆的趋势,但是,数字经济和数字贸易所引发的各类现实问题仍然有待妥善应对和解决,数据本地化措施问题即当前亟待解决的问题之一。对于中国而言,一方面,中国所制定的涉数据本地化措施相关法律法规受到部分质疑。例如,2017 年 9 月,美国政府正式函告 WTO 服务贸易理事会,对中国已经和正准备实施的相关措施(如《网络安全法》等)表达关切,认为相关措施涉及本地化要求可能严重阻碍信息数据的跨境传输,并提请 WTO 服务贸易理事会将相关事项纳入议程。[②] 另一方面,中国正饱受他国所采取的数据本地化措施的负面影响。例如,美国、印度等国家所采取的数据本地化措施使得中国互联网公司所属软件 TikTok 面临严峻风险。因此,数据本地化措施在一定程度上对中国参与全球数字贸易并分享数字贸易红利产生了负面影响。鉴于此,中国应当重视数据本地化措施问题。从国内层面看,中国需要积极完善数据本地化国内规则以保证与国际贸易规则间的相符性并顺应国际贸易规则的发展趋势。这既是中国进一步深化改革开放并融入全球数字贸易的必然要求,也是中国负责任大国的现实体现。从国际层面看,既有的国际贸易规则未能适应数字贸易的快速发展,远远滞后于实践发展的需要。[③] 因此,中国需要更积极有

---

① 参见温湖炜、舒斯哲、郑淑芳:《全球数字服务贸易格局及中国的贸易地位分析》,载《产业经济评论》2021 年第 1 期。

② See Council for Trade in Services – Communication from the United States – Measures Adopted and under Development by China Relating to Its Cybersecurity Law, S/C/W/374, 26 September 2017.

③ 参见张茉楠、周念利:《数字贸易对全球多边贸易规则体系的挑战、趋势及中国对策》,载《全球化》2019 年第 6 期。

为地参与到全球数字贸易规则的完善进程中。作为国际贸易规则等国际制度的基本参与者,国家既受国际制度的制约,又是国际制度的提供者,有可能通过对国际制度的完善而获得制度性收益。[①] 因此,在完善自身数据本地化规则的同时,中国需要积极探索如何更积极有为地参与到数字贸易国际规则的发展进程中并有效推动数据本地化国际规则的完善。这是中国参与全球数字贸易并维护自身利益的必然要求,也是中国积极参与全球治理体系改革和建设的现实要求。

第一节　面向数据本地化措施的中国实践与反思

数据本地化措施是当前全球数字贸易发展进程中所面临的核心难题之一。对于中国而言亦是如此。一方面,作为冉冉上升的数字贸易大国,中国需要推动数据本地化国际规则向更有利于数字贸易自由化的方向发展以有效推动各国国内监管措施的协调进而实现自身参与全球数字贸易的利益。另一方面,数据作为涉及国家基本安全利益的核心生产要素,中国需要在符合国际通行标准的基础上实施数据本地化措施以保障自身的核心安全与利益。因此,面向数据本地化措施,中国需要从国际与国内两个层面推动数据本地化规则的完善。从国内法层面看,数据本地化国内规则是中国所执行的数据本地化措施在法律法规层面的体现,因此,提升数据本地化国内规则与国际贸易规则的相符性是中国亟待解决的现实问题;而从国际法层面看,数据本地化国际规则是缔约方之间对各国数据本地化措施(规则)协调后所形成的国际规则,因此,更有建设性地参与数据本地化国际规则的完善进程对维护中国参与数字贸易的利益和提升中国在数字贸易领域的影响力和规则话语权至关重要。从既有实践看,为保障自身利益,中国先后制定了一系列法律法规并采取了数据本地化措施以保障自身的网络安全、数据安全和数据隐私安全,同时,中国也积极地参与到数字贸易国际规则的完善进程中以积累自身的软实力。这一系列实践进程既取得了积极的效果但同时也暴露出一系列的不足,有待进一步强化。在此背景下,回溯中国数据本地化规则构建进程中的实践历程并在此基础上反思,对推动中国数字贸易发展具有现实意义与价值。这既是中国优化数据本地化国内规则的前提,也是中国推动数据本地化国际规则完善的前提。

---

① 参见杨剑、张明:《“一带一路”建设与中国的制度性收益》,载《国际展望》2019 年第 4 期。

一、国际层面:中国推动国际规则完善的实践进程

改革开放以来,中国积极地融入全球贸易体系。在与国际贸易体系互动过程中,中国经济与贸易得到迅猛发展,随着综合国力的增强和国际话语权的提升,中国参与国际经济与贸易制度的身份开始由学习者向改革者转变。通过与国际经贸制度的互动实践,中国实现了自身经济的发展和实力的增长进而获得了巨大的红利,这也成为中国积极参与国际法律制度构建与完善的动力。在"逆全球化"风潮下,中国更是成为经济全球化的积极支持者并为全球经贸的恢复与发展贡献力量。① 数字贸易领域的国际规则即中国积极融入多边贸易体系并参与国际贸易规则完善的现实体现。

从国际贸易规则层面看,中国通过 WTO、区域贸易协定以及电子世界贸易平台(e-WTP)等平台积极参与全球数字贸易规则完善,呈现出立体化、多层次的参与实践路径。首先,就 WTO 而言,中国积极参与 WTO 电子商务谈判。在 WTO 电子商务谈判中,中国于 2019 年 4 月 24 日向 WTO 提交了第一份电子商务建议案,并就中国针对电子商务谈判的目标、原则、方向和重点议题等表明了立场。② 此后,中国又分别于 2019 年 5 月 9 日、2019 年 9 月 23 日、2020 年 10 月 28 日、2022 年 7 月 26 日、2022 年 11 月 28 日、2023 年 5 月 9 日、2023 年 6 月 8 日提交了七次提案。③ 在后续的提案中,中国分别就电子商务谈判中的一些常规议题,例如电子认证、电子合同、一般例外、安全例外、非歧视待遇等提出了实质性的立场和建议。其次,在双边和区域贸易协定层面,目前中国与 18 个国家或地区签署了自由贸易协定,其中有 6 个区域贸易协定含有电子商务或者数字贸易章节。④ 其中,RCEP 是中国目前所签订的内容最全面、自由化程度最高的涉及数字贸易的自由贸易协定。最后,由中国企业家马云先生

---

① 参见董琴:《"逆全球化"及其新发展对国际经贸的影响与中国策略研究》,载《经济学家》2018 年第 12 期。

② See Joint Statement on Electronic Commerce Initiative – Communication From China, INF/ECOM/19, 24 April 2019.

③ See Joint Statement on Electronic Commerce – Communication from China, INF/ECOM/78, 8 June 2023; Joint Statement on Electronic Commerce – Communication by China, INF/ECOM/77, 9 May 2023; Joint Statement on Electronic Commerce – Communication by China, INF/ECOM/72, 28 November 2022; Joint Statement on Electronic Commerce – Communication by China, INF/ECOM/69, 24 October 2022; Joint Statement on Electronic Commerce Initiative – Communication From China, INF/ECOM/60, 28 October 2020; Joint Statement on Electronic Commerce Initiative – Communication From China, INF/ECOM/40, 23 September 2019; Joint Statement on Electronic Commerce Initiative – Communication From China, INF/ECOM/32, 9 May 2019.

④ 这 6 个区域贸易协定分别是:RCEP、《中国—毛里求斯自由贸易协定》、《中国—韩国自由贸易协定》、《中国—柬埔寨自由贸易协定》、《中国—澳大利亚自由贸易协定》和《中国—新加坡自由贸易协定》,前述相关数据和文本来源于中国自由贸易区服务网。

所提出的e－WTP是当前中国参与电子商务规则制定的重要路径之一。作为一个由私营部分发起并有利益攸关方共同参与的电子贸易平台，e－WTP旨在推动全球发展中国家、中小企业、年轻人更方便地进入全球市场进而参与到全球经济活动中去，而e－WTP通过商业习惯性做法以及与WTO开展电子商务规则方面的合作等方式亦有效地推动了国际贸易新规则的形成。① 综合而言，步入数字贸易时代，中国正在积极地参与到数字贸易规则的谈判中去。

数据本地化规则是区域贸易协定中电子商务章节或者数字贸易章节的核心组成部分。一定程度上看，在新近达成的自由贸易协定中，数据本地化条款已经成为其中的核心条款，而就中国缔结的自由贸易协定而言，尽管协定文本大多涉及数据和信息保护条款（见表1），但是，除RCEP中涉及数据本地化议题外，其他自由贸易协定均未涉及。由此可见，数据本地化条款仍然未在中国所缔结的自由贸易协定中广泛存在，不仅如此，关于数据跨境流动的条款也鲜有存在。这在一定程度上说明，目前全球各国对数据跨境流动和数据本地化措施尚未能够达成共识。从更大范围的多边层面看，尽管中国已经开始就数据跨境流动和数据本地化措施问题表明自身关切与立场，但是相关表态仍然较为委婉且尚未提出明确的操作方案。从中国向WTO提交的提案看，有别于美欧方案明确且强烈坚持的立场，中国对数据跨境流动和数据本地化措施所持立场相对较为谨慎和委婉，认为跨境数据流动以及数据本地化等问题需要“进一步的解释性讨论”。② 笔者认为，这种谨慎立场在数字贸易国际规则的完善进程中并不是最佳选择。

表1　中国缔结的自由贸易协定中涉数字贸易（电子商务）规则统计

序号	规则	RCEP	中国—毛里求斯自由贸易协定	中国—韩国自由贸易协定	中国—澳大利亚自由贸易协定	中国—新加坡自由贸易协定	中国—柬埔寨自由贸易协定
1	一般条款（定义、原则与目标、范围等）	√	√	√	√	√	√
2	数字贸易（电子商务）合作	√	√	√	√	√	√
3	贸易便利化（无纸化贸易、电子认证和电子签名）	√	√	√	√	√	√

① 参见李晓龙、王健：《eWTP倡议下构建国际贸易新规则的探索》，载《国际经贸探索》2018年第11期。

② 参见《美国等世贸组织成员提议跨境数据自由流动并禁止数据本地化》，载上海WTO事务咨询中心官网2019年7月9日，http://sccwto.org/#/pc/detail?id=25922。

续表

序号	规则	RCEP	中国—毛里求斯自由贸易协定	中国—韩国自由贸易协定	中国—澳大利亚自由贸易协定	中国—新加坡自由贸易协定	中国—柬埔寨自由贸易协定
4	消费者保护	√	√		√	√	√
5	个人信息(数据)保护	√	√	√	√	√	√
6	非应邀商业电子信息	√					
7	国内监管框架	√			√	√	
8	关税	√	√	√	√	√	√
9	透明度	√	√		√	√	
10	网络安全	√					
11	计算设施的位置	√					
12	跨境数据(信息)传输	√					
13	电子商务对话	√					
14	争端解决	√	√	√	√	√	√

注:相关数据均来源于中国自由贸易区服务网,统计数据截至 2023 年 1 月。

除国际贸易规则之外,中国也逐渐尝试在更广阔的国际经济治理中回应数据本地化措施问题。例如,2020 年,在中国所提出的《全球数据安全倡议》中,中国号召国际社会在普遍参与的基础上就各项数字议题达成国际协议,并鲜明地提出了“不得要求本国企业将境外产生、获取的数据存储在境内”的倡议。这一倡议无疑与数据本地化措施议题密切关联。但是,从中国倡议的表达中看,中国明确反对的数据本地化措施仅仅是纷繁复杂的数据本地化措施的“冰山一角”。对于更多类型的数据本地化措施,中国并未表明其立场。

综合以上内容,在国际规则层面,尽管中国已经积极参与到数字贸易国际规则的制定和完善进程中去,但是,有别于电子认证、无纸化交易等数字贸易传统议题,中国在数据跨境流动和数据本地化措施等深度议题方面的参与程度仍然十分有限,这无疑与数字贸易的高速发展不相匹配。面对数字贸易的高速发展,中国应当更积极主动地参与到数据跨境自由流动和数据本地化等第二代数字贸易规则的完善进程中去。①

① 通常认为,第一代数字贸易规则主要关注“电子签名”“无纸化贸易”等传统议题,而第二代数字贸易规则则将关注的视角转向了“跨境数据自由流动”“数据存储非强制本地化”等议题。参见周念利、陈寰琦:《基于〈美墨加协定〉分析数字贸易规则“美式模板”的深化及扩展》,载《国际贸易问题》2019 年第 9 期。

二、国内层面：中国数据本地化措施的实践进程

数字贸易时代，有鉴于数字贸易所引发的诸如数据隐私保护、网络安全风险等新问题，各国纷纷制定、修订或完善本国法律法规并在一定程度上采取数据本地化措施以期有效保护本国利益。从既有实践看，各国关于强制数据存储和限制数据跨境流动的法律法规是各国所执行的数据本地化措施最主要的表现形式。总体而言，数字贸易国内规则是以国家安全为基础，以数据流动和数据保护为核心建立的数据流动监管体系。[①] 质言之，与数据跨境流动有关的法律法规是各国数字贸易国内规则的核心组成部分，而数据本地化国内规则则进一步构成数据跨境流动国内规则中最令人瞩目的规则。

从国内规则层面看，数据本地化国内规则是一国实施数据本地措施的现实写照，反映了一国数据本地化措施的实践历程和发展趋势。总体上看，各国关于数据本地化措施的立法情况纷繁复杂，并与邻近议题的立法密切联系。相关国内规则的适用范围也呈现多样化的存在。这些法律法规既可能是数据隐私保护立法也可能是数据安全立法，既可能是针对特定类型数据的立法也可能是具有普适性的数据立法。就中国而言，诚如前文所提及的，尽管中国的数据本地化国内规则尚以多样化的形式存在，但是总体而言，中国数据本地化国内规则符合国际贸易国内监管措施的必要性判断要求。审视中国国内立法中的相关数据本地化规则，中国的数据本地化国内规则存在如下的发展趋势与显著特点。

首先，从数据本地化国内规则的整体看，《国家安全法》和《网络安全法》中的相关规定被认为是数据本地化国内规则的顶层设计。[②] 具体而言，《国家安全法》要求对关键基础设施和重要领域信息系统及数据实现安全可控，对此，《网络安全法》第37条进一步予以了规定，确立了个人数据和重要数据以境内存储为原则、安全评估后向境外提供的制度。[③] 鉴于此，《网络安全法》也被认为是中国数据本地化立法的关键法律。[④] 在《网络安全法》制定并实施后，基于《网络安全法》所确定的数据跨境传输制度，与《网络安全法》相配套的一系列行政法规和标准陆续制定，如《关键信息基

---

① 参见沈玉良等：《全球数字贸易规则研究》，复旦大学出版社2018年版，第145－146页。

② 相关法律规则可参见《国家安全法》第25条、第59条以及《网络安全法》第三章第二节中的相关规定。

③ 参见李毅、王迪：《世贸组织背景下中国数据本地化存储要求的评析》，载《重庆邮电大学学报（社会科学版）》2019年第4期。

④ See Susan Ariel Aaronson & Patrick Leblond, *Another Digital Divide: The Rise of Data Realms and its Implications for the WTO*, Journal of International Economic Law, Vol. 21:2, p. 266(2018).

础设施安全保护条例》《个人信息和重要数据出境安全评估办法》等。相关行政法规和标准的陆续制定有效地增强了《网络安全法》的可操作性。此外,随着数字贸易的深入推进和数据跨境流动的日趋频繁,中国还进一步制定了《数据安全法》。从目前的《数据安全法》看,《数据安全法》大体延续了《国家安全法》和《网络安全法》的立法思路并规定了数据安全审查制度的相关内容。因此,从一定程度上看,中国的数据本地化国内规则已经初具规模。

其次,从数据本地化国内规则的体系看,中国数据本地化立法形成了涵盖多行业、跨越多领域的数据本地化规则体系。除了在《国家安全法》《网络安全法》等法律层面的数据本地化国内规则外,中国在一些特定行业的立法中也专门设置了数据本地化存储规则或要求。这些规则构成了数据本地化国内规则的重要组成部分。例如,《网络出版服务管理规定》第 8 条第 3 项规定“有从事网络出版服务所需的必要的技术设备,相关服务器和存储设备必须存放在中华人民共和国境内”;而《征信业管理条例》第 24 条第 1 款亦直接规定“征信机构在中国境内采集的信息的整理、保存和加工,应当在中国境内进行”。与此类规定相类似的国内规则不胜枚举。[①] 这些规则都构成了中国数据本地化国内规则的重要组成部分。由此可见,中国的数据本地化国内规则已经形成较为庞大的数据本地化规则体系。

最后,从中国数据本地化国内规则的发展进程看,中国的数据本地化国内规则制定进程呈现出加速发展的趋势。中国跨境数据流监管制度的形成嵌入了中国互联网管理体制的演进过程,并历经了从不主动干预到主动管理两个阶段。[②] 相比而言,在互联网发展的早期阶段,中国更倾向于监管数据从境外向境内的流入,而对数据的本地存储和数据由境内向境外的跨境流动问题则未制定并执行更全面的国内监管措施,相关的数据本地化措施和法律法规更多散见于层级较低的部门规章中。随着数字互联网和数字贸易发展进程的加快,中国开始重视和强化对数据流动的监管并开始广泛地制定体系化的数据本地化规则,包括《网络安全法》《数据安全法》等法律法规均对此予以涉及。这些法律法规的制定为中国提供了有效的制度保障。

综上,面对数字贸易可能引发的风险,中国制定了一系列法律法规以避免数据跨境自由流动所可能引发的后果。尽管中国所制定的一系列法律法规确能在一定程度

---

① 相关国内规则还可散见于《电子招标投标办法》第 10 条、《电子银行业务管理办法》第 10 条、《证券公司网上证券信息系统技术指引》第 39 条等。

② See Jinhe Liu, *China's Data Localization*, Chinese Journal of Communication, Vol. 13: 1, p. 88 – 89 (2020).

上避免数字贸易风险，但是，在数字贸易深入推进的当下，立足全球数字贸易规则发展格局，审视中国相关数据本地化立法与措施实施，进而探讨中国面向数据本地化措施的具体完善路径是摆在眼前的重要任务。目前，贸易自由化发展是数字贸易未来发展的趋势。在此背景下，需要反思的是，面对数字贸易的趋势，中国数据本地化国内规则如何顺应贸易自由化的发展趋势？如何才能在顺应贸易自由化发展趋势下平衡好贸易自由化利益与非贸易利益之间的关系？这也是探讨未来中国推动数字贸易国际规则完善和数字贸易国内规则优化的关键核心。

三、面向数据本地化措施中国实践的不足与反思

基于前文的分析与梳理，步入数字贸易时代，中国在完善数据本地化国内规则以保障自身在数字贸易活动中基本利益的同时，也正在以更加主动的姿态参与到数字贸易国际规则的完善进程中去。国内层面和国际层面并驾齐驱，使中国实践为中国参与全球数字贸易活动奠定了基础。但是，数字贸易发展日新月异，中国必须以更加积极的立场去审视自身在面对数据本地化措施时的实践路径。因此，在回溯中国面向数据本地化措施实践的基础上，应当积极反思中国实践的不足进而探索更为理性的实践路径。

从国际层面看，在数据本地化国际规则的完善进程中，中国的参与程度仍然有待加强。“中国在对标高标准数字贸易规则的过程中，对制度开放的‘大门’持相对较为审慎的态度。”[①]中国的自由贸易协定常倾向于避免新颖性问题，其中就包括管理数字领域的实质性规则（如禁止数据本地化要求）等。[②] 从既有数字贸易规则完善的实践看，中国对诸如数字贸易便利化、数字贸易关税等数字贸易早期传统议题的参与程度更深，而对数据本地化、数据跨境流动等新兴议题的参与程度则较为有限。然而，新近自由贸易协定的实践表明，自由贸易协定不仅涵盖了已经基本达成共识的第一代数字贸易规则，还重磅推出了跨境数据自由流动、数据存储非强制本地化等水平较高的第二代数字贸易规则。[③] 由此可见，尽管中国正在积极参与数字贸易规则的制定进程，但是中国尚与国际领先的谈判议题存在差距。这种差距不仅体现在规则深度的差距上，更体现在规则所涉及之广度的差距上。目前看，中国在多边层面尚未对前述前沿议题提出明确的规则建议，在所参与的区域贸易协定层面也仅在 RCEP 中有所

---

① 白洁、张达、王悦：《数字贸易规则的演进与中国应对》，载《亚太经济》2021 年第 5 期。

② See Henry S. Gao, *A New Chinese Economic Order*?, Journal of International Economic Law, Vol. 23: 3, p. 634 (2020).

③ 参见周念利、陈寰琦：《基于〈美墨加协定〉分析数字贸易规则“美式模板”的深化及扩展》，载《国际贸易问题》2019 年第 9 期。

涉及。究其缘由,中国在数据跨境自由流动、数据存储非强制本地化等第二代数字贸易规则领域的参与不足与中国对"数字贸易"这一概念本身所持立场密切关联。与美国等国家更倾向于关注数字贸易的"数字化"性质不同,中国更倾向于从传统的"贸易"角度理解和解决数字贸易问题。[①] 因此,相比较而言,中国更倾向于从传统的货物贸易视阈去关注货物的数字贸易,这就使得中国在前沿议题的参与程度仍然不足够深入,而这无疑不利于中国自身的数字贸易发展进程。更进一步,就数据跨境流动和数据本地化措施两项议题而言,中国谨慎地对待甚至在一定程度上回避对两个前沿议题的讨论。正如前文所言,就数据跨境流动和数据本地化而言,从中国向 WTO 提交的提案看,其有别于美欧的方案明确且强烈坚持的立场,中国对数据跨境流动和数据本地化措施所持立场相对较为谨慎和委婉,认为跨境数据流动以及数据本地化等问题需要"进一步的解释性讨论"。[②] 这意味着,针对数字贸易国际规则最为敏感的两个话题,中国呈现出更为谨慎和克制的观点和话语立场。数字贸易已经成为未来国际贸易的必然趋势,数字贸易规则也已经成为未来国际贸易规则的制高点。在此过程中,中国不宜继续回避数据跨境流动问题,而应当借当前国际贸易规则的重塑期构建符合多数成员利益的数据跨境流动规则。[③] 具体而言,中国应当更积极地表明自身在数据本地化议题上的立场,进而推动数据本地化国际规则的制定和完善。综上,尽管中国在数字贸易规则完善进程中迈出了坚实步伐,但在数据本地化国际规则方面的实践却仍然有待进一步加强。

从国内层面看,作为中国数据本地化措施现实体现的数据本地化国内规则,其体系性和有效性仍然有待进一步加强。首先,与数据本地化措施密切联系的法律法规仍然规定得较为原则和抽象。数据出境安全评估制度被认为是中国数据本地化措施的重要一环,但是,对这一问题,中国《网络安全法》关于数据本地存储的规定仍比较笼统,而未对数据出境安全评估的标准和程序以及重要数据的分类界定等进行明确规定。[④] 尽管相关配套性的行政法规正在陆续出台,但是相关行政法规能否实现与上位法的有效衔接尚存疑问。其次,需要关注到的是,中国现有关于数据跨境流动和数据本地化措施的法律法规更多地散见于各领域的行政法规之中,仍然有待进一步的

---

① See Henry S. Gao, *Digital or Trade? The Contrasting Approaches of China and US to Digital Trade*, Journal of International Economic Law, Vol. 21:2, p. 298(2018).

② 参见《美国等世贸组织成员提议跨境数据自由流动并禁止数据本地化》,载上海 WTO 事务咨询中心官网 2019 年 7 月 9 日,http://www.sccwto.org/#/pc/detail? id = 25922。

③ 参见石静霞:《数字经济背景下的 WTO 电子商务诸边谈判:最新发展及焦点问题》,载《东方法学》2020 年第 2 期。

④ 参见马其家、李晓楠:《论我国数据跨境流动监管规则的构建》,载《法治研究》2021 年第 1 期。

统筹规划。健全、可预测且透明的国内贸易监管框架对发展包括数字贸易在内的国际贸易具有重要意义。[①] 在良好监管实践的趋势下，对一国国内不同部门或不同地区的监管措施差异需要进行有效地协调以实现国内监管措施的一致性。若中国在国内层面未能就规则达成共识，无法协调好国内部门或机构的关系，则在国际上参与或引领新规则的构建将很难取得成功。[②] 因此，中国散见于不同行政法规中的数据本地化规则显然有待于进一步的完善和协调。最后，中国的数据本地化国内规则是否已经有效地平衡好数据本地化措施背后的各组矛盾是尚存疑问的。以数据隐私保护为例，目前，基于数据隐私保护目的的数据本地化规则在全球范围内普遍存在。就中国而言，《个人信息保护法》规定了个人信息（数据）出境的前置条件。[③] 但是，从具体规则的设计上看，《个人信息保护法》中的相关规定更强调对个人信息（数据）的保护，即“个人信息的本地存储”和“信息出境的安全审查”，而未兼顾数字贸易之发展需要的数据利用问题。具体而言，《个人信息保护法》未对个人信息进行详细界分，这样笼统处理的方式不足够合理，[④]这不仅不利于数据的跨境自由流动也不利于数字贸易的自由化发展。因此，基于以上几方面考量，中国的数据本地化措施实践和数据本地化国内规则构建仍然存在进一步完善的空间。

回溯中国面对数据本地化措施的实践历程，需要进一步思考的是，面向数据本地化措施，中国应当如何完善自身实践？从国内层面看，由于数据本地化措施集多组矛盾于一体，因此，中国应当在国内规则构建的过程中，协调平衡好几组矛盾之间的关系，以避免数据本地化措施成为阻碍贸易自由化发展的不利因素。这既能够帮助中国避免其他国家的非议，也有利于中国收获数字贸易进程中的各项收益，还有利于中国向全球推广数据本地化规则的中国方案。从国际层面看，中国应当更积极主动地参与数字贸易规则的完善进程，特别是数据跨境流动和数据本地化规则的完善。这不仅体现在双边贸易协定和区域贸易协定的数字贸易规则完善中，更体现在以 WTO 为代表的多边贸易规则完善中。面对 WTO 长期所存在的问题，数字贸易（电子商务）议题被认为是 WTO 这一多边论坛显示出的为数不多的具有现实活力的领

---

① 在 2021 年 10 月 31 日发布的 G20 领导人峰会宣言中，各国领导人即强调了“健全、可预测和透明的国内服务贸易和投资监管框架的重要性”。See G20 Rome Leaders’ Declaration, G20 Website (Oct., 2021), https://www.g20.org/wp-content/uploads/2021/10/G20-ROME-LEADERS-DECLARATION.pdf.

② 参见石静霞：《国际贸易投资规则的再构建及中国的因应》，载《中国社会科学》2015 年第 9 期。

③ 参见《个人信息保护法》第三章“个人信息跨境提供的规则”中的相关规定。

④ 参见吴玄：《数据主权视野下个人信息跨境规则的建构》，载《清华法学》2021 年第 3 期。

域，[①]而在这一环节中，就数据跨境流动和数据本地化议题，中国与美、欧等发达成员方存在实践与立场分歧。这一系列议题关系到全球数字经济发展，中国应致力于与其他成员方在相关议题中的沟通和对话，以推动WTO多边贸易机制框架下电子商务规则的达成。[②] 这既符合中国自身的发展利益需求，也有利于全球数字贸易的发展。此时，需要进一步思考的是，中国参与数据本地化规则构建是否具备切实可行的国际环境和国内环境？同时，对于推动数据本地化规则的构建，中国如何选择有效的实践路径？

第二节　中国推动数据本地化规则完善的动力、机遇与挑战

步入数字贸易时代，推动数据本地化规则完善是中国融入全球数字贸易发展进程，分享全球数字贸易红利的必然要求。这种现实要求既需要中国更积极有效地推动数据本地化国际规则完善，也需要中国不断完善优化数据本地化国内规则以实现与国际规则的相符性。从国际规则层面看，目前，美欧已经开始强力输出其本国的数字贸易规则模板以期抢占数字贸易规则制定的制高点和话语权，[③]而在其中，与数据跨境流动和数据本地化措施有关的规则是其中的重要一环。相比而言，中国在数据本地化规则等数字贸易前沿议题方面仍然表现得较为保守，有待进一步的加强。因此，无论是基于国际层面的考量还是国内层面的考量，推动完善数据本地化规则构建将是未来很长一段时间内中国参与全球数字贸易的核心议题。中国应考虑尽快提出关于数据跨境流动的“中国方案”并依靠内外联动扩大中国数字规则的“朋友圈”。[④]

---

① See Mira Burri, *Towards a New Treaty on Digital Trade*, Journal of World Trade, Vol. 55: 1, p. 77 (2021).

② 参见潘晓明、郑冰：《全球数字经济发展背景下的国际治理机制构建》，载《国际展望》2021年第5期。

③ 有关美欧数字贸易国际规则制定的路径研究，可参见蓝庆新、窦凯：《美欧日数字贸易的内涵演变、发展趋势及中国策略》，载《国际贸易》2019年第6期；洪延青：《推进“一带一路”数据跨境流动的中国方案——以美欧范式为背景的展开》，载《中国法律评论》2021年第2期；参见Susan Ariel Aaronson & Patrick Leblond, *Another Digital Divide: The Rise of Data Realms and Its Implications for the WTO*, Journal of International Economic Law, Vol. 21: 2, p. 266 (2018); Susan Aaronson, *Why Trade Agreements are not Setting Information Free: The Lost History and Reinvigorated Debate over Cross – Border Data Flows, Human Rights, and National Security*, World Trade Review, Vol. 14: 4, p. 689 – 693 (2015)。

④ 参见熊鸿儒、田杰棠：《突出重围：数据跨境流动规则的“中国方案”》，载《人民论坛·学术前沿》2021年Z1期。

在此背景下，需要同时思考的是，中国推动数据本地化规则完善的内部环境与外部环境，包括自身的动力、潜在的机遇和面临的现实挑战。这对于中国探索未来的实践路径具有重要意义。

一、中国推动数据本地化规则完善的动力分析

贸易数字化已经成为全球贸易发展最突出的特征，实践表明，数字贸易极大地改变了全球贸易的发展方式，已成为各国贸易发展的重点。随着数字贸易在全球贸易中日趋重要，数据跨境流动规则逐渐成为国际经济秩序重构的重要内容。“数字贸易的迅速发展为全球化的深入推进提供了崭新的路径，这也导致数字贸易规则日益成为全球新一轮经贸谈判的核心议题之一。”①作为全球冉冉升起的数字贸易大国，无论是国际层面还是国内层面，中国积极推动数据本地化规则等数字贸易规则完善具有现实紧迫性和现实动力。

中国与国际贸易秩序体系的互动深刻地体现在中国与国际贸易规则之间的互动关系上。改革开放以来，中国始终积极主动地吸收并内化国际贸易规则以更深程度地融入国际贸易体系，而国际法规则在中国自觉、全面、深入地参与国际体系的进程中发挥着不可或缺的作用。② 随着中国综合实力的提升，中国与国际贸易秩序体系的互动逐渐转变，开始以更积极的姿态推动国际贸易规则的优化发展，并推动国际贸易规则向更为公平合理的方向发展，而在此其中，数字贸易规则即中国推动国际贸易规则优化发展的现实领域。这不仅缘于数字贸易规则在当前仍处于发展初期而有待进一步的发展构建，也缘于数字贸易时代中国更深度融入国际贸易的现实需要。

从国内层面看，中国在数字贸易领域的发展要求中国更有效地完善数据本地化国内规则。全球贸易体系的实践表明，“权力导向”向“规则导向”转变是国际贸易体系转变的必然趋势。全球贸易治理的规则导向对全球贸易秩序提出了更高的制度要求，而在此之中，构建与国际贸易规则相符的国内规则是“规则导向”国际贸易体系的核心要义。在深化改革开放的现实背景下，完善与数字贸易密切相关的国内法规则既是中国进一步融入贸易全球化的必然要求，也是中国保障自身基本利益的必然要求。就前者而言，国内规则与国际通行规则的相符性是一国参与全球贸易的重要制度保障。在数据跨境自由流动成为数字经济和数字贸易发展引擎的背景下，与国际贸易规则不相符的国内规则不仅会影响中国的核心竞争力，还可能引发不必要的国

---

① 高凌云、樊玉：《全球数字贸易规则新进展与中国的政策选择》，载《国际经济评论》2020 年第 2 期。

② See Zonglai Wang & Bin Hu, *China's Reform and Opening - up and International Law*, Chinese Journal of International Law, Vol. 9: 1, p. 194(2010).

际贸易争端。同时,过于严苛的数据本地化规则和过度保守的跨境数据流动规则还可能使中国的数字贸易市场被孤立或者受到局限,进而对中国企业、消费者在享受全球数字贸易红利的过程中带来负面影响。① 既有的实践还同时表明,推动国际贸易规则的变革离不开各国在其国内层面的先行先试。② 这就意味着,中国应积极地通过国内法治建设,与国际贸易规则等国际法治形成互动。③ 因此,基于更深度地融入全球贸易的战略考量,中国应当更有效地完善好数据本地化国内规则进而实现数据本地化国际规则的构建。就后者而言,数据本地化国内规则也是中国维护自身国家利益的制度保障。无论是监管自主权、网络数据安全还是数据隐私保护都关系到一国发展的核心利益,也是一国主权在数字网络时代的现实体现。在网络安全风险事件和数据隐私泄露事件日益频发的当下,制定合乎国际贸易规则的数据本地化国内规则具有现实必要性,而在数据本地化等数字贸易国际规则尚未形成统一定论的现实背景下,先行制定相关的国内规则也有利于中国通过自身在全球数字贸易中的优势地位推广中国方案。对此,以欧盟为代表的发达国家重视与数据跨境流动相关的单边域内规则进而在全球范围内形成广泛"布鲁塞尔效应"即现实体现。因此,数据本地化措施是一种新型的国内监管措施,基于网络安全和数据隐私保护的权益考量以及未来国际规则制定的战略考量,中国应当推动数据本地化国内规则向更合理且更符合国际贸易规则发展趋势的方向完善。

从国际层面看,全球数字贸易规则构建的竞争态势要求中国更积极有为地参与数据本地化规则的制定和完善以保障自身在数字贸易进程中的利益。一方面,国际贸易的高速发展呼唤国际贸易规则的深刻变革。"全球价值链"是当今全球经济和贸易发展最主要的新特征之一,而贸易规则是其中有效的治理举措之一。④ 面对数字贸易等"嵌入于货物贸易的服务贸易"⑤,既有的贸易规则已显捉襟见肘。新的行业和贸易模式的出现呼唤新的贸易规则,而包括数据本地化规则在内的数字贸易规则等

---

① 参见高山行、刘伟奇:《数据跨境流动规制及其应对——对〈网络安全法〉第三十七条的讨论》,载《西安交通大学学报(社会科学版)》2017 年第 2 期。

② See Robert L. Paarlberg, *Leadership Abroad Begins at Home: U. S. Foreign Economic Policy after the Cold War*, The Brookings Institution, 1995, p. 83 - 85.

③ 参见赵骏:《全球治理视野下的国际法治与国内法治》,载《中国社会科学》2014 年第 10 期。

④ See Gary Gereffi, John Humphrey & Timothy Sturgeon, *The Covernance of Global Value Chains*, Review of International Political Economy, Vol. 12: 1, p. 79 - 92(2005).

⑤ "嵌入于货物贸易的服务贸易"(services incorporated into products)又被称为"服务贸易的第五种模式",是货物贸易服务化的体现。See Lucian Cernat & Zornitsa Kutlina - Dimitrova, *Thinking in a Box: A "Mode 5" Approach to Service Trade*, Journal of World Trade, Vol. 48: 6, p. 1114 - 1116(2014).

服务贸易规则即成为新规则构建中的重点关注焦点。① 因此，受国际贸易发展的驱动，各类数字贸易规则的构建与完善迫在眉睫。另一方面，面对国际贸易的发展变革，积极推动数据本地化规则完善是中国积极参与全球贸易治理的必然要求，也是中国深度融入全球数字贸易进程中维护自身利益的现实诉求。当今世界正经历百年未有之大变局，党的十九届四中全会提出要“积极参与全球治理体系改革和建设”。在此背景下，探索中国积极参与全球数字贸易治理的实践路径，推动全球数字贸易规则向更加包容且公平合理的方向发展的现实性凸显。然而，全球数字贸易规则的制定与完善面临复杂的局面，在数字贸易发展的早期，缺乏商定的国际贸易规则导致限制数据跨境流动的障碍激增，其中即包括了数据本地化措施。② 而在当前，数字贸易规则已经成为主要经济体争相争夺的国际规则战略高地。世界主要经济体围绕全球数字贸易规则展开了激烈的争夺，并在数据跨境自由流动、数据本地化等前沿议题领域存在明显的分歧。为此，以美欧为代表的发达经济体开始通过各种途径在全球范围内推广自身的数字贸易规则主张。倘若美欧等发达经济体最终成功地掌握数字贸易规定制定的话语权，那么，中国可能会在数字贸易发展这一核心议题上丧失主动权，这无利于中国在数字贸易领域的发展。目前，以数据本地化规则为代表的数据跨境流动规则是数字贸易规则中最具争议性的议题，这一议题关系到各国的数字贸易核心利益和核心安全。鉴于数据本地化国际规则的话语权之争已经燃起以及数据本地化国际规则在全球数字贸易规则议题中的复杂性和重要性，中国推动数据本地化国际规则的完善以符合全球大多数国家的利益需要的现实性和紧迫性亦日趋凸显。这是中国推动数据本地化国际规则完善的重要动力源泉。

综上，无论从国内层面还是国际层面看，中国积极推动数据本地化规则完善均具有现实动力。身处全球贸易新旧机制变革的新时期，中国需要确立新的历史方向进而寻找新的历史机遇和发展动力。③ 这种动力既来源于中国参与全球数字贸易的现实需要，也来源于数字贸易时代中国维护自身核心利益的现实需要。基于此，需要进一步思考的是，在积极推动数据本地化规则等数字贸易规则完善的进程中，中国所面临的内部和外部环境如何？这是探索中国理性实践路径的现实背景和基础。

---

① 参见石静霞：《国际贸易投资规则的再构建及中国的因应》，载《中国社会科学》2015 年第 9 期。

② See Susannah Hodson, *Applying WTO and FTA Disciplines to Data Localization Measures*, World Trade Review, Vol. 18: 4, p. 579 – 580(2019).

③ 参见马述忠、郭雪瑶：《数字经济时代中国推动全球经济治理机制变革的机遇与挑战》，载《东南大学学报（哲学社会科学版）》2021 年第 1 期。

二、中国推动数据本地化规则完善的现实可能性

国际贸易规则在全球贸易治理进程中扮演着极其重要的角色。当前，数字贸易业已成为全球贸易治理的核心环节。因此，数字贸易规则的重要性不言而喻。改革开放以来，中国综合实力显著提高，国际贸易环境亦发生了深刻变革。在此背景下，中国优化自身国内规则的建设具有现实紧迫性。同时，中国深度参与数字贸易国际规则的完善亦具有深刻的内外部动力。身处数字贸易新时代，对中国而言，机遇与挑战并存，[①]就数据本地化规则而言，需要进一步审视的是中国推动数据本地化国际规则和国内规则完善的现实可能性和面临的困难与挑战。就现实可能性而言，国际贸易的发展态势和中国自身综合实力的提升使得中国推动数据本地化规则等数字贸易规则完善具备了现实可能性。

就国内规则而言，中国在数字贸易领域的蓬勃发展使得中国在数字贸易领域积累了丰富的治理实践经验。这些丰富的实践经验使得中国能够更具建设性地完善自身的国内规则建设。一方面，中国在数字贸易领域的实践经验使得中国能够准确地掌握数字贸易的发展动向和趋势。这就使得中国能够有针对性地完善相关的国内规则以使得数据本地化措施和数据本地化规则符合通行的国际贸易规则和顺应数字贸易的未来发展趋势。另一方面，中国的实践经验还使得中国能够更准确明晰地清楚自身在全球数字贸易中的定位和现状。因此，中国在数字贸易中的实践经验有助于帮助中国制定更符合自身发展需要的数据本地化国内规则。

就国际规则而言，数据本地化国际规则制定进程中的广阔空间为中国推动数据本地化国际规则的完善提供了现实可能性。当前，国际法治"贫困"是全球数据治理所面临的现实困境，而与之相关的国际制度"赤字"则是困境的现实体现。[②] 在此背景下，加强包括数据本地化国际规则在内的制度供给迫在眉睫。在此过程中，国际贸易秩序转变和中国自身综合实力的提升为中国的参与实践提供了内外源双重动力。从外部环境看，国际贸易秩序正面临重大转变，国际贸易规则正面临重塑，这为中国深度参与数据本地化规则的完善进程提供了现实空间。传统且长期居于主导地位的国际贸易秩序是以发达国家为主导的多边国际贸易秩序和国际贸易规则体系。国际贸易秩序面临重大变革，传统的以 WTO 为核心的国际贸易秩序正面临着严峻的挑战。WTO 改革的迟滞和全球范围内贸易冲突的频发无疑是国际贸易秩序走向崩溃

---

① 参见吴伟华：《我国参与制定全球数字贸易规则的形势与对策》，载《国际贸易》2019 年第 6 期。

② 参见谢卓君、杨署东：《全球治理中的跨境数据流动规制与中国参与——基于 WTO、CPTPP 和 RCEP 的比较分析》，载《国际观察》2021 年第 5 期。

进而面临重塑的最佳现实写照。在这一过程中,受政治权力基础和经济权力结构的结构性变动和科学技术动力的驱动,国际贸易规则体系亦正在发生着制度变迁。① 作为次优选择的诸边贸易协定日趋盛行并逐渐成为WTO规则改革的现代化方案。② 除此以外,区域贸易协定也日趋成为各国推动国际贸易规则重塑的实践路径。③ 在此背景之下,国际贸易秩序和国际贸易规则的变革无疑为中国深度参与国际贸易规则的构建和完善提供了现实空间。各个层面的诸边贸易协定和区域贸易协定是中国推动国际贸易规则的变迁的现实路径。数字贸易作为国际贸易规则中新兴领域和热点议题无疑是一个可供选择的重点领域和突破口,而其中即包括了数据本地化规则等有关数据跨境流动的数字贸易规则。从内部环境看,中国自身综合实力的提升为中国推动数据本地化国际规则完善提供了现实可能性。改革开放以来,中国积极融入全球经济发展进程。随着中国经济实力的不断上升和国际贸易的可持续发展,中国在全球经济与贸易体系中占据越来越重要的位置。中国日益雄厚的经济实力和日趋重要的国际贸易地位给予了中国参与国际贸易规则变革与构建的实力与底气。相对而言,中国在国际经济与贸易中的重要地位在数字贸易领域则更显突出。这不仅源于中国在全球经济与贸易发展中所占据的领先地位,也得益于中国蓬勃发展的数字技术支持。就前者而言,中国已经逐步迈入全球数字经济和数字贸易的领先方阵。数字经济和数字贸易发展的实践表明,尽管发达经济体处于领跑领先地位,但是发展中经济体的成长潜力更大,④而中国无疑是发展中经济体在数字经济和数字贸易领域发展的代表。得益于多边贸易体制的发展,中国数字经济和数字贸易已经达到一定的发展水平。⑤ 就后者而言,中国高速发展的数字互联网技术为中国发展数字经济与数字贸易提供了强有力的技术支撑。以阿里巴巴、蚂蚁金服、财付通等为代表的科技引领发展的中国企业在全球数字经济和数字贸易发展中均有着广泛的影响力。因此,中国在全球数字经济和数字贸易发展中所占据着的重要位置为中国参与数据本

---

① 参见李雪平:《国际贸易法制的变迁原理及中国的政策选择》,载《法学评论》2021年第2期。

② 参见龚柏华:《论WTO规则现代化改革中的诸边模式》,载《上海对外经贸大学学报》2019年第2期。

③ See Xiaohua Bao & Xiaozhuo Wang, *The Evolution and Reshaping of Globalization: A Perspective Based on the Development of Regional Trade Agreements*, China & World Economy, Vol. 27: 1, p. 51 (2019); Chad P. Bown, *Mega - Regional Trade Agreements and the Future of the WTO*, Global Policy, Vol. 8: 1, p. 107 (2017).

④ 参见陈超凡、刘浩:《全球数字贸易发展态势、限制因素及中国对策》,载《理论学刊》2018年第5期。

⑤ See Ahmed Arafa Abdelrehim, Asif Khan & Nishan - E - Hyder Soomro, *Digital Economy Barriers to Trade Regulation Status, Challenges, and China's Response*, International Journal of Social Sciences Perspectives, Vol. 8: 2, p. 48 (2021).

地化规则等数字贸易规则的制定和完善提供了坚实的保障。

综上，随着中国与国际贸易规则互动实践的深化，无论是国际规则还是国内规则，中国推动数据本地化规则完善已具备现实可能性。这种现实可能性来源于中国参与全球数字贸易的实践经验和自身综合实力的提升，也得益于国际贸易秩序的转变和国际贸易规则的重塑。但是，需要警惕的是，中国推动数据本地化规则完善的同时还面临着诸多的困难与挑战。这些困难与挑战阻碍着中国在参与国际数字贸易活动中收益的实现。因此，中国推动数据本地化规则完善所面临的潜在困难与挑战也是当前亟待思考的现实问题。

三、中国推动数据本地化规则完善的困难与挑战

尽管中国推动数据本地化规则完善具有现实动力和现实可能性，但是，中国推动数据本地化规则完善也同样面临着一系列困难与挑战。这些困难与挑战无疑会对中国完善数据本地化规则形成掣肘，进而对中国参与数字贸易活动产生不利影响。在完善数据本地化规则的进程中，中国所面临的困难与挑战主要来源于数据本地化国际规则层面，而这些源于国际规则层面的困难与挑战还会进一步对国内规则层面形成压力。

从国际规则层面看，各国对数据本地化规则的利益诉求分歧是中国推动数据本地化规则构建和完善的核心困难与挑战。数字贸易时代，各国都依据本国数字贸易发展阶段与比较优势及使自身利益最大化原则制定数字贸易规则，在某些关键数字贸易规则上意见相左。① 自由贸易协定中数字贸易相关条款的措辞是不同国家在意识形态与政策偏好差异的体现，②而这些政策偏好的差异根源是各国在数字贸易相关议题中的利益诉求差异。基于前文的分析，数据本地化措施和规则本身即承载着贸易自由化利益与包括数据隐私权在内的一系列非贸易利益。因此，各国在数据本地化措施和规则的方案立场即蕴含着其在数字贸易进程中对贸易利益与非贸易利益之间的选择。具体而言，由于各国数字基础设施发展水平和固有的文化差异，各国对贸易利益和非贸易利益之间的选择可谓千差万别，而各国利益诉求的不一致也势必会影响各国在数据本地化国际规则谈判时的政策立场选择。这些不尽统一的立场选择无疑会加剧数据本地化国际规则的制定难度。此外，有别于传统贸易中发达国家或者发展中国家内部之间趋向一致的利益诉求，在数字贸易时代，发达国家或者发展中

---

① 参见朱福林：《数字贸易规则国际博弈、“求同”困境与中国之策》，载《经济纵横》2021 年第 8 期。

② See Andrew D. Mitchell & Neha Mishra, *Data at the Docks: Modernizing International Trade Law for the Digital Economy*, Vanderbilt Journal of Entertainment & Technology Law, Vol. 20: 4, p. 1086(2018).

国家内部也存在明显的分歧。这就意味着在数据本地化规则等数字贸易规则构建中,各国之间的利益诉求更为多样化和复杂化。例如,美国与欧盟在贸易自由化与数据隐私保护之间的利益诉求差异即各国间立场存在分歧进而导致规则制定困难的现实写照。中国与美国等国家之间也存在明显的利益诉求差异,这无疑将使得中国在参与数据本地化构建的过程中面临更大的困难与挑战。

各国在数字贸易中利益诉求的差异是数据本地化规则等数字贸易规则的谈判呈现出日趋激烈的竞争态势的原因之一。数字贸易是数字经济的核心组成部分,数字经济的发展在打破既有国际竞争秩序的同时也加速了国际经济竞争格局的重塑。[①] 由于各国在数据本地化措施之后的政策目标及政策措施之间存在天然差异,因而各国间为了争夺国际规则的制定权会展开竞争。[②] 随着数字贸易重要性程度在各国的提高,数据本地化规则等数字贸易规则构建呈现出日趋激烈的竞争态势。以美欧为代表的发达经济体正致力于在全球范围内推动其所主张的数据本地化规则模板,围绕数字贸易的标准调整和规则制定正在成为发达国家在新一轮国际贸易话语权争夺的焦点。[③] 申言之,当各国政府试图制定关于数据跨境流动的规则时,就将其话语立场放置于数字贸易章节中而在全球范围内推行。[④] 无论是美国所追求的相当自由的数据跨境流动和严格排除的数据本地化措施,还是欧盟旨在实现的基于数据隐私强保护的数据跨境自由流动,美欧双方均致力于通过自由贸易协定的方式谋求其数据本地化规则模板的国际化。从既有的实践看,以美欧立场为基本范式的数据本地化规则已经在全球范围内形成了一定的影响力。就美国范式而言,USMCA 和 CPTPP 无疑是美式数据本地化规则的最佳体现。[⑤] 而拜登治下的美国政府正在积极推动"美式模板"的演进升级,力图打造全球数字贸易治理的黄金标准。[⑥] 就欧盟范式而言,尽管目前尚无具有较大影响力的诸边贸易协定形成,但是欧盟 GDPR 对全球数字贸易领域中的数据跨境流动所产生的影响无疑是深远且巨大的。"美式模板"和"欧式模

---

① 参见潘晓明:《国际数字经济竞争新态势与中国的应对》,载《国际问题研究》2020 年第 2 期。

② 参见黄宁、李杨:《"三难选择"下跨境数据流动规制的演进与成因》,载《清华大学学报(哲学社会科学版)》2017 年第 5 期。

③ 参见肖宇、夏杰长:《数字贸易的全球规则博弈及中国应对》,载《北京工业大学学报(社会科学版)》2021 年第 3 期。

④ See Susan Ariel Aaronson, *What are We Talking about When We Talk about Digital Protectionism?*, World Trade Review, Vol. 18:4, p. 542(2019).

⑤ 尽管 CPTPP 是美国退出 TPP 谈判后所形成的产物,但是就文本内容看,CPTPP 数字贸易章节中的相关条款大体延续了 TPP 文本草案中的相关条款。因此,尽管美国并非 CPTPP 的缔约国,但是,CPTPP 仍然可被视为美国范式的产物。

⑥ 参见周念利、孟克:《美国拜登政府的数字贸易治理政策趋向及我国应对策略》,载《太平洋学报》2021 年第 10 期。

板”的数字贸易规则无疑旨在锁定其他国家的数字贸易发展空间。[①] 由此可见，当前全球范围内，关于数据本地化国际规则正在呈现出“百家争鸣”的趋势并逐渐走向了规则的碎片化。各国对数据本地化规则构建的竞争态势亦无疑会使得中国在参与相关规则构建的过程中面临更大的竞争压力和竞争挑战。

数据本地化国际规则的纷繁复杂和各方之间广泛存在的立场分歧对中国数据本地化国内规则的完善也会产生明显的阻滞效应。一方面，各方在数据本地化国际规则中的立场分歧使得规则的发展呈现出碎片化的趋势，这就会使得中国在构建本国规则的进程中面临更为复杂的局面。在数字贸易发展的现实背景下，实现数据本地化国内规则与国际规则的协调统一是实现中国数字贸易发展的最有利方案，而数据本地化国际规则构建过程中的复杂态势意味着更好地实现中国数据本地化国内规则与数据本地化国际规则的协调统一也需要付出更大的努力。另一方面，数据本地化国际规则构建中的竞争态势也使得数据本地化国内规则的制定面临更大的外源压力。如前所言，全球主要数字贸易参与方正在积极地参与到数据本地化规则的构建进程中并致力于抢占规则制定权的高地。某种程度上看，规则的制定权已经成为国际规则话语权竞争的现实体现。[②] 美欧等发达经济体在数据本地化国际规则谈判中的强势话语权无疑会通过数据本地化国际规则的美欧走向而对中国国内规则的构建形成一定压力。这将会对中国数据本地化国内规则的构建形成风险与挑战。

综上，无论从国际层面看还是国内层面看，中国推动数据本地化规则完善均具有充分的现实动力。这种动力既来源于中国自身深入融入数字贸易发展的需要，也源于中国参与全球贸易治理的需要。在这一过程中，中国既有现实的可能性也必然会面临困难与挑战。因此，之后需要进一步去思考中国推动数据本地化规则构建的现实路径。

第三节　中国优化数据本地化国内规则构建的理性选择

优化数据本地化国内规则构建具有十分重要的现实意义。这不仅是中国参与全球数字贸易进程中维护自身利益的现实需要，也是中国推动数字贸易国际规则完善

---

① 参见崔岩、杜明威：《“东亚模板”数字贸易规则相关问题探析——基于中日韩合作的视角》，载《日本学刊》2021 年第 4 期。

② 参见孙溯源：《中国参与国际规则的制定与变革——兼论中国与国际贸易规则改革》，载《复旦国际关系评论》2020 年第 1 期。

的必然要求。就前者而言，作为实现国家网络安全、数据安全以及数据隐私保护的国内监管措施，以法律法规为载体的数据本地化措施在实现前述合法政策目标的进程中至关重要，数据本地化国内规则也因此被视为一种数字贸易时代的防御性立法。[①]这种积极的现实意义和重要作用在网络与数据安全危机事件频发的当下更为凸显。就后者而言，数据本地化国内规则的完善与否对中国参与数据本地化国际规则的构建具有重要意义。国内法治与国际法治具有双向互动性，而以 WTO 为代表的国际贸易法治是两者双向互动的鲜活实例。[②] 研究表明，推动国际规则的创新需要源自国内法治的理论与实践的话语生成，并据此演化出优秀的规则。[③] 从美国和欧盟在国际贸易规则领域的历史经验看，将国内高水平的治理机制国际化是美国和欧盟获取国际贸易规则制定主导权的核心路径。[④] 由此可见，国内规则的完善与否对一国获取国际规则制定的话语权具有重要意义。以国内法律法规的完善为基础，通过增强国内规则向境外延伸能力也是中国参与数字贸易国际规则制定的合理路径选择。[⑤] 基于此，需要认真思考的是，中国如何推动数据本地化国内规则的优化与完善？这既是中国在数字贸易进程中维护自身核心利益的制度保障，也是中国参与数字贸易进而完善数据本地化国际规则的制度前提。鉴于数据本地化国内规则承载着贸易自由化利益与国内监管自主权、基本安全利益和数据隐私保护等非贸易利益的互动关系，因此，完善数据本地化国内规则也应当从前述三组贸易自由化利益与非贸易利益的互动平衡着手展开。

一、国内监管措施：以贸易自由化为引领优化数据本地化规则构建

服务贸易没有边界壁垒，全球范围内服务贸易国内监管规则的有效性决定了 GATS 总体的有效性。[⑥] 由此可知，在服务贸易视阈下，国内监管议题是一个敏感且核心的议题。从国际贸易的发展实践看，国内监管措施被视为影响经济贸易融合的决定性因素。[⑦] 因此，成员方国内监管措施的宽松与严苛将会对数字贸易发展产生深

---

① 参见田旭：《数据本地化立法的兴起与反思》，载《大连海事大学学报（社会科学版）》2020 年第 1 期。

② 参见赵骏：《全球治理视野下的国际法治与国内法治》，载《中国社会科学》2014 年第 10 期。

③ 参见赵骏：《国际法的守正与创新——以全球治理体系变革的规范需求为视角》，载《中国社会科学》2021 年第 5 期。

④ 参见徐程锦：《WTO 电子商务规则谈判与中国的应对方案》，载《国际经济评论》2020 年第 3 期。

⑤ 参见王惠敏、张黎：《电子商务国际规则新发展及中国的应对策略》，载《国际贸易》2017 年第 4 期。

⑥ See Panagiotis Delimatsis, *Concluding the WTO Services Negotiations on Domestic Regulation: Hopes and Fears*, World Trade Review, Vol. 9: 4, p. 648 (2010).

⑦ See Alan O. Sykes, *The (Limited) Role of Regulatory Harmonization in International Goods and Services Markets*, Journal of International Economic Law, Vol. 2: 1, p. 49 – 50 (1999).

刻的影响。各国对国内监管"度"的把控直接决定了数字贸易的自由化程度。宽松或者浅层次的国内监管措施即意味着赋予了数字贸易更大的自由空间,有利于数字贸易自由化发展。反之,严苛或者深层次的国内监管措施则意味着在坚守国内监管自主权的同时对数字贸易施加了更沉重的束缚而不利于数字贸易自由化的发展。当前,各国数据本地化规则因纷繁复杂而饱受争议,并被认为是阻碍数字贸易自由化发展的核心因素之一。① 中国数据本地化国内规则也被认为是中国实施贸易保护的国内监管措施之一。② 数据本地化国内规则的立法走向在一定程度上决定了数字贸易的自由化的方向。某种程度上看,作为数据本地化措施现实体现的数据本地化国内规则,其本身即国内监管自主权与贸易自由化这对天然矛盾的结合体。因此,对于中国而言,如何协调好国内监管自主权和贸易自由化这对天然矛盾是中国完善数据本地化国内规则的必然要求与核心关切。面对数据本地化国内规则的完善,剥茧抽丝,其本质上存在三层问题有待更深层次的思考。

首先,就国内监管措施的发展方向而言,数据本地化国内规则的优化应当以贸易自由化为引领。审视中国的数据立法,尽管中国的相关立法符合 WTO 规则关于国内监管措施的必要性标准,但是,仍然应当注意到的是,中国的数据立法是否秉持贸易自由化的方向仍然是有待反思的。一方面,从数据本地化国内规则的制定原则看,"自由"流动并非中国数据立法的唯一基本原则。数据的"自由"流动与"依法有序"同属并列的基本原则。因此,迥异于美国数据立法中所采取的"原则加例外"的制度设计,③中国数据立法采用了双原则并驾齐驱的制度设计。换言之,尽管中国的相关立法明确了数据自由流动的基本原则,但设置了一系列前置要件和例外规则的附条件的基本原则。例如,《数据安全法》中即强调数据"依法有序"的"自由流动"。而《海南自由贸易港法》则只强调了数据"安全有序流动"。④ 此时,如何有效平衡两项基本原则就成为数据本地化规则立法的实践难题。另一方面,就国内规则的具体制

---

① See Mira Burri, *The Regulation of Data Flows Through Trade Agreements*, Georgetown Journal of International Law, Vol. 48:1, p. 417(2017).

② See Sam Mulopulos, *Digital Trade Zones: Answering Impediments to International Trade in Information*, Chapman Law Review, Vol. 21.2, p. 446 – 447(2018).

③ 参见石静霞:《数字经济背景下的 WTO 电子商务诸边谈判:最新发展及焦点问题》,载《东方法学》2020 年第 2 期。

④ 需要说明的是,《海南自由贸易港法》并非数据立法,但是鉴于该法授权海南省人民代表大会及其常务委员会一定限度的立法权并在海南自由贸易港范围内实施,因此,结合海南自由贸易港在贸易自由化改革的重要地位,《海南自由贸易港法》所确立的一些基本原则,对后续数据立法也无疑将会产生重要的影响。此外,尽管《海南自由贸易港法》的第六章规定要建立安全有序自由便利的数据跨境流动管理制度,但相关条款仍然强调了数据流动的安全有序问题。

定看,相关数据法律法规的制定过度注重对"依法有序"的落实而缺少对"自由流动"的保障。无论是《数据安全法》还是《网络安全法》,两者均设置了大量的防御性条款以保障数据的"依法有序"流动,而对数据"自由流动"的条款均仅在相关的原则性条款中予以涉及和体现。因此,从一定程度上看,中国数据本地化国内规则过度地强调了"安全有序"的基本原则而忽视了对"自由流动"的保障。

理性地看,贸易自由化是国际贸易发展的必然趋势。数字贸易亦是如此。因此,中国应当重视数字服务贸易的发展,采取积极的鼓励数据跨境自由流动的贸易政策,尽可能为数字服务贸易的发展提供有利的政策条件和发展环境。① 具体而言,在完善数据本地化国内规则的进程中应当秉持贸易自由化理念而予以展开。采取深度自由化的路径不仅有利于保护中国海外数字贸易利益,也有利于中国参与和主导制定数字贸易国际规则。② 以贸易自由化为引领完善中国的数据本地化国内规则,一方面,中国应当明确数据自由流动的基本原则,并在数据本地化国内规则优化的过程中谨慎制定限制数据跨境流动的相关国内规则。这意味着,除了对涉关数据隐私保护、网络和数据安全等关系到国家核心利益的问题制定必要的监管措施外,应当允许数据跨境的自由流动。换言之,对数据本地化国内规则的构建应当秉持克制的立场,在非必要的情况下不对数据的跨境自由流动进行干涉。另一方面,数据本地化措施的制定应当符合国际通行的国际贸易规则。尽管存在明显的滞后性,但是,以 WTO 为代表的国际贸易规则仍然对国内监管措施与贸易自由化议题予以了基本的界分,即不构成不必要的贸易限制。因此,在进行数据本地化国内规则构建时,基于 WTO 争端解决机构专家组和上诉机构的相关裁决对数据本地化国内规则进行必要性判断具有重要的意义和现实必要性。

其次,数据本地化国内规则构建时应当坚守国内监管自主权的底线以维护中国参与全球数字贸易时的根本利益。监管自主权是各国经济主权的现实体现,尽管国内监管措施有可能影响各类服务贸易的发展,但是,为了实现服务的可用性和连续性水平以及保护消费者的特定利益等合法公共目标,各国的监管自主权是合乎需要的。③ 当前,数字贸易规则正在呈现出一种国际规则倒逼国内规则的趋势。具体而言,数字贸易的利益攸关者正在尝试通过利用贸易协定来强制网络的开放进而推动

---

① 参见宋丽、翁国民:《数字服务贸易规则的发展趋势及中国的因应之策——以海南自贸港为视角》,载《上海政法学院学报(法治论丛)》2021 年第 2 期。

② 参见李冬冬:《亚太地区数字贸易自由化路径的演进、分歧与启示》,载《亚太经济》2021 年第 4 期。

③ See Rolf H. Weber, *Regulatory Autonomy and Privacy Standards Under the GATS*, Asian Journal of WTO & International Health Law and Policy, Vol. 7:1, p. 35(2012).

数字贸易的发展,而没有充分考虑到国内网络空间监管所需的监管自主权。① 因此,对于中国而言,中国应当坚守对数字贸易的国内监管自主权以避免其自身利益受到损害。在这一过程中,一方面,中国应当基于 GATS 规则框架而充分行使 WTO 所赋予各成员方的监管自主权。这是中国在数字贸易环境下制定数据本地化国内规则的正当性依据,具有无可辩驳的合法性基础,而在此之中,GATS 例外规则中所确定的合法政策目标无疑是中国可供考虑和需要进一步探索的数据本地化国内规则构建方向。另一方面,在行使监管自主权时,中国应当以 WTO 规则所确认的基本原则和规则为准据,避免贸易自由化与监管自主权之间的失衡。对此,WTO 关于国内监管的必要性判断提供了实践指引。中国可以根据 WTO 争端解决机构相关裁决中的相关论理和指引,针对国内监管措施必要性判断的考量因素,来进一步推动中国数据本地化国内规则的优化。

最后,鉴于国内监管仍然是一个发展中的议题,数据本地化国内规则的优化应当合理预判国际贸易中国内监管措施的发展趋势。通过对外开放并对接高标准的国际规则进而倒逼改革国内的法律制度建设是中国国内法制进程的长期写照。当前,与国内监管议题相关的国际贸易规则正处于高速发展之中。从实践看,良好监管实践已经成为诸多自由贸易协定的新特征,实现监管一致性也成为诸多自由贸易协定中的新内容和必备条款。② 因此,尽管中国所缔结的自由贸易协定尚未涉及相关内容,但是,将相关规则理念提前在国内规则中予以适度内化,有利于中国进一步参与到全球贸易的进程中去。这也符合贸易自由化引领数据本地化国内规则构建的现实要求。更重要的是,监管一致性议题已经成为 CPTPP 中的重要核心章节,③监管一致性问题更是中国应当提前思考和应对的问题。④ 这一问题在 RCEP 中并未涉及。从既有实践看,以良好监管实践为指引优化数据本地化国内规则构建,至少可以从以下三个方面展开。一是提升数据本地化国内规则制定和执行的透明度。⑤ 作为国际贸易

---

① See Neha Mishra, *Building Bridges: International Trade Law, Internet Governance, and the Regulation of Data Flows*, Vanderbilt Journal of Transnational Law, Vol. 52: 2, p. 468 – 469 (2019).

② 参见 Joshua P. Meltzer, *A WTO Reform Agenda: Data Flows and International Regulatory Cooperation*, Brookings Institution Website (September 2019), https://www.brookings.edu/research/a-wto-reform-agenda/;王丹:《全球自贸协定中的"监管一致性原则"与中国的因应》,载《河北法学》2017 年第 5 期。

③ See CPTPP Chapter 25 "Regulatory Coherence".

④ CPTPP 在第 25 章中就监管一致性问题予以了专门规定;而就 DEPA 而言,虽然未对这一问题予以专章规定,但在条约序言中对这一问题予以了强调,参见 DEPA "The Parties to this Agreement, resolving to: ... CONSIDER that effective domestic coordination of digital economy policies can further contribute to achieve sustainable economic growth..."。

⑤ 事实上,透明度原则不仅仅是良好监管实践的要求,在中国所签订的自由贸易协定(如 RCEP)的电子商务章节中也已经涵盖了这一原则。

中的一项基本原则，透明度原则在评价一国国内监管措施时具有重要地位。从中国的实践看，中国大量的数据本地化规则散见于各个层面的行政法规和部门规章中，[①]同时，相关数据本地化法律法规的执行也缺乏明确的适用标准，这无疑与良好监管实践理念存在相悖之处。因此，增强数据本地化法律法规制定和实施过程中的透明度对完善中国数据本地化规则构建具有重要现实意义。二是要在数据本地化国内规则的优化过程中强化数据本地化措施的监管影响评估。监管影响评估继承了现行WTO必要性标准测试的精华，并在此基础上予以了进一步的发展。因此，中国可以考虑将监管影响评估机制作为数据本地化国内规则构建及其实施过程中的必要环节，重点考察相关国内规则对跨境数据流动和数字贸易发展可能产生的影响。这将有助于在数字贸易发展的过程中确定对贸易自由化影响较少的贸易限制选择。三是要关注对数据本地化国内规则之间的协调与平衡。目前，中国数据本地化国内规则仍然处于一种非体系化的状态，而这种国内规则的非体系化和协调性不足的问题同样会对数字贸易的发展产生限制和负面影响。因此，统筹数据本地化国内规则构建和实施的协调与平衡对中国参与数字贸易而言意义重大。

综上，数据本地化国内规则作为数据本地化措施这一国内监管措施的现实体现，中国急需处理好国内监管自主权与贸易自由化之间的互动关系。而在此进程中，在坚守国内监管自主权这一基本底线的基础上，中国应当以贸易自由化为引领推动数据本地化国内规则的优化。在此基础上，中国还可适当内化良好监管实践以实现数据本地化国内监管的一致性。这既有利于中国在深化改革开放的进程中更好地融入全球数字贸易中去，也有利于中国维护自身在参与数字贸易进程中的合法权益。当然，对于其中的核心议题，即网络和数据安全问题以及数据隐私保护问题，则更需进一步探讨。

二、基本安全利益：推动对外开放与国家安全双重目标的平衡

数据本地化措施是贸易自由化利益与国家基本安全利益冲突的集合体现。因此，数据本地化规则的构建有赖于两者之间的平衡。落脚于数据本地化国内规则，中国应当积极推动对外开放与国家安全双重目标的平衡。一方面，对外开放是中国长期的基本国策，也是实现贸易自由化发展的必由之路。随着数字贸易在全球范围内

---

① 例如，在前文的梳理中曾提及，中国在《网络出版服务管理规定》、《电子招标投标办法》、《电子银行业务管理办法》、《外资金融机构行政许可事项实施办法》（已失效）和《证券公司网上证券信息系统技术指引》等部门规章中仍然规定了大量的数据本地化措施规则。这些规则零散分布且尚未能形成统一的体系。

的深入推进，数字贸易成为中国步入对外开放“深水区”的重要实践平台。这部分缘于以数字贸易为代表的服务贸易改革开放是全面深化对外开放的重要环节。因此，深化对外开放进程对中国积极融入全球数字贸易进而收获数字贸易自由化利益而言具有重要意义。另一方面，面向数字贸易，尽管推动数字贸易的自由化发展是中国深化改革开放和实现国际贸易利益诉求的合理选择，但是，需要关注的是，维护国家网络与数据安全也是中国在数字贸易发展进程中应当予以重点关注的核心利益诉求。对此，《国家安全战略纲要》即鲜明地指出，“维护国家安全，必须坚持以总体国家安全观为指导，坚决维护国家核心和重大利益，以人民安全为宗旨，在发展和改革开放中促安全，走中国特色国家安全道路”①。因此，在推动数字贸易自由化发展以进一步深化对外开放的进程中，维护国家基本安全利益仍然是中国需要重点关注的核心利益。基于以上两方面的考量，在完善数据本地化国内规则的进程中，推动对外开放以实现贸易自由化利益和国家基本安全利益是中国需要密切关注和考量的两大核心利益。

推动对外开放与维护国家安全的双重目标之间存在一定的冲突。网络开放和实现数据跨境自由流动是数字贸易自由化发展的现实要求，然而，网络开放与网络安全通常被视为是对立的原则。② 既有的实践也已表明，在数字贸易发展进程中，作为数字贸易自由化所赖以实现之前提条件的数据跨境自由流动在推动数字贸易自由化发展的同时，还可能会给国家的网络和数据安全带来风险。由此不难看出，过分地强调贸易自由化以深化对外开放并非绝对正确选择。在深化改革开放的现实背景下，如何推动实现国家对外开放与国家网络数据安全之间的平衡是当前亟待解决的现实问题。这既是中国实现贸易自由化利益的必然要求，也是中国保障自身基本安全利益等非贸易利益进展维护国家利益的必然要求。

置于国际贸易法视阈之下，就数据本地化国内规则而言，推动对外开放与国家安全双重目标的平衡，其核心在于把控好基于国家安全之考量而采取贸易国内监管措施的“度”的边界。回溯既有实践，中国的数据立法更强调数据的安全保护制度，而未能够给予促进数据自由流动足够的重视。③ 对于中国而言，合理的选择应当是建立数据跨境自由流动与网络数据安全相兼容与协调的国内规则体系。换言之，数据本地

---

① 参见《中共中央政治局召开会议审议通过〈国家安全战略纲要〉等》，载中央人民政府网，http://www.gov.cn/xinwen/2015-01/23/content_2809373.htm。

② See Neha Mishra, *Building Bridges: International Trade Law, Internet Governance, and the Regulation of Data Flows*, Vanderbilt Journal of Transnational Law, Vol. 52: 2, p. 495(2019).

③ 参见戴龙：《数字经济产业与数字贸易壁垒规制——现状、挑战及中国因应》，载《财经问题研究》2020年第8期。

化国内规则的制定应当致力于推动数据本地化措施能够在最低限度地对数字贸易产生限制的情况下为网络和数据安全提供充分的保护。对此，首先，应当厘清在数字贸易环境下国家安全的基本考量何在。由于数据天然地就具有在网络中瞬时流动的特质，因此，整体国家安全观视阈下的网络与数据安全应当被理解为动态和静态两个维度。这与数据本地化措施所表现出的动态和静态两个层面的体现也是一脉相承的。对此，《数据安全法》和《网络安全法》关于数据安全和网络安全的原则性规定也体现出了动与静的双层含义。[①] 就数字贸易环境下国家安全的底线而言，从静态层面看，数据存储的安全性是网络和数据安全的核心基本要义。数据存储的安全是数据利用和数据跨境流动的基本前提。对此，欧盟 GDPR 所采取的“充分性标准”评估即数据静态存储安全性要求的现实体现和现实范本。《个人信息保护法》中所规定的个人信息跨境提供规则也同样规定了与前述相类似的规定。[②] 从动态层面看，网络和数据安全要求实现对数据跨境流动的安全可控。这意味着，对特定类型的数据，特别是关键信息基础设施的运营者在中国境内所收集和运营产生的重要数据应当在进行安全评估后方可向境外进行传输。因此，从以上两方面看，数字贸易时代中国网络与数据安全应当从动静两方面考量并关注数据的静态存储和动态跨境流动两个方面。其次，在厘清网络与数据领域的基本安全利益的基础上，应当积极探索安全与自由相平衡的制度构造。从推动数字贸易自由化发展的基本立场看，数据存储的本地化限制和数据跨境自由流动的限制宜作为特定类型数据的例外性规则存在。对此，问题的关键在于如何合理地框定特定类型数据的范畴，这是数据本地化国内规则的适用对象，对数据本地化措施在贸易自由化与国家安全利益的平衡具有直接的影响作用。目前，中国《数据安全法》已经明确了分级分类保护制度，并对国家核心数据实行更加严格的管理制度。尽管数据的分级分类保护符合全球数据管理模式的发展趋势，但是，需要注意的是，中国尚未制定可通行的数据分级分类模式。《数据安全法》仅制定了原则性的规定，且数据分级分类目录由各地区和各部门自行制定。[③]《网络安全法》

---

① 例如，《网络安全法》第 76 条将“网络安全”界定为“通过采取必要措施，防范对网络的攻击、侵入、干扰、破坏和非法使用以及意外事故，使网络处于稳定可靠运行的状态，以及保障网络数据的完整性、保密性、可用性的能力”。其中的“可靠运行的状态”无疑是指动态的安全，而“网络数据的完整性、保密性、可用性”则无疑是指静态的安全。

② 例如，《个人信息保护法》第 38 条规定，个人信息处理者因业务等需要，确需向中华人民共和国境外提供个人信息的，应当具备下列条件之一：(1)依照该法第 40 条的规定通过国家网信部门组织的安全评估；(2)按照国家网信部门的规定经专业机构进行个人信息保护认证；(3)按照国家网信部门制定的标准合同与境外接收方订立合同，约定双方的权利和义务；(4)法律、行政法规或者国家网信部门规定的其他条件。

③ 参见《数据安全法》第 21 条的相关规定。

则是明确将数据本地存储限制的适用范围限制为与关键信息基础设施相关的个人信息和重要数据。[①] 此外,《数据安全管理办法(征求意见稿)》也采用了大致相同的范围界定方式。[②] 这种原则性的数据分类方法和权限划分,不仅可能不当界定重要数据的范围,还可能引发数据本地化措施国内监管的不一致进而引发法律风险。因此,对于重要数据的范畴,应考虑由国家层面的行政机关或其内设部门划定重要数据的明确范围,而各地区和各部门则进一步地在其区域或领域内划定重要数据的范围。如此,方能最大限度地保持国内统一的重要数据范围进而一定程度地避免因监管差异而产生的对贸易自由化的负面影响。最后,实现对外开放与国家安全双重目标的平衡还有赖于中国在数字贸易环境中准确理解国际贸易规则进而内化于中国的数据本地化国内规则当中。基于前文的分析,数据本地化措施在国际贸易法领域内的合法性基础之一是国际贸易法中的安全例外条款,安全例外条款的援引应当遵循严格的适用条件。尽管这些适用要件是作为贸易限制性措施的抗辩要件而存在,但是,这对于指引中国准确制定和适用数据本地化国内规则以及实施数据本地化措施具有指引作用。例如,《数据安全法》规定要对关系国民经济命脉的数据实行更加严格的管理制度。[③] 这一规定本身并无不妥,但是在执行过程中,如何准确界定是国家基本安全利益还是裹挟着商业利益的国家安全利益仍然有待进一步探索,否则,若界定标准不明,相关的规则和措施即有可能面临国际贸易规则层面的挑战,这不利于中国负责任大国形象的树立,同时,对中国深化改革开放,积极融入全球数字贸易进程而言也可能造成负面影响。

综上,数据本地化国内规则的构建应当兼顾对外开放和网络数据安全双重利益考量。从中国当前的立法实践看,中国的相关立法始终将安全价值与自由流动价值置于同等地位,鉴于此,兼顾双重利益考量的本质在于把控好基于国家安全之考量而采取贸易监管措施的“度”的边界。对此,应当积极考虑内化国际贸易规则的理念,厘清数字贸易环境下国家安全的基本考量,并以此为准照进行国内规则的优化,最终实现双重利益之间的平衡与协调。

三、数据隐私保护:实现数据流动与隐私保护的协调

数据隐私保护是数据本地化措施存在的动因之一。如何实现数据跨境自由流动与数据隐私保护的协调始终是数据本地化国内规则优化过程中面临的必然性问题。

---

① 参见《网络安全法》第 37 条的相关规定。

② 参见《数据安全管理办法(征求意见稿)》第 38 条的相关规定。

③ 参见《数据安全法》第 21 条的相关规定。

中国的数据本地化国内规则应当平衡好数据隐私保护与数据跨境自由流动之间的关系。一方面,数据隐私保护是隐私权在数字贸易时代的现实体现。因此,从某种程度上看,数据隐私的保护就是隐私保护在数字时代的发展与体现。同时,需要关注的是,数据隐私背后所涵盖的隐私信息远远大于传统隐私背后所涵盖的隐私信息。在数字互联网技术和大数据技术蓬勃发展的当下,数据获取者和掌控者可能在深度分析其所掌握的数据隐私(如用户基本信息、金融信息)而刻画"数据画像",进而试图掌握特定人群的行为习惯。这种数据隐私的暴露无疑将会对个人造成极大的安全性风险。对此,联合国通过的关于数字时代隐私权的决议也强调了数字时代的数据隐私风险以及强化数据隐私保护的重要性。① 另一方面,数据的流动对数字贸易的发展具有举足轻重的作用。特定类型的数据在裹挟着数据隐私的同时,其本质也属于商业类型数据,②而商业数据信息的流动、分析和汇总对推动数字贸易的发展具有重要作用。因此,为了有效保护数据隐私安全和防范数据隐私风险而绝对地限制数据的本地化存储和传输无疑会抑制数字贸易的发展。在此背景下,需要仔细思考的是,如何能够更好地优化数据本地化国内规则以平衡好相互间的关系。

目前,数据隐私保护问题已在中国得到了高度的重视。晚近颁布实施的《数据安全法》和《个人信息保护法》以及相关配套的法律法规和司法解释都是中国强化数据隐私保护的关键立法举措,其中也涵盖了诸多的数据本地化措施。总体上看,"安全"仍然是中国数据隐私立法的主要特色。③ 从价值取向上看,中国相关立法仍然体现出风险防范的价值取向。例如,在《数据安全法》中,无论是数据安全制度还是数据安全保护义务,其实质都是制定了一系列防范数据安全风险的规则、义务和措施,而《个人信息保护法》则对个人信息的跨境提供了更为具体和限制性的规定。不容否认,数据隐私的保护不仅关系到自然人个人的安全,从更大范围看也与国家整体安全密切关联。因此,防范的价值取向具有现实意义和紧迫性。但同时需要注意,数据的天性是自由流动,过度泯灭数据流动的开放价值取向和自由化价值取向事实上也并不利于中国自身深度参与全球数字贸易的应然立场。从既有的规则措施上看,中国相关立法中的数据本地化措施是否平衡了数据跨境流动的需求和数据隐私保护的需求也仍然有待进一步思考,此外,尽管中国已经构建了个人数据保护的基础法律体系,但是

---

① See General Assembly, *The Right to Privacy in the Digital Age*, *UN Doc. A/RES/69/166*, 10 *February* 2015.

② 试举一简单例子,互联网销售平台所掌握的订单数据,即包含着商业数据信息(销售量等)和数据隐私信息(卖家和买家身份信息)。

③ 参见彭岳:《贸易规制视域下数据隐私保护的冲突与解决》,载《比较法研究》2018 年第 4 期。

相关法律法规较为笼统且缺乏可操作性。① 因此,中国基于数据隐私保护考量而制定的数据隐私保护立法仍然有待更进一步完善和优化。

置于国际贸易法视阈下,中国数据隐私保护立法应当基于贸易自由化的导向并秉承开放互信的价值取向构建平衡数据流动与隐私保护的法律规则体系。首先,推动数字贸易的自由化发展是数据隐私保护的核心立法目的,但是,以数字贸易自由化发展(数据跨境自由流动)为目的立法并不意味着放弃数据隐私保护目的。欧盟数据隐私立法的实践也表明,数据隐私保护与数字贸易自由化发展可以共同推进。② 因此,推动数字贸易自由化发展意味着数据隐私立法应当灵活掌握好其隐私保护的“度”的边界。对此,中国应当在数据隐私保护立法中明确坚守基于数据隐私保护目的而制定的数据本地化国内规则。在规则制定的过程中,应当明确规则适用的数据类型和情形,并设定合理的豁免情形。其次,构建开放的数据隐私保护规则。中国应当积极内化数据隐私保护国际标准以优化自身的数据隐私保护规则进而实现数据隐私保护与数字贸易自由化的平衡。数据本地化措施属于国内监管措施,实现各国国内监管措施的一致性是最有利于贸易自由化发展的。目前,数据隐私保护规则与数字贸易规则正处于密切的制度互动当中,以 APEC 和 OECD 为代表的国际经济合作组织已经制定了数据隐私保护规则并在数字贸易规则中形成了一定的影响力。③ 尽管作为 APEC 成员的中国尚未完全内化 APEC 所制定的数据隐私框架,但是中国加入其中却已具有现实可行性。④ 中国应当积极与此类具有全球数字贸易影响力的数据隐私标准对接并予以内化。这些全球性数据隐私框架中所规定的监管措施和限制性措施对中国制定基于数据隐私保护而采取的数据本地化规则具有指引作用。当然,需要注意的是,这些数据隐私标准通常只是确立了最低限度的保护标准,中国应当辩证地看待。但是,对制定高于全球数据隐私保护标准的国内规则而言,中国应当秉持审慎且克制的立场以避免造成不必要的贸易限制。最后,秉持互信的价值取向。

---

① 参见戴龙:《论数字贸易背景下的个人隐私权保护》,载《当代法学》2020 年第 1 期。

② 具体而言,尽管欧盟在与跨境数据流动中不断升级数据隐私保护要求,但欧盟的最终目的都是为了实现跨境数据自由流动,即数字贸易的自由化发展。而欧盟在数字贸易规则的谈判中也一直延续着这一立场。参见周念利、陈寰琦:《数字贸易规则“欧式模板”的典型特征及发展趋向》,载《国际经贸探索》2018 年第 3 期。

③ 例如,在 RCEP 中,相关条款即规定“在制定保护个人信息的法律框架时,每一缔约方应当考虑相关国际组织或机构的国际标准、原则、指南和准则”。See RCEP Article 12.8.2 “In the development of its legal framework for the protection of personal information, each Party shall take into account international standards, principles, guidelines, and criteria of relevant international organisations or bodies”.

④ 参见刘宏松、程海烨:《跨境数据流动的全球治理——进展、趋势与中国路径》,载《国际展望》2020 年第 6 期。

中国可考虑积极尝试与其他经济体进行监管协调，通过批判性地与其他经济体之间对接数据隐私保护充分性标准评估以实现国内规则的优化，实现数据隐私保护与数字贸易自由化之间的平衡。互信是数字经济发展的重要基础。因此，实现与其他经济体的数据流动互信对中国参与全球数字贸易乃至数字经济意义重大。充分性标准评估是当前全球广泛采用的实现数据隐私保护和数据跨境自由流动机制之一，对此，中国也予以了适度的借鉴并在相关立法中作出了规定。① 对于中国而言，可适度考虑积极与其他经济体对接进行充分性评估。以欧盟 GDPR 中的充分性评估为例，一方面，中欧之间在这方面存在诸多的共性。中欧双方均充分重视个人隐私保护，也均充分强调数据以人为本的理念。② 在与欧盟等其他经济体之间对接开展充分性评估的过程既是彼此间进行监管协调并共同推动数据隐私保护的过程，也是彼此间共同推进数字贸易自由化的过程。另一方面，数据的价值基于数据的利用而产生，因此，在进行数据隐私保护的同时，中国也应当积极地实现数据的互通以实现对数据的利用进而挖掘数据的价值。对此，通过积极地对接欧盟充分性评估标准等域外或国际标准，中国可以在数据保护的前提下，实现与欧盟等其他国家的数据互联互通，进而创造更大的数据价值。当然，各国基于不同的国情需要不同程度的数据隐私保护规则，在这一过程中，中国也应当坚守监管自主权底线以维护自身的基本利益。

综合以上内容，数据本地化等数字贸易国内规则的优化对中国推动数字贸易国际规则的制定具有重要意义。这是因为，国际法与国内法本质上是利益协调的互动关系。③ 从这一角度看，国内规则的优化对于国际规则的完善具有积极的作用。中国数据本地化国内规则的优化有赖于平衡好贸易自由化利益与国内监管自主权、维护国家基本安全利益和数据隐私保护三组非贸易利益之间的关系。这既有利于中国更深度地融入全球数字贸易发展的进程中，也有利于中国为全球数字贸易规则的完善贡献更好的“中国方案”。总体上看，在此进程中，中国应当以贸易自由化为引领完善自身国内规则构建，并积极对标国际通行标准和贸易规则。这既符合中国自身的利

---

① 例如，《个人信息保护法》第 38 条第 1 款第 3 项即规定，个人信息处理者因业务等需要，确需向中华人民共和国境外提供个人信息的，应当至少具备下列一项条件：按照国家网信部门制定的标准合同与境外接收方订立合同，约定双方的权利和义务。

② 就中国而言，中国的数字战略即强调“服务我国经济社会发展和人民生活改善”，可参见《习近平：实施国家大数据战略加快建设数字中国》，载国家网信办网，http://www. cac. gou. cn/2017 - 12/09/c_1122084745. htm；而欧盟的数字战略也强调坚持以人为本的理念，参见 Shaping Europe's digital future，European Commission Website（Feb. 19，2020），https://ec. europa. eu/info/sites/default/files/communication - shaping - europes - digital - future - feb2020_en_4. pdf。

③ 参见肖永平：《全面依法治国的新阶段：统筹推进国内法治与国际法治建设》，载《武大国际法评论》2018 年第 1 期。

益考量，也符合全球数字贸易发展的必然趋势。在此基础上，需要进一步思考的是，面向数字贸易规则需继续完善的当下，中国如何更好地贡献自身的“中国智慧”？

第四节 中国推动数据本地化国际规则完善的应然面向

面对百年未有之大变局，中国应当积极参与全球治理体系改革和建设。[①] “积极参与国际规则制定，既是为全球治理提供公共产品，贡献中国智慧，更是争取国际话语权、维护我国国家利益的关键方式。”[②]而在此之中，优化全球数字贸易治理体系，推动数据本地化国际规则的完善是中国参与全球贸易治理体系改革和建设的重要一环。因此，中国应当更具有建设性地为数据本地化国际规则等数字贸易规则的完善贡献中国智慧。从既有环境看，中国更深度地推动数据本地化国际规则完善已经具备现实可能性。当前，“全球经济治理机制变革正面临新旧动能转换以及规则竞争加剧等复杂而严峻的局面”[③]。这使得中国在参与全球数字贸易时面临着更复杂的规则环境，但同时也为中国在全球贸易治理中发挥更积极和更有影响力的作用提供了机遇。数字贸易领域的中国领先优势、全球贸易规则重塑的现实因素以及数字贸易规则的冉冉兴起都为中国推动数据本地化国际规则的完善提供了动力与可能。新冠疫情暴发在一定程度上加速了全球数字服务贸易的发展，中国应大力推动数字服务贸易规则的诸边谈判，并积极参与 WTO 框架下数字服务贸易国际规则的制定，提升在数字服务贸易全球治理中的话语权。[④]

从既有的实践看，中国逐步开始更具建设性地参与到全球数字贸易的治理和数字贸易规则完善进程中。例如，“数字丝绸之路”即中国推动数字经济发展促进治理方式转型、吁求国际数字法治的现实体现。[⑤] 2020 年，在中国国际服务贸易交易会中，中国商务部官员亦表示要“积极营造有利于数字贸易发展的治理环境，抓紧形成

① 参见《国民经济和社会发展第十四个五年规划和 2035 年远景目标纲要》，载中央人民政府网，http://www.gov.cn/xinwen/2021-03/13/content_5592681.htm。

② 郭雳：《新时代国际法律风险应对与全球治理推进》，载《中外法学》2021 年第 4 期。

③ 马述忠、郭雪瑶：《数字经济时代中国推动全球经济治理机制变革的机遇与挑战》，载《东南大学学报(哲学社会科学版)》2021 年第 1 期。

④ 参见齐俊妍、强华俊：《数字服务贸易限制措施影响服务出口了吗？：基于数字化服务行业的实证分析》，载《世界经济研究》2021 年第 9 期。

⑤ 参见赵骏：《“一带一路”数字经济的发展图景与法治路径》，载《中国法律评论》2021 年第 2 期。

数字贸易中国方案”①。但是,从整体看,中国在数字贸易前沿议题领域仍然表现得较为谨慎。② 对此,中国不宜回避相关问题,而应借此契机构建符合多数国家利益的包括数据本地化国际规则在内的数字贸易规则。因此,值得进一步思考的是,在数字贸易深入推进和数字贸易国际规则蓬勃兴起的当下,中国能够为数字贸易规则特别是数据本地化国际规则贡献何种“中国智慧”?

一、以尊重监管自主权为前提推动数据本地化措施的“一致性”发展

数据本地化措施本质上属于一项国内监管措施。作为国际贸易规则重塑中的热点议题,对数据本地化措施等新兴国内监管措施所秉持的价值立场对未来构建统一的数据本地化国际规则而言具有重要意义。目前,以美国为代表的发达数字经济体正在强力推动更为严苛的数据本地化国际规则。例如,在 WTO 电子商务谈判中,美国直言不讳地提案并建议“阻止数据本地化措施”③并提交了“不应要求企业或个人使用本国境内的计算设施或将计算设施位于本国境内作为在该国从事业务的条件”④等建议性规则。相比数据跨境流动规则,美国针对数据本地化措施的立场更为强硬和严苛。⑤ 就数据本地化措施而言,美国没有对数据本地化措施(计算设施本地化)规定例外条款;而就数据跨境流动而言,美国则规定了合法公共政策目标的例外条款。由此可见,美国在数据本地化国际规则的制定过程中倾向于限制他国的国内监管自主权。尽管例外条款仅仅是数据本地化国际规则的一部分,但对数据本地化措施这一国内监管措施产生着重要的影响。从浅层次看,例外条款的有无仅仅关系到国际贸易规则中对数据本地化措施的宽严问题,但从更深层次的角度看,例外条款的有无还关系到各国国内监管自主权问题。具体而言,数据本地化国际规则中例外条款实质上赋予了各国基于国际贸易法框架根据本国的国情为实现特定的合法政策目标而实施数据本地化措施的自主权。换言之,倘若数据本地化国际规则不设置专门

---

① 《发展数字贸易　实现合作共赢——2020 年数字贸易发展趋势和前沿高峰论坛发言摘编》,载人民网,http://finance. people. com. cn/n1/2020/0906/c1004 - 31850807. html。

② 例如,前文所曾提及的,中国在 WTO 电子商务谈判时主张,跨境数据流动以及数据本地化等问题需要进一步的解释性讨论,但在当时并未提出中国方案。

③ See Joint Statement on Electronic Commerce Initiative – Communication From The United States,INF/ECOM/5,25 March 2019,para. 2. 1.

④ Joint Statement on Electronic Commerce – Communication from the United States – WTO Agreement on Digital Trade,INF/ECOM/23,26 April 2019. 转引自石静霞:《数字经济背景下的 WTO 电子商务诸边谈判:最新发展及焦点问题》,载《东方法学》2020 年第 2 期。目前,前述美国提案文件在 WTO 官网查询仍处于“限制访问”状态。

⑤ 尽管美国在 WTO 电子商务谈判中的部分提案仍然处于“限制访问”状态,但是,从 USMCA 中的相关条文对比可知美国针对数据本地化措施的立场相较针对数据跨境流动的立场更为强硬和严苛。

的例外条款即意味着各国无法为实现本国的合法公共政策目标而自主决定实施数据本地化措施这一国内监管措施。这对诸多数字基础设施发展落后的发展中国家将产生明显的负面影响。基础设施发展落后的发展中国家即可能因为技术不足而缺乏对数据的足够掌控力进而使得其面临数据安全风险和数据隐私风险。基于以上考量，数据本地化国际规则的制定对各国国内监管自主权具有深刻的现实影响。

在推动完善数据本地化国际规则的进程中，中国应当秉持尊重监管自主权的基本立场推动数据本地化国际规则的完善。首先，尊重监管自主权是 WTO 所确立的一项基本准则。尊重监管自主权是尊重主权原则在国际贸易法领域内的现实体现。从根本上看，监管自主权是一国监管主权甚至经济主权的核心要义之一。因此，尊重各国的监管自主权就是尊重各国主权的现实体现。对此，以 WTO 为核心的国际贸易治理机制也予以了承认。[①] 其次，在数字基础设施建设和数字贸易发展进程差距较大的现实背景下，以尊重国内监管自主权为前提推动构建统一的数据本地化国际规则不仅符合贸易自由化的利益诉求也同时符合广大数字贸易发展中国家的利益诉求。一方面，在以国家行为体为主导的国际贸易体系之下，绝对的、完全的贸易自由化并不存在。自由化贸易目标的实质是通过"渐进式自由化"的逐步改革来实现的，[②]而 GATS 中的相关表述也表达了逐步自由化的理念。[③] 这就意味着，在符合 WTO 等国际贸易基本原则和规则的前提下，在实现自由贸易的进程中并不要求各发展中国家完全放弃本国的国内监管措施，甚至从某种层面看，自由贸易的实现还有赖于国内监管措施为贸易自由化的顺利进行提供前提保障，[④]在数字贸易环境下则亦是如此。另一方面，以国内监管自主权为前提推动构建统一的数据本地化国际规则符合广大数字贸易发展中国家的利益诉求。相比传统贸易生产要素，数字贸易基本生产要素（数据）本体的无形性、流转的虚拟性及其所承载信息的海量性决定了数据所产生的安全风险和隐私风险影响可能会以几何倍的增序列增长。因此，广大的数字贸易发展中国家有赖于通过国内监管措施以适度地保障其本国的基本利益。再次，尊重国内监管自主权还意味着应当尊重各国的数据主权。数据主权可被视为数据跨境流动议题背后的法理基础之一。[⑤] 在国际贸易法领域，数据主权也是各国国内监管自主权的基

① 对这一内容的更详细的论述可参见本书第二章的相关内容。

② See WTO, *Principles of the Trading System*, https://www.wto.org/english/thewto_e/whatis_e/tif_e/fact2_e.htm.

③ See GATS Part Ⅳ "Progressive Liberalization".

④ 参见石静霞：《WTO 服务贸易法专论》，法律出版社 2006 年版，第 226 页。

⑤ 参见丁晓东：《数据跨境流动的法理反思与制度重构——兼评〈数据出境安全评估办法〉》，载《行政法学研究》2023 年第 1 期。

础环节。这意味着,应当积极主张坚持数据主权的基本原则,即“强调各国对其主权管辖范围内的个人、企业和相关组织所产生的数据拥有的最高权力”①。最后,秉持尊重国内监管自主权的前提推动构建统一的数据本地化国际规则也符合中国自身的利益诉求。这不仅是因为中国自身所处的发展中国家定位,也因为数据本地化措施对中国发展数字贸易的重要性。目前,中国正面临着严峻的网络和安全风险,而随着中国参与全球数字贸易的推进,中国所面临的风险也将不断加剧。因此,中国需要采取有效的监管措施以保障自身利益。对此,在中国提交给 WTO 的电子商务谈判提案中也明确提到,“成员应尊重彼此对电子商务发展路径的设计,以及采取监管措施以实现合理的公共政策目标的合法权利”②。

尊重各国在数据本地化措施方面的国内监管自主权有赖于处理好监管自主权与监管一致性之间的关系,进而实现从监管异质迈向监管协调。从根本上看,尽管实现各国间监管趋同的目标使得其与监管自主权之间存在固有矛盾,但是,从目前的发展趋势看,监管一致性侧重于规定各国在制定、应用、管理和审查国内监管措施时必须遵守的最低标准和原则。③ 监管一致性旨在通过各国秉持良好监管实践的过程以实现监管措施的有效协调,包括决策的透明度、规则制定过程中与利益相关者的协商以及审慎平衡监管措施的成本和收益等。因此,从一定程度上看,监管一致性更倾向于通过国内监管的程序优化而实现监管措施的有效协调,而非强行推广某一具体的国际规则以统一各国的国内监管措施甚至剥夺各国的监管自主权。换言之,监管一致性通过对国内监管措施的有效指引进而平衡各国之间的国内监管措施。同时,监管一致性也并不否认各国所享有的监管自主权,恰相反,监管一致性在推动各国间加强监管合作的同时,也充分尊重各国的监管主权。例如,在 CPTPP 中,各缔约方强调了各缔约方在其认为适当的水平上确定其监管优先事项并制定和实施监管措施以解决这些优先事项的主权权利(sovereign right)的重要性。④

数据本地化国际规则的完善,中国应积极推动实现监管自主权与监管一致性之间的平衡发展。监管协调和监管一致性是实现各国基于信任的数据自由流动的重要

---

① 洪延青:《数据竞争的美欧战略立场及中国因应——基于国内立法与经贸协定谈判双重视角》,载《国际法研究》2021 年第 6 期。

② Joint Statement on Electronic Commerce Initiative – Communication from China, INF/ECOM/19, 24 April 2019, para. 4. 1.

③ See Gabriel Gari, *Recent Preferential Trade Agreements' Disciplines for Tackling Regulatory Divergence in Services: How Far beyond GATS?*, World Trade Review, Vol. 19: 1, p. 12 (2020).

④ See CPTPP Article 25. 2. 2 " The Parties affirm the importance of: ... (b) each Party's sovereign right to identify its regulatory priorities and establish and implement regulatory measures to address these priorities, at the levels that the Party considers appropriate".

制度环节。基于信任的数据跨境自由流动在全球数据跨境流动议题中占据着重要位置,而在此之中,国际贸易谈判和监管协调是实现相互信任的重要举措。[①] 监管一致性符合全球价值链和可持续发展的客观趋势,也与中国国内推行结构性改革等主观立场不相冲突。[②] 基于此,在完善数据本地化国际规则时,中国应当积极地予以重视并推动相关理念的落实。一方面,数据本地化国际规则的完善应当秉持包容性发展的理念。在数据本地化国际规则的完善过程中,针对数据本地化措施宜疏不宜堵。因此,数据本地化国际规则的完善应当尊重国家监管自主权,融入包括安全例外和一般例外在内的合法公共政策例外规则。安全例外和一般例外被广泛地用于证明数据本地化措施的正当性与合法性。尽管例外规则在国际贸易法中的适用问题一直因其固有的缺陷而饱受争议,但是,例外规则仍然被视为各国基于合法公共政策考量而采取数据本地化措施最直接的法律准据。因此,保障各国采取必要的数据本地化措施以维护本国合法利益仍然需要例外规则的制度保障。另一方面,数据本地化国际规则的完善应当以构建完善且广泛适用的数据本地化国际规则为发展目标。监管一致性始终是国际贸易之国内监管问题的核心和发展方向,而在 WTO 推动服务贸易国内监管遇挫后,国内监管问题较多体现在监管一致性和监管合作议题方面,体现出全球价值链导向的贸易政策要求促进监管融合的新要求和新趋势。因此,数据本地化国际规则的发展也应当以此为方向。[③] 具体而言,数据本地化国际规则的完善应当凝聚最大多数国家的智慧进而在与数据本地化措施相关的基础议题方面形成制度共识,促进数据本地化国际规则的一致性发展。目前,各国关于数据本地化措施的限制性适用已经基本达成共识,而问题的关键仍在于数据本地化措施的例外规则方面。对此,中国可以加大国际规则的供给,尽最大可能推

---

① See *Data Free Flow with Trust(DFFT):Paths towards Free and Trusted Data Flows*, World Economic Forum Website(May 2020), https://www3. weforum. org/docs/WEF_Paths_Towards_Free_and_Trusted_Data% 20_Flows_2020. pdf. 在 2021 年 9 月召开的 G7 数字保护和隐私当局会议中,参会各方即讨论了监管合作对构建基于信任的数据跨境自由流动的作用,认为不同国家的不同规则,以及公共部门做法的不确定性,可能导致跨境数据信任流动的障碍,而对公共当局可以访问数据的基础以及应采取的保护个人的保障措施的共同理解有助于建立支持数据跨境流动的信任,从而减轻对数据流动的潜在限制。See Data Free Flow with Trust: Roundtable of G7 Data Protection and Privacy Authorities, UK Government Website(8 September 2021), https://ico. org. uk/media/about - the - ico/documents/4018242/g7 - attachment - 202109. pdf. 在 2021 年 G7 峰会中,G7 各国的数字和技术部长也强调了监管合作在实现基于相互信任的数据自由流动中的重要性,参见 *G7 Digital and Technology Track – Annex 2: G7 Roadmap for Cooperation on Data Free Flow with Trust*, UK Government Website(Apr. 28, 2021), https://assets. publishing. service. gov. uk/government/uploads/system/uploads/ attachment_data/file/981567/G7_Digital_and_Technology_Ministerial_Declaration. pdf。

② 参见刘彬:《新时代中国自由贸易协定法律范式研究》,北京大学出版社 2020 年版,第 299 页。

③ 参见刘迪玲、张磊:《我国服务贸易国内规制研究》,载《上海经济研究》2016 年第 7 期。

动一致性规则的达成;而在具体的实现路径方面,中国则可以考虑选择以软性规则和程序性规则为主导柔性推动。这既有利于数字贸易的发展,也有利于各国参与数字贸易活动。

综上,面向数据本地化措施,中国应当更积极主动地参与到数据本地化国际规则的完善进程中。在此进程中,就国内监管问题,中国应当秉持尊重监管自主权的基本立场而推动数据本地化国际规则的完善以实现监管自主权与监管一致性之间的平衡发展。这既符合国际贸易自由化的必然发展趋势,也符合中国和全球绝大多数国家的利益诉求,同时也有利于推动全球数字贸易的良性健康发展。

二、以贸易自由化发展为根本倡导附条件的数据本地化国际规则

数据本地化国际规则随着数据本地化措施的出现应运而生。数据本地化措施背后所承载的贸易自由化与非贸易利益之间的利益冲突决定了数据本地化国际规则的核心和主旨即平衡好贸易自由化与非贸易利益之间的关系。因此,需要思考的是,作为一项旨在实现利益平衡的国际贸易规则,数据本地化国际规则的价值取向和发展方向如何?这既决定了数据本地化国际规则的完善方向,也决定了数据本地化措施在国际贸易发展进程中的未来存在。对于这一问题,有鉴于数字贸易发展的蓬勃趋势,中国应当积极思考并予以实质性回应。对于中国而言,可考虑以贸易自由化发展为根本倡导推动构建附条件的数据本地化国际规则。这一思路既符合数字贸易自由化发展的应然趋势,也最大限度地符合包括中国在内的多数国家的利益。

首先,以贸易自由化发展为根本要求数据本地化规则的制定应当以数字贸易的自由化发展为根本考量。这意味着,中国在推动数据本地化国际规则的完善过程中应当以推动数字贸易发展和推动数据跨境流动为基本出发点。由于数据本地化措施本质上是要限制数据的本地存储和跨境流动的国内监管措施,因此,数据本地化国际规则在制定中至少应当对数据本地化措施持较为审慎的态度,即不应当明确地准允数据本地化措施的任意存在。否则,数据本地化国际规则的制定即可能被解读为一种鼓励数据本地化措施的立场。这显然无法适应数字贸易自由化发展的客观需要。相比而言,采取尊重各国国内监管权的缔约表达则更能够平衡各方之间的利益关系,因而是数据本地化国际规则的权宜之策。同时,这也符合传统的国际贸易规则理念,符合贸易自由化的发展趋势,还符合包括中国在内的多数国家的利益需求。综合既有的缔约实践来看,诸多自由贸易协定中的电子商务或数字贸易章节也多采取了此

种立场，[①]而这种赋予缔约方以监管空间的立法范式也是中国参与缔结的区域自由贸易协定——RCEP 中的最显著特点。[②]

其次，附条件的数据本地化国际规则要求在符合特定情形的情况下各国可以采取数据本地化措施。数据本地化措施与数据跨境流动紧密相关。尽管数据跨境流动对数字贸易的自由化发展和增进全球数字贸易福利意义深刻，但是，应当意识到的是，以贸易自由化为根本并不意味着对数据本地化措施的绝对否定而应当对数据本地化措施这一国内监管措施秉持更为包容的立场。这就意味着，在符合所预设之条件的情形下，各国可以基于特定目标而采取数据本地化措施。同时，为了实现数据本地化措施不至于构成数字贸易自由化发展的障碍，数据本地化措施的实施也应当被约束在限定的范围之内以避免构成数字贸易限制，而这恰恰是数据本地化国际规则构建过程中各方矛盾分歧的核心体现。对于中国而言，应当在总结既有国际规则构建实践经验的基础上推动国际规则的完善。具体而言，中国应当避免过度坚守以安全理念为基础的数据本地化措施国际规则。毋庸置疑，安全问题是数据本地化国际规则建构和完善过程中应当予以考量的核心要素，但是，美欧之间对数据跨境流动的议题争执表明，过于坚守自身理念并不利于国际贸易合作的达成。目前，中国在数据本地化国际规则制定和完善的过程中坚定地强调网络和数据安全问题，这也是中国与美欧之间的主要立场分歧之一。因此，在推动国际规则建构与完善的过程中，中国应当避免类似于欧盟的强硬立场转而考虑通过在现有的 WTO 规则框架下通过规则的解释与适用来保障自身的利益需求，而在此之中，安全例外条款的解释与适用无疑是可供选择与适用的一条重要路径。

最后，中国可以尝试在数据本地化措施中推行负面清单制度以最大限度地推动数据跨境自由流动和数字贸易的自由化发展。数据本地化措施的适用条件是数据本地化国际规则乃至数据跨境流动国际规则制度设计中的核心问题。从既有的各国提案看，现有的制度设计既有采取原则加例外的范式以强调数据跨境的自由流动，也有并列范式以强调合法政策目标与数据跨境流动的并重。从新近达成的自由贸易协定看，通过例外条款框定实施数据本地化措施的条件成为当前国际规则的范式主流。

---

① See DEPA Article 4.4.1 " The Parties recognise that each Party may have its own regulatory requirements regarding the use of computing facilities, including requirements that seek to ensure the security and confidentiality of communications"; RCEP Article 12.14.1 "The Parties recognise that each Party may have its own measures regarding the use or location of computing facilities, including requirements that seek to ensure the security and confidentiality of communications".

② 参见洪延青：《推进"一带一路"数据跨境流动的中国方案——以美欧范式为背景的展开》，载《中国法律评论》2021 年第 2 期。

CPTPP 和 RCEP 条款大多采用了此种规则范式。毋庸置疑,此种包容性的规则范式有助于为各国采取必要的数据本地化措施以维护其合法政策目标提供合法性基础;同时,此种规则范式也有助于在既有的国际贸易规则框架下通过调适和适配传统贸易规则而便捷地适用于数字贸易当中。然而,尽管这一范式具有明显的优势和有效性,传统贸易例外规则在数字贸易中转化适配仍然固有地存在着解释与适用困境。因此,在完善数据本地化国际规则的进程中,中国可考虑以此作为进一步的着力点,推动数据本地化国际规则的完善。在具体的规则制定中,针对自由贸易协定中的负面清单制度,中国可考虑在数据本地化国际规则中尝试推广数据本地化措施的负面清单制度。一方面,负面清单制度作为自由贸易协定服务贸易规则的新趋势,其具有适用于数字贸易的基础。因为数字贸易是服务贸易的新发展并与服务贸易本身密切关联,这在数字贸易规则中也予以了突出的体现。同时,新近达成的自由贸易协定亦规定,数据本地化国际规则不得适用于各缔约国所采取的列入不符措施承诺表的与服务贸易义务不符的措施。① 因此,在数据本地化国际规则适用负面清单制度具有可行性。当然,需要澄清的是,既有国际贸易规则中负面清单制度主要指缔约方在服务贸易自由化方面就国民待遇、市场准入、最惠国待遇以本地存在义务通过不符措施列表以排除某些服务部门的开放。② 因此,国内监管措施能否适用负面清单制度需要制度层面的考量。但是,这并不意味着数据本地化措施等国内监管措施不能适用负面清单制度,在诸多自由贸易协定中,服务贸易国内监管条款中也强调了若某一措施是由于缔约方依照不符措施承诺表作出承诺而约束,则国内监管措施条款同样适用于该措施。③ 因此,在数据本地化国际规则方面适用负面清单制度亦具有可能性。另一方面,在数据本地化国际规则中适用负面清单制度并不会与现有的数据本地化国际规则相冲突,且符合数字贸易自由化发展的趋势。就前者而言,负面清单和既有的例外规则都旨在将数据本地化措施的实施控制在不对数字贸易自由化发展构成不必要

---

① 可参见 RCEP 中的相关规定。See RCEP Article 12.3.4 "Article 12.14(Location of Computing Facilities) and Article 12.15(Cross – Border Transfer of Information by Electronic Means) shall not apply to aspects of a Party's measures that do not conform with an obligation in Chapter 8(Trade in Services) or Chapter 10(Investment) to the extent that such measures are adopted or maintained in accordance with:(a) Article 8.8(Schedules of Non – Conforming Measures) or Article 10.8(Reservations and Non – Conforming Measures)". 此外,CPTPP 中也有相类似的规定,参见 CPTPP Article 14.2.6。

② 参见石静霞:《国际服务贸易规则的重构与我国服务贸易的发展》,载《中国法律评论》2018 年第 5 期。

③ See RECP Article 8.15.10 "Paragraphs 1 through 9 shall not apply to a sector or measure to the extent that such sector or measure is not subject to Article 8.4(National Treatment) or Article 8.5(Market Access) by reason of a Party's commitments made in accordance with either Article 8.7(Schedules of Specific Commitments) or Article 8.8(Schedules of Non – Conforming Measures)".

限制的范围内。负面清单的目的是让各国列明其认为关涉国家基本利益的数据类型和范围,进而可以采取数据本地化措施,而对负面清单之外的数据类型和范围则不得采取数据本地化措施。就后者而言,推行数据本地化措施的负面清单制度将数据本地化措施的适用范围限定在特定的数据类型和范围内无疑也有助于数字贸易的自由化发展。

综上,为推动数据本地化国际规则的完善,中国应积极考虑以贸易自由化发展为根本进而倡导附条件的数据本地化国际规则。基于这一理念,数据本地化规则的制定应当以数字贸易的自由化发展为根本考量推动数据跨境的自由流动,而附条件的数据本地化国际规则则容许各国在符合特定情形的情况下可以采取数据本地化措施以维护其合法政策目标。在具体的制度建构中,中国还可进一步考虑倡导数据本地化措施的负面清单制度,框定各国可供援用数据本地化措施的数据类型和范围,以期最大限度地推动数据跨境的自由流动。

三、以利益平衡为目标优化数据本地化国际规则的解释与适用

数据本地化措施是贸易自由化利益与非贸易利益之间冲突的现实体现。因此,实现贸易自由化利益与非贸易利益之间的平衡是数据本地化措施实施和数据本地化国际规则完善的理性归宿。事实上,从现实的利益平衡来看,数据本地化国际规则等一系列与数据跨境流动相关的制度包含着制定者的多重利益考量与得失考量,进而进行有限理性的决策逻辑。[①] 基于此,作为负责任大国的现实体现,中国应当积极主张以利益平衡观念为目标和引导,推动数据本地化国际规则的完善。从既有的规则制定看,数据本地化国际规则旨在通过采用例外条款框定数据本地化措施实施条件的范式来实现利益的平衡。毋庸置疑,这一制度范式在当前国际贸易规则中普遍存在。但是,实践也同时表明,例外条款的制度范式因其条款所固有的模糊性和不确定性使得规则适用的有效性大打折扣。因此,数据本地化国际规则中例外条款的解释与适用是数据本地化规则完善进程中的重要环节,而这也是中国推动数据本地化国际规则优化完善的重要抓手。

安全例外条款的解释与适用维系着贸易自由化利益与国家基本安全利益之间的平衡。安全例外的自我判断已成为全球数字贸易发展中最令人不安的趋势之一。[②] 就安全例外而言,完善数据本地化国际规则,中国可考虑推动安全例外地采用更为严

---

① 参见刘金河、崔保国:《数据本地化和数据防御主义的合理性与趋势》,载《国际展望》2020 年第 6 期。

② 参见黄世席:《CPTPP 中的数据本地化规制与安全例外抗辩》,载《国际贸易》2022 年第 11 期。

格的解释方法以避免安全例外条款的泛化适用。这不仅符合中国参与全球数字贸易的发展利益,从更广阔的范围看,也符合中国参与传统国际贸易的发展利益。既有的数据本地化国际规则传承于传统的国际贸易规则,因此,对安全例外条款的解释与适用趋势不仅会影响到数字贸易的发展还会进一步影响到国际贸易的整体发展。就安全例外条款的解释与适用而言,从国际贸易规则的发展趋势看,中国可考虑以如下两个方面为切入点推动数据本地化国际规则的完善。一是强调基本安全利益的解释应当秉持善意原则而不应被用于经济目的和贸易保护目的。由于安全例外条款的模棱两可以及缺乏客观的评价标准,长期以来,安全例外条款中的所有内容似乎是无所不能并被认为是无法准确适用的。① 在此背景下,有效避免基本安全利益扩张解释而引发的安全例外泛化适用风险的有效举措之一即将缔约方的共同意图作为某一安全问题是否构成基本安全利益的判断依据。② 基于条约缔结的嗣后实践看,数据本地化措施中的网络和数据安全利益可以构成安全例外条款中的基本安全利益。但是,无论是从条约的文义还是条约的宗旨目的,网络安全和数据安全均不等同于国家基本安全利益。单纯基于商业和经济利益考量的网络安全和数据安全无法归属于国家基本安全利益的范畴之内。因此,中国可考虑积极主张数据本地化国际规则中基本安全利益的限制性解释。二是强调国际贸易争端解决机构对各国基于安全例外所采取之措施的管辖权。实践中,在国际贸易争端解决机构对基于安全例外所采取之措施的管辖权问题上,中国并未秉持完全一致立场。具体而言,在早前发生的"俄罗斯—过境运输措施案"中,中国发表意见认为专家组有权根据专家组的标准职权范围和争端解决谅解第 7. 1 条、第 7. 2 条审查俄罗斯基于 GATT 第 21 条所援引的相关措施。③ 在 RCEP 中,各缔约方约定就援引安全例外所采取的数据本地化措施"其他缔约方不得对此类措施提出异议",这实质上是排除了国际贸易争端解决机构的管辖权。从应然层面看,就国际贸易争端解决机构对基于安全例外条款所采取之措施的管辖权问题,中国应当推动数据本地化国际规则对这一问题秉持更加开放和更积极主动的立场。通过对各国基于安全例外而采取数据本地化措施的审查实质上有助于防止安全例外在数字贸易中的泛化适用。基于以上考量,中国可以更有建设性地推动数据本

① See Ji Yeong Yoo & Dukgeun Ahn, *Security Exceptions in the WTO System: Bridge or Bottle - Neck for Trade and Security?*, Journal of International Economic Law, Vol. 19:2, p. 426(2016).

② 参见丁丽柏、陈喆:《论 WTO 对安全例外条款扩张适用的规制》,载《厦门大学学报(哲学社会科学版)》2020 年第 2 期。

③ See Report of the Panel, Russia - Measures Concerning Traffic in Transit, WT/DS512/R, 5 April 2019, para. 7. 53; Report of the Panel (Addendum), Russia - Measures Concerning Traffic in Transit, WT/DS512/R/Add. 1, 5 April 2019, para. Annex D - 4.

地化国际规则的完善进而在贸易自由化利益与国家基本安全利益之间的关系互动中更好地实现利益平衡。

以隐私保护例外为代表的合法公共政策例外是维系贸易自由化利益与数据隐私安全等非贸易利益平衡的制度安排。从一定程度上看,国际贸易协定只为实现公共政策目标留出了很小的政策余地,因而国内监管必须符合国际贸易法或满足一般例外的条件。[①] 因此,对合法政策目标例外的准确理解与适用也是实现数字贸易利益平衡的重要环节,而其中的核心环节即合法政策目标的范围问题。基于前文的分析,国内监管措施所可以援引的合法政策目标在一定程度上可由各国自行决定,GATS 规则并未明确限制国内监管措施中合法政策目标的范围。[②] 此时,需要进一步思考的是,在推动完善数字贸易规则的进程中,对合法政策目标的范围,中国应当秉持扩张适用的话语立场还是限缩适用的话语立场?对此,尽管数据本地措施的扩张解释与适用能够最有利于中国实施数据本地化措施,但是,综合国际贸易规则推动数字贸易自由化发展的趋势和中国在数字贸易发展进程尚处领先方阵的有利境况看,中国应当更积极有为地推动合法政策目标向限缩适用的方向发展。一方面,对合法政策目标的限缩解释与适用是推动数字贸易自由化发展的现实要求。在确保各国政府实现合法政策目标的同时对国际贸易产生最小化的扭曲和障碍是对数据跨境流动限制的总体原则。[③] 当前,既有的国际贸易实践表明,贸易规则对合法政策目标的解释和滥用漏洞是阻碍国际贸易自由化发展并对国际贸易造成限制的重要限制性因素之一,而贸易规则在新兴数字贸易领域中的适用则存在更多的不确定性。这种规则适用的不确定性伴随规则的扩张解释与适用无疑会加剧数字贸易自由化发展的不确定性。另一方面,中国身处数字贸易发展的前沿阵地,具有数字贸易的科技基础优势和规模优势,这意味着中国需要更自由开放的数字贸易环境以获得数字贸易利益。对此,中国应当将数字贸易优势通过数字贸易规则予以固化,而数据本地化规则中合法政策目标即其中的重要一环。因此,基于以上两方面的考量,中国应当推动数据本地化规则中合法政策目标的限缩解释与适用进而以此为立场推动数据本地化国际规则的完善。这不仅符合中国自身的基本利益诉求也符合全球大多数国家的利益诉求,同时也有利于数字贸易的自由化发展。

综上,中国在推动数据本地化国际规则完善的过程中应积极参与并提出具有广

---

① See Svetlana Yakovleva, *Should Fundamental Rights to Privacy and Data Protection be a Part of the EU' s International Trade "Deals"?*, World Trade Review, Vol. 17:3, p. 507 – 508(2018).

② 关于"合法政策目标"范围问题,本书在第二章中对这一问题展开了相关讨论。参见本书第二章第二节中的相关内容。

③ 参见石静霞:《国际贸易投资规则的再构建及中国的因应》,载《中国社会科学》2015 年第 9 期。

泛适应性和号召力的数据本地化国际规则方案以增强自身在参与全球数字贸易治理中的影响力。在此过程中,中国应当以尊重监管自主权和推动贸易自由化为根本立场,以实现贸易自由化利益与非贸易利益的平衡为目标倡导构建附条件的数据本地化国际规则,以利益平衡为目标优化传统贸易规则在数据本地化措施中的解释与适用,进而推动数据本地化措施与规则的在全球层面的"一致性"发展。

本章小结

中国作为全球冉冉升起的数字贸易大国,面对数据本地化措施和数据本地化规则的构建与完善,应当积极参与其中并更有建设性地参与到全球数字贸易治理的进程中去。在此进程中,需要积极反思的是,面对数据本地化措施,中国应当如何更有针对性地完善自身实践?这既是中国深度融入全球数字贸易进程中的必然要求也是全球对中国更具建设性地参与全球数字贸易治理的现实期盼。对此,从国内层面看,中国应当在国内规则构建的过程中,协调处理好几组矛盾之间的平衡关系,以避免数据本地化措施成为阻碍贸易自由化发展的不利因素。这既有利于中国避免源于其他国家的非议,也有利于中国实现数字贸易进程中的各项收益,还有利于中国在全球范围内实现推广数据本地化规则的中国方案。从国际层面看,中国应当更积极主动地参与到数字贸易规则,特别是数据跨境流动和数据本地化规则的构建中去。

对于推动数据本地化规则优化与完善,中国既有动力和机遇同时也面临着深刻的挑战。从动力与机遇看,中国推动数据本地化规则优化与完善的动力既来源于中国参与全球数字贸易的现实需要,也来源于数字贸易时代中国维护自身核心利益的现实需要。中国参与全球数字贸易的实践经验和综合实力的提升以及国际贸易秩序的转变和国际贸易规则的重塑为中国实践提供了现实机遇。但同时需要意识到的是,各国对数据本地化规则的利益诉求分歧和日趋激烈的竞争态势使得中国的参与进程面临着深刻的挑战。

数据本地化国内规则的优化对中国推动数字贸易国际规则的制定具有重要意义。这不仅有利于中国数字贸易环境的优化,也对中国推动数据本地化国际规则的完善具有积极作用。中国优化数据本地化国内规则应当妥善地平衡好贸易自由化利益与国内监管自主权、维护国家基本安全利益和数据隐私保护三组非贸易利益之间的关系。就国内监管而言,在坚守国内监管自主权之底线的基础上,中国应当以贸易自由化为引领完善数据本地化国内规则;就国家基本安全利益而言,中国应当积极考虑内化国际贸易规则的理念,厘清数字贸易环境下国家安全的基本考量,并以此为准照进行国内规则的构建，进而实现双重利益之间的平衡与协调；而就数据隐私保护而言，中国的数据隐私保护立法应当基于贸易自由化的价值取向和互信的价值取向构建平衡数据流动与隐私保护的法律规则体系，并辩证地对接数据隐私保护标准以实现数据流动与隐私保护的协调。

数据本地化国际规则的完善是中国参与数字贸易全球治理的现实体现，因此，中国应当积极参与数据本地化国际规则的完善进程并提出具有影响力和号召力的数据本地化国际规则方案以增强自身在全球数字贸易治理中的影响力。在此过程中，中国同样应当处理好贸易自由化利益与国内监管自主权、维护国家基本安全利益和数据隐私保护三组非贸易利益之间的平衡关系。具体而言，中国应当以尊重监管自主权和推动贸易自由化为根本立场，以实现贸易自由化利益与非贸易利益的平衡为目标倡导构建附条件的数据本地化国际规则，逐步推动数据本地化措施的“一致性”发展。

结　论

作为国际贸易在数字经济时代的发展体现,数字贸易改变了传统的国际贸易形态。数据的重要性正随着数字贸易的兴起而凸显,并逐渐成为一种关键的新兴生产要素而在全球贸易中扮演着日益重要的角色。数字贸易的自由化发展有赖于数据的跨境自由流动。然而,在数字贸易的发展进程中,以数据本地化措施为代表的数字贸易限制性措施正在阻碍数字贸易的自由化发展。作为一种与数字贸易相生相伴的新型贸易限制性措施,数据本地化措施受到了全球的广泛关注。

基于贸易自由化的基本立场,作为数字贸易发展的新生产物,数据本地化措施是数字贸易发展进程中贸易自由化利益与非贸易利益冲突的现实体现。具体而言,数据本地化措施潜在蕴含着三对贸易自由化利益与非贸易利益冲突,即贸易自由化与国内监管自主权之间的利益冲突、贸易自由化与维护国家基本安全利益之间的冲突、贸易自由化与数据隐私保护之间的利益冲突。

第一,数据本地化措施是贸易自由化与国内监管自主权之间的利益冲突的现实体现。当前,以国内监管措施为代表的边境后措施正在成为影响国际商品和服务流动的主要贸易限制,而数据本地化措施即属于数字贸易时代的新型国内监管措施。同时,数据本地化措施也成为贸易自由化与国内监管自主权这一固有矛盾在数字贸易时代的现实体现。在致力于实现国际贸易自由化发展的当下,数据本地化措施的合理边界即在于不构成不必要的贸易限制。对此,尽管 WTO 规则滞后于数字贸易的发展,但是,WTO 国内监管必要性标准测试仍然可以适用于数据本地化措施的必要性考察。基于"比例原则"的要求,参照"要素权衡分析"路径予以判断,数据本地化措施的必要性标准测试应当具体考量成员方所追求的利益或价值的重要程度、争议措施对政策目标达成的贡献程度、争议措施的贸易限制程度以及成员方对公共利益和价值保护的程度和更少贸易限制性替代措施等基本要素。以中国《网络安全法》和《数据安全法》中的数据本地化措施为范本,中国所执行的数据本地化措施是为了实现国家安全和个人数据隐私保护所必需的,具有实施相关措施的合理性,并未构成不必要的贸易限制。

国内监管措施的协调是晚近自由贸易协定中的核心议题。数据本地化措施的纷繁复杂亟待全球层面的协调,而实现"监管一致性"则是其发展的目标。实现数据本地化措施的有效监管协调,在国内层面应当探索良好监管实践,提升数据本地化措施制定全流程的透明度，完善对数据本地化措施的监管影响评估并关注国内相关监管措施的整体协调与平衡。在国际层面，为实现数据本地化措施的协调一致，各国应当综合各方之间的利益探索以实现数据本地化措施的监管趋同。

第二，数据本地化措施是贸易自由化与维护国家基本安全利益之间的冲突的体现。数字贸易时代，数据本地化措施正在成为各国维护其本国网络安全和数据安全的实践举措。但是，由于安全例外条款的模糊性以及数据本地化措施的新颖性，数据本地化措施能否以及如何适用安全例外条款仍然存在不确定性。从规则的解释层面看，安全例外条款中所涉及的“基本安全利益”和“国际关系中的紧急情况”均属于国际条约中的一般性术语，因而通过动态的演化解释方法有助于厘清条约规则相关术语的现代内涵。基于此，网络安全和数据安全可被解释为一国的“基本安全利益”，而构成“国际关系中的紧急情况”则需要在国防和军事利益或维持法律和公共秩序的利益受到紧迫威胁时才可能满足。从规则的适用层面看，数据本地化措施援引安全例外具有合法性和可行性。尽管依据安全例外条款，国家享有对其国家基本安全利益的自决权，但是，对国家安全自决权的尊重具有客观的容忍限度。为了避免因安全例外条款的滥用而有悖于贸易自由化发展的基本宗旨与理念，数据本地化措施的实施应当遵循善意原则的要求，并基于技术中立的立场和视角对基本安全利益的界定和相关措施的必要性判断予以重点考量。以此为标准反思美国政府在“TikTok 事件”中的实践措施，这一系列举措尚存诸多现实问题且无法满足安全例外条款中所明确规定的一系列要件。

第三，数据本地化措施是贸易自由化与数据隐私保护之间的利益冲突的体现。当前，全球多国在数据隐私保护与数据跨境自由流动议题上形成了迥异的监管路径选择，这种迥异的监管路径反映出贸易自由化与数据隐私权这一数字贸易时代的矛盾冲突。因此，数据本地化措施成为贸易联结议题在数字贸易时代的全新体现。从两者的关系互动看，数据隐私权的权利理念为平衡贸易利益和隐私权益提供了指引、评价功能，亦为数据本地化措施的发展提供了一定的理论支持，有利于数字贸易的良性健康发展和数字贸易规则的优化制定，而理性看待两者的关系互动，在现行条件下试图将贸易与人权议题置于同一框架体系存在其固有的难度。因此，贸易自由化与数据隐私权的互动仍然适宜分置于两个独立的体系之内。通过两个独立体系内的互动发展，有利于实现贸易自由化规则与数据隐私保护规则的相互磨合，进而有助于共同推动两者之间的发展。回归贸易法视阈下，鉴于数据隐私保护在数字贸易发展中的关键地位，各国对数据隐私保护问题给予了高度的关注。从既有的实践看，GATS 的一般例外条款仍然是适用于基于数据隐私保护目的而实施数据本地化措施的最直接规定。而这一条款在诸多自由贸易协定中也得到了继承和发展。对标 GATS 一般例外条款,以欧盟 GDPR 为样本分析可见,欧盟 GDPR 中的相关措施能够符合 GATS 一般例外的法律内涵,其本身不会对数字贸易造成变相的限制和歧视。

中国作为全球冉冉升起的数字贸易大国,应当积极参与其中以更有建设性地参与到全球数字贸易治理的进程中去。对于推动数据本地化规则完善,中国既有动力和机遇同时也面临着深刻的挑战。就动力而言,中国参与全球数字贸易以维护自身利益的现实需要是中国推动数据本地化规则完善的根本动力,而中国参与全球数字贸易的实践经验和综合实力的提升以及国际贸易秩序的转变和国际贸易规则的重塑则为中国参与数据本地化规则的完善提供了现实机遇。就挑战而言,各国对数据本地化规则的利益诉求分歧和日趋激烈的竞争态势使得中国的参与进程面临着深刻的挑战。中国推动数据本地化规则的完善应当从国内与国际两个层面予以展开。从国内层面看,中国完善数据本地化国内规则应当妥善地平衡好贸易自由化利益与国内监管自主权、维护国家基本安全利益和数据隐私保护三组非贸易利益之间的关系。就国内监管而言,在坚守国内监管自主权之底线的基础上,中国应当以贸易自由化为引领完善数据本地化国内规则的完善。就国家基本安全利益而言,中国应当积极考虑内化国际贸易规则的理念,厘清数字贸易环境下国家安全的基本考量,并以此为准照进行国内规则的构建,进而实现双重利益之间的平衡与协调。就数据隐私保护而言,中国的数据隐私保护立法应当基于贸易自由化和互信的价值取向并积极对接国际保护标准构建平衡数据流动与隐私保护的法律规则体系。从国际层面看,中国应当积极参与数据本地化国际规则的完善进程并提出具有影响力和号召力的数据本地化国际规则方案以增强自身在全球数字贸易治理中的影响力。在此过程中,中国应当以尊重监管自主权和推动贸易自由化为根本立场,以实现贸易自由化利益与非贸易利益的平衡为目标倡导构建附条件的数据本地化国际规则,逐步推动数据本地化措施的"一致性"发展。

主要参考文献

一、中文著作(含译著)

[1][德]E. –U. 彼德斯曼:《国际经济法的宪法功能与宪法问题》,何志鹏等译,高等教育出版社2004年版。

[2][比]彼得·范德博思、单文华:《世界贸易组织法原理》(上、下册),尚宽、贺艳译,法律出版社2020年版。

[3][美]约翰·H. 杰克逊:《世界贸易体制——国际经济关系的法律与政策》,张乃根译,复旦大学出版社2001年版。

[4]黄东黎、杨国华:《世界贸易组织法:理论·条约·中国案例》,社会科学文献出版社2013年版。

[5]李春林:《贸易自由化与人权保护关系研究》,法律出版社2016年版。

[6]刘志云:《当代国际法的发展:一个从国际关系理论视角的分析》,法律出版社2010年版。

[7]石静霞:《WTO服务贸易法专论》,法律出版社2006年版。

二、中文论文(含译文)

[1]戴龙:《论数字贸易背景下的个人隐私权保护》,载《当代法学》2020年第1期。

[2]丁晓东:《数据跨境流动的法理反思与制度重构——兼评〈数据出境安全评估办法〉》,载《行政法学研究》2023年第1期。

[3]韩逸畴:《时间流逝对条约解释的影响——论条约演变解释的兴起、适用及其限制》,载《现代法学》2015年第6期。

[4]洪延青:《数据跨境流动的规则碎片化及中国应对》,载《行政法学研究》2022年第4期。

[5]金晶:《欧盟的规则,全球的标准? 数据跨境流动监管的"逐顶竞争"》,载《中外法学》2023年第1期。

[6]刘晗、叶开儒:《网络主权的分层法律形态》,载《华东政法大学学报》2020年第4期。

[7]马光:《FTA数据跨境流动规制的三种例外选择适用》,载《政法论坛》2021年第5期。

[8]马长山:《智慧社会背景下的"第四代人权"及其保障》,载《中国法学》2019年第5期。

[9]彭岳:《数据本地化措施的贸易规制问题研究》,载《环球法律评论》2018年第2期。

[10]石静霞:《国际贸易投资规则的再构建及中国的因应》,载《中国社会科学》2015年第9期。

[11]谭观福:《数字贸易中跨境数据流动的国际法规制》,载《比较法研究》2022年第3期。

[12]许可:《自由与安全:数据跨境流动的中国方案》,载《环球法律评论》2021年第1期。

[13]张乃根:《国际经贸条约的安全例外条款及其解释问题》,载《法治研究》2021年第1期。

[14]赵骏:《国际法的守正与创新——以全球治理体系变革的规范需求为视角》,载《中国社会科学》2021年第5期。

[15]张明:《面向CPTPP的数据跨境流动:规则比较与中国因应》,载《情报杂志》2022年第11期。

三、外文著作

[1]Christopher Kuner, *Transborder Data Flows and Data Privacy Law*, Oxford University Press, 2013.

[2]Joel P. Trachtman, *The Future of International Law: Global Government*, Cambridge University Press, 2013.

[3]John O'Connor, *Good Faith in International Law*, Dartmouth Publishing Company, 2001.

[4]Mitsuo Matsushita et al., *The World Trade Organization: Law, Practice, and Policy*, Oxford University Press, 2015.

[5]Panagiotis Delimatsis, *International Trade in Services and Domestic Regulations: Necessity, Transparency, and Regulatory Diversity*, Oxford University Press, 2009.

[6]Richard K. Gardiner, *Treaty Interpretation*, Oxford University Press, 2015.

[7]Sarah Joseph, *Blame It on the WTO?: A Human Rights Critique*, Oxford University Press, 2011.

[8] Thomas Cottier, Joost Pauwelyn & Elisabeth Bürgi eds., *Human Rights and International Trade*, Oxford University Press, 2005.

[9] W. Kuan Hon, *Data Localization Laws and Policy: the EU Data Protection International Transfers Restriction Through a Cloud Computing Lens*, Edward Elgar Publishing, 2017.

四、外文论文

[1] Andrew D. Mitchell & Neha Mishra, *Data at the Docks: Modernizing International Trade Law for the Digital Economy*, Vanderbilt Journal of Entertainment & Technology Law, Vol. 20:4(2018).

[2] Anupam Chander & Uyên P. Lê, *Data Nationalism*, Emory Law Journal, Vol. 64:3(2015).

[3] Benjamin Wong, *Data Localization and ASEAN Economic Community*, Asian Journal of International Law, Vol. 10:1(2020).

[4] Christopher Kuner, *Data Nationalism and Its Discontents*, Emory Law Journal Online, Vol. 64(2015).

[5] Elizabeth Sheargold & Andrew D. Mitchell, *The TPP and Good Regulatory Practices: An Opportunity for Regulatory Coherence to Promote Regulatory Autonomy?*, World Trade Review, Vol. 15:4(2016).

[6] Ernst – Ulrich Petersmann, *Human Rights and the Law of the World Trade Organization*, Journal of World Trade, Vol. 37:2(2003).

[7] Henry S. Gao, *Digital or Trade? The Contrasting Approaches of China and US to Digital Trade*, Journal of International Economic Law, Vol. 21:2(2018).

[8] J. Benton Heath, *National Security and Economic Globalization: Toward Collision or Reconciliation?*, Fordham International Law Journal, Vol. 42:5(2019).

[9] Jinhe Liu, *China' s Data Localization*, Chinese Journal of Communication, Vol. 13:1(2020).

[10] John Selby, *Data Localization Laws: Trade Barriers or Legitimate Responses to Cybersecurity Risks, or Both?*, International Journal of Law and Information Technology, Vol. 25:3(2017).

[11] Joshua Paul Meltzer, *The Internet, Cross – Border Data Flows and International Trade*, Asia & the Pacific Policy Studies, Vol. 2:1(2015).

[12] Konstantinos Komaitis, *The "Wicked Problem" of Data Localization*, Journal of

Cyber Policy, Vol. 2:3(2017).

[13] Mira Burri, *The Regulation of Data Flows Through Trade Agreements*, Georgetown Journal of International Law, Vol. 48:1(2017).

[14] Neha Mishra, *Building Bridges: International Trade Law, Internet Governance, and the Regulation of Data Flows*, Vanderbilt Journal of Transnational Law, Vol. 52:2 (2019).

[15] Neha Mishra, *Privacy, Cybersecurity, and GATS Article XIV: A New Frontier for Trade and Internet Regulation?*, World Trade Review, Vol. 19:3(2020).

[16] Nivedita Sen, *Understanding the Role of the WTO in International Data Flows: Taking the Liberalization or the Regulatory Autonomy Path?*, Journal of International Economic Law, Vol. 21:2(2018).

[17] Paul M. Schwartz, *Global Data Privacy: The EU Way*, New York University Law Review, Vol. 94:4(2019).

[18] Rolf H. Weber, *Transborder Data Transfers: Concepts, Regulatory Approaches and New Legislative Initiatives*, International Data Privacy Law, Vol. 3:2(2013).

[19] Shin - yi Peng, *Cybersecurity Threats and the WTO National Security Exceptions*, Journal of International Economic Law, Vol. 18:2(2015).

[20] Susan Ariel Aaronson & Patrick Leblond, *Another Digital Divide: The Rise of Data Realms and Its Implications for the WTO*, Journal of International Economic Law, Vol. 21:2(2018).

[21] Svetlana Yakovleva, *Should Fundamental Rights to Privacy and Data Protection be a Part of the EU's International Trade "Deals"?*, World Trade Review, Vol. 17:3 (2018).

后 记

本书是在博士论文基础上修改完善而成的，是我读博士期间持续关注数据本地化措施的一个阶段性总结。本书的最终出版，首先要感谢我的恩师，上海国际问题研究院副院长杨剑研究员。恩师渊博的知识储备、跨学科领域的研究思维和严谨的治学理念令我印象深刻，是我孜孜不倦的追求。在研学过程中，老师总是在百忙之中与我交流，为我答疑解惑，并为我提供最前沿的学术资源。涓涓师恩，铭记于心。

感谢上海财经大学法学院宋晓燕教授、张军旗教授、张圣翠教授、周杰普教授和单海玲教授以及上海国际问题研究院于宏源研究员。攻博期间，老师们的课堂教学和论文指导令我受益匪浅。

感谢南京大学法学院吕炳斌教授。本书的第二章节曾投稿并发表于《南大法学》，吕炳斌教授是拙文的责任编辑。投稿过程中，吕炳斌教授的指导让我对本书选题有了更为深刻的理解和认识。博士毕业之后，承蒙吕教授不弃，我有幸成为吕教授的学生，跟着吕老师从事博士后研究工作。无论是课题申报还是学术讨论，吕老师总是倾囊相授，助力我的学术之路。

中国计量大学的各级领导和同事对本书最终的出版给予了大力支持，谨此一并致谢。

“雄关漫道真如铁，而今迈步从头越。”学术之路就是一场永不停歇的奋斗历程。